Kultur und Digitalisierung

Nicolai Ruh, Jens O. Meissner, Deborah Burri, Marc-Antoine Camp,
Samuel Frei, Simone Gretler Heusser, Ueli Grüter,
Christoph Hauser, Bettina Hübscher, Ute Klotz, Michelle Murri,
Isabelle Odermatt, Yannick Wey,
Stefano Kunz, Hanspeter Stamm,
Ramona Sprenger, Jeannie Schneider

TA-SWISS 83/2024

Brunngasse 36
CH-3011 Bern
www.ta-swiss.ch

Bibliografische Information der Deutschen Nationalbibliothek
Die Deutsche Nationalbibliothek verzeichnet diese Publikation in der Deutschen Nationalbibliografie; detaillierte bibliografische Daten sind im Internet über http://dnb.dnb.de abrufbar.

This work ist licensed under creative commons licence CC BY 4.0.

Zitiervorschlag

Ruh, N., Meissner, J.O., Burri, D., Camp, M.-A., Frei, S., Gretler Heusser, S., Grüter, U., Hauser, C., Hübscher, B., Klotz, U., Murri, M., Odermatt, I. & Wey, Y. (2024):
Einfluss der Digitalisierung auf die Kulturbereiche Musik, Theater und Visuelles Design.
In: TA-SWISS Publikationsreihe (Hrsg.): Kultur und Digitalisierung, TA 83/2024, Zollikon: vdf, S. 25–289.

Kunz, S. & Stamm, H. (2024):
Chancen, Risiken und Wirkungen der Digitalisierung im Musikbereich.
In: TA-SWISS Publikationsreihe (Hrsg.): Kultur und Digitalisierung, TA 83/2024, Zollikon: vdf, S. 297–415.

Sprenger, R. & Schneider, J. (2024):
Proof of Culture. NFTs in der Kunstwelt – eine Diskursanalyse.
In: TA-SWISS Publikationsreihe (Hrsg.): Kultur und Digitalisierung, TA 83/2024, Zollikon: vdf, S. 425–498.

Coverabbildungen:
Links: Erster Bitcoin-Block, Grundlage der Blockchain-Technologie, © Dezentrum, Proof of Culture
Rechts: © Pixel-Figuren und -Planeten: Dezentrum, Proof of Culture
Komposition und Bildbearbeitung: Manuel Gächter

© **2024 vdf Hochschulverlag AG**

ISBN 978-3-7281-4191-0 (Printausgabe)

Download open access:
ISBN 978-3-7281-4192-7 / DOI 10.3218/4192-7

www.vdf.ch
verlag@vdf.ch

Inhaltsübersicht

Digitalisierung – Dienerin und Dirigentin der Kultur......................5
Digitalisation – Servant and Conductor of Culture 8
La numérisation, servante et cheffe d'orchestre de la culture 11
La digitalizzazione – al servizio e al comando della cultura 14
Moritz Leuenberger

Kultur und Digitalisierung – ein Online-Abenteuer 17
Culture and Digitalisation – an online adventure 17
Culture et numérisation – une aventure en ligne 17
Cultura e digitalizzazione – un'avventura online......................17

NFTs – Kunst oder Spekulation?......................18

Teil 1

Einfluss der Digitalisierung auf die Kulturbereiche Musik, Theater und Visuelles Design 25

Nicolai Ruh, Jens O. Meissner, Deborah Burri, Marc-Antoine Camp, Samuel Frei, Simone Gretler Heusser, Ueli Grüter, Christoph Hauser, Bettina Hübscher, Ute Klotz, Michelle Murri, Isabelle Odermatt, Yannick Wey / Hochschule Luzern HSLU

Skalierung – Skalierungsmöglichkeiten von NFTs......................290

Teil 2

Chancen, Risiken und Wirkungen der Digitalisierung im Musikbereich ...297

Stefano Kunz, Schweizer Musikrat SMR; Hanspeter Stamm, Lamprecht und Stamm Sozialforschung und Beratung AG

Interaktion – Künstlerisches und gemeinschaftliches Potenzial......................416

Teil 3

Proof of Culture. NFTs in der Kunstwelt – eine Diskursanalyse..............425
Ramona Sprenger, Jeannie Schneider / Dezentrum Think & Do Tank

Begleitgruppe des Projekts «Kultur und Digitalisierung»........................499

Digitalisierung – Dienerin und Dirigentin der Kultur

Moritz Leuenberger

Die vorliegenden Untersuchungen bilden den letzten Teil einer Trilogie über technologiebedingten Veränderungen der demokratischen und föderalistischen Grundlagen in der Schweiz. Nach den Studien zu Medien und Meinungsmacht und denjenigen zu Demokratie und Digitalisierung behandelt dieser Beitrag die digitalen Einflüsse auf Kultur und Kunst in unserem Land.

Um die Gesamtstudie facettenreich zu gestalten, hat TA-SWISS drei Projektgruppen mit unterschiedlichem Fokus damit beauftragt, den die Auswirkungen der Digitalisierung auf das Schaffen, die Verbreitung und die Aufnahme kultureller Werke nachzugehen.

Die *Hochschule Luzern* legt dar, wie Künstler die Digitalisierung in Musik, Theater und visuellem Design nutzen, wie sich dadurch ihre kreative Arbeit verändert, und welche Handlungsoptionen sich daraus ergeben.

Der Schweizer Musikrat führte eine landesweit angelegte Umfrage über die Auswirkungen der Digitalisierung auf das Musikschaffen in der Schweiz durch. Das zeigt die Hoffnungen und Befürchtungen direkt Betroffener und dient somit als Ausgangpunkt für politische Beurteilungen.

Das Dezentrum konzentriert sich auf eine Bestandsaufnahme der Diskurse über die NFT-Landschaft. Es werden verschiedene Umschreibungen digitaler Kunst dargelegt und Diskussionen mit Kunstschaffenden und -expertinnen, Kunstsammlerinnen oder -käufern können auf einer digitalen Webplattform selbst erkundet werden. Dies ermöglicht eine unmittelbare Teilnahme am kulturpolitischen Diskurs über die Problematik.

Unabhängig von ihren jeweiligen konkreten Empfehlungen regen die Studien zu weiteren Überlegungen an:

Kultur war und ist immer auf Technologien angewiesen, auf analoge Theaterbühnen oder digitale Plattformen. Wie kommunikative Transmissionsriemen verbreiten sie die Anliegen von Kunstschaffenden, geben ihnen Raum und Weite, ermöglichen den kulturellen Botschaften Zugang zu unseren Augen und Ohren.

Schreibt sich der digitale Wandel also einfach in eine seit Jahrtausenden kontinuierliche kulturelle Entwicklung ein oder bringt er einen fundamentalen Qualitätssprung? Führt er neben neuen Formen auch andere Inhalte auf die Bühnen, in die Literatur und die Musik? Prägt er den Konsum von Kultur grundsätzlich anders und formt so auch ein anderes Kulturpublikum?

Digitalisierung geht einher mit weiteren gesellschaftlichen und politischen Umwälzungen. Das enge Knäuel von technologiebedingten Entwicklungen und solchen, die auf die Globalisierung zurückzuführen sind, etwa auf die medialen Oligopole Spotify, Facebook oder X, kann kaum sauber entwirrt werden. Zu dicht ist das Gewebe von Ursachen und Folgen.

Die Allgegenwart in sozialen Medien bildet neue Gemeinschaften, etwa auf Kommunikationsplattformen. Die weltweite Diffusion künstlerischen Schaffens bringt inhaltliche und formale Erwartungen an Kunstwerke mit sich, die von anderen Kulturverständnissen geprägt sind. Die gleichzeitige Visualisierung von Musik und die Erwartung kurzer Stücke beispielsweise beeinflussen die künstlerische Arbeit auch inhaltlich. Dies bleibt nicht ohne Folgen auf das Schaffen kultureller Vereine in der Schweiz und darauf, wie es wahrgenommen wird, etwa von Gesangsvereinen oder Blasmusikverbänden, die Ausdruck kultureller Vielfältigkeit sind und die Grundlage unserer sprachlichen, regionalen und nationalen Identität mitbilden.

Viele kulturelle Akteure sind sich dieser Umwälzungen kaum bewusst, und zwar je weniger, desto eher sie ihre kulturelle Arbeit als Amateure wahrnehmen. Sie können die Möglichkeiten der neuen Technologie oft gar nicht richtig nutzen, wodurch ihr Schaffen und ihr Wirken an Bedeutung verliert.

Es ist an den politisch Verantwortlichen, vorab in Gemeinden und Kantonen, welche nach unserer Verfassung für die Pflege der kulturellen Vielfalt zuständig sind, solche Veränderungen genau zu verfolgen und dafür zu sorgen, dass Kulturvereine ihre Rolle für das Gemeinwesen auch unter diesen neuen Bedingungen wahrnehmen können.

Kunstwerke müssen nicht mehr gegenständlich und physisch fassbar sein, sondern sind auch oder ausschliesslich in einer fiktiven Welt erlebbar. Solche Veränderungen bewirken zusammen mit globalen und medialen Umwälzungen neue rechtliche Dimensionen, etwa neue Formen des Eigentums an Kunstwerken (Non-fungible Tokens). Es entstehen für Kulturschaffende neue Rahmenbedingungen. Das wirkt sich auf ihre soziale Sicherheit aus und ruft nach neuen Regelungen im Urheber-, Sozialversicherungs- und Arbeitsrecht.

All dies ist nicht auf die Digitalisierung allein zurückzuführen. Technologische Entwicklungen gehen einher mit soziologischen, sprachlichen, wirtschaftlichen und politischen Veränderungen. Zu beobachten ist etwa, wie professioneller Kulturjournalismus schwindet und durch spontane, nicht immer reflektierte Reaktionen in sozialen Medien oder Onlinezeitschriften ersetzt wird, gefolgt von Entrüstungsstürmen oder Influencer-Marketing. Dieses inflationäre Moralisieren, verbunden mit kulturellen Boykottforderungen (Cancel Culture), ist seinerseits Bestandteil unserer Kultur geworden. Eine direkte Folge davon scheint zu sein, dass Kulturschaffende uns zunehmend nur noch eine einzige mögliche Interpretation eines Werkes imperativ vorgeben. Statt Anregung zum selbständigen Weiterdenken werden Meinungen eingetrichtert. Dies verändert ein Genom der Kultur. Es ist ein Merkmal der Kunst, dass sie erkundet, ertastet, interpretiert und diskutiert werden muss. Wird uns eine einzige Interpretation aufgenötigt, so löst sich ein wesentliches Element der Kunst und der Kultur auf, nämlich die Anspielung, die Mehrdeutigkeit.

Die Digitalisierung prägt unser Denken und Fühlen. Sie ist zu einer unverzichtbaren Dienerin unserer Kultur geworden, hat gleichzeitig jedoch längst den Taktstock in die Hand genommen. Damit sie sich nicht zur alleinigen Dirigentin aufschwingt, sind wir gehalten, ihre Chancen und Gefahren auszuloten und den Takt selbst zu bestimmen.

Dazu anzuregen, ist das Hauptziel der drei Studien.

Digitalisation – Servant and Conductor of Culture

Moritz Leuenberger

These studies form the final part of a trilogy focusing on technology-related changes in the democratic and federalist principles in Switzerland. Following the previous two studies (on media and opinion-forming, and on democracy and digitalisation), this third part deals with the influences of digitalisation on art and culture in Switzerland.

To structure the overall study multifariously, TA-SWISS entrusted three project groups that each had a different focus with the task of examining the impacts of digitalisation on the creation, distribution and reception of cultural works.

Lucerne University of Applied Sciences and Arts describes how artists use digitalisation in the fields of music, theatre and design, how this changes their creative work, and which options for action subsequently arise.

The *Swiss Music Council* conducted a nationwide survey on the impacts of digitalisation on the music sector in Switzerland. The findings reveal the hopes and fears of the directly affected players and thus form the basis for political assessment.

The *Dezentrum* project focused on an analysis of the discourses on the NFT (non-fungible token) landscape. It presents a range of descriptions of digital art, and discussions with artists and experts, art collectors and dealers can be viewed on a digital web platform. This enables direct participation in the cultural-political dialogue on the issue.

In addition to their respective specific recommendations, the studies also encourage other deliberations:

Culture was, and always is, dependent on technologies, on analogue theatre stages or digital platforms. Like communicative transmission belts, they disseminate artists' interests, give them space and distance, and enable cultural messages to reach our eyes and ears.

Will the digital transformation simply be incorporated into a cultural development that has been ongoing for millennia, or will it give rise to a fundamental qualitative leap? In addition to new forms, will it also introduce other content onto the stage, and into literature and music? Will it fundamentally reshape the consumption of culture and thus give rise to another audience?

Digitalisation goes hand in hand with other social and political upheavals. It will not be easy to neatly untangle the tight knot of technology-related developments and others that are attributable to globalisation – for example, to medial oligopolies such as Spotify, Facebook or X – because the web of causes and consequences is too tightly woven.

The omnipresence in social media is forming new communities, for example on communication platforms. The global distribution of artistic creation is giving rise to expectations on artworks in terms of content and form, which are characterised by other cultural understandings. For example, the simultaneous visualisation of music and the expectation of shorter works are also influencing the content of creative output. This has consequences for the activities of cultural organisations in Switzerland, as well as for the way in which they are perceived, for example by choirs or brass bands, which embody cultural diversity and contribute towards our linguistic, regional and national identity.

Many cultural players are barely aware of these upheavals, and the less they are aware of them, the more they tend to perceive themselves as amateurs. They are often unable to make good use of the new technologies, and this lessens the importance of their work.

It is up to politicians, primarily in the cantons and municipalities – who in our view are responsible for fostering cultural diversity – to closely monitor such changes and ensure that cultural organisations are also able to perform their role for the community under the changing circumstances.

Artworks no longer have to be objectively and physically tangible, but rather can also (or even exclusively) be perceptible in a fictional world. Together with global and medial upheavals, such changes give rise to new legal dimensions, for example new forms of ownership of artworks (non-fungible tokens). New framework conditions for artists are being created. This has an impact on their social security and calls for new provisions in copyright, social insurance and labour law.

But all this is not solely attributable to digitalisation. Technological development goes hand in hand with socio-political, linguistic, economic and political changes. For example, professional cultural journalism is apparently declining and being replaced by spontaneous, not always carefully considered, reactions in social media or online journals, followed by storms of indignation or influencer marketing. Together with calls for cultural boycotts (cancel culture), this inflationary moralising has become an integral part of our culture. As a direct consequence of this, it appears that artists are increasingly specifying a single possible interpretation of a given work. Instead of encouraging independent further thought, opinions are being funnelled. This changes one of the genomes of culture: one characteristic of art is that it has to be explored, sensed, interpreted and discussed. If merely one possible interpretation is imposed on us, this eliminates a significant element of art and culture, namely innuendo, ambiguity.

Digitalisation is influencing how we think and feel. It has become an indispensable servant of our culture, but at the same time has long since held the baton in its hand. To ensure that it does not become the sole conductor, we have to identify the associated opportunities and risks, and determine the tempo ourselves.

This is the main objective of the three studies.

La numérisation, servante et cheffe d'orchestre de la culture

Moritz Leuenberger

L'étude en trois parties que vous tenez entre vos mains constitue le dernier volet d'une trilogie sur les changements induits par la technologie dans les fondements démocratiques et fédéralistes de la Suisse. Après l'étude sur les médias et le pouvoir d'opinion et celle sur la démocratie et la numérisation, la présente publication traite de l'influence du numérique sur la culture et l'art dans notre pays.

Afin de décliner cette étude globale sous de multiples facettes, TA-SWISS a chargé trois groupes de projet aux orientations différentes d'examiner les effets de la numérisation sur la création, la diffusion et la réception des œuvres culturelles.

La *Haute école spécialisée de Lucerne* décrit comment les artistes font usage de la numérisation dans les domaines de la musique, du théâtre et du design visuel, comment cela modifie leur travail créatif et quelles recommandations en découlent.

Le *Conseil suisse de la musique* a mené une enquête à l'échelle nationale sur l'impact de la numérisation sur la création musicale en Suisse. Il expose les espoirs et les craintes des personnes directement concernées et fournit le point de départ à une évaluation politique.

Le *Dezentrum* dresse un inventaire du discours sur le paysage des NFT. Différentes formes d'art numérique y sont décrites et une plateforme web numérique offre l'occasion de se plonger dans des discussions avec des créatrices et créateurs d'art, des spécialistes de l'art et des personnes qui collectionnent ou achètent de l'art. Il devient ainsi possible de participer directement au débat de la politique culturelle sur cette problématique.

Indépendamment de ses recommandations spécifiques, cette étude en trois parties incite à poursuivre la réflexion : la culture a toujours été et sera toujours tributaire des technologies, des scènes de théâtre analogiques ou des plateformes numériques. Celles-ci, communicatives comme des courroies de transmission, propagent les préoccupations des artistes, leur donnent de l'espace et de l'ampleur, permettent aux messages culturels d'accéder à nos yeux et à nos oreilles.

La transformation numérique s'inscrit-elle donc simplement dans une évolution culturelle continue depuis des millénaires ou représente-t-elle un saut qualitatif majeur ? En plus de nouvelles formes, introduit-elle d'autres contenus sur les scènes, dans la littérature et la musique ? Marque-t-elle la consommation de culture de manière fondamentalement différente et façonne-t-elle ainsi un public culturel différent ?

La numérisation s'accompagne de bouleversements sociaux et politiques supplémentaires. Il est difficile de défaire l'écheveau impénétrable des évolutions liées à la technologie et de celles qui sont dues à la mondialisation, comme les oligopoles médiatiques Spotify, Facebook ou X. Causes et conséquences sont trop densément entremêlées.

L'omniprésence des réseaux sociaux produit de nouvelles communautés, par exemple sur les plateformes de communication. La diffusion de la création artistique au niveau mondial entraine des attentes quant au contenu et à la forme des œuvres d'art, qui sont marquées par des conceptions culturelles différentes. Par exemple, visualiser de la musique ou souhaiter des morceaux de courte durée en parallèle influence le travail artistique et son contenu. Cela n'est pas sans conséquence sur la création et sur la perception des associations culturelles en Suisse, notamment les associations de chant ou les fanfares qui sont l'expression de la diversité culturelle et constituent le fondement de notre identité linguistique, régionale et nationale.

Les acteurs de la culture n'ont parfois pas conscience de ces bouleversements, d'autant qu'ils ont tendance à percevoir leur travail culturel comme un travail d'amateur. Souvent, ils sont même incapables d'utiliser correctement les possibilités offertes par les nouvelles technologies, ce qui affaiblit leur création et leur action.

Il incombe aux responsables politiques, et en premier lieu aux communes et cantons qui, selon notre Constitution, sont chargés de la protection de la diversité culturelle, de suivre de près ces changements et de veiller à ce que les associations culturelles puissent aussi jouer leur rôle au sein de la collectivité dans ces nouvelles conditions.

Aujourd'hui, une œuvre d'art n'est plus forcément tangible et physiquement saisissable, elle peut également, ou exclusivement, exister dans un monde fictif. Cette évolution, conjuguée aux bouleversements mondiaux et médiatiques, crée des structures juridiques inédites, comme des formes de propriété innovantes pour les œuvres d'art (*non-fungible tokens*, ou NFT). De nouvelles conditions-cadres pour les acteurs culturels apparaissent, qui se répercutent sur leur sécurité sociale et appellent de nouvelles réglementations en matière de droit d'auteur, d'assurances sociales et de droit du travail.

Tout cela n'est pas le seul fait de la numérisation. Les développements technologiques s'accompagnent de changements sociologiques, linguistiques, économiques et politiques. Par exemple, le journalisme culturel professionnel disparait au profit de réactions spontanées et pas toujours réfléchies sur les réseaux sociaux ou dans les magazines en ligne, suivies de vagues d'indignation ou de marketing d'influence. Cette moralisation inflationniste, associée à des demandes de boycott culturel (*cancel culture*), fait désormais elle aussi partie intégrante de notre culture. Il semblerait qu'en conséquence directe de ce phénomène, les acteurs culturels nous imposent de plus en plus une seule interprétation possible d'une œuvre. Au lieu d'encourager la réflexion autonome, les opinions sont prescrites. Cela modifie le génome de la culture. L'une des caractéristiques de l'art réside dans la nécessité de l'explorer, de le palper, de l'interpréter et d'en discuter. Lorsqu'on nous impose une interprétation unique, un élément essentiel de l'art et de la culture disparait, à savoir l'allusion, l'ambiguïté.

La numérisation façonne nos pensées et nos sentiments. Bien qu'elle soit aujourd'hui une servante indispensable de notre culture, elle nous mène à la baguette depuis longtemps. Pour qu'elle ne s'érige pas en unique cheffe d'orchestre, nous devons évaluer ses avantages et ses dangers et déterminer nous-mêmes sa cadence.

L'objectif principal de cette étude en trois parties est de nous y encourager.

La digitalizzazione – al servizio e al comando della cultura

Moritz Leuenberger

Le presenti indagini rappresentano l'ultimo capitolo di una trilogia dedicata ai cambiamenti delle basi democratiche e federalistiche svizzere indotti dalle tecnologie. Dopo gli studi dedicati a «media e potere sull'opinione pubblica» e a «democrazia e digitalizzazione», questo contributo esplora gli influssi digitali sulla cultura e sull'arte nel nostro Paese.

Per dare all'intero studio diverse sfumature, TA-SWISS ha incaricato tre gruppi di progetto con indirizzi diversi di analizzare gli effetti della digitalizzazione sulla produzione, sulla diffusione e sulla ricezione delle opere culturali.

La *Hochschule Luzern* illustra come gli artisti sfruttano la digitalizzazione nella musica, nel teatro e nel design visivo, come tale approccio modifica il loro lavoro creativo e quali opzioni di azione offre.

Il *Consiglio svizzero della musica* ha condotto un'indagine su scala nazionale sugli effetti della digitalizzazione sulla creazione musicale in Svizzera, che rivela le speranze e i timori dei diretti interessati, fungendo così da spunto per valutazioni politiche.

Dezentrum si concentra su un inventario dei discorsi sull'universo NFT. Illustra varie definizioni di arte digitale e consente di esplorare discussioni con operatori artistici, esperti, collezionisti o acquirenti di arte su una piattaforma web interattiva, partecipando così direttamente al discorso politico-culturale sulla problematica.

Indipendentemente dalle singole raccomandazioni concrete, gli studi stimolano ulteriori riflessioni.

La cultura ha e ha sempre avuto bisogno delle tecnologie, sia sui palcoscenici analogici sia sulle piattaforme digitali. Come cinghie di trasmissione comunicative, le tecnologie diffondono le idee degli operatori artistici, danno loro spazio ed estensione e consentono ai messaggi della cultura di raggiungere i nostri occhi e le nostre orecchie.

La trasformazione digitale s'iscrive quindi semplicemente in un'evoluzione culturale continua in atto da secoli o rappresenta un salto di qualità fondamentale? Oltre a nuove forme, porta sui palcoscenici, nella letteratura e nella musica anche nuovi contenuti? Dà un'impronta sostanzialmente diversa al consumo di cultura, dando così vita anche a un altro pubblico della cultura?

La digitalizzazione va di pari passo con altre rivoluzioni sociali e politiche. È praticamente impossibile districare il denso groviglio di sviluppi indotti dalle tecnologie e sviluppi riconducibili alla globalizzazione, come gli oligopoli mediatici Spotify, Facebook o X. L'intreccio di cause ed effetti è troppo fitto.

L'ubiquità nei social media crea nuove comunità, ad esempio sulle piattaforme di comunicazione. La diffusione a livello mondiale della creazione artistica comporta aspettative contenutistiche e formali nei confronti delle opere d'arte, caratterizzate da altre concezioni della cultura. La visualizzazione della musica e l'aspettativa di brani brevi, ad esempio, influenzano il lavoro artistico anche sul piano dei contenuti. Queste tendenze non risparmiano l'attività delle associazioni culturali in Svizzera, ad esempio delle società di canto o delle associazioni bandistiche, che sono espressione di diversità culturale e sono alla base della nostra identità linguistica, regionale e nazionale, né la percezione di tale attività.

Molti attori culturali non sono consapevoli di queste rivoluzioni, soprattutto se vedono il loro lavoro culturale come un'attività amatoriale. Il fatto che spesso non siano neanche in grado di sfruttare veramente le possibilità offerte dalle nuove tecnologie sminuisce l'importanza della loro creazione e del loro operato.

Spetta ai responsabili politici, a cominciare dai Comuni e dai Cantoni, a cui la Costituzione assegna il compito di curare la pluralità culturale, monitorare da vicino questi cambiamenti e provvedere affinché le associazioni culturali possano svolgere il loro ruolo per la collettività anche nelle nuove condizioni.

Le opere d'arte non devono più essere sempre tangibili e fisiche, ma possono essere anche o esclusivamente fruibili in un mondo fittizio. In combinazione con le rivoluzioni globali e mediatiche, questi cambiamenti comportano anche nuove dimensioni giuridiche, ad esempio nuove forme di proprietà delle opere d'arte (*non-fungible token*). Ne risultano nuove condizioni quadro per gli operatori culturali. Ciò ha un impatto sulla loro sicurezza sociale e richiede nuove disposizioni in materia di diritto d'autore, assicurazioni sociali e diritto del lavoro.

Tutto ciò non è riconducibile unicamente alla digitalizzazione. Gli sviluppi tecnologici vanno di pari passo con cambiamenti sociologici, linguistici, economici e politici. Vediamo ad esempio come il giornalismo culturale professionale stia scomparendo e sia sostituito da reazioni spontanee, non sempre frutto di riflessione, nei social media o nelle riviste online, seguite da ondate d'indignazione o dal marketing degli influencer. A sua volta questo moralismo inflazionistico, associato a rivendicazioni di boicottaggio culturale (cancel culture), è diventato parte della nostra cultura. Una conseguenza diretta sembra essere il fatto che, sempre più spesso, gli operatori culturali ci dettano imperativamente un'unica interpretazione possibile delle opere. Ci inculcano delle opinioni invece di stimolare l'ulteriore riflessione autonoma. Ciò modifica il genoma della cultura. Tra le caratteristiche dell'arte figura quella che essa deve essere esplorata, tastata, interpretata e discussa. Se ci viene imposta un'unica interpretazione, ecco che svanisce un elemento essenziale dell'arte e della cultura: l'allusione, l'ambiguità.

La digitalizzazione dà una nuova impronta al nostro modo di pensare e di sentire. È diventata un assistente indispensabile della nostra cultura e al tempo stesso ne ha tuttavia da tempo assunto il comando. Per evitare che si eriga a comandante assoluta, siamo tenuti a sondare le opportunità e i pericoli che comporta e ad assumere il comando noi stessi.

Stimolare questo lavoro è l'obiettivo principale dei tre studi.

Kultur und Digitalisierung – ein Online-Abenteuer

Die Projektteams, die im Auftrag von TA-SWISS die Auswirkungen der Digitalisierung auf die Kultur untersucht haben, legen ihre Studien nicht nur in klassischer Berichtsform vor: Die Inhalte und Ergebnisse lassen sich auch auf einer virtuellen Plattform entdecken und erleben, wo jeder der drei Studien ein interaktiver Raum gewidmet ist.

Culture and Digitalisation – an online adventure

The project teams that examined the impacts of digitalisation on culture on behalf of TA-SWISS presented their studies not only in conventional form, but also online: the content and findings can be viewed on a virtual platform on which an interactive space is dedicated to each of the three studies.

Culture et numérisation – une aventure en ligne

Les équipes de projet qui ont étudié les effets de la numérisation sur la culture pour le compte de TA-SWISS ne se contentent pas de présenter leurs études sous forme de rapports classiques : les contenus et les résultats se découvrent et s'expérimentent également sur une plateforme virtuelle, où un espace interactif est consacré à chacune des trois études.

Cultura e digitalizzazione – un'avventura online

I gruppi di progetto incaricati da TA-SWISS di analizzare l'impatto della digitalizzazione sulla cultura non si sono limitati a presentare i loro studi sotto forma di rapporto classico: i contenuti e i risultati possono essere scoperti e sperimentati anche su una piattaforma virtuale, dove a ciascuno dei tre studi è dedicato uno spazio interattivo.

www.proofofculture.ch

Kunst oder Spekulation?

Im Wochentakt wechseln sich die Einordnungen von NFTs ab: Mal sind sie disruptive Zukunftstechnologie, mal Investmentvehikel für Kryptoanlegende. NFTs vereinen Akteure unterschiedlicher Disziplinen und Hintergründe, von Digitalkunst über den klassischen Kunstmarkt bis zu Blockchain und Kryptokursen.

Unbestritten ist: NFTs polarisieren. Und zwar spätestens seit das Auktionshaus Christie's im März 2021 ein NFT des amerikanischen Künstlers Beeple für 69 Millionen US-Dollar verkaufte.

Technisch gesehen ist ein NFT, ein Non-Fungible Token, ein Echtheitszertifikat, das auf einer Blockchain gespeichert ist, verkauft und gehandelt werden kann. Der NFT stellt meist einen digitalen Vermögenswert wie ein Bild, ein Video oder eine Audiodatei dar, kann aber auch den Besitz eines physischen Artefakts angeben, wie zum Beispiel eines Sneakers. Streng genommen meint der Begriff NFT nur das Echtheitszertifikat. Wenn wir in dieser Publikation aber den Begriff verwenden, meinen wir immer das Zertifikat mitsamt dem Vermögenswert.

Eine paar Beispiele von Vermögenswerten, die mit einem NFT verknüpft sind: Pixel-Charaktere, ein Kleidungsstück, ein Meme, ein News-Artikel, und so weiter.

Für diese Publikation sprachen wir mit vierzehn Personen aus der Kunst- und Blockchain-Szene, um den Diskurs über Potenzial und Gefahren von NFTs abzubilden. Elementar in der Technologiefolgenabschätzung ist nicht nur ein Verständnis der Technologie, sondern auch ein Verständnis des Umfelds, in dem die Technologie angesiedelt ist und wie dieses Umfeld durch menschliche Handlungen beeinflusst werden kann.

Wir stellen das Untersuchungsfeld als Wechselwirkung zwischen Kunstschaffenden, Werk und Empfänger dar. Unter Empfängern verstehen wir Laienpublikum, (etablierte) Kulturinstitutionen und Galerien. Unsere Forschungsfrage lautet: Wie verändern NFTs die Beziehungen zwischen Werk, Kunstschaffenden und Empfängern? Dieser Frage gehen wir in der digitalen Form immersiv und multimedial nach.

In der vorliegenden gedruckten Form abgebildet ist neben dieser Einleitung der Fokus auf die Themen Zugang, Skalierung, Kommerz, Institutionen, Interaktion, Werte und Royalty. Zudem gehen wir auf die Gründe für die Faszination mit dem Thema NFT ein und geben einen Ausblick, wo es in Zukunft hingehen könnte.

Das wichtigste Fazit vorab: NFT ist nicht gleich NFT. Die grossen Versprechen von Blockchain-Technologien lauten Demokratisierung, mehr Zugang für alle und eine Veränderung von Beziehungen zwischen etablierten Akteure. Wie und ob sich diese Versprechen einlösen, hängt aber nicht nur von der Technologie ab, sondern auch von dem jeweiligen NFT-Ökosystem. Innovation hängt am Ende von den Menschen ab, welche die Technologie anwenden und etwas dementsprechend umsetzen.

Wir laden Sie ein, eingeschoben zwischen den anderen Publikationsinhalten regelmässig in den NFT Kosmos einzutauchen. Die NFT Inhalte sind jeweils mit einem Planeten markiert. Oder noch besser: Sie begeben sich mit einem Pixel-Avatar auf einen Entdeckungsspaziergang in der digitalen Form: www.proofofculture.ch

FASZINATION

Perspektiven auf NFTs

Ein grosses Potenzial von NFTs liegt darin, dass die digitalen Kunstschaffenden nun auf die vermittelnden Personen der Kunstwelt wie Galerien und Messen verzichten können. Sie stehen in direktem Kontakt mit ihren Gemeinschaften, durch das dezentrale Ökosystem auf Web 3.0 (Pierron, 2023). Die Einhaltung dieser Versprechen wird jedoch auch kritisch eingeschätzt.

«Die grossen Versprechen von Dezentralisierung, Transparenz, Veränderung des Kunstmarkts, dass es nicht mehr um Markt, sondern um Gemeinschaft geht – all diese Dinge, von denen alle dachten, dass sie auf dem Kunstmarkt schlecht sind und man sich durch NFTs Änderung versprach: Wenn man sich heute umschaut, muss man sagen, es wurde sogar noch schlimmer. Es ist ein sehr kapitalistisches System.» – Gespräch zwischen Technikphilosoph und Galerist

Die Vermarktbarkeit von NFTs generierte grosses Aufsehen, allerdings wird diese ebenfalls von Marktlogiken begleitet. In unseren Gesprächen wurde der NFT-Markt wegen der Nähe zum klassischen Kunstmarkt und den Finanzmärkten immer wieder kritisiert. Es wurde aber auch betont, wie vielfältig und spannend gewisse NFT-Gemeinschaften sind:

«Dieser NFT-Markt ist so dynamisch, vielfältig und reichhaltig, und er ist wirklich global und kommt aus so vielen verschiedenen Kulturen und Ländern und künstlerischen und kreativen Bewegungen. Er zeigt auch die Vielfalt dessen, was digitale Kunst sein kann.» – Gespräch mit kuratorischer Leitung

Ein weiteres Potenzial liegt darin, dass die Nutzung der Blockchain-Technologie im Kunstsektor den symbolischen und wirtschaftlichen Wert von Kunst in eine neue Kategorie übersetzt, die zugänglich für die Computerindustrie ist. Dadurch können Kunstschaffenden anhand von NFTs ihre Werke in digitale Formate mit einzigartigen Eigenschaften verwandeln, sodass sie im digitalen Raum einen Wiedererkennungswert haben.

Durch NFTs wurde auch Aufmerksamkeit auf die digitale Kunst und Kultur im Allgemeinen gelenkt.

«Ich glaube, vor NFTs war digitale Kunst noch kein Thema. Sie wurde eigentlich nur in einer Nische wirklich geschätzt.» – Gespräch zwischen Technikphilosoph und Galerist

«Digitale Kultur wird in der NFT-Szene einfach gelebt und hat einen viel breiteren Zugang. Diese andere, frühe Digitalkonstruktion ist im Vergleich sehr intellektuell.» – Gespräch zwischen Kunstschaffenden, Kunstsammelnde, Entwickelnde und Fachpersonen für digitale Kunst

In Gesprächen wurde immer wieder auf den Kulturwandel verwiesen, den die Digitalisierung mit sich bringt. Daraus wurde abgeleitet, dass NFTs als Kunstform eine logische Folge sind. Kunst soll sich unserer Lebensrealität, die zunehmend digitaler wird, anpassen und sich damit beschäftigen.

«Junge Personen sind gewohnt, digitales Gut zu besitzen, in Videogames haben sie das immer schon gemacht. Es ist für sie natürlich, statt einer Rolex einen Bored Ape zu kaufen. Es funktioniert ästhetisch für sie.» – Gespräch mit Künstlerischer Leitung

«Kultur muss sich mit den Themen beschäftigen, die aufkommen, wenn wir fast immer online sind. Sonst ist sie einfach nicht mehr relevant. Das muss nicht unbedingt Kunst sein, die im Museum an der Wand hängt, sondern es muss etwas sein, das wir kurz sehen, darüber lachen und dann weiterscrollen. Etwas, das sich dann weiterentwickelt. Kunst muss unsere Zeit erklären, umgesetzt durch eine kreative Herangehensweise.» – Gespräch mit Künstlerischer Leitung

Quelle:
Pierron, S. (2023, Februar 10). The Centre Pompidou in the age of NFTs. Centre Pompidou. https://www.centrepompidou.fr/en/magazine/article/the-centre-pompidou-in-the-age-of-nfts

ZUGANG

Technische und finanzielle Hürden

«Die technischen Einstiegshürden sind enorm [...] ich würde sagen, sie sind unmenschlich.» – Gespräch zwischen Technikphilosoph und Galerist

«Wenn ich keine Kohle habe, kann ich keine NFTs kaufen, also ist jetzt nicht irgendetwas demokratischer geworden.» – Gespräch zwischen Kunstschaffenden, Kunstsammelnde, Entwickelnde und Fachpersonen für digitale Kunst

Web 3.0 Technologien sind theoretisch für jede Person mit Internetanschluss zugänglich. Web 3.0 ist eine Weiterentwicklung im Internet frei nach dem Motto «Lesen, schreiben, besitzen». Web 3.0 Befürwortende sprechen deswegen von einer erhöhten Teilhabe in und durch diese Technologien.

Der Diskurs, der von den Teilnehmenden an dieser Untersuchung geführt wurde, zeigte jedoch auf, dass diese Ansicht kritisch betrachtet wird. Viele der Befragten sagten, dass die technischen Voraussetzungen, um einen NFT herzustellen, gross seien.

«Es ist wirklich eher eine geschlossene und exklusive Gemeinschaft.» – Gespräch zwischen Technikphilosoph und Galerist

Diese technischen Voraussetzungen gelten nicht nur für Kunstschaffende, sondern auch für Sammelnde, denn um einen NFT zu kaufen, muss man bei den meisten Plattformen eine Wallet besitzen. Nur schon diesen aufzusetzen, stellt viele vor Schwierigkeiten:

«Man muss jemanden schon ziemlich an der Hand nehmen, um zu erklären, was eine Wallet ist.» – Gespräch zwischen Technikphilosoph und Galerist

Wie soll mit dieser Hürde umgegangen werden? Während eine Teilnehmerin sich dafür stark macht, dass es einfachere Benutzeroberflächen und rechtliche Rahmenbedingungen braucht, gibt es andere Stimmen, die in dieser Eintrittshürde auch einen positiven Effekt der Selektion sehen. Ein Mindestmass an technologischem Verständnis aufzubringen verhindere, dass noch mehr Menschen, die wenig von der NFT-Szene verstünden, ihre Kunst in Form von NFTs auf den Markt brächten (Befragte Personen 11 - 14, persönliche Kommunikation, 11. Mai 2023).

Um mit einer Technologie arbeiten zu können, braucht es mehr als nur den theoretischen Zugang, sondern auch die praktischen Fähigkeiten und Eintrittsmöglichkeiten dazu. Ausserdem wird Zugänglichkeit nicht bei allen Gesprächsteilnehmenden als ausschliesslich positiv bewertet.

Teil 1

Einfluss der Digitalisierung auf die Kulturbereiche Musik, Theater und Visuelles Design

Nicolai Ruh, Jens O. Meissner, Deborah Burri, Marc-Antoine Camp, Samuel Frei, Simone Gretler Heusser, Ueli Grüter, Christoph Hauser, Bettina Hübscher, Ute Klotz, Michelle Murri, Isabelle Odermatt, Yannick Wey / Hochschule Luzern HSLU

Inhalt

Abbildungsverzeichnis 35

Tabellenverzeichnis 36

Zusammenfassung 37

Summary 50

Résumé 62

Sintesi 75

1.   **Auftrag, Rahmen und Zielsetzung** 89
1.1.   Ausgangslage und Begründung – Analyse der gegenwärtigen Situation 89
1.1.1.   Beziehungsdynamiken verändern sich 91
1.1.2.   Kulturelle Netzwerke auch digital 92
1.1.3.   Auswirkungen auf die soziale Sicherheit von Kulturschaffenden 94
1.1.4.   Rechtliche Situation von Kunst- und Kulturschaffenden 94
1.1.5.   Entschädigungssysteme im digitalen Umbruch 95
1.1.6.   Digitale Kunst oder «KI-Kunst» – Schutz im digitalen Dschungel 96
1.1.7.   Recht am eigenen Bild und der eigenen Stimme 97
1.2.   Fragestellung 97
1.3.   Definition des Forschungsgegenstandes 98
1.4.   Studiendesign 98
1.5.   Projektstruktur und Zielgruppen 101
1.5.1.   Zielgruppen 101
1.5.2.   Nutzen für verschiedene Zielgruppen 101
1.5.2.1. Nutzen für die Gesellschaft 102

1.5.2.2. Nutzen für Bildungsinstitutionen 102

1.5.2.3. Nutzen für Gesetzgebende 102

2. Beziehungsdynamik zwischen Kulturschaffenden, Intermediären und Publikum 103

2.1. Themenfeldübergreifende Entwicklungstendenzen 103

2.1.1. Präferenz physischer Begegnungen 105

2.1.2. Ungleichzeitige Erfahrung der digitalen Transformation 107

2.1.3. Digitale Skills und Plattformen als neue Gatekeeper 110

2.1.4. Revitalisierung von Kunst durch ihre Entkopplung von Handfertigkeit 111

2.1.5. Schaffung neuer Erfahrungsräume zur gesellschaftlichen Reflexion 114

2.1.6. Digitale Tools zwischen Effizienzsteigerung und globalem Konkurrenzdruck 115

2.1.7. Überforderung, Zwänge und Anpassungsdruck 117

2.2. Wertschöpfungsprozesse und Interaktionsdynamik 118

2.2.1. Finanzierungsmechanismen und Einkommensquellen in der Musik: zwischen Förderung und Querfinanzierung 119

2.2.2. Subventionierung und Wertschöpfung im digitalen Theater: zwischen traditioneller Bühnenkunst und neuen Medien 120

2.2.3. Monetarisierungsstrategien im Visuellen Design: zwischen digitaler Präsenz und persönlichen Netzwerken 122

2.3. Machtasymmetrien und Abhängigkeiten entlang der monetären Wertschöpfungskette 124

2.3.1. Digitale Transformation in der Musikindustrie: zwischen DIY-Produktion und Plattformabhängigkeit 124

2.3.1.1. Akteure und Technologien (Haupttreiber) 124

2.3.1.2. Hauptdynamiken 126

2.3.1.3. Nebendynamiken 127

2.3.2. Digitale Innovation im Theater: Herausforderungen und Dynamiken im Wandel der Produktionsprozesse 128

2.3.2.1.	Akteure und Technologien (Haupttreiber)	128
2.3.2.2.	Hauptdynamiken	129
2.3.2.3.	Nebendynamiken	131
2.3.3.	Gatekeeper im Visuellen Design: zwischen digitaler Effizienz und kreativer Autonomie	132
2.3.3.1.	Akteure und Technologien (Haupttreiber)	132
2.3.3.2.	Hauptdynamiken	133
2.3.3.3.	Nebendynamiken	134
2.3.3.4.	Zusammenfassung und Zwischenfazit	135
2.4.	Handlungsempfehlungen	136
2.4.1.	Förderung und Bereitstellung physischer Begegnungsräume zur Vernetzung und Auslotung digital-analoger Synergien	136
2.4.2.	Förderung eines digitalen Mindset im Theater sowohl auf der Ebene der Produktion als auch der Narration	137
2.4.3.	Berücksichtigung des personellen und zeitlichen Mehraufwands in der Förderung digitaler Theaterproduktionen	138
2.4.4.	Sensibilisierung für zeitliche und gesundheitliche Belastung durch erweitertes Aufgabenfeld und erhöhten Erwartungsanspruch	139
2.4.5.	Berücksichtigung neuer kreativer und technischer Kompetenzen in den Studiengängen der Hochschulen Musik, Theater, Kunst und Design	140
3.	**Verbreitungskanäle, digitale Hilfsmittel und kulturelle Vielfalt**	**141**
3.1.	Personas als Methode und Anschauungsobjekt	141
3.2.	Verbreitungskanäle und Technologien	145
3.2.1.	Einige Grundbegriffe	145
3.2.2.	Fehlende Konsumrivalität und Ausschlussprinzip	150
3.2.3.	Plattformen	151
3.2.4.	Social Media	153
3.2.5.	NFTs und Blockchain	156
3.2.6.	XR und Metaverse	160

3.2.7. Generative Künstliche Intelligenz 161

3.2.8. Technologien als Werkzeuge 165

3.3. Ökonomische Modelle und Treiber 167

3.3.1. Einleitung: Kunst und Kultur als meritorische Güter 167

3.3.2. Head und Long Tail 169

3.3.3. Plattformökonomie und «The Winner Takes it All» 172

3.3.4. Monopolistische Konkurrenz 174

3.4. Die (Un-)Ersetzbarkeit menschlicher Leistung 176

3.4.1. Die Baumol'sche Kostenkrankheit und Grenzen
       der Automatisierung 176

3.4.2. Digital authentische Persönlichkeiten 178

3.5. Handlungsempfehlungen 179

3.5.1. Kuratierung virtueller Räume 179

3.5.2. Förderung eines Verständnisses der Mechanismen digitaler
       Märkte und Technologien 180

3.5.3. Entwicklung und Vermarktung von Einzigartigkeit 181

**4. Kulturelle Netzwerke und ihre Rollen in der digitalen
   Transformation 183**

4.1. Digitale Netzwerke künstlerischen und kulturellen Schaffens 183

4.1.1. Die Künstlerin, der Künstler als Individuum im «Netz» 184

4.1.2. Wege und Mittel der Kommunikation in Netzwerken 186

4.1.3. Sichtbarkeit und Schnittstellen zu Communities 190

4.1.4. Hypothesen zum Impact der Digitalisierung in künstlerischen
       Netzwerken 193

4.1.4.1. Digitalisierte Kooperation (in und zwischen Netzwerken und
         Organisationen) erfordert eine kompensatorische Pflege sozialer
         Beziehungen 194

4.1.4.2. In Netzwerken bilden sich kontextabhängige «Do it yourself»-
         Mentalitäten ab 194

4.1.4.3.	Professionelle kulturelle Netzwerke werden lokaler und regionaler, weil der global skalierbare Musikvertrieb schlecht finanziell verwertbar ist	195
4.2.	Perspektiven von Vertretenden kultureller Organisationen	196
4.2.1.	Methode	197
4.2.2.	Zukunftsvision Szenario 1: Digital unterstütztes Arbeiten	198
4.2.2.1.	Perspektiven auf die aktuelle Entwicklung	198
4.2.2.2.	Perspektiven auf zukünftige Auswirkungen	199
4.2.3.	Zukunftsvision Szenario 2: Immersive Realität	200
4.2.3.1.	Perspektiven auf die aktuelle Entwicklung	200
4.2.3.2.	Perspektiven auf zukünftige Entwicklungen	201
4.2.4.	Zwischenfazit und Folgerungen	203
4.3.	Handlungsempfehlungen	205
4.3.1.	Digitalisierungsfolgen als Schwerpunkt des Nationalen Kulturdialogs	206
4.3.2.	Rasche Umsetzung der Massnahme «Faire Rahmenbedingungen im digitalen Umfeld»	206
5.	**Soziale Sicherheit und Schutz der Urheberrechte**	**207**
5.1.	Erwerbssituation von Kulturschaffenden	208
5.1.1.	Soziale Sicherheit	208
5.1.2.	Einkommensstruktur	208
5.2.	Arbeitsformen	209
5.2.1.	Beschäftigungsverhältnisse im Kultursektor	211
5.2.2.	Rechtliche Subsumierung von atypischen Arbeitsformen	212
5.3.	Soziale Absicherung	215
5.3.1.	Rechtliche Rahmenbedingungen	215
5.3.2.	Ausgangslage	216
5.3.3.	Alters- und Hinterlassenenversicherung (AHV)	217
5.3.4.	Berufliche Vorsorge	217

5.3.4.1. Eintrittsschwelle bei Mehrfachbeschäftigungen 218
5.3.4.2. Berücksichtigung der Gesamtdauer bei befristeten Arbeitsverhältnissen 219
5.3.4.3. Unterstellung von Selbstständigerwerbenden unter obligatorische Versicherung auf Antrag eines Verbandes 219
5.3.4.4. Gründung einer Vorsorgesammeleinrichtung durch die Verbände 220
5.3.5. Arbeitslosigkeit 220
5.3.6. Nichtberufsunfall und Berufskrankheit 221
5.3.7. Schwarzarbeit 222
5.3.8. Zwischenfazit und Folgerungen 223
5.3.8.1. Kulturschaffende 223
5.3.8.2. Öffentliche und private Förderinstitutionen und Bildung 223
5.3.9. Handlungsempfehlungen 224
5.3.9.1. Prüfung einer «Portage salarial» 225
5.3.9.2. Beratungs- und Dienstleistungsstelle für Kulturschaffende / Monitoring und Sanktionierung beim Einhalten von Honorar- und Gagenempfehlungen / Rahmenbedingungen bei Vergabe von Fördergeldern 225
5.3.9.3. Grundsätzliche Regelung der atypischen Arbeitsformen 226
5.3.9.4. Aufnahme Arbeitsrecht und Sozialversicherungsrecht im Aus- und Weiterbildungscurriculum 226
5.4. Urheber- und verwandte Schutzrechte in Kunst und Musik 226
5.4.1. Musik und Visuelles Design nach URG 226
5.4.2. Urheberrecht und verwandte Schutzrechte 227
5.4.3. Digitalisierung bei Schweizer Kulturschaffenden 228
5.4.3.1. Digitalisierung in der Musik 228
5.4.3.2. Digitalisierung im Visuellen Design 228
5.4.4. Künstliche Intelligenz bei URG-Revision 2019 nicht berücksichtigt ... 229
5.4.5. Musik und Visuelles Design basierend auf oder durch Künstliche Intelligenz, insbesondere auch ChatGPT und andere Chatbots 230

5.4.5.1. Urheberrechtliche Relevanz von Inputs und Outputs der KI............230

5.4.5.2. Rechte an Outputs..232

5.4.6. NFTs aus juristischer Sicht...234

5.4.7. Allgemeine Geschäftsbedingungen von Distributoren (DistroKid, TuneCore, CD Baby u.a.), Spotify, Apple Music, Amazon Music, Deezer, YouTube, TikTok und Instagram betreffend Lizenzierung...236

5.4.8. Handy-Aufnahmen an Konzerten und deren Publikation auf YouTube und Co. 239

5.4.9. Recht am eigenen Bild und an der eignen Stimme in Bezug auf Künstliche Intelligenz...240

5.4.10. Handlungsempfehlungen...242

5.4.10.1. Review URG in Bezug auf KI..242

5.4.10.2. Generelle Empfehlungen in Bezug auf Rechtsanpassungen im digitalen Bereich 242

5.4.10.3. Schaffung Straftatbestand bei Persönlichkeitsverletzungen durch KI 243

5.4.10.4. Juristische Information und juristischer Support der Kulturschaffenden...243

5.4.10.5. Proaktiver Dialog 243

6. Transfer..245

6.1. Workshopdesign 245

6.2. Teilnehmende 245

6.3. Workshopmuster und Ablauf..247

6.4. Dokumentation und Ergebnissicherung..248

6.5. Diskussion der Ergebnisse 248

6.5.1. Detailergebnisse mit Bezug zu Kapitel 2 249

6.5.2. Hypothese zu Ergebnissen mit Bezug zu Kapitel 3......................254

6.5.3. Hypothese zu Ergebnissen mit Bezug zu Kapitel 4......................258

6.5.4. Hypothese zu Ergebnissen mit Bezug zu Kapitel 5......................259

6.6. Zusammenfassung und Fazit 263

Annex **265**

Liste der Interviewpartnerinnen und Interviewpartner 265

Prototyp Interaktives Tool zur Visualisierung der Personas 267

Szenarien für Workshop «Speculative Design» 270

Szenario 1a: Arbeitsorganisation mit Digitaler Assistenz...............................270

Szenario 1b: Kreatives Arbeiten mit KI 271

Szenario 2: Immersive (virtuelle) Realität...272

Literaturverzeichnis **275**

Projektgruppe **289**

Abbildungsverzeichnis

Abb. 1	Wertschöpfungsprozess im Bereich Musik	119
Abb. 2	Wertschöpfungsprozess im Bereich Theater	120
Abb. 3	Wertschöpfungsprozess im Bereich Visuelles Design	122
Abb. 4	Morphologische Box mit Eigenschaftsdimensionen der sechs Personas	142
Abb. 5	Porträt von Carla Buffi	144
Abb. 6	Kopf und Long Tail	170
Abb. 7	Das Hologramm «Hatsune Miku» bei einem Konzert	178
Abb. 8	Futures Wheel nach Glenn (2009)	197
Abb. 9	Startseite	267
Abb. 10	Startseite Auswahl Personas	268
Abb. 11	Kurzbeschreibung der Persona	269
Abb. 12	Dilemmata/Entscheidung mit Auswahlmöglichkeiten	269
Abb. 13	Rückmeldung zur getroffenen Entscheidung	270
Abb. 14	Schlussfazit zu den getroffenen Entscheidungen/Dilemmata	270

Tabellenverzeichnis

Tab. 1 Arbeitsverhältnisse 210

Tab. 2 Liste der Interviewpartnerinnen und Interviewpartner für leitfadengestützte Interviews 265

Zusammenfassung

Neue Technologien beflügeln seit jeher die Kreativität von Kulturschaffenden in unterschiedlichen Kulturbereichen und verändern die Rahmenbedingungen, unter denen Kulturprodukte konzipiert, hergestellt und an ein Publikum gebracht werden. Dies gilt insbesondere auch für die Folgen der Digitalisierung, wie sie in dieser Studie im Fokus stehen.

Hinter dem Schlagwort der digitalen Transformation verbirgt sich eine ganze Vielzahl von Technologien und Anwendungen, die für Kunst- und Kulturschaffende mit neuen Möglichkeiten, aber auch Abhängigkeiten und Herausforderungen einhergehen. Mittels generativer Künstlicher Intelligenz (u.a. ChatGPT, Midjourney, Sora) entstehen neue Werkzeuge, die künstlerisch und kulturell genutzt werden können, um Prozesse zu vereinfachen oder interessante Ergebnisse zu erzielen.

Gleichzeitig stellen diese Technologien gerade in der Auftragskunst und im kommerziellen Sektor den Marktwert des Faktors Mensch infrage. Der 118-tägige Streik von Schauspielerinnen und Schauspielern in Hollywood, die sich 2023 erfolgreich dagegen stark machten, in Filmproduktionen von digitalen Doppelgängern ersetzt zu werden, zeigt jedoch, dass es sich hierbei nicht um unabwendbare Entwicklungen handelt. Vielmehr besteht immer ein gesellschaftlicher Gestaltungsspielraum, den es zu erkennen und zu nutzen gilt, um die Folgen dieser Technologien in die gewünschte Richtung zu lenken. Dies gilt auch für die zweischneidigen Auswirkungen sozialer Medien wie beispielsweise Instagram oder TikTok. Diese eröffnen Kulturschaffenden neue Bühnen, über die sie niederschwellig und gezielt ein Publikum ansprechen können, das ohne diese Technologien möglicherweise nicht existieren würde. Einerseits erleichtert dies die kulturelle Teilhabe und schafft neue Zugänge. Anderseits sind die Kulturschaffenden auch gezwungen, diese Bühnen zu nutzen und sie permanent mit Inhalten – sogenanntem Content – zu bespielen, um überhaupt präsent zu sein und am kulturellen Markt teilnehmen zu können. Voraussetzung hierfür ist wiederum, dass sie sich das notwendige Wissen zum Einsatz sozialer Medien und digitaler Märkte aneignen müssen, was wiederum zeitliche und psychische Ressourcen bindet. Widersetzen sie sich diesem Social-Media-Imperativ, droht der Ausschluss vom kulturellen Markt, den diese Plattformen – hinter denen wie im Falle TikTok auch staatliche Akteure wie China stehen – als quasimonopolistische Gatekeeper stark mitregulieren. Hier zeigen staatliche Eingriffe wie das «Anti-TikTok-Gesetz», das einen Eigentümerwechsel der Plattform in den USA erzwingen soll, dass eine gezielte gesetzliche Regulierung solcher Technologien durchaus möglich ist.

Dieses Schlaglicht auf zentrale Ergebnisse der Studie soll klar machen: Digitaltechnologien und deren Folgen müssen ganzheitlich in ihren sozialen, ökonomischen, politischen und rechtlichen Wirkzusammenhängen betrachtet werden, um Stellschrauben zu erkennen, über die eine inklusive Gestaltung der Digitalisierung im Sinne der kulturellen Teilhabe möglich ist.

Genau diesen Zweck verfolgt vorliegende Studie mit einem Fokus auf die Kulturbereiche Musik, Theater und Visuelles Design. Im Sinne einer Gesamtbetrachtung werden Empfehlungen für Entscheidungsträgerinnen und Entscheidungsträger erarbeitet und deren Übertragbarkeit auf weitere Kunst- und Kulturfelder (z.B. Literatur, Film, Gaming etc.) geprüft. In der Studie wird Bezug auf einzelne Technologien wie etwa generative Künstliche Intelligenz oder virtuelle respektive erweiterte Realität (VR/AR) genommen.

Im Zentrum steht der gesamte Arbeitsalltag der Kulturschaffenden, von der Kreation und Akquise von Projekten über die Kooperation mit anderen Künstlerinnen und Künstlern, Intermediären, Auftraggeberinnen und Auftraggebern; ausserdem die Hervorbringung künstlerischer Produkte selbst und schliesslich deren Verbreitung und Vermarktung an ein Publikum. Dabei ist die Beantwortung folgender Fragen zentral:

1. Wie verändert die Digitalisierung die Beziehungsdynamiken zwischen Kulturschaffenden untereinander, sowie gegenüber Intermediären, dem Publikum und dem Produkt ihres Schaffens?

2. Welchen Einfluss hat die Digitalisierung auf die Verbreitungskanäle von Kulturschaffenden? Welche Rolle spielen digitale Hilfsmittel hierbei und welche Auswirkungen haben diese auf die kulturelle Vielfalt?

3. Wie entwickeln sich kulturelle Netzwerke und deren Rollen im Kontext der Digitalisierung?

4. Welche rechtlichen Fragen ergeben sich aus den Folgen der Digitalisierung in den Bereichen Urheberschutz, Persönlichkeitsrecht und der Stellung der Kulturschaffenden im Sozialversicherungssystem?

5. Inwiefern lassen sich die gewonnenen Erkenntnisse auf weitere Kultursparten übertragen?

Folgende Punkte bilden die Kernergebnisse der Studie:

Die Effekte der Digitalisierung werden als unterschiedlich disruptiv erlebt, wobei mittelfristig eine Synergie zwischen analogen und digitalen Praktiken angenommen wird.

Im digitalen Raum ist es oft nicht einfach und manchmal auch nicht sinnvoll, andere vom Zugriff auf künstlerische Inhalte auszuschliessen. Dies verlangt von den Kunst- und Kulturschaffenden eine intensive Auseinandersetzung mit den Funktionsprinzipien digitaler Märkte und deren Konsequenzen für die Generierung von Einkommen, aber auch von Reichweite und Exklusivität.

Durch die Möglichkeiten der digitalen Vernetzung entstehen informelle Netzwerke zwischen Kulturschaffenden untereinander und möglichen Auftraggebern respektive einem globalen Publikum. Deren Pflege auf Distanz erfordert von den Kulturschaffenden eine zeitintensive Bewirtschaftung sozialer Medien, die einerseits zu mehr Unabhängigkeit von klassischen Intermediären (z.B. Marketing- und Kommunikationsagenturen), andererseits zur bereits erwähnten zeitlichen und mentalen Mehrbelastung führt.

Trotz vorhandener Unterstützungsmassnahmen sind viele Kulturschaffende in atypischen Arbeitsverhältnissen nicht mit den sozialversicherungsrechtlichen Konsequenzen ihrer Beschäftigungsbedingungen vertraut. Die Sozialversicherungen wiederum sind unzureichend auf die flexiblen Arbeitsverhältnisse von Kulturschaffenden ausgerichtet. Die Digitalisierung verschärft durch die Zunahme von atypischen Arbeitsformen die bereits bestehenden Prekarisierungstendenzen für Kulturschaffende.

Aus diesem Zusammenhang ergeben sich durch die rasante Entwicklung der Möglichkeiten von Künstlicher Intelligenz auch neue Fragen des Persönlichkeitsschutzes. Dies zeigt der oben angeführte Hollywoodstreik. Die Technologie kann dazu genutzt werden, um die biometrischen Daten von Komparsinnen und Komparsen einmalig zu erfassen, um diese dann in weiteren Produktionen ungefragt und unbezahlt als digitale Avatare einzusetzen. Auch sorgen generative Technologien wie ChatGPT für Klärungsbedarf im Urheberrecht. Bei Texten, Bildern, Filmen oder Audioaufnahmen, die mithilfe Künstlicher Intelligenz generiert werden, stellen sich Fragen der rechtlichen Autorenschaft.

Die Ergebnisse der drei untersuchten Kulturbereiche wurden von Teilnehmenden anderer Kulturbereiche in Validierungs- und Transferworkshops für gültig und im Grossen und Ganzen auf in andere Sparten übertragbar befunden. Eine Detailprüfung der Handlungsempfehlungen für den je avisierten Kulturbereich durch die zentralen Akteure beispielsweise der Kunst- und Kulturförderung ist jedoch angeraten. Jeder dieser Bereiche weist spezifische Eigenarten hinsichtlich der Leistungserstellungsprozesse und der involvierten Personen, Organisationen und informellen Netzwerke auf. Regulierungen können daher nicht mit der grossen Kelle angerichtet werden, sondern müssen präzise auf diese Besonderheiten ausgerichtet sein.

Digitale Transformation wird unterschiedlich erlebt, jedoch zeichnen sich Synergien digitaler und analoger Räume ab

Während die Digitalisierung im Visuellen Design bereits seit geraumer Zeit Einzug in die Produktions- und Verbreitungsprozesse hält, beobachten Theaterschaffende in ihrem Bereich analoge Denk- und Produktionsweisen, die sich hemmend auf das Experimentieren mit neuen digitalen Erzählformen auswirken. Dies bezieht sich zum einen auf die Erwartungshaltung des Publikums, das an ein reibungsloses Theatererlebnis in physischer Präsenz gewöhnt ist. Zum anderen herrschen in Theaterhäusern, u.a. bedingt durch Budgetengpässe, Produktionsabläufe vor, die eine flexible und agile Planung und Umsetzung digitaler Produktionen erschweren. Hier wünschen sich die an der Studie beteiligten Theaterschaffenden eine grössere Akzeptanz partizipativer und nichtlinearer Produktionen beim Publikum und eine Berücksichtigung längerer Vor- und Nachbereitungsphasen in der Planung und Förderung digitaler Produktionen, wie sie auch in der «Kulturbotschaft 2025–2028» vorgesehen sind.

In Musik und Visuellem Design sowie in der freien Theaterszene entwickeln sich aufgrund des niederschwelligen Zugangs zu digitalen Kommunikations- und Verbreitungskanälen Do-it-Yourself-Praktiken, innerhalb derer die Kulturschaffenden viele Aspekte selbst übernehmen, die in mittelbarem Bezug zur eigenen Arbeit stehen (etwa Vermarktung und Community-Management). Dies führt einerseits zu mehr Autonomie, anderseits aber auch zu mehr zeitlicher und psychischer Belastung. Verstärkt wird dieser Druck dadurch, dass Kulturschaffende sich über digitale Verbreitungskanäle und Soziale Medien zunehmend der Erwartungshaltung eines globalen Marktes ausgesetzt sehen. Die kostengünstige, niederschwellige Verfügbarkeit von hochwertigen Produktionsmitteln und insbesondere der Einzug generativer Künstlicher Intelligenz in den Herstellungsprozess von Kulturgütern mündet in manchen Kultursparten in einer Entkopplung von Kunst und Handwerk. So wird angenommen, dass die Beherrschung eines Instruments in gewissen musikalischen Genres (etwa in der Popmusik) an Bedeutung verliert.

Gleichzeitig wird die Entwicklung eines eigenen künstlerischen Ausdrucks sowie die damit einhergehenden neuen Fähigkeiten, etwa die künstlerisch zielführende Interaktion mit der Künstlichen Intelligenz, im Sinne der Eingabe der richtigen Begriffe (Prompting) zur Schlüsselqualifikation. Dies gilt insbesondere im Visuellen Design, wo der eigenen individuellen Bildsprache eine noch grössere Bedeutung zukommen wird, um sich auf dem Markt behaupten zu können. Im Theaterbetrieb wird in Zukunft Personal gefragt sein, das komplexe Bühnenbilder sowohl künstlerisch entwerfen als auch technisch umsetzen kann. Solche Qualifikationen müssten in Kunsthochschulen vermittelt werden.

Gemein ist allen Kultursparten, dass die Digitalisierung neue Möglichkeitsräume zum Austausch und zur gesellschaftlichen Reflexion bietet, dass sich jedoch physische Treffen nie vollständig ersetzen lassen werden. Das Digitale wird besonders im Nachgang zur Covid-Pandemie als etwas Kaltes und Steriles mit Tendenz zur Beschleunigung, Flüchtigkeit und Erschöpfung wahrgenommen. Die Kunst- und Kulturschaffenden sind sich deshalb einig, dass auch in Zukunft weiterhin physischer Präsenzformate und Austauschmöglichkeiten nötig sind. Dies einerseits im Sinne der Netzwerkarbeit, um persönliche Kontakte zu pflegen und gemeinsame Projekte zu initiieren. Dies andererseits, um analoge Konferenzen und Symposien auch als Orte zu nutzen, an denen die Möglichkeiten digitaler und analoger Synergien ausgelotet werden können.

Auf mittlere Sicht, so die Annahme der Kulturschaffenden, wird die Kombination der Vorteile digitaler Sphären (niederwellige Partizipation, Überwindung physischer Grenzen, Effizienz) und analoger Treffen (Verbindlichkeit, Wärme, Stabilisierung sozialer Beziehungen) zu einem gesellschaftlichen und künstlerischen Mehrwert führen.

Aus dieser Dynamik der gegenwärtigen digitalen Transformation ergeben sich folgende Handlungsempfehlungen (HE):

HE1: Förderung und Bereitstellung physischer Begegnungsräume zur Vernetzung und Auslotung digital/analoger Synergien. Zielgruppe: kantonale und städtische Kulturförderung, Bundesamt für Kultur, Pro Helvetia, Fachhochschulen, Veranstalter, Bildungsanbieter.

HE2: Förderung eines digitalen Mindsets im Theater sowohl auf Ebene Produktion (agile Prozessstrukturen) als auch Narration (Offenheit für neue Erzählformen). Zielgruppe: Theaterhäuser, freie Szene, Bildungsanbieter.

HE3: Berücksichtigung des personellen und zeitlichen Mehraufwands in der Förderung digitaler Theaterproduktionen. Zielgruppe: kantonale und städtische Kulturförderung, Bundesamt für Kultur, Pro Helvetia.

HE4: Sensibilisierung für zeitliche und gesundheitliche Belastung durch erweitertes Aufgabenfeld und erhöhten Erwartungsanspruch. Zielgruppe: Kulturschaffende, Verbände, Bildungsanbieter.

HE5: Berücksichtigung neuer kreativer und technischer Kompetenzen in den Studiengängen der Hochschulen für Musik, Theater, Kunst und Design. Zielgruppe: Kunst-/Musikhochschulen.

Monetarisierung künstlerischen Schaffens im Spannungsfeld von Reichweitenoptimierung und Exklusivitätsdruck

In der digitalen Ära ist es oft schwieriger zu steuern, wer auf ein Kunstwerk zugreifen kann und wer nicht. Das heisst, Bezahlschranken erfordern entweder einen zusätzlichen Aufwand oder das Ausschlussprinzip ist nicht durchzusetzen. Zugleich verbrauchen sich digitale Kulturgüter in der Regel nicht, wenn sie rezipiert werden, und können auf unbeschränkt vielen Bildschirmen angeschaut oder mit Abspielgeräten auf der ganzen Welt angehört werden. Das bedeutet, dass die Konsumrivalität bei digitalen Gütern eine wesentlich geringere Rolle spielt als bei analogen Gütern.

Derartige Verschiebungen beeinflussen die Geschäftsmodelle im Kultursektor fundamental, reduzieren Transaktionskosten und fördern die Verbreitung von Kultur durch die Erleichterung des Zugangs. Darüber hinaus begünstigen sie Netzwerkeffekte, die auf Plattformen und in sozialen Medien zentral sind und neue Herausforderungen für Künstlerinnen und Künstler darstellen. Diese müssen die Möglichkeiten digitaler Technologien voll ausschöpfen können, um ihre Werke einem breiteren Publikum zugänglich zu machen.

Die digitale Präsentation von Kulturgütern, von Musik bis hin zu Visuellem Design, eröffnet neue Wege der Kreation und Promotion, die die traditionellen Grenzen des physischen Raums überwinden. Es ergeben sich daraus zwei Spannungsfelder, in denen sich Kulturschaffende zu orientieren haben:

1. Zwischen analoger Erdung und Bewunderung menschlicher Leistung und Kreativität einerseits und digital ermöglichter Ausdrucksmöglichkeit und Faszination anderseits.

Zusammenfassung

2. Zwischen digitaler Erleichterung und globaler Reichweite von Verbreitungskanälen und Kommunikation einerseits und der Intensivierung des Wettbewerbs um Aufmerksamkeit und globaler Reichweite und Omnipräsenz einiger weniger Superstars andererseits.

Welche Empfehlungen abzuleiten sind, hängt damit auch davon ab, wo und wie sich Kulturschaffende in diesen Spannungsfeldern verorten können und wollen.

Generell werden folgende Handlungsempfehlungen ausgesprochen:

HE6: Kuratierung virtueller Räume. Die Digitalisierung ermöglicht es Kulturschaffenden, ein breites Publikum zu erreichen, führt aber auch zu einer Marktkonzentration, von der vor allem «Superstars» profitieren. Es wird empfohlen, spezialisierte digitale Plattformen zu entwickeln, die gezielt junge und lokale Künstlerinnen und Künstler fördern. Diese Plattformen können als alternative virtuelle Räume dienen, die eine breitere Präsentation von Kulturgütern ermöglichen und die lokale Kulturszene im digitalen Raum stärken. Zielgruppe: Kulturschaffende, Plattformbetreibende, Politik, Rezipientinnen.

HE7: Förderung des Verständnisses digitaler Märkte. Für Künstlerinnen und Künstler ist es entscheidend, digitale Vertriebskanäle und neue Geschäftsmodelle zu verstehen, um sie anwenden zu können. Bildungsprogramme sollten darauf abzielen, digitale Kompetenzen umfassend zu vermitteln. Dazu gehören nicht nur technische Fähigkeiten im Umgang mit neuen Technologien, sondern auch Wissen im digitalen Marketing und im Bereich des Urheberrechts sowie der sozialen Absicherung. Kooperationen zwischen Kulturschaffenden und Technologieunternehmen sollten gefördert werden, um innovative Kulturprojekte zu ermöglichen. Zielgruppe: Bildungseinrichtungen, Pro Helvetia, kantonale und städtische Kulturförderung, Verbände.

HE8: Entwicklung und Vermarktung von Einzigartigkeit. Kulturschaffende sollten ihr individuelles Profil herausarbeiten und sich damit möglichst klar im digitalen Raum positionieren. Dies umfasst die Entwicklung eines differenzierten Angebots, um sich von der Masse abzuheben. Kulturförderer sind aufgerufen, den gesellschaftlichen Wert von Kultur anzuerkennen und Projekte zu unterstützen, die sowohl innovative als auch traditionelle Wege der Kulturproduktion und -präsentation erkunden, um die Authentizität und persönliche Entwicklung von Künstlerinnen und Künstlern zu fördern. Zielgruppe: Kulturschaffende, kantonale und städtische Kulturförderung, Pro Helvetia.

Pflege kultureller Netzwerke unter den Bedingungen der Digitalisierung

Die Digitalisierung verändert die Art und Weise, wie sich Netzwerke Kulturschaffender bilden und arbeiten. Die schnelle Änderung von Voraussetzungen und Möglichkeiten in der digitalen Kommunikation und der Anwendung neuer Software bei der künstlerischen Arbeit bieten viele Chancen, stellen jedoch auch grosse Herausforderungen dar, sowohl an die einzelne Person als auch an Organisationen und informelle Netzwerke. Für die Kulturbetriebe in den performativen Künsten (Theater und Musik) und ihre erweiterten Netzwerke stellt die digitale Transformation deshalb eine besondere Herausforderung dar, weil ihr Schaffen vom Grundverständnis her auf eine direkte Interaktion zwischen Menschen in Präsenz ausgelegt ist. In Gesprächen mit professionellen Kulturschaffenden und Vertretungen von Verbänden des Kulturbereichs liessen sich folgende Kernpunkte zur digitalen Kommunikation, Zusammenarbeit und Vermittlung identifizieren:

1. Digitalisierte Kooperation (in und zwischen Netzwerken und Organisationen) erfordert eine kompensatorische Pflege sozialer Beziehungen. Denn die zunehmende physische Distanz digitaler Kommunikation wird als Herausforderung wahrgenommen. In Netzwerken lässt sich beobachten, wie sich die Kommunikation zunehmend in digitale Kanäle für den Informationsaustausch und persönliche Treffen zur Beziehungspflege unterteilt.

2. In Netzwerken bilden sich kontextabhängige «Do-it-yourself»-Mentalitäten ab. Der digitale Vertrieb ermöglicht es Kulturschaffenden – allerdings mit Aufwand – ihre Werke direkt und im Prinzip global an ihr Publikum zu vermarkten und zu verkaufen. Ein Teil der Kulturschaffenden verzichtet gänzlich auf zwischengeschaltete Institutionen, professionelle Vermittlerinnen und Vermittler sowie vertragliche Bindungen zu diesen.

3. Die Herstellung von immersiven fiktiven Welten und die Rolle von Gamedesign werden als Kulturfaktoren an Bedeutung gewinnen. Die virtuelle Welt bietet (vermeintlich) grössere Möglichkeiten der Gestaltung als die reale, analoge Welt. Als Gefahr erscheint eine «Flucht» in die digitale Welt der (Rollen-)Spiele und der gamifizierten Erfolge sowie ein zunehmender Verlust bei der Unterscheidung zwischen dem Faktischen und dem Fiktiven.

4. Der Impact der generativen Künstlichen Intelligenz wird generell als Chance und Ressource für die Zusammenarbeit wahrgenommen. Erstens können dank generativer KI-Systeme die Abläufe in der Administration verbessert werden, zweitens könnte sich ein Gegentrend zur KI-basierten Aneignung

von Wissen etablieren, der auf einem intensiven, bei physischen Treffen gepflegten Austausch von Menschen beruht. Spezifisch im Musikbereich wird KI-generierte Musik zu verminderten Einnahmen im Bereich Streaming führen, was aber weniger als 1% der Musikschaffenden betrifft, die zurzeit über signifikante Einnahmen aus dieser Quelle verfügen. In Teil 2 dieses Buches zu «Chancen, Risiken und Wirkungen der Digitalisierung im Musikbereich» des Schweizer Musikrats (2024, i.E.) wird der grosse Aufklärungsbedarf beim Thema Künstliche Intelligenz seitens Musikschaffender und Organisationen untermauert.

Vor dem Hintergrund dieser Kernaspekte lassen sich folgende Handlungsempfehlungen formulieren:

HE9: Digitalisierungsfolgen als Schwerpunkt des Nationalen Kulturdialogs: Die Folgen der Digitalisierung für die Kulturförderung und die kulturelle Vielfalt sollten ein mehrjähriger Schwerpunkt des Nationalen Kulturdialogs werden. Angeknüpft werden kann an das von der Schweiz ratifizierte UNESCO-Übereinkommen zum Schutz und zur Förderung der Vielfalt kultureller Ausdrucksformen. Zielgruppe: Bundesamt für Kultur, Kantone, Städte, Gemeinden.

HE10: Rasche Umsetzung der Massnahme «Faire Rahmenbedingungen im digitalen Umfeld». Das Bundesamt für Kultur sollte die im Entwurf der Kulturbotschaft 2025–2028 vorgesehenen Massnahmen «Faire Rahmenbedingungen im digitalen Umfeld» in enger Zusammenarbeit mit anderen Bundesstellen und insbesondere mit den Verbänden professioneller Kulturschaffender zeitnah angehen. Zielgruppe: Bundesamt für Kultur.

Auswirkungen der Digitalisierung auf die Stellung Kulturschaffender im Sozialsystem sowie auf Fragen des Urheber- und Persönlichkeitsrechts

Trotz zahlreicher Bemühungen der öffentlichen Hand, von Stiftungen, der Berufsverbände und der Kulturschaffenden selbst hat sich deren soziale Sicherheit in den letzten zwei Jahrzehnten nur punktuell und nur in spezifischen Kultursparten verbessert. Dies nicht zuletzt aufgrund der durch die Digitalisierung geförderten atypischen Arbeitsformen. Diese Arbeitssituationen sind häufig mit einem tieferen Einkommen und geringerer sozialer Absicherung verbunden. Die heutigen Sozialversicherungen sind nur ungenügend auf die Flexibilität des Arbeitsmarktes zugeschnitten. Viele Kulturschaffende sind demzufolge nur unzureichend abgesichert, was sich im Zuge der weiteren Digitalisierung noch verschärfen dürfte (z.B. durch kleine Pensen, durch die internationale Tätigkeit der

Kulturschaffenden, durch das Aufkommen von digitalen Plattformen (siehe 3.2.3 sowie 3.3.3) sowie mit der Vergrösserung von Reichweite und Konkurrenz in digitalen Märkten (siehe 3.3.2).

Im Hinblick auf die soziale Sicherheit ergeben sich folgende Handlungsempfehlungen:

HE11: Es bedarf einer grundsätzlichen Regelung der atypischen Arbeitsformen, welche nicht nur den Kulturbereich, sondern alle, v.a. auch die Plattformökonomie, geschaffenen neuen Berufsfelder betreffen. Dabei wäre unter anderem das Modell der Lohnträgerschaft (Portage salarial) oder ähnlicher Finanzierungformen weiter zu prüfen, auch wenn dies vom Bundesrat bereits abgelehnt wurde. In den letzten Jahren haben verschiedene Dienstleister innovative Modelle der Umwandlung von Honoraren von Freelancern und Selbstständigerwerbenden in Lohn auf den Markt gebracht (Bundesrat, 2023a). Aktuell bestehen jedoch rechtliche Unsicherheiten, ob es sich hier nicht um eine eigentlich unzulässige Scheinarbeit handelt. Diese Ansätze sollten in einem Pilotversuch in enger Zusammenarbeit mit staatlichen Behörden mit privaten Anbietern geprüft werden. Zielgruppe: Wirtschafts- und Branchenverbände, Bundesparlament.

HE12: Grundsätzlich ist jede Person, so auch die Kulturschaffenden, v.a. wenn sie als freischaffende Personen aktiv sind, selbst verantwortlich, sich um die eigene soziale Sicherheit zu kümmern. Es bedarf einerseits eines erhöhten Masses an Eigenverantwortung und an Wissen, wie die arbeitsrechtlichen und sozialversicherungstechnischen Fragen in ihren spezifischen Arbeitsbedingungen korrekt zu lösen sind. Dabei bedarf es zusätzlicher Bemühungen, Kulturschaffende über sozialversicherungs- und arbeitsrechtliche Themen zu informieren und beraten, damit diese Eigenverantwortung übernehmen können. Entsprechend sollen diese Themen in der Aus- und Weiterbildung zwingend behandelt werden. Zielgruppen: Bildungsanbieter, Hochschulen, Kulturschaffende.

HE13: Die öffentliche Hand soll die institutionellen Subventionsempfängerinnen- und -empfänger dazu verpflichten, bei Entschädigungen die Honorar- und Gagenempfehlung einzuhalten. Wo solche Branchenempfehlungen noch fehlen, sollten diese erarbeitet werden. Zudem ist ein effektiver Einsatz der Fördergelder mit entsprechenden vertraglichen Rahmenbedingungen notwendig, besonders dort, wo keine vertraglich basierende Zusammenarbeit wie ein Arbeitsverhältnis vorhanden ist. Damit dies konform umgesetzt wird, ist die Schaffung einer Ombudsstelle zu prüfen. Zielgruppe: Verbände, Stiftungen, kantonale und städtische Kulturförderung.

HE14: Weitere Diskussion einer «Portage salarial». In den letzten Jahren haben verschiedene Dienstleister innovative Modelle der Umwandlung der Honorare von Freelancern und Selbstständigerwerbenden in Lohn auf den Markt gebracht. In Frankreich wurde dieses Modell bereits auch auf gesetzlicher Grundlage umgesetzt und es wären zum Thema «Soziale Absicherung von Kulturschaffenden» sicher gute Ansätze dabei, um einen Pilotversuch mit privaten Anbietern zu diesem Thema in enger Zusammenarbeit mit staatlichen Behörden zu starten. Der Bundesrat hat im Bericht zum Postulat Maret diese Thematik geprüft und anerkennt die Komplexität der sozialversicherungsrechtlichen Fragestellung bei Beschäftigungsverhältnissen der Kulturschaffenden. Er verwirft im gleichen Bericht einen gesetzgeberischen Handlungsbedarf (Bundesrat, 2023a). Auch wenn aktuell von gesetzgeberischen Änderungen abgesehen wird, wird ein Potenzial in diesem Modell gesehen, und im Minimum soll das Modell und die Auswirkungen in Frankreich beobachtet werden, um aus diesen Erfahrungen mögliche Massnahmen ableiten zu können. Zielgruppe: Politik, Verbände.

Auch die Herausforderungen rund um die Durchsetzung des Ausschlussprinzips bei digitalen Werken (siehe 3.2.2) respektive beim Umgang mit dem Urheberrecht ändern die Ausgangslage. Gemeinsam ist diesen ökonomischen Überlegungen, dass die Erwerbssituation von Kulturschaffenden unberechenbarer und volatiler werden dürfte.

Gerade weil die KI-Technologie so rasant voranschreitet, ist es dringend notwendig, dass deren Auswirkungen auf Kreation und Nutzung von Werken in der entsprechenden Revision des Immaterialgüterrechts berücksichtigt werden. Vorab ist zu bedenken, dass das Training der KI mit Daten, die gemäss Art. 2 URG geschützt sind und ohne vorliegende Einwilligung rechtswidrig erfolgt. Nach der herrschenden Lehre fällt das Training der KI für kommerzielle Anwendungen nicht unter das Privileg von Art. 24d URG (u.a. Wissenschaftliche Forschung). D.h. in der Konsequenz, dass auch der Output der KI widerrechtlich bleibt («Data Laundering», siehe SUISA, 2024).

Beim Output der KI stellt sich nun die Frage, ob dieser überwiegend unter menschlichem Einfluss entstanden ist (Art. 2 URG, Voraussetzung der «geistigen Schöpfung» als menschliche Willens- und Gedankenäusserung; nach Rehbinder et. al., 2022, Rn. 2 zu Art. 2 URG). Sofern der Output auf den überwiegenden menschlichen Einfluss zurückzuführen ist, sind die Nutzungsbedingungen der KI-Anbietenden zu berücksichtigen.

Ob, wie es in den Nutzungsbedingungen dargelegt wird, die Nutzerin resp. der Nutzer tatsächlich dafür verantwortlich gemacht werden kann, wenn die KI-generierten Inhalte Rechte Dritter verletzen, bleibt unklar. Zudem ist klärungsbedürftig, ob an den generierten Inhalten überhaupt irgendwelche Rechte bestehen (können), wem diese zustehen und wer sie folglich jemandem abtreten könnte. Die Herausforderung besteht praktisch darin, dass vor der Nutzung jeweils eruiert werden müsste, ob und in welchen Teilen im KI-Output Daten von Dritten übernommen wurden. Ist dies nicht deutlich ersichtlich, besteht die Gefahr versehentlicher Urheberrechtsverletzungen durch die Nutzenden. Um die Fälle juristisch beurteilen zu können, ist Transparenz der KI notwendig.

Hieraus ergeben sich folgende Handlungsempfehlungen:

HE15: Sinn und Zweck der Revision des URG im Jahre 2019 war es, «verschiedene gesetzliche Bestimmungen an neuere technologische und rechtliche Entwicklungen [anzupassen] [...], um die Chancen und Herausforderungen der Digitalisierung im Urheberrecht nutzen bzw. meistern zu können» (Bundesblatt, 2018, S. 593). Aus diesem Grund empfehlen wir auch den bereits angestossenen Prozess zur Revision des URG in Bezug auf die Auswirkungen von KI zeitlich rasch abzuschliessen. Zielgruppe: UVEK, Politik, Verbände.

HE16: Bei der Revision des Immaterialgüterrechts sind die weltweiten resp. europaweiten Entwicklungen zu berücksichtigen. Rechtsanpassungen sollten darum einerseits im Gleichschritt mit der EU erfolgen und andererseits mit dieser mindestens harmonisiert sein. Grundsätzlich ist sorgsam zu prüfen, ob eine Anpassung wirklich notwendig ist oder ob nicht das bestehende Recht auch auf die neuen, technischen Bedingungen bzw. Umstände angewendet werden kann (Technologieneutralität). Zielgruppe: Bundesamt für Kommunikation, Bundesrat, Parlament, Bundesamt für Kultur, Kulturverbände.

HE17: Mit den neuen Möglichkeiten durch die KI können Bilder und Stimmen von Kulturschaffenden gegen deren Willen in (weiteren) Projekten, die durch KI erstellt wurden, verwendet werden. Der entsprechende Rechtsbehelf (Art. 27ff. ZGB) sieht nur eine zivilrechtliche Klage vor, da die Aufnahmen mit der Einwilligung der Betroffenen erfolgt ist, welche mit einem hohen Prozessrisiko, insbesondere durch Prozesskosten, verbunden sind. Die Schaffung eines Straftatbestandes bei Persönlichkeitsverletzungen durch KI böte hier Hand. Zielgruppe: Bundesamt für Kommunikation, Bundesamt für Justiz, Bundesrat, Parlament, Kulturverbände.

HE18: Zwar gibt es Rechtsbehelfe für Kulturschaffende, um sich gegen die Ausbeutung ihres Schaffens zu wehren (UWG, ZGB, URG). Die juristischen Möglichkeiten werden aber selten oder gar nicht genutzt, weil die Kulturschaffenden sie nicht kennen oder sich scheuen, sie zu ergreifen. Diesbezüglich brauchen die Kulturschaffenden trotz bestehender Angebote wie beispielsweise von Suisseculture noch mehr Informationen und Unterstützung – welche möglichst niederschwellig zugänglich sein sollte – durch die Kulturverbände. Zielgruppe: Bundesamt für Kommunikation, Bundesamt für Kultur, Kulturverbände, Verwertungsgesellschaften.

HE19: Um akzeptable Rahmenbedingungen für Kulturschaffende zu ermöglichen, ist ein weiterführender proaktiver Dialog seitens der Verbände mit den kommerziellen Anbietern notwendig. Zielgruppe: Kulturverbände.

Ein signifikanter, in dieser Studie nicht thematisierter Bereich des Kulturschaffens ist der Nachlass und wie damit umzugehen ist (vgl. zu diesem Thema die TA-SWISS-Studie «La mort à l'ère numérique. Chances et risques du Digital Afterlife»: Strub et al. 2024). Das betrifft auch immer mehr den digitalen Nachlass (früher Briefe, heute E-Mails; sowie Social-Media-Profile, Webseiten usw.). Dieser wird noch viel zu wenig betrachtet und wäre ein eigenes Forschungsprojekt wert.

Rückfragen an:

Dr. Nicolai Ruh
Alter Wall 17
78467 Konstanz (D)
nicolai.ruh@uni-konstanz.de

Prof. Dr. Jens O. Meissner
Hochschule Luzern – Wirtschaft
Institut für Betriebs- und Regionalökonomie IBR
Zentralstrasse 9
CH-6002 Luzern
jens.meissner@hslu.ch

Summary

New technologies have always inspired the work of artists in various cultural areas, and are changing the framework conditions under which their works are conceived, created and presented to the public. This applies in particular to the consequences of digitalisation, which are the focus of this study.

The term "digital transformation" harbours a broad variety of technologies and applications that go hand in hand with new opportunities for artists, as well as with certain dependencies and challenges. Through the use of generative artificial intelligence (for example, ChatGPT, Midjourney, Sora), new tools can be developed that can be used creatively and culturally in order to simplify processes or achieve attractive outcomes.

At the same time, precisely in the field of commissioned art and in the commercial sector, these technologies place the market value of the human factor in question. The 118-day strike by Hollywood actors, who in 2023 successfully opposed being replaced by digital doubles in film productions, shows that these are not entirely unavoidable developments. On the contrary, there is always a certain degree of societal creative leeway that has to be recognised and utilised in order to steer the consequences of these technologies in the desired direction. This also applies to the double-edged effects of social media platforms such as Instagram and TikTok. These platforms open up new opportunities for artists to readily reach out to a targeted public that would not exist without the new technologies. On the one hand, this facilitates cultural participation and creates new forms of access, while on the other hand artists have to use these platforms and constantly upload content to them in order to maintain a presence and be able to participate in the cultural market. This in turn means that they have to acquire the necessary know-how for using social media and digital markets, which is both time-consuming and requires mental resources. If they resist the need to use social media platforms, they risk being excluded from the culture market, because these platforms are also under the influence of state players such as China (in the case of TikTok, for example) and thus function as quasi-monopolistic gate keepers. Here, state interventions such as the Anti-TikTok Bill that aims to bring about a change of ownership of the platform in the USA, shows that it is entirely possible to regulate these technologies through targeted legislation.

Summary

This summary of the main findings of the study is intended to underscore the fact that digital technologies and their consequences have to be viewed as a whole in the context of their social, economic, political and legal interactions in order to identify solutions that enable an inclusive design of digitalisation in the sense of cultural participation.

This is the objective this study pursues, with a focus on music, theatre and visual design. In order to provide an overall picture, it formulates recommendations for decision-makers and how they can be incorporated into other areas of art and culture (literature, film, gaming, etc.). It also takes account of specific technologies such as generative artificial intelligence and virtual and augmented reality.

The focus is on the everyday working life of artists, from the creation and acquisition of projects, through to cooperation with other artists, intermediaries and clients. The study also analyses the production of works of art and their distribution and marketing to a public. It seeks answers to the following central questions:

1. How does digitalisation change the dynamic of relationships among artists and with intermediaries, the public and the product of their work?
2. What influence does digitalisation have on artists' distribution channels? What role do digital tools play here, and what impacts do they have on cultural diversity?
3. How do cultural networks and their roles evolve in the context of digitalisation?
4. Which legal issues arise from the consequences of digitalisation in the areas of protection of copyright and personal rights, and the position of artists in the social insurance system?
5. To what extent can the findings be transferred to other fields of creative art?

The main findings of the study are as follows:

The effects of digitalisation are perceived as disruptive in different ways, although in the medium term a synergy between analogue and digital practices is assumed.

In the digital sphere it is often not easy, and sometimes not even purposeful, to exclude others from access to artistic content. This means that artists have to closely examine the operating principles of digital markets and their consequences for the generation of income, as well as reach and exclusivity.

The possibilities of digital networking facilitate the development of informal networks among artists themselves, as well as with potential clients and a global public. Their remote cultivation means that the artists have to intensively manage social media platforms, which on the one hand lessens their dependency on conventional intermediaries (e.g. marketing and communication agencies), but on the other gives rise to the already cited additional mental and time-related burdens.

Despite existing support measures, many artists in atypical working relationships are not aware of the consequences of their situation in terms of social insurance. And social insurance schemes in their turn are insufficiently oriented on the flexible working conditions of artists. Due to the associated increase in atypical working conditions, digitalisation intensifies the already existing trend towards precarious terms of employment.

In this context, the rapid development of the potentials of artificial intelligence is also raising new questions relating to the protection of personal rights, as the above-mentioned Hollywood strike shows. Here, this technology can be used to record the biometric data of film extras and subsequently use the data in other productions as digital avatars, without obtaining consent and without payment. Generative technologies such as ChatGPT also need clarification with respect to copyright protection. The generation of texts, images, films and audio recordings by artificial intelligence raises questions regarding their legal ownership.

In validation and transfer workshops, the findings from the cultural fields covered in the study were declared by participants in other cultural spheres to be valid and generally speaking to be transferable to other segments. However, a detailed examination of the recommendations for action should be carried out for each cultural field by the central players in the areas of art and culture promotion. Each of these fields has specific characteristics in terms of creative processes and involved players, which means that regulations for organisations and informal networks cannot be defined globally, but must be tailored to their specific characteristics.

Non-simultaneous experience of the digital transformation and the expectation of a synergy of digital and analogue spaces and spheres of activity: while digital technology has long been used in the production and distribution processes of visual design, theatre practitioners observe that analogue thinking and production methods in their field have an inhibiting effect on experimentation with new digital narrative forms. This is also true for the expectations on the part of audiences which are accustomed to seamless theatre with physical presence.

But also, partly for budget reasons, prevailing production methods in theatres hamper the flexible and agile planning and implementation of digital productions. Here, the respondents in the theatre segment of the study call for broader audience acceptance of participative and non-linear productions. They also wish to see longer preparatory and follow-up phases taken into account in the planning and promotion of digital productions, as envisaged in the "Dispatch to Parliament Regarding the Promotion of Culture, 2025–2028".

In music and visual design, as well as in the independent theatre scene, the low-threshold access to digital communication and distribution channels is leading to the development of do-it-yourself practices, within which artists take on many aspects directly related to their own work (for example, marketing and community management). This leads to greater autonomy, but also increases time-related pressure and mental stress. This pressure is growing because artists feel more and more exposed to the expectations of a global market through digital distribution channels and social media. The low-cost and low-threshold availability of high-quality production resources, and in particular the use of generative artificial intelligence in the production process of cultural goods, are bringing about a decoupling of art and handicraft in some cultural fields. It is thus assumed that the importance of mastering an instrument in certain musical genres (e.g. pop music) could diminish.

At the same time, the development of an individual artist's own expression and the associated new skills – for example, the artistically expedient interaction with artificial intelligence – will become the key qualification in the sense of input of the correct wording (prompting). This is especially applicable to visual design, where an individual visual language will become even more important if artists are to hold their own on the market. In the theatre, personnel will be sought after who can not only design complex stage settings, but also implement them. The necessary skills will have to be taught in art colleges.

What all cultural fields have in common is that digitalisation opens up new opportunities for exchange and social reflection, but also that physical encounters will never be entirely replaceable. Especially in the wake of the Covid-19 pandemic, digital creation is perceived to be cold and sterile, with a tendency towards acceleration, volatility and exhaustion. Artists thus agree that, as before, physical presence formats and exchange options will continue to be necessary in the future – both for networking to maintain personal contacts and initiate joint projects, and for using analogue conferences and symposiums as places where the potentials of digital and analogue synergies can be determined.

The artists assume that, in the medium term, the combination of benefits of digital spheres (low-threshold participation, overcoming physical limits, efficiency) and analogue encounters (commitment, warmth, stabilisation of social relationships) will create added social and artistic value.

The following recommendations for action can be derived from the dynamics of the current digital transformation:

RA1: Promotion and provision of physical meeting places for networking and the exploitation of digital/analogue synergies. Target group: cantonal and municipal cultural promotion bodies; Federal Office of Culture; Pro Helvetia; colleges of technology; event organisers; education providers.

RA2: Fostering a digital mindset in the theatre, at both the production (flexible process structures) and the storytelling (open-mindedness to new narrative forms) level. Target group: theatres; independent theatre scene; education providers.

RA3: Taking account of the additional personnel costs and time requirements in the promotion of theatre production. Target group: cantonal and municipal cultural promotion bodies; Federal Office of Culture; Pro Helvetia.

RA4: Raising awareness for the time demands and health burden of a wider range of tasks and higher expectations. Target group: artists; associations; education providers.

RA5: Including new creative and technological skills into curricula at music, theatre, art and design colleges. Target group: art colleges and music academies.

Monetisation of artistic creation in relation to the optimisation of reach and pressure on exclusivity

In the digital age it is often difficult to control who has access to an artwork and who does not. This means that pay walls require additional effort, or the exclusion principle cannot be enforced. As a rule, the use of digital art works does not expire once they have been received, but can be viewed on an unlimited number of monitors or listened to on playback devices throughout the world. Rivalry therefore plays a much smaller role in the use of digital goods than it does in the use of analogue goods.

Changes of this sort fundamentally influence business models in the culture sector, cut transaction costs and facilitate the dissemination of culture through easier access. In addition, they enhance the network effects central to platforms and social media, and pose new challenges for artists, who need to be able to fully exploit the potentials of digital technologies to make their works accessible for a broader public.

The presentation of artworks in digital form, ranging from music through to visual design, opens up new opportunities for creation and promotion which transcend the conventional limits of physical space. This gives rise to two conflicting areas in which artists must orient themselves:

1. Between analogue grounding and admiration of human performance on the one hand, and the digitally enhanced possibilities of expression and fascination on the other.
2. And between the digital simplification and global reach of distribution channels and communication, and the intensification of competition for attention and global reach and the omnipresence of a handful of superstars.

The nature of recommendations to be derived here also depends on where and how artists can and wish to position themselves in these areas of conflict.

In general, the following recommendations for action can be formulated:

RA6: Curating the virtual space: digitalisation enables artists to reach a broad public, but it also leads to a market concentration which mainly benefits superstars. The development of specialised digital platforms to specifically promote young and local artists is recommended. These platforms can act as alternative virtual spaces, facilitating the broader presentation of artworks and promoting the local art scene in the digital sphere. Target group: artists; platform operators; politicians; recipients.

RA7: Promotion of the understanding of digital markets: for artists, understanding digital distribution channels and new business models is essential. Education programmes should therefore focus on providing a broad range of digital competencies. This includes not only skills in the use of new technologies, but also know-how in the area of digital marketing, copyright law and social security. Cooperation between artists and technology companies should be encouraged in order to enable innovative art projects. Target group: educational institutions; Pro Helvetia; cantonal and municipal cultural promotion bodies; associations.

RA8: Developing and marketing cultural uniqueness: artists should develop their personal profile and thus position themselves as clearly as possible in the digital sphere. This involves developing a differentiated offer in order to stand out from the masses. Art promoters should recognise the social value of art, and support projects that explore both innovative and conventional means of art production and presentation, in order to foster the authenticity and personal development of artists. Target group: artists; cantonal and municipal cultural promotion bodies; Pro Helvetia.

Management of cultural networks under the conditions of digitalisation

Digitalisation is changing the way in which artist networks are formed and function. The rapid changes in the prerequisites and possibilities of digital communication and in the use of new software in the area of creative activity open up numerous opportunities, but also pose major challenges, both for artists as well as for organisations and informal networks. For cultural stakeholders in the performing arts (theatre and music) and their extended networks, the digital transformation process thus represents a special challenge, because the fundamental interpretation of their creative work is based on direct interaction between people present on the stage and in the audience. In discussions with professional artists and representatives of art associations, the following key points were identified regarding digital communication, cooperation and mediation:

1. Digitalised cooperation (within and between networks and organisations) requires a compensatory cultivation of social connections, because the increasing physical distance of digital communication is perceived as a challenge. In networks it is possible to observe how communication is increasingly being divided into digital channels for exchanging information and personal encounters for the cultivation of relationships.

2. Context-related do-it-yourself mentalities are reflected in networks. Digital distribution enables artists – albeit with the incurrence of costs – to market and sell their works to their public directly and in principle globally. Some artists entirely dispense with the intermediate institutions and professional mediators, as well as contractual ties with these bodies.

3. The production of immersive fictional worlds and the role of game design will gain in importance as cultural factors. The virtual world (supposedly) offers greater opportunities for design than the real, analogue world. An "escape" into the digital world of (role-playing) games and game-based successes appears as a risk, as does the increasing loss of distinction between the factual and the fictional.

4. The impact of generative artificial intelligence is generally perceived as an opportunity and resource for cooperation. Firstly, administrative processes can be enhanced thanks to generative AI systems, and secondly, it is possible that a countertrend to the AI-based knowledge acquisition based on physical exchanges between people will emerge. Specifically in the music sector, AI-generated works will lead to a reduction in streaming revenue, though this concerns less than 1 percent of the musicians who currently draw significant income from this source. In the partner study, "Digitalisation of the Music Sector", carried out by the Swiss Music Council (2024, in preparation), the necessity for the comprehensive clarification of the topic of artificial intelligence on the part of musicians and associated organisations is substantiated.

Against the backdrop of these core aspects, the following recommendations can be formulated:

RA9: Consequences of digitalisation as focal point of the National Culture Dialogue: the consequences of digitalisation for the promotion of culture and cultural diversity should become a long-term focus of the National Culture Dialogue. This can be linked to the UNESCO Convention on the Diversity of Cultural Expressions which Switzerland has ratified. Target group: Federal Office of Culture; cantons and municipalities.

RA10: Rapid implementation of measures to ensure fair framework conditions in the digital environment. In the draft "Dispatch to Parliament Regarding the Promotion of Culture, 2025–2028", the Federal Office of Culture should promptly address the proposed measures to ensure fair framework conditions in the digital environment in close cooperation with other federal authorities, and in particular with professional artists' associations. Target group: Federal Office of Culture.

Impacts of digitalisation on the position of artists in the social insurance system and on issues relating to copyright law and the protection of personal rights

Despite numerous efforts on the part of the public authorities, various foundations, professional associations and artists themselves, the position of the latter with respect to social security has only improved in certain areas and in specific fields of creative work. This is not least attributable to the atypical working conditions promoted by the digitalisation. These working situations are often associated with lower income and reduced social insurance. The existing social insurance schemes are insufficiently adapted to the flexibility of the labour market. Many artists are therefore inadequately insured, and in the wake of further digitalisation this situation can be expected to worsen (for example, due to the international activities of artists, the increase in digital platforms (cf. 323 and 3.3.3), and the greater reach and increased competition on the digital markets (cf. 3.3.2).

With respect to social security, the following recommendations are proposed:

RA11: There is a general need for the regulation of atypical working conditions, not only in the cultural sector, but in all new occupational fields, especially those created by the platform economy. Here, the model of wage sponsorship (*portage salarial*) or other similar forms of financing should be examined in detail, even if it has already been rejected by the Federal Council. In recent years, a variety of service providers have introduced models for converting the fees of freelancers and the self-employed into wages (Federal Council, 2023a). But legal uncertainties currently exist as to whether this could constitute an inadmissible form of pseudo-employment. These ideas should be tested in a pilot trial in close co-operation with public authorities and private providers. Target group: trade and industry associations; parliament.

RA12: In principle, everyone (including artists, especially when they are self-employed) is responsible for taking care of their own social security situation. There is a need for a higher degree of personal responsibility and for an awareness of how labour law and social insurance issues can be resolved in accordance with specific working conditions. This calls for additional efforts to inform and advise artists about social insurance and labour law issues so that they can assume the necessary degree of personal responsibility. These topics should therefore be addressed in training and further education courses. Target groups: education providers; universities; artists.

RA13: The public sector should oblige institutional recipients of subsidies to comply with recommended fees and tariffs when paying remuneration. Where there are no sector recommendations, these should be introduced. In addition, an effective use of subsidies with corresponding contractual framework conditions is necessary, especially in situations in which no contractual form of collaboration (e.g. an employment relationship) exists. To ensure that this is implemented in compliance with the respective requirements, the possibility of creating an ombuds office should be considered. Target group: associations; foundations; cantonal and municipal culture promotion bodies.

RA14: In-depth debate on wage sponsorship: in the past few years, a variety of service providers have introduced models for converting freelance and self-employed fees into wages. In France, this model has already been implemented on a legal basis, and contains sound criteria concerning social insurance and the artists who can be included. This could form the basis for a pilot trial in close collaboration with public authorities and private providers. In its response to Postulate 21.3281, tabled by Marianne Maret, member of the Council of States, the Federal Council stated that it had looked into the matter and acknowledged the complexity of artists' working conditions. At the same time, however, it rejected the need for legislative action (Federal Council, 2023a). Even if the need for legislative amendments is currently rejected, a certain degree of potential is acknowledged in this model, and both the model itself and its impacts in France should at least be monitored in order to be able to derive potential measures from the findings. Target group: politicians; associations.

The challenges of implementing the exclusion principle with respect to digital works (cf. 3.2.2) and dealing with copyright protection also change the existing situation. One thing these economic deliberations have in common is the fact that the income situation for artists is expected to become more unpredictable and increasingly volatile.

Precisely because AI technology is developing so rapidly, its impacts on the creation and use of works must be taken into account in the corresponding revision of intellectual property legislation. To begin with, it should be noted that training AI with the aid of data that are protected in accordance with Article 2 of the Federal Act on Copyright and Related Rights and without the owner's prior consent, is unlawful. According to prevailing doctrine, training AI for commercial applications does not fall under the privilege granted in accordance with Article 24 of the above Act (including scientific research). This means that the output of AI also remains unlawful ("Data Laundering", cf. SUISA, 2024).

With regard to the output of AI, the question now arises whether it has been primarily created under human influence (Article 2, Federal Act on Copyright and Related Rights, prerequisite of "intellectual creation" as an expression of human will and expression of thought, cf. Rehbinder et al., 2022, margin note 2 to Article 2 of the Act). If the output is primarily attributable to human influence, the terms of use of the AI provider must be taken into account.

Whether the user can be held responsible, as specified in the terms of use, if the AI generated content violates the rights of third parties, remains unclear. In addition, the question whether any rights to AI generated content (can) exist at all, and if so, who owns them and thus who can assign them to someone else, also needs to be clarified. Here the challenge effectively lies in the fact that, prior to use of the content, it is necessary to determine whether, and in which portions of AI output, data from third parties have been adopted. If this is not clearly apparent, there is a risk that users could inadvertently violate copyright protection. To be able to assess the legal situation in such cases, AI needs to be transparent.

The following recommendations for action have been formulated regarding the above issues:

RA15: The objective of the revision of the Federal Act on Copyright and Related Rights in 2019 was to adapt various legal provisions to the latest technological and legal developments to ensure that the opportunities relating to copyright protection can be exploited and the associated challenges can be overcome (Federal Gazette, 2018, page 593). In view of this, we recommend that the already initiated process of revising the above Act with respect to the impacts of AI should be concluded without delay. Target group: Federal Department of the Environment, Transport, Energy and Communications; politicians; associations.

RA16: In the revision of the legislation governing intellectual property rights, the global and European developments should be taken into account. Here, amendments to the legal provisions should be implemented and at least harmonised with the developments in the EU. The question should be closely examined whether an adaptation is really necessary or the existing legislation can be applied to the new technological conditions or circumstances (principle of technology neutrality). Target group: Federal Office of Communication; Federal Council; parliament; Federal Office of Culture; cultural associations.

RA17: With the new possibilities opened up by AI, images and voices of artists can be used against their wishes in (other) projects initiated with the help of AI. The corresponding legal remedy (Articles 27 ff, Swiss Civil Code) only provides for civil-law action, which is associated with high litigation risk, and, in particular, with costs. Here the creation of a criminal offence for the violation of personal rights through the use of AI would be desirable. Target group: Federal Office of Communication; Federal Office of Justice; Federal Council; parliament; cultural associations.

RA18: While legal remedies do in fact exist for artists to defend themselves against exploitation of their work (Federal Unfair Competition Act; Swiss Civil Code; Federal Act on Copyright and Related Rights), these legal means are rarely (or never) used, because artists either do not know about them or are afraid to resort to them. This means that artists need to have easy access to information and support from cultural associations, in addition to the services provided by organisations such as *Suisseculture*. Target group: Federal Office of Communication; Federal Office of Culture; cultural associations; copyright collection agencies.

RA19: In order to create acceptable framework conditions for artists, the involved associations need to initiate a comprehensive proactive dialogue with commercial providers. Target group: cultural associations.

One significant topic relating to the area of art and culture that was not addressed in the study is the question of inheritance and how to handle it (on this topic, see the TA-SWISS study «La mort à l'ère numérique. Chances et risques du Digital Afterlife»: Strub et al. 2024). This includes, to an increasing extent, digital bequests (formerly letters, now e-mails; social media profiles; websites, etc.). Far too little attention is currently being paid to this issue, and a separate study would thus be of value here.

Enquiries:

Dr. Nicolai Ruh
Alter Wall 17
78467 Konstanz, Germany
nicolai.ruh@uni-konstanz.de

Prof. Dr. Jens O. Meissner
Lucerne University of Applied Sciences and Arts – Business Department
Institute of Business and Regional Economics IBR.
Zentralstrasse 9
6002 Lucerne
jens.meissner@hslu.ch

Résumé

Depuis toujours, les nouvelles technologies stimulent la créativité des artistes dans divers domaines et modifient les conditions dans lesquelles les productions culturelles sont conçues, fabriquées et diffusées auprès du public. Cela vaut tout particulièrement pour la numérisation, dont les conséquences sont au cœur de la présente étude.

Derrière l'expression « transformation numérique » se cache une multitude de technologies et d'applications qui ouvrent de nouveaux horizons aux acteurs culturels mais engendrent aussi des dépendances et des défis. Avec l'intelligence artificielle générative (notamment ChatGPT, Midjourney, Sora), de nouveaux outils apparaissent qui peuvent être utilisés dans un but artistique ou culturel, facilitant les processus créatifs et permettant d'obtenir des résultats intéressants.

Par ailleurs, ces technologies remettent en question la valeur de marché du facteur humain, en particulier dans l'art de commande et le secteur commercial. La grève de 118 jours des actrices et acteurs d'Hollywood, qui ont réussi en 2023 à s'opposer à leur remplacement par des doubles numériques dans les productions cinématographiques, démontre néanmoins que cette évolution n'est pas inéluctable. Au contraire, il existe toujours une marge de manœuvre sociétale qu'il convient d'identifier et d'utiliser pour orienter les effets de ces technologies dans le sens souhaité. Il en va de même pour l'impact à double tranchant des médias sociaux tels qu'Instagram ou TikTok. Ces plateformes ouvrent aux artistes de nouvelles scènes qui leur permettent de s'adresser de manière simple et ciblée à un public qui n'existerait peut-être pas sans ces technologies. D'une part, cela facilite la participation culturelle et crée de nouveaux accès. Mais d'autre part, les acteurs culturels sont aussi contraints d'utiliser ces scènes et de les alimenter en permanence avec des contenus (en anglais, *content*) afin de rester visibles et de participer au marché de la culture. Pour ce faire, ils doivent acquérir des connaissances pour utiliser les médias sociaux et les marchés numériques, ce qui mobilise des ressources temporelles et mentales. S'ils s'opposent à cet impératif, ils risquent d'être exclus du marché de la culture, que ces plateformes – soutenues par des acteurs étatiques comme la Chine, notamment dans le cas de TikTok – contribuent fortement à réguler en tant que *gatekeepers* quasi monopolistiques. À cet égard, les interventions gouvernementales telles que la loi « anti-TikTok », qui vise à imposer un changement de propriétaire de la plateforme aux États-Unis, démontrent qu'une réglementation légale ciblée de ces technologies est tout à fait possible.

La mise en lumière de ces résultats clés de l'étude permet de souligner la nécessité de prendre en compte les technologies numériques et leurs conséquences dans leur ensemble – englobant les dimensions sociale, économique, politique et juridique et leurs interactions – pour identifier les leviers qui permettent de favoriser une transformation numérique inclusive et participative dans le domaine culturel.

C'est précisément l'objectif de la présente étude, qui met l'accent sur les domaines de l'art, de la musique, du théâtre et du design visuel. Dans une perspective globale, elle formule des recommandations à l'intention des décisionnaires, tout en examinant leur potentiel d'applicabilité à d'autres secteurs artistiques et culturels tels que la littérature, le cinéma, le *gaming*, etc. L'étude tient compte de certaines technologies comme l'intelligence artificielle générative ou la réalité virtuelle ou augmentée (VR/AR).

Les tâches quotidiennes des acteurs culturels sont au cœur de cette étude, depuis la création et l'acquisition de projets jusqu'à la coopération avec d'autres artistes, intermédiaires et commanditaires, en passant par la réalisation de productions artistiques elles-mêmes et, enfin, leur diffusion et leur commercialisation auprès du public. Elle vise à répondre aux questions suivantes :

1. Comment la numérisation modifie-t-elle les dynamiques relationnelles entre les acteurs culturels eux-mêmes, ainsi qu'avec les intermédiaires, le public et le produit de leur création ?

2. Quelle influence la numérisation exerce-t-elle sur les canaux de diffusion des artistes ? Quel rôle les outils numériques jouent-ils à cet égard et quel impact ont-ils sur la diversité culturelle ?

3. Comment les réseaux culturels et leurs rôles évoluent-ils dans le contexte de la numérisation ?

4. Quelles sont les questions juridiques soulevées par la numérisation et ses conséquences en matière de protection des droits d'auteur, de droit de la personnalité et de statut des acteurs culturels dans le système des assurances sociales ?

5. Comment les connaissances acquises peuvent-elles être transposées à d'autres disciplines artistiques ?

Les principaux résultats de l'étude sont les suivants :

Les effets de la transformation numérique sont ressentis comme plus ou moins disruptifs, avec l'hypothèse d'une synergie entre les pratiques analogiques et numériques à moyen terme.

Dans l'espace numérique, exclure autrui de l'accès aux contenus artistiques n'est souvent pas simple ni toujours judicieux. Cela exige de la part des acteurs culturels une réflexion approfondie sur les principes de fonctionnement des marchés numériques et leurs conséquences sur la génération de revenus ainsi que sur la portée et sur l'exclusivité de la création culturelle.

Les possibilités offertes par l'interconnexion numérique font émerger des réseaux informels entre les acteurs culturels, les commanditaires potentiels et le public dans le monde entier. Mais l'entretien de ces réseaux à distance requiert de la part des acteurs culturels une gestion des médias sociaux qui demande beaucoup de temps. Si cela favorise d'une part leur indépendance vis-à-vis des intermédiaires traditionnels comme les agences de marketing et de communication, cela entraine aussi ladite surcharge temporelle et mentale.

Malgré les mesures de soutien existantes, de nombreux acteurs culturels occupant des emplois atypiques ne sont pas au courant des implications juridiques de leurs conditions de travail sur les assurances sociales. Ces dernières, quant à elles, ne sont pas suffisamment adaptées à la flexibilité des conditions de travail propres au secteur culturel. Avec la multiplication des formes de travail atypiques qu'elle entraine, la numérisation exacerbe la tendance préexistante à la précarisation des acteurs culturels.

L'évolution rapide des capacités de l'intelligence artificielle soulève aussi de nouvelles questions en matière de protection de la personnalité, comme l'illustre la grève hollywoodienne citée plus haut. Cette technologie peut être utilisée pour collecter les données biométriques des figurantes et figurants une seule fois, puis les utiliser comme avatars numériques dans d'autres productions, sans leur consentement et sans les rémunérer. Les technologies génératives comme ChatGPT appellent également des clarifications sur le droit d'auteur. Dans le cas de textes, d'images, de films ou d'enregistrements audio générés par l'intelligence artificielle, la question de la paternité juridique se pose également.

Les résultats de l'étude de ces trois domaines culturels ont été entérinés lors d'ateliers de validation et de transfert par les participantes et participants issus d'autres disciplines culturelles et, dans l'ensemble, ils ont été considérés comme transférables à d'autres domaines. Toutefois, il est souhaitable que les principaux acteurs, tels que les milieux de la promotion des arts et de la culture, examinent en détail les recommandations d'action spécifiques à chaque domaine culturel concerné. Chacun de ces domaines présente des particularités uniques en termes de processus de production, de personnes, d'organisations et de réseaux informels impliqués. Par conséquent, la réglementation ne peut pas être appliquée à grande échelle et de manière uniforme, mais doit s'accorder avec précision à ces spécificités.

La transformation numérique est vécue différemment, mais des synergies entre les espaces numérique et analogique se dessinent

Alors que la numérisation fait partie intégrante des processus de production et de diffusion du design visuel depuis un certain temps déjà, les milieux du théâtre observent dans leur domaine des modes de pensée et de production analogiques qui freinent l'expérimentation de nouvelles formes de narration numérique. D'une part, il y a les attentes du public, qui est habitué à une expérience théâtrale fluide en présence physique. D'autre part, les processus de production en vigueur dans les théâtres, et notamment les contraintes budgétaires, compliquent la planification et la réalisation flexibles et agiles des productions numériques. À cet égard, les personnes issues des milieux du théâtre qui ont participé à l'étude souhaitent une meilleure acceptation des productions participatives et non linéaires par le public, et la prise en compte de phases de préparation et de suivi plus longues dans la planification et la promotion des productions numériques, comme le prévoit d'ailleurs le Message culture 2025–2028.

Dans les domaines de la musique et du design visuel, comme dans le théâtre indépendant, l'accès facilité aux canaux de communication et de diffusion numériques favorise l'émergence de pratiques de type *do it yourself*, dans lesquelles les acteurs culturels prennent en charge de nombreux aspects indirectement liés à leur propre travail (comme le marketing et la gestion de la communauté). Cela conduit à une plus grande autonomie, mais aussi à une augmentation de la charge temporelle et mentale. Cette pression est renforcée par le fait que les acteurs culturels sont de plus en plus exposés aux attentes d'un marché mondial via les canaux de diffusion numériques et les médias sociaux. La disponibilité à bas prix et à bas seuil d'outils de production de haute qualité et, en particulier, l'introduction de l'intelligence artificielle générative dans le processus de fabrication des œuvres aboutissent, dans certains secteurs artistiques, à une dissociation de l'art et de l'artisanat. Ainsi, on estime généralement que la maitrise d'un instrument de musique perd de son importance dans certains genres musicaux (comme la pop).

Parallèlement, le développement d'une expression artistique propre et les nouvelles capacités qui l'accompagnent, comme l'interaction avec l'intelligence artificielle à des fins artistiques notamment pour saisir des termes appropriés (*prompting*), deviennent des compétences clé. C'est particulièrement vrai dans le domaine du design visuel, où le langage visuel individuel revêtira une importance encore plus grande pour s'imposer sur le marché. Dans le secteur du théâtre, il faudra à l'avenir du personnel qualifié, capable de concevoir et de mettre en œuvre des scénographies complexes, tant sur le plan artistique que technique. Ces compétences devraient être enseignées dans les écoles d'art.

Tous les secteurs culturels ont en commun le fait que la numérisation offre de nouveaux espaces d'échange et de réflexion sociale, mais que les rencontres physiques ne seront jamais totalement remplacées. Le numérique est perçu comme froid et stérile, surtout dans le sillage de la pandémie de Covid, avec une tendance à l'accélération, à la futilité et à l'épuisement. Les acteurs culturels s'accordent donc à dire que les formats de présence physique et les possibilités d'échange resteront nécessaires à l'avenir. D'une part, il s'agit de travailler en réseau afin d'entretenir des contacts personnels et d'initier des projets communs, et d'autre part, d'utiliser les conférences et les symposiums en présentiel comme des endroits où explorer les possibilités de synergies numériques et analogiques.

À moyen terme, les acteurs culturels estiment que la combinaison des avantages de la sphère numériques (participation à bas seuil, abolition des frontières physiques, efficacité) et des rencontres en présentiel (engagement, chaleur, stabilisation des relations sociales) apportera une plus-value sociale et artistique.

La dynamique actuelle de la transformation numérique conduit aux recommandations d'action suivantes (RA) :

RA1 : Promotion et mise à disposition d'espaces de rencontres en présentiel pour la mise en réseau et l'exploration de synergies numériques/analogiques. Groupe cible : promotion culturelle cantonale et municipale, Office fédéral de la culture, Pro Helvetia, hautes écoles spécialisées, organisateurs d'événements, prestataires de services éducatifs.

RA2 : Promotion d'un état d'esprit favorable au numérique dans le domaine du théâtre, tant au niveau de la production (structures de processus agiles) que de la narration (ouverture à de nouvelles formes de récit). Groupe cible : théâtres, scène indépendante, prestataires de services éducatifs.

RA3 : Prise en compte du surcroit de personnel et d'investissement temporel dans le soutien aux productions théâtrales numériques. Groupe cible : promotion culturelle cantonale et municipale, Office fédéral de la culture, Pro Helvetia.

RA4 : Sensibilisation aux contraintes de temps et de santé dues à l'élargissement du cahier des charges et à l'augmentation des attentes. Groupe cible : acteurs culturels, associations, prestataires de services éducatifs.

RA5 : Prise en compte de nouvelles compétences créatives et techniques dans les cursus des hautes écoles de musique, de théâtre, d'art et de design. Groupe cible : hautes écoles d'art/de musique.

Monétisation de la création artistique, entre optimisation de la portée et pression de l'exclusivité

À l'ère du numérique, il est souvent difficile de contrôler l'accès à une œuvre d'art. Autrement dit, soit les barrières payantes nécessitent un effort supplémentaire, soit le principe d'exclusion ne peut être appliqué. En même temps, en général, une œuvre d'art numérique n'est pas usée par le fait d'être réceptionnée et peut être visionnée sur un nombre illimité d'écrans ou écoutée sur des lecteurs dans le monde entier. Cela signifie que la rivalité de consommation joue un rôle beaucoup moins important pour les biens numériques que pour les biens analogiques.

Ces changements affectent fondamentalement les modèles d'affaires du secteur culturel, réduisent les coûts de transaction et facilitent la diffusion de la culture en simplifiant son accès. En outre, ils favorisent les effets de réseau, qui sont au cœur des plateformes et des médias sociaux. Ils représentent de nouveaux défis pour les artistes qui doivent pouvoir exploiter pleinement les potentiels offerts par les technologies numériques pour rendre leurs œuvres accessibles à un public plus large.

La présentation numérique des œuvres d'art, depuis la musique jusqu'au design visuel, ouvre de nouvelles voies de création et de promotion qui dépassent les limites traditionnelles de l'espace physique. Il en résulte deux champs de tension dans lesquels les acteurs culturels doivent s'orienter :

1. entre l'ancrage dans le monde analogique et l'admiration pour la performance humaine et la créativité d'une part, et les possibilités d'expression facilitées par le numérique et la fascination qu'elles suscitent d'autre part ;
2. entre la facilitation numérique et la portée mondiale des canaux de diffusion et de communication d'une part, et l'intensification de la concurrence pour l'attention et la portée mondiale, ainsi que l'omniprésence de quelques superstars d'autre part.

Les recommandations d'action qui en découlent dépendent donc aussi de la position et de l'approche que les acteurs culturels peuvent et veulent adopter dans ces champs de tension.

Les mesures préconisées de manière générale sont les suivantes :

RA6 : Curation d'espaces virtuels : la numérisation permet aux acteurs culturels d'atteindre un large public, mais elle conduit également à une concentration du marché qui profite principalement aux « superstars ». Il est recommandé de développer des plateformes numériques spécialisées pour promouvoir de manière ciblée les jeunes artistes et les artistes locaux. Ces plateformes peuvent servir d'espaces virtuels alternatifs permettant une présentation plus large des œuvres d'art et renforçant la scène artistique locale dans l'espace numérique. Groupe cible : acteurs culturels, exploitants de plateformes, instances politiques, destinataires.

RA7 : Promotion de la compréhension des marchés numériques : pour les artistes, il est essentiel de comprendre les canaux de distribution numériques et les nouveaux modèles commerciaux afin de pouvoir les appliquer. Les cursus éducatifs devraient viser à transmettre des compétences numériques de manière globale. Il s'agit non seulement de capacités techniques en matière d'utilisation des nouvelles technologies, mais aussi de connaissances en marketing numérique et dans le domaine du droit d'auteur et de la protection sociale. La coopération entre acteurs culturels et entreprises technologiques doit être encouragée pour faciliter la réalisation de projets artistiques innovants. Groupe cible : établissements de formation, Pro Helvetia, promotion culturelle cantonale et municipale, associations.

RA8 : Développement et commercialisation de la singularité : les acteurs culturels devraient élaborer leur profil individuel et se positionner ainsi le plus clairement possible dans l'espace numérique. Cela implique de développer une offre différenciée permettant de se démarquer de la masse. Les institutions de promotion artistique sont invitées à reconnaitre la valeur sociale de l'art et à soutenir des projets qui explorent des moyens à la fois innovants et traditionnels de produire et de présenter l'art, afin de promouvoir l'authenticité et le développement personnel des artistes. Groupe cible : acteurs culturels, promotion culturelle cantonale et municipale, Pro Helvetia.

Comment entretenir les réseaux culturels dans le contexte de la numérisation

La transformation numérique modifie la manière dont les réseaux d'acteurs culturels se forment et agissent. L'évolution rapide des conditions et des possibilités dans le domaine de la communication numérique et l'utilisation de nouveaux logiciels dans le travail artistique offre de nombreuses opportunités, mais posent également des défis majeurs, tant pour les individus que pour les organisations et les réseaux informels. Pour les entreprises culturelles des arts performatifs (théâtre et musique) et leurs réseaux étendus, la transformation numérique représente un défi particulier parce que leur création repose fondamentalement sur une interaction directe entre les personnes en présence. Les entretiens avec des acteurs culturels et des représentants d'associations du domaine artistique ont permis d'identifier les points clés suivants en matière de communication, de collaboration et de médiation numériques :

1. La coopération numérisée (au sein des réseaux et des organisations, et entre ceux-ci) exige une attention particulière portée aux relations sociales pour compenser la distance physique croissante de la communication numérique, celle-ci étant perçue comme un défi. Sur les réseaux, on observe comment la communication se décline de plus en plus entre les canaux numériques pour échanger des informations et les rencontres personnelles pour entretenir les relations.

2. Selon le contexte, une mentalité de type *do it yourself* se forme dans les réseaux. Grâce à la distribution numérique, les acteurs culturels peuvent commercialiser et vendre leurs œuvres directement à leur public, en principe dans le monde entier, mais au prix d'un effort important. Ils renoncent parfois totalement à faire appel à des institutions intermédiaires ou des médiateurs professionnels et à nouer des liens contractuels avec eux.

3. La création de mondes fictifs immersifs et le rôle du *game design* vont devenir des facteurs culturels de plus en plus importants. Le monde virtuel offre (supposément) des possibilités de création plus vastes que le monde réel

analogique. Le danger est de « fuir » dans le monde numérique des jeux (de rôle) pour vivre des succès artificiels, et de perdre peu à peu la capacité à distinguer le factuel du fictif.

4. L'impact de l'intelligence artificielle générative est généralement perçu comme une opportunité et une ressource pour collaborer. Premièrement, grâce aux systèmes d'IA générative, les processus administratifs peuvent être améliorés. Deuxièmement, une approche allant à contre-courant de l'acquisition des connaissances par l'IA et reposant sur des échanges humains intensifs à travers des rencontres physiques pourrait être mise en place. Dans le domaine musical en particulier, la musique générée par l'IA entrainera une baisse des revenus dans le secteur du *streaming*. Cela concerne cependant moins de 1% des créatrices et créateurs de musique qui en tirent actuellement des revenus significatifs. L'étude « Chancen, Risiken und Wirkungen der Digitalisierung im Musikbereich » (Opportunités, risques et effets de la numérisation dans le domaine de la musique) menée par le Conseil suisse de la musique et dont le résumé est publié dans le présent recueil met en évidence le besoin important d'information sur l'intelligence artificielle des créatrices et créateurs de musique et des organisations.

Au vu ces aspects fondamentaux, les recommandations d'action sont les suivantes :

RA9 : Les conséquences de la transformation numérique comme priorité du Dialogue culturel national : l'impact de la numérisation sur la promotion de la culture et de la diversité culturelle devrait devenir une priorité pluriannuelle du Dialogue culturel national. Cela pourrait se faire en lien avec la Convention de l'UNESCO sur la protection et la promotion de la diversité des expressions culturelles, ratifiée par la Suisse. Groupe cible : Office fédéral de la culture, cantons, villes, communes.

RA10 : Mise en œuvre rapide « Des conditions-cadres équitables dans l'environnement numérique » : l'Office fédéral de la culture devrait rapidement prendre les mesures prévues dans le projet Message culture 2025–2028, en étroite collaboration avec d'autres services fédéraux et en particulier avec les associations d'acteurs culturels professionnels. Groupe cible : Office fédéral de la culture.

Impact de la numérisation sur la position des acteurs culturels dans le système social et sur les questions de droit d'auteur et de droit de la personnalité

Malgré les nombreux efforts déployés par les pouvoirs publics, les fondations, les associations professionnelles et les acteurs culturels eux-mêmes, leur sécurité sociale n'a connu au cours des deux dernières décennies que des améliorations ponctuelles et limitées à certains domaines artistiques spécifiques, ce notamment en raison des formes de travail atypiques favorisées par la transformation numérique. Ces situations de travail sont souvent associées à un revenu plus faible et à une protection sociale moins étendue. Les assurances sociales actuelles sont inadaptées à la flexibilité du marché du travail et un grand nombre d'artistes n'est pas suffisamment protégé. La situation devrait encore s'aggraver avec la poursuite de la numérisation, par exemple en raison de taux d'occupation faibles, d'une activité internationale, de l'apparition de plateformes numériques (voir 3.2.3 et 3.3.3) ainsi qu'avec l'augmentation de la portée et de la concurrence sur les marchés numériques (voir 3.3.2).

En matière de sécurité sociale, les recommandations d'action suivantes s'imposent :

RA11 : Il est nécessaire de réglementer en profondeur les formes de travail atypiques qui concernent non seulement le domaine culturel, mais aussi tous les secteurs professionnels nouvellement créés, notamment ceux issus de l'économie de plateforme. À cet égard, il faudrait notamment poursuivre la réflexion sur le portage salarial, ou d'autres modèles de financement similaires, même si le Conseil fédéral l'a déjà rejeté. Ces dernières années, plusieurs prestataires de services ont lancé sur le marché des modèles innovants de conversion en salaire des honoraires de freelances et de personnes exerçant une activité indépendante (Conseil fédéral, 2023a). Il reste toutefois à vérifier si cela ne relève pas du travail fictif illégal au sens juridique du terme. Ces approches devraient être testées dans le cadre d'une expérience pilote menée en étroite collaboration avec les autorités publiques et les prestataires privés. Groupe cible : associations économiques et professionnelles, Parlement fédéral.

RA12 : En principe, tout individu a la responsabilité de gérer sa propre sécurité sociale, y compris les acteurs culturels exerçant une activité indépendante. Cela nécessite une plus grande responsabilité personnelle et des connaissances adéquates pour répondre correctement aux questions relatives au droit du travail et des assurances sociales selon ses conditions de travail spécifiques. Par conséquent, des efforts supplémentaires doivent être déployés pour informer et conseiller les acteurs culturels sur ces questions, afin de leur permettre d'assumer cette responsabilité personnelle. Ces thèmes doivent donc impérativement être traités dans la formation initiale et continue. Groupe cible : prestataires de services éducatifs, hautes écoles, acteurs culturels.

RA13 : Les pouvoirs publics doivent imposer aux institutions bénéficiaires de subventions de respecter les recommandations en matière d'honoraires et de cachets de rémunération. Si ces recommandations font encore défaut dans un secteur, il convient de les élaborer. En outre, il faut une utilisation efficace des fonds d'encouragement assortie d'un cadre contractuel adéquat, en particulier en l'absence de collaboration contractuelle de type rapport de travail. Afin d'assurer une application conforme, la création d'un service de médiation doit être envisagée. Groupe cible : associations, fondations, promotion culturelle cantonale et municipale.

RA14 : Poursuite de la discussion sur le portage salarial. Ces dernières années, plusieurs prestataires de services ont lancé sur le marché des modèles innovants de conversion en salaire des honoraires de freelances et de personnes exerçant une activité indépendante. En France, ce modèle est déjà en vigueur sur une base légale et, sur le thème de la « protection sociale des acteurs culturels », il serait certainement judicieux de lancer une expérience pilote en étroite collaboration avec les pouvoirs publics et les prestataires privés. Le Conseil fédéral a examiné ce point dans son rapport sur le postulat Maret et reconnaît la complexité des questions de droit des assurances sociales liées aux emplois des acteurs culturels. Dans le même rapport, il rejette la nécessité d'une intervention législative (Conseil fédéral, 2023a). Même si l'on exclut pour l'instant toute modification de la législation, ce modèle présente un potentiel et, au minimum, il serait judicieux de suivre son évolution et ses effets en France afin de déduire de cette expérience des mesures éventuelles. Groupe cible : milieux politiques, associations.

Les défis liés à l'application du principe d'exclusion des œuvres numériques (voir 3.2.2) ou à la gestion du droit d'auteur modifient également la situation de départ. Ces considérations économiques ont pour point commun que la situation des acteurs culturels en matière de revenus devrait devenir plus imprévisible et plus volatile.

C'est précisément en raison de l'évolution rapide de la technologie de l'IA qu'il est urgent de tenir compte de son impact sur la création et l'utilisation des œuvres dans la révision correspondante du droit de la propriété intellectuelle. Il faut tout d'abord tenir compte du fait que l'entrainement de l'IA avec des données protégées est illégal sans consentement préalable en vertu de l'art. 2 de la loi sur le droit d'auteur (LDA). Selon la doctrine dominante, l'entrainement de l'IA à des fins commerciales n'est pas couvert par le privilège de l'art. 24d LDA (entre autres, la recherche scientifique). C'est-à-dire que toute production d'une telle IA est elle aussi illégale (« Data Laundering », voir SUISA, 2024).

À cet égard, la question se pose maintenant de savoir si une production de l'IA a été créée principalement sous l'influence de l'humain (art. 2 LDA, condition de la « création de l'esprit » en tant qu'expression humaine de la volonté et de la pensée ; d'après Rehbinder et al., 2022, n. 2 ad art. 2 LDA). Lorsque cet *output* est principalement imputable à l'activité humaine, les conditions d'utilisation des fournisseurs d'IA doivent être prises en considération.

Il reste à déterminer si, comme le stipulent ces conditions d'utilisation, l'utilisatrice ou l'utilisateur peut effectivement être tenu responsable dans le cas où les contenus générés par l'IA violent les droits de tiers. De plus, il faut clarifier s'il existe ou non des droits quelconques sur les contenus générés, à qui ils appartiennent et qui, par conséquent, pourrait les céder à autrui. En pratique, la difficulté réside dans la nécessité de déterminer, avant toute utilisation, si des données de tiers ont été reprises dans l'*output* de l'IA et, le cas échéant, dans quelles parties. Si cela n'est pas clairement indiqué, il existe un risque de violation accidentelle des droits d'auteur par les utilisatrices et utilisateurs. La transparence de l'IA est nécessaire pour pouvoir apprécier les cas sur le plan juridique.

Les recommandations d'action suivantes résultent de ce qui précède :

RA15 : Dans le sens et le but de la révision de la LDA en 2019, « l'adaptation de diverses dispositions légales [du droit d'auteur] aux dernières avancées technologiques et aux récents développements juridiques doit en outre permettre de relever les défis du numérique dans le droit d'auteur et de tirer parti des opportunités qu'il offre » (Feuille fédérale, 2018, p. 593). C'est pourquoi nous recommandons également de mener rapidement à terme le processus de révision de la LDA déjà entamé en matière de conséquences de l'IA. Groupe cible : Département fédéral de l'environnement, des transports, de l'énergie et de la communication DETEC, milieux politiques, associations.

RA16 : La révision du droit de la propriété intellectuelle doit tenir compte de l'évolution au niveau mondial et européen. Les adaptations de la législation devraient donc suivre le même rythme que l'Union européenne d'une part, et être au moins harmonisées avec elle d'autre part. Par principe, il convient d'examiner avec soin si une adaptation est réellement nécessaire ou si le droit existant ne peut pas également être appliqué aux nouvelles conditions ou circonstances techniques (neutralité technologique). Groupe cible : Office fédéral de la communication, Conseil fédéral, Parlement, Office fédéral de la culture, associations culturelles.

RA17 : Avec l'évolution des moyens de l'IA, les images et les voix des artistes peuvent être utilisées contre leur gré dans d'autres projets créés par l'IA. Le recours correspondant (art. 27 ss CC) ne prévoit qu'une action civile, puisque les enregistrements ont été réalisés avec le consentement des personnes concernées, ce qui implique un risque élevé de procès, notamment de frais de justice. La création d'une infraction pénale pour les atteintes à la personnalité imputables à l'IA serait une bonne chose. Groupe cible : Office fédéral de la communication, Office fédéral de la justice, Conseil fédéral, Parlement, associations culturelles.

RA18 : Bien que les acteurs culturels disposent de voies de recours pour s'opposer à l'exploitation de leur création (LCD, CC, LDA), les possibilités juridiques sont peu ou pas utilisées, parce qu'ils ne les connaissent pas ou craignent de s'en prévaloir. À cet égard, malgré l'existence d'offres telles que Suisseculture, les acteurs culturels ont besoin de davantage d'informations et de soutien de la part des associations culturelles, qui devraient être accessibles le plus facilement possible. Groupe cible : Office fédéral de la communication, Office fédéral de la culture, associations culturelles, sociétés de gestion.

RA19 : Afin de créer des conditions-cadres acceptables pour les acteurs culturels, il est essentiel que les associations entretiennent un dialogue proactif et soutenu avec les prestataires commerciaux. Groupe cible : associations culturelles.

Un domaine significatif de la création culturelle, qui n'est pas abordé dans cette étude, est celui de l'héritage et de la manière de gérer une succession (cf. à ce sujet l'étude de TA-SWISS « La mort à l'ère numérique. Chances et risques du Digital Afterlife » : Strub et al. 2024). En effet, cela concerne de plus en plus le patrimoine numérique (autrefois les lettres, aujourd'hui les e-mails, profils de médias sociaux, sites web, etc.). Ce sujet est encore trop rarement pris en compte et mériterait un projet de recherche spécifique.

Pour toute question, veuillez vous adresser à :

Nicolai Ruh
Alter Wall 17
78467 Constance (D)
nicolai.ruh@uni-konstanz.de

Prof. Jens O. Meissner
Haute école spécialisée de Lucerne – Économie
Institut für Betriebs- und Regionalökonomie IBR
Zentralstrasse 9
CH-6002 Lucerne
jens.meissner@hslu.ch

Sintesi

Da sempre le nuove tecnologie solleticano la creatività degli operatori culturali in vari ambiti della cultura e trasformano le condizioni quadro in cui i prodotti culturali sono concepiti, realizzati e offerti al pubblico. Ciò vale in particolare anche per la digitalizzazione, sul cui impatto è imperniato il presente studio.

Dietro l'etichetta «trasformazione digitale» si nasconde tutta una serie di tecnologie e applicazioni, che vanno di pari passo con nuove possibilità, ma anche dipendenze e sfide per gli operatori culturali. L'intelligenza artificiale (IA) generativa (p. es. ChatGPT, Midjourney, Sora) dà vita a nuovi strumenti, che possono essere utilizzati sul piano artistico e culturale per semplificare i processi o ottenere risultati interessanti.

Al contempo queste tecnologie mettono in forse il valore di mercato del fattore umano, soprattutto nell'arte su commissione e nel settore commerciale. Lo sciopero di 118 giorni degli attori di Hollywood, che nel 2023 si sono opposti con successo alla minaccia di essere sostituiti da sosia digitali nelle produzioni cinematografiche, mostra tuttavia che non si tratta di sviluppi ineluttabili. Esiste sempre un margine di manovra sociale, che va riconosciuto e sfruttato per incanalare l'impatto di queste tecnologie nella direzione auspicata. Ciò vale anche per gli effetti «a doppio taglio» dei social media, come ad esempio Instagram o TikTok. Questi ultimi offrono agli operatori culturali nuovi palcoscenici, sui quali rivolgersi a bassa soglia e in modo mirato a un pubblico che, senza queste tecnologie, forse non raggiungerebbero mai. Da un lato ciò facilita la partecipazione culturale e crea nuovi accessi. Dall'altro, gli operatori culturali sono anche costretti a utilizzare questi palcoscenici e ad alimentarli continuamente con contenuti, i cosiddetti «content», per essere presenti e poter partecipare al mercato della cultura. A sua volta, ciò presuppone che acquisiscano le conoscenze necessarie per sfruttare i social media e i mercati digitali, investendo tempo e risorse mentali. Chi si sottrae a questo imperativo dei social media rischia di restare escluso dal mercato della cultura, fortemente dipendente da queste piattaforme gatekeeper quasi monopoliste, dietro le quali vi sono anche attori statali, come la Cina nel caso di TikTok. Interventi statali come la «legge anti-TikTok», che dovrebbe imporre un cambiamento di proprietario della piattaforma negli Stati Uniti, mostrano che un disciplinamento giuridico mirato di queste tecnologie è assolutamente possibile.

Puntando i riflettori sui risultati principali dello studio, questa sintesi mira a chiarire che le tecnologie digitali e il loro impatto devono essere visti nel complesso delle loro interazioni sociali, economiche, politiche e giuridiche al fine di riconoscere le leve da muovere per consentire un'impostazione inclusiva della digitalizzazione nell'interesse della partecipazione culturale.

Il presente studio persegue proprio questo scopo, concentrandosi sui tre ambiti della cultura musica, teatro e design visivo. Nell'interesse di un'analisi globale elabora raccomandazioni destinate ai decisori e ne esamina l'applicabilità ad altri campi dell'arte e della cultura (p. es. la letteratura, il cinema, il gaming ecc.). Lo studio fa riferimento a singole tecnologie, come l'intelligenza artificiale generativa o la realtà virtuale o aumentata (VR/AR).

L'analisi abbraccia l'intera quotidianità lavorativa degli operatori culturali, dalla creazione e dall'acquisizione di progetti alla cooperazione con altri artisti, intermediari e committenti, dalla realizzazione dei prodotti artistici stessi alla loro diffusione e commercializzazione ad un pubblico. Tutto per rispondere ai seguenti interrogativi:

1. La digitalizzazione come trasforma le dinamiche relazionali tra gli operatori culturali stessi e nei confronti degli intermediari, del pubblico e del prodotto del loro lavoro?

2. Qual è l'influsso della digitalizzazione sui canali di diffusione degli operatori culturali? Che ruolo svolgono i sussidi digitali e quali sono i loro effetti sulla diversità culturale?

3. Come evolvono le reti culturali e i loro ruoli nel contesto della digitalizzazione?

4. Che interrogativi giuridici solleva l'impatto della digitalizzazione nell'ambito della tutela del diritto d'autore, dei diritti della personalità e della posizione degli operatori culturali nel sistema delle assicurazioni sociali?

5. In che misura le conoscenze acquisite possono essere applicate ad altri comparti dell'arte?

Qui di seguito sono riassunti i risultati dello studio:

La percezione del carattere dirompente degli effetti della digitalizzazione varia, ma a medio termine si presume una sinergia tra pratiche analogiche e digitali.

Spesso, nello spazio digitale non è facile, e talvolta neanche sensato, escludere gli altri dall'accesso a contenuti artistici. Gli operatori culturali sono pertanto chiamati a riflettere attentamente sui principi alla base del funzionamento dei mercati digitali e sulle loro conseguenze per la generazione di redditi, ma anche di portata ed esclusività.

Le possibilità di interconnessione digitale danno origine a reti informali tra gli operatori culturali stessi e con potenziali committenti o un pubblico globale. La cura a distanza di queste reti impone agli operatori culturali di investire molto tempo nella gestione dei social media, il che comporta da un lato una maggior indipendenza dagli intermediari tradizionali (p. es. le agenzie di marketing e comunicazione) e dall'altro il già menzionato maggior dispendio di tempo e risorse mentali.

Malgrado le misure di sostegno disponibili, molti operatori culturali con forme di lavoro atipiche non sono consapevoli delle conseguenze delle loro condizioni occupazionali sul piano delle assicurazioni sociali. A loro volta, le assicurazioni sociali non sono abbastanza orientate alle condizioni di lavoro flessibili degli operatori culturali. Attraverso l'aumento delle forme di lavoro atipiche, la digitalizzazione inasprisce le tendenze già in atto per gli operatori culturali.

In questo contesto, il rapidissimo sviluppo delle possibilità dell'intelligenza artificiale solleva anche nuovi interrogativi sulla protezione della personalità. Lo dimostra lo sciopero di Hollywood menzionato sopra. Questa tecnologia può essere utilizzata per registrare una sola volta i dati biometrici delle comparse per poi impiegarli in altre produzioni come avatar digitali senza chiedere il permesso e senza versare alcun compenso. Le tecnologie generative come ChatGPT sollevano interrogativi anche sul diritto d'autore. Di fronte a testi, immagini, film o registrazioni audio generate con l'ausilio dell'intelligenza artificiale sorgono inevitabilmente dubbi sulla paternità giuridica.

Secondo i partecipanti a workshop di convalida e trasferimento provenienti da altri ambiti della cultura, i risultati relativi ai tre settori della cultura considerati sono validi e, nel complesso, applicabili anche ad altri comparti. È tuttavia consigliato un esame dettagliato delle raccomandazioni d'azione per i singoli ambiti culturali da parte degli attori principali, ad esempio della promozione dell'arte e della cultura. Ciascuno di questi ambiti presenta peculiarità specifiche per quanto attiene ai processi di creazione e alle persone, organizzazioni e reti informali coinvolte. Non possono quindi essere disciplinati in serie, ma occorre definire disposizioni corrispondenti in modo preciso a tali peculiarità.

Benché la trasformazione digitale sia vissuta diversamente, si delineano sinergie tra gli spazi digitali e analogici

Mentre nel design visivo è già parecchio tempo che la digitalizzazione si sta facendo strada nei processi di produzione e diffusione, nel settore teatrale gli operatori osservano modi di pensare e di produrre analogici, che hanno un effetto inibitore sulla sperimentazione con nuove forme di narrazione digitale. Ciò si riferisce da un lato alle aspettative del pubblico, abituato a un'esperienza teatrale lineare in presenza fisica. Dall'altro nei teatri vigono processi di produzione che ostacolano la pianificazione e l'attuazione di produzioni digitali flessibili e agili, in parte a causa delle ristrettezze di bilancio. Gli operatori teatrali partecipanti allo studio auspicano una maggiore accettazione delle produzioni partecipative e non lineari da parte del pubblico e una considerazione delle fasi più lunghe di preparazione e post-elaborazione nella pianificazione e nella promozione delle produzioni digitali, come previsto anche nel «messaggio sulla cultura 2025–2028».

Nella musica e nel design visivo come pure nella scena teatrale libera, grazie all'accesso a bassa soglia ai canali digitali di comunicazione e diffusione si stanno sviluppando pratiche fai da te, all'interno delle quali gli operatori culturali si occupano direttamente di molti aspetti indirettamente legati al loro lavoro (come la commercializzazione e il community management). Ciò porta da un lato a una maggior autonomia, ma dall'altro anche a un maggior dispendio di tempo e risorse mentali. Questa pressione è rafforzata dal fatto che, attraverso i canali di diffusione digitali e i social media, gli operatori culturali si vedono sempre più esposti alle aspettative di un mercato globale. In alcuni comparti dell'arte, la disponibilità a bassa soglia e a basso costo di mezzi di produzione di qualità e in particolare l'avanzata dell'intelligenza artificiale generativa nel processo di fabbricazione di beni artistici sfociano in uno sganciamento tra arte e artigianato. Si parte così dal presupposto che, in determinati generi musicali (come nella musica pop), la padronanza di uno strumento perda importanza.

Al contempo lo sviluppo di una propria espressione artistica nonché le nuove capacità associate, come l'interazione mirata con l'intelligenza artificiale nell'ottica dell'arte, diventano qualifiche chiave per poter immettere i termini giusti (prompting). Ciò vale in particolare nel design visivo, dove il proprio linguaggio figurato individuale assume ancora più importanza per potersi affermare sul mercato. In futuro nel settore teatrale sarà richiesto personale in grado di progettare artisticamente e attuare sul piano tecnico scenografie complesse. Queste qualifiche andrebbero trasmesse nelle alte scuole d'arte.

Ad accomunare tutti i comparti della cultura è il fatto che la digitalizzazione offre sì nuovi spazi di possibilità per gli scambi e la riflessione sociale, ma l'incontro fisico non potrà mai essere sostituito completamente. Il digitale è percepito, soprattutto sulla scia della pandemia di Covid, come un qualcosa di freddo e di sterile, tendente all'accelerazione, alla volatilità e all'esaurimento. Gli operatori culturali sono quindi unanimi nel dire che, anche in futuro, saranno necessari formati in presenza fisica e possibilità di scambio, da un lato nel senso di lavoro di rete per curare i contatti personali e avviare progetti comuni e dall'altro per sfruttare le conferenze e i simposi analogici anche quali luoghi in cui è possibile esplorare le possibilità di sinergie digitali e analogiche.

A medio termine, gli operatori culturali ipotizzano che la combinazione dei vantaggi delle sfere digitali (partecipazione a bassa soglia, superamento dei confini fisici, efficienza) e degli incontri analogici (carattere vincolante, calore, stabilizzazione delle relazioni sociali) porterà a un valore aggiunto a livello sociale e artistico.

Da questa dinamica dell'attuale trasformazione digitale risultano le seguenti raccomandazioni d'azione (RA):

RA1: promozione e messa a disposizione di spazi d'incontro fisico per fare rete ed esplorare le sinergie analogico/digitale. Gruppo target: enti cantonali e comunali di promozione della cultura, Ufficio federale della cultura, Pro Helvetia, scuole universitarie professionali, organizzatori di eventi, operatori della formazione.

RA2: promozione di una mentalità digitale nel teatro sia a livello della produzione (strutture di processo agili) sia a livello della narrazione (apertura a nuove forme di racconto). Gruppo target: teatri, scena libera, operatori della formazione.

RA3: considerazione del maggior dispendio mentale e temporale nella promozione delle produzioni teatrali digitali. Gruppo target: enti cantonali e comunali di promozione della cultura, Ufficio federale della cultura, Pro Helvetia.

RA4: sensibilizzazione sulla pressione temporale e sulla pressione sulla salute esercitate dalla sfera di compiti ampliata e dalle maggiori aspettative. Gruppo target: operatori culturali, associazioni, operatori della formazione.

RA5: integrazione delle nuove competenze creative e tecniche nei cicli di studio delle scuole universitarie di musica, teatro, arte e design. Gruppo target: alte scuole di arte/musica.

Monetarizzazione della creazione artistica nel conflitto tra ottimizzazione della portata e pressione dell'esclusività

Nell'era digitale è spesso più difficile controllare chi può accedere a un'opera d'arte e chi no. In altre parole, le barriere di pagamento richiedono un onere supplementare, altrimenti è impossibile applicare il principio di escludibilità. Al contempo, di norma la ricezione non comporta un consumo delle opere d'arte digitali e queste ultime possono essere visualizzate su un numero illimitato di schermi o ascoltate con dispositivi di riproduzione nel mondo intero. Ciò significa che, per i beni digitali, la rivalità nel consumo svolge un ruolo nettamente secondario rispetto ai beni analogici.

Questi cambiamenti influenzano in modo radicale i modelli di affari nel settore della cultura, riducono i costi di transazione e promuovono la diffusione della cultura facilitando l'accesso a essa. Favoriscono inoltre economie di rete, che sono fondamentali sulle piattaforme e nei social media e rappresentano nuove sfide per gli artisti. Questi ultimi devono sfruttare pienamente le possibilità delle tecnologie digitali per rendere le loro opere accessibili a un pubblico più ampio.

La presentazione digitale delle opere d'arte, dalla musica al design visivo, apre nuovi canali di creazione e promozione, che superano i limiti tradizionali dello spazio fisico. Ne risultano due conflitti, all'interno dei quali devono orientarsi gli operatori culturali:

1. tra messa a terra analogica e ammirazione della prestazione e della creatività umane da un lato e possibilità di espressione rese possibili dal digitale e fascino dall'altro;

2. tra facilitazione digitale e portata globale dei canali di diffusione e comunicazione da un lato e intensificazione della concorrenza per l'attenzione nonché portata globale e onnipresenza di poche superstar dall'altro.

Le raccomandazioni da trarre dipendono anche da dove e come gli operatori culturali possono e vogliono posizionarsi all'interno di questi conflitti.

Sono formulate le seguenti raccomandazioni d'azione generali:

RA6: cura di spazi virtuali alternativi: la digitalizzazione permette agli operatori culturali di raggiungere un ampio pubblico, ma porta anche a una concentrazione del mercato, di cui beneficiano soprattutto le superstar. Si raccomanda di sviluppare piattaforme digitali specializzate, che promuovano in modo mirato artisti giovani e locali. Queste piattaforme potranno fungere da spazi virtuali alternativi, che consentano una presentazione più ampia delle opere d'arte e rafforzino la scena artistica locale nello spazio digitale. Gruppo target: operatori culturali, gestori di piattaforme, politica, destinatari.

RA7: promozione della comprensione dei mercati digitali: per gli artisti è fondamentale capire i canali di distribuzione digitali e i nuovi modelli di affari per poterli applicare. I programmi di formazione dovrebbero mirare a trasmettere competenze digitali a tutto campo. Vi rientrano non solo le capacità tecniche di utilizzare le tecnologie, ma anche conoscenze in materia di marketing digitale, diritto d'autore e della sicurezza sociale. Dovrebbero essere promosse cooperazioni tra gli operatori culturali e le aziende tecnologiche per consentire progetti artistici innovativi. Gruppo target: istituti di formazione, Pro Helvetia, enti cantonali e comunali di promozione della cultura, associazioni.

RA8: sviluppo e commercializzazione dell'unicità: gli operatori culturali dovrebbero elaborare un loro profilo individuale, con cui posizionarsi il più chiaramente possibile nello spazio digitale. Ciò comprende lo sviluppo di un'offerta differenziata per distinguersi dalla massa. I promotori dell'arte sono esortati a riconoscere il valore sociale dell'arte e a sostenere progetti che esplorino sia canali innovativi sia canali tradizionali di produzione e presentazione artistica, al fine di promuovere l'autenticità e lo sviluppo personale degli artisti. Gruppo target: operatori culturali, enti cantonali e comunali di promozione della cultura, Pro Helvetia.

Cura delle reti culturali nel contesto della digitalizzazione

La digitalizzazione modifica il modo in cui si formano e lavorano le reti di operatori culturali. La rapida trasformazione delle condizioni e delle possibilità di comunicazione digitale e l'uso di nuovi software nel lavoro artistico offrono molte opportunità, pur rappresentando al contempo anche grandi sfide, sia per il singolo sia per le organizzazioni e le reti informali. Per le imprese culturali nelle arti performative (teatro e musica) e le loro reti allargate, la trasformazione digitale rappresenta una sfida particolare perché il loro operato è per natura imperniato su un'interazione interpersonale diretta. I colloqui con operatori culturali professionisti e rappresentanti di associazioni dell'ambito artistico hanno permesso di identificare i seguenti punti essenziali per quanto attiene alla comunicazione, alla collaborazione e alla mediazione digitale:

1. la cooperazione digitalizzata (all'interno delle reti e delle organizzazioni e tra di loro) richiede una cura compensativa delle relazioni sociali. La crescente distanza fisica della comunicazione digitale è infatti percepita come una

sfida. Nelle reti è possibile osservare come la comunicazione si suddivide sempre più in canali digitali per lo scambio di informazioni e incontri personali per la cura delle relazioni;

2. all'interno delle reti si formano mentalità «fai da te» a seconda della situazione. La distribuzione digitale permette agli operatori culturali – seppur non senza un dispendio – di commercializzare e vendere le loro opere al pubblico direttamente e in linea di principi a livello globale. Una parte degli operatori culturali rinuncia completamente a istituzioni intermedie, intermediari professionisti e vincoli contrattuali;

3. la creazione di mondi fittizi immersivi e il ruolo del game design assumeranno sempre più importanza come fattori culturali. Il mondo virtuale offre (presumibilmente) maggiori possibilità creative rispetto al mondo analogico reale. Il pericolo è quello di una «fuga» nel mondo digitale dei giochi (di ruolo) e dei successi gamificati nonché di un crescente assottigliamento della distinzione tra la dimensione reale e quella fittizia;

4. in genere, l'impatto dell'intelligenza artificiale generativa è visto come un'opportunità e una risorsa per la collaborazione. In primo luogo i sistemi di IA consentono di migliorare i processi amministrativi, in secondo luogo potrebbe prendere piede una controtendenza all'acquisizione di conoscenze basata sull'IA, fondata su un intenso scambio interpersonale in occasione di incontri fisici. Per quanto riguarda in modo specifico l'ambito musicale, la musica generata dall'IA comporterà minori entrate nel quadro dello streaming, ma ciò riguarderà meno dell'1 per cento degli operatori musicali, che attualmente incassano entrate consistenti da questa fonte. Lo studio imparentato «Digitalizzazione del settore musicale», condotto dal Consiglio svizzero della musica (2024, in stampa), ribadisce il grande bisogno di fare luce sull'intelligenza artificiale da parte degli operatori musicali e delle organizzazioni.

Sullo sfondo di questi aspetti essenziali è possibile formulare le seguenti raccomandazioni d'azione:

RA9: effetti della digitalizzazione quale priorità del Dialogo culturale nazionale: gli effetti della digitalizzazione sulla promozione della cultura e sulla diversità culturale dovrebbero diventare una priorità pluriennale del Dialogo culturale nazionale. È possibile fare riferimento alla Convenzione UNESCO sulla protezione e la promozione della diversità delle espressioni culturali, ratificata dalla Svizzera. Gruppo target: Ufficio federale della cultura, Cantoni, città, Comuni.

RA10: rapida attuazione della misura «condizioni quadro eque in ambito digitale». L'Ufficio federale della cultura dovrebbe affrontare a breve, in stretta collaborazione con altri servizi federali e in particolare con le associazioni degli operatori culturali professionisti, la misura «condizioni quadro eque in ambito digitale», prevista nel messaggio sulla cultura 2025–2028. Gruppo target: Ufficio federale della cultura.

Ripercussioni della digitalizzazione sulla posizione degli operatori culturali nel sistema sociale nonché sul diritto d'autore e sui diritti della personalità

Malgrado i numerosi sforzi fatti dalla mano pubblica, da fondazioni, dalle associazioni professionali e dagli operatori culturali stessi, negli ultimi due decenni la loro sicurezza sociale è migliorata solo puntualmente e solo in comparti artistici specifici, non da ultimo a causa delle forme di lavoro atipiche promosse dalla digitalizzazione. Queste situazioni lavorative sono spesso associate a un minor reddito e a una minor copertura sociale. Le assicurazioni sociali attuali sono pensate troppo poco per la flessibilità del mercato del lavoro. Molti operatori culturali non sono quindi coperti in misura sufficiente, il che potrebbe inasprirsi ulteriormente sulla scia dell'ulteriore digitalizzazione (p. es. bassi gradi di occupazione, attività internazionale degli operatori culturali, comparsa di piattaforme digitali (cfr. 3.2.3 e 3.3.3) nonché dell'aumento del raggio d'azione e della concorrenza sui mercati digitali (cfr. 3.3.2).

Per quanto riguarda la sicurezza sociale scaturiscono le seguenti raccomandazioni d'azione:

RA11: occorre un disciplinamento fondamentale delle forme di lavoro atipiche, che riguardano non solo l'ambito culturale, ma tutti i nuovi campi professionali creati anche e soprattutto dall'economia delle piattaforme. In questo contesto andrebbe approfondito tra l'altro il modello dell'accompagnamento salariale («portage salarial») o forme di finanziamento analoghe, benché ciò sia già stato respinto dal Consiglio federale. Negli ultimi anni, vari fornitori di servizi hanno immesso sul mercato modelli innovativi di conversione in salario degli onorari dei freelance e dei lavoratori indipendenti (Consiglio federale, 2023a). Attualmente vi sono tuttavia incertezze giuridiche e nessuno sa se si tratti di un lavoro fittizio in realtà inammissibile. Questi approcci dovrebbero essere esaminati in un progetto pilota con offerenti privati, in stretta collaborazione con le autorità statali. Gruppo target: associazioni dell'economia e di categoria, Parlamento.

RA12: In linea di massima ogni persona, compresi gli operatori culturali, soprattutto se lavora come indipendente, è responsabile di provvedere alla propria sicurezza sociale. Da un lato occorre un livello elevato di responsabilità individuale e di conoscenze su come risolvere correttamente gli interrogativi in materia di dritto del lavoro e tecnica delle assicurazioni sociali nella propria situazione lavorativa specifica. A tal fine occorrono ulteriori sforzi per informare e consigliare gli operatori culturali in materia di assicurazioni sociali e diritto del lavoro, in modo tale che possano assumersi le loro responsabilità individuali. Questi aspetti andrebbero quindi trattati nella formazione di base e continua. Gruppi target: operatori della formazione, scuole universitarie, operatori culturali.

RA13: la mano pubblica dovrebbe obbligare i beneficiari istituzionali di sussidi a fissare le retribuzioni rispettando gli onorari e i cachet raccomandati. Nei settori in cui non esistono ancora raccomandazioni di categoria, queste ultime andrebbero elaborate. Occorre inoltre garantire un impiego efficace dei contributi di promozione con condizioni contrattuali quadro corrispondenti, in particolare dove non esiste una collaborazione basata su un contratto, come un rapporto di lavoro. Per garantire un'attuazione corretta occorre esaminare la creazione di un organo di mediazione. Gruppo target: associazioni, fondazioni, enti cantonali e comunali di promozione della cultura.

RA14: proseguimento della discussione su un «portage salarial». Negli ultimi anni vari fornitori di servizi hanno immesso sul mercato modelli innovativi di conversione in salario degli onorari dei freelance e dei lavoratori indipendenti. In Francia questo modello è già stato attuato anche su base legale e in materia di sicurezza sociale degli operatori culturali vi sono sicuramente degli spunti per avviare un progetto pilota con offerenti privati, in stretta collaborazione con autorità statali. Nel rapporto in adempimento del postulato Maret, il Consiglio federale ha analizzato questa tematica e riconosce la complessità della questione delle assicurazioni sociali per le condizioni occupazionali degli operatori culturali. Nello stesso rapporto nega la necessità di legiferare (Consiglio federale, 2023a). Anche se per ora si rinuncia a modifiche legislative, il modello non è privo di potenziale e bisognerebbe almeno monitorare il modello stesso e i suoi effetti in Francia per poter definire misure sulla scorta di queste esperienze. Gruppo target: politica, associazioni.

Anche le sfide legate al rispetto del principio di escludibilità per le opere digitali (cfr. 3.2.2) e alla gestione del diritto d'autore modificano la situazione di partenza. Queste considerazioni economiche sono accomunate dal fatto che la situazione lavorativa degli operatori culturali potrebbe diventare più imprevedibile e volatile.

Proprio perché la tecnologia dell'IA avanza così velocemente, nella revisione del diritto dei beni immateriali è necessario tener conto dei suoi effetti sulla creazione e sull'uso delle opere. Anzitutto occorre tener presente che l'addestramento dell'IA avviene con dati protetti ai sensi dell'articolo 2 della legge sul diritto d'autore (LDA) e, senza un consenso preliminare, è illegale. In base alla dottrina attuale, l'addestramento dell'IA per applicazioni commerciali non rientra nel privilegio di cui all'articolo 24*d* LDA (p. es. ricerca scientifica). Di conseguenza, anche il prodotto dell'IA resta illegale («Data Laundering», cfr. SUISA, 2024).

Per quanto attiene al prodotto dell'IA bisogna chiedersi se sia prevalentemente il risultato dell'influsso umano (art. 2 LDA, condizione delle «creazioni dell'ingegno» quali espressione di una volontà e di un pensiero umani; secondo Rehbinder et. al., 2022, n marg. 2 ad art. 2 LDA). Se il prodotto può essere attribuito prevalentemente ad un influsso umano, occorre rispettare le condizioni per l'uso del fornitore dell'IA.

Resta ancora da stabilire se, come previsto nelle condizioni per l'uso, l'utente possa essere effettivamente tenuto a rispondere nel caso in cui i contenuti generati dall'IA violino diritti di terzi. Resta inoltre da chiarire se sussistano (o possano sussistere) qualsivoglia diritti sui contenuti generati, a chi spettino e chi potrebbe di conseguenza cederli a qualcuno. In pratica, la sfida consiste nel fatto che prima dell'uso bisognerebbe sempre stabilire se nel prodotto dell'IA sono stati inseriti dati di terzi e, in caso affermativo, in quali parti. Se ciò non può essere stabilito chiaramente vi è il rischio che l'utente violi inavvertitamente il diritto d'autore. Per poter giudicare i casi, è indispensabile la trasparenza dell'IA.

Da quanto precede scaturiscono le seguenti raccomandazioni d'azione:

RA15: il senso e lo scopo della revisione della LDA nel 2019 era di «adeguare la legislazione agli ultimi sviluppi tecnologici e giuridici, al fine di cogliere appieno le opportunità della digitalizzazione e di dotarsi degli strumenti per affrontare al meglio le sfide connesse nell'ambito del diritto d'autore» (Foglio federale, 2018, pag. 507). Per questo motivo raccomandiamo di portare a termine rapidamente anche il processo, già avviato, di revisione della LDA in relazione alle ripercussioni dell'IA. Gruppo target: Dipartimento federale dell'ambiente, dei trasporti, dell'energia e delle comunicazioni, politica, associazioni.

RA16: nell'ambito della revisione del diritto dei beni immateriali bisognerà tener conto degli sviluppi in atto a livello mondiale ed europeo. Le modifiche legislative dovrebbero quindi da un lato essere adottate allo stesso ritmo dell'UE e dall'altro essere perlomeno armonizzate con le disposizioni dell'UE. In linea di principio occorre esaminare accuratamente se una modifica sia veramente necessaria o se il diritto vigente non possa essere applicato anche alle nuove condizioni e circostanze tecniche (neutralità tecnologica). Gruppo target: Ufficio federale delle comunicazioni, Consiglio federale, Parlamento, Ufficio federale della cultura, associazioni culturali.

RA17: le nuove possibilità offerte dall'IA consentono di utilizzare immagini e voci di operatori culturali contro la loro volontà in (altri) progetti creati dall'IA. Il relativo rimedio giuridico (art. 27 segg. CC) prevede unicamente un'azione di diritto civile, poiché le registrazioni sono avvenute con il consenso dell'interessato, consenso associato a un elevato rischio di processo, in particolare a costi processuali. Potrebbe essere utile creare una fattispecie penale in caso di violazione della personalità da parte dell'IA. Gruppo target: Ufficio federale delle comunicazioni, Ufficio federale di giustizia, Consiglio federale, Parlamento, associazioni culturali.

RA18: esistono sì rimedi giuridici con cui gli operatori culturali possono opporsi allo sfruttamento delle loro creazioni (legge federale contro la concorrenza sleale, Codice civile, LDA). Le possibilità giuridiche sono però utilizzate raramente o non lo sono affatto, perché gli operatori culturali non le conoscono o non osano avvalersene. Malgrado le offerte esistenti, come quelle di Suisseculture, gli operatori culturali hanno quindi bisogno di ancora più informazioni e sostegno – accessibili il più possibile a bassa soglia – da parte delle associazioni culturali. Gruppo target: Ufficio federale delle comunicazioni, Ufficio federale della cultura, associazioni culturali, società di gestione.

RA19: per creare condizioni quadro accettabili per gli operatori culturali, le associazioni devono avviare un dialogo proattivo continuo con gli offerenti commerciali. Gruppo target: associazioni culturali.

Un ambito significativo della creazione culturale, non affrontato nel presente studio, è costituito dalla successione e dalle relative modalità (su questo tema si veda lo studio di TA-SWISS «La mort à l'ère numérique. Chances et risques du Digital Afterlife»: Strub et al. 2024). Ciò riguarda sempre più anche i lasciti digitali (in passato lettere, oggi e-mail, profili sui social media, siti web ecc.). Questo ambito, a cui è prestata troppo poca attenzione, meriterebbe un progetto di ricerca a sé.

Per maggiori informazioni:

Dr. Nicolai Ruh
Alter Wall 17
78467 Konstanz (D)
nicolai.ruh@uni-konstanz.de

Prof. Dr. Jens O. Meissner
Hochschule Luzern – Wirtschaft
Institut für Betriebs- und Regionalökonomie IBR
Zentralstrasse 9
CH-6002 Luzern
jens.meissner@hslu.ch

1. Auftrag, Rahmen und Zielsetzung

Im September 2022 beauftragte die Stiftung für Technologiefolgen-Abschätzung TA-SWISS die Hochschule Luzern mit der Anfertigung der Studie «Einfluss der Digitalisierung auf die Kulturbereiche Musik, Theater und Visuelles Design». Zielsetzung der Studie ist eine Beurteilung der gesellschaftlichen, politischen, wirtschaftlichen und rechtlichen Auswirkungen der Digitalisierung auf die Rahmenbedingungen des Kulturschaffens in den Kultursparten Musik, Theater und Visuelles Design. Es gilt, Risiken und Chancen aktueller Entwicklungen sichtbar zu machen, um schlussendlich auf Grundlage einer Gesamtbeurteilung wissenschaftlich fundierte Handlungsempfehlungen bereitzustellen.

Die Digitale Transformation ist ein facettenreiches Phänomen, das eine Vielzahl unterschiedlicher Technologien umfasst (u.a. Künstliche Intelligenz, Big Data, virtuelle und erweiterte Realität), die wiederum in unterschiedlichsten Anwendungen (u.a. Soziale Medien, Aufnahmetechnologien, Verbreitungskanälen) zum Einsatz kommen. Eine umfassende Analyse sämtlicher dieser Technologien sprengt den Rahmen dieser Untersuchung. Im Fokus stehen deshalb nicht einzelne Technologien, sondern der Arbeitsprozess von Kulturschaffenden als solcher sowie die dabei greifenden Digitalisierungstendenzen in der Produktion, Zusammenarbeit, Kommunikation und Verbreitung. Obwohl diese Prozesse entlang der künstlerischen Arbeit im Vordergrund stehen, kommt die Studie nicht umhin, auch auf einige Schlüsseltechnologien genauer einzugehen.

Hierzu gehört insbesondere die generative Künstliche Intelligenz, die seit ihrem Erscheinen in Form des sprachverarbeitenden Programms ChatGPT Ende November 2022 und später in Bild, Ton und Video verarbeitenden Programmen (Midjourney, Dall-e, Sora etc.) für Aufsehen sorgt. Aktuell lässt sich die disruptive Qualität dieser neuen Technologie nur erahnen.

1.1. Ausgangslage und Begründung – Analyse der gegenwärtigen Situation

Der Kulturbegriff zeichnet sich durch vielfältige, historisch sich verändernde Verständnisse aus (vgl. Reckwitz, 2000). In der Kulturpolitik werden Kultur und Kunst in Bereiche unterteilt. So umfasst Kultur gemäss Eurostat 11 Bereiche (BfS 2020, S. 4), von denen in der vorliegenden Studie die Felder der Musik, der darstellenden Künste im Bereich Theater sowie der visuellen Gestaltung im Bereich «Audiovision und Multimedia» im Zentrum stehen. Damit sollen exemplarisch drei grössere unterschiedliche Kulturbereiche in den Blick genommen werden. Bei der Musik (als Form der Darstellenden Künste) steht traditionellerweise die Live-Performance mit einem zeitlichen Ablauf im Zentrum, während sich die visuelle Gestaltung (als Vertreterin der Bildenden Künste) in einem körperlichen Objekt manifestiert. Beide Bereiche zeichnen sich in den vergangenen Jahren durch eine rasche Inkorporierung digitaler Technologien aus. Ähnlich verhält es sich beim Theater (vgl. Kulturvermittlung Schweiz, 2022). Dieses versteht sich seit jeher als Raum des unmittelbaren Erlebens und des Miteinanders vor Ort im Live-Setting. Theater ist per se interdisziplinär in seiner Entwicklung der Inhalte für die Bühne, sei dies Tanz, Oper oder Schauspiel. Oftmals werden die Ensembles aus verschiedenen Sparten für eine gemeinsame Produktion zusammengebracht und proben während Wochen für die Vorstellungen. Dazu kommt ein künstlerisches Team mit Bühnenbildnerinnen und Bühnenbildnern, Kostümbildnerinnen und Kostümbildnern sowie Dramaturgie, Regie und Musikerinnen respektive Musiker. Es entstehen Theaterproduktionen, die oftmals nicht gleich reproduzierbar sind (vgl. Lobbes et al., 2021). Während der Corona-Pandemie wurde überall, so auch in der Schweiz, von den Theaterhäusern und der freien Szene im digitalen Raum einiges improvisiert (t. Theaterschaffen Schweiz, 2022). Live-Streams wurden eingerichtet oder Produktionen entwickelt, die ausschliesslich im digitalen Raum stattfanden. So lassen sich an diesen Kulturbereichen auch die zunehmenden Verknüpfungen Konvergenzen aufgrund der Digitalisierung aufzeigen.

Ausgehend von den Prämissen diverser Berichte und Beiträge (UNESCO, 2022; Pasikowska-Schnass, 2019; Martel, 2018) kann angenommen werden, dass spezifische Tätigkeitsfelder der Kreativwirtschaft im Zusammenhang mit der Anwendung von neuen Technologien bspw. zur Verarbeitung, Filterung, Modellierung und interpretativen Darstellung von grossen Datenmengen eine stärkere Nachfrage erfahren. Gestaltende von visuellen Medien bringen ideale Voraussetzung für die praxisgezogene Exploration und das kritische Experimentieren mit Schlüsseltechnologien mit und nehmen dabei eine zunehmend wichtige Rolle ein. Gerade in der visuellen und auditiven Vermittlung und Inszenierung von Datenerkenntnissen, aber auch in deren kritischen Interpretation und Diskussion der damit verbundenen gesellschaftlichen Entwicklungen, können Kunst und Design als vermittelnde Disziplinen agieren. Hierdurch kann sich ein wichtiges Betätigungsfeld für Kulturschaffende im Bereich der visuellen Medien öffnen, dass nicht mehr nur klassische Design- oder Gestaltungsfelder wie Produkte und Dienstleistungen, sondern alle Bereiche der Gesellschaft umfasst.

Einerseits eröffnen sich für Kulturschaffende neue Möglichkeiten, ihre bisherigen Kompetenzen disziplinübergreifend einzubringen, daraus neue Geschäftsmodelle zu entwickeln und über digitale Vertriebskanäle neue Märkte zu erschliessen. Auf der anderen Seite bedingt dieser Wandel auch eine grundlegende Erweiterung der bestehenden disziplinnahen Kompetenzen um neue Fähigkeiten und Kenntnisse. Im Hinblick auf die zunehmende Digitalisierung ist die Entwicklung digitaler Kompetenzen unabdingbar. Dabei geht es nicht nur darum, bisher analoge Prozesse digital umzusetzen. Im Theater etwa ermöglichen Digitaltechnologien neue Formen des nichtlinearen Erzählens und eröffnen partizipative Räume gesellschaftlicher Teilhabe (siehe Kapitel 2.1.5). Die Kulturschaffenden begreifen sich in diesem Zusammenhang als eine Avantgarde. Die Auslotung und Umsetzung neuer gesellschaftlicher Denkräume setzen jedoch neben einer künstlerischen Vision auch die technischen Fähigkeiten voraus, diese umsetzen oder überhaupt erst konzipieren zu können. Hinzukommen Kompetenzen wie Selbstvermarktung und Veränderungsbereitschaft, aber auch ein Bewusstsein um die Chancen und Risiken der Digitalisierung (etwa im Bereich der Urheber- und Persönlichkeitsrechte, siehe Kapitel 5.4).

Gerade was die finanzielle Verwertung des eigenen Schaffens angeht, stellt die Digitalisierung aufgrund ihrer disruptiven Qualitäten die Kulturschaffenden vor grosse Herausforderungen. So betont das Bundesamt für Kultur (BAK) im Hinblick auf die Musikbranche, dass diese sich seit einigen Jahren im Umbruch befindet. Die Einnahmen aus dem Tonträger-Verkauf seien im Jahr 2015 von den digitalen Verkäufen (Downloads und Streamings) überholt worden. Dieser Tendenz habe die Covid-19-Pandemie keinen Abbruch getan (Bundesamt für Kultur, 2021, S. 46; IFPI Schweiz, 2023).

In der Schweiz wird dieser fortschreitenden Digitalisierung in der Kulturbotschaft für die Jahre 2025–2028 mit einem gesonderten Förderschwerpunkt «Digitale Transformation in der Kultur» Rechnung getragen. Dieser hat zum Ziel, «digitale Formen von Produktion, Diffusion und Vermittlung sowie kulturell[e] Teilhabe» zu fördern und für «die Weiterentwicklung angemessener Rahmenbedingungen im digitalen Umfeld» zu sorgen (Bundesamt für Kultur, 2023a, S.16).

1.1.1. Beziehungsdynamiken verändern sich

Diese umfassende politische Förderung, welche auch vor und nachgelagerte Phasen des Kulturschaffens berücksichtigt, muss als Reaktion auf sich ändernde Entstehungs- und Verbreitungskontexte der Kulturproduktion und den damit sich ändernden Beziehungsdynamiken zwischen Kulturschaffenden und Publikum verstanden werden. Bereits 2018 wurde im 3rd Creative Economy Report der ZHdK herausgearbeitet, dass sich die Beziehung der Kulturschaffenden mit ihrem Umfeld, also auch mit ihren Rezipientinnen und Rezipienten und dem Publikum, markant verändert (Martel, 2018). Darin enthalten seien Gefahren, aber auch neue Chancen. Kulturschaffende müssen heute auf vielen Feldern aktiv sein, um Bekanntheit zu erlangen. Social-Media-Webplattformen böten die Möglichkeit des Reputationsgewinnes, brächten allerdings kein nennenswertes Einkommen, da die Plattformen kein markantes Entgelt böten. Einkommen müsste über zusätzliche Mehrwertangebote erzielt werden. Daher müssen Kulturschaffende heute vielseitiger sein, die eigene Form ändern und das eigene Schaffen der Situation anpassen können.

Die Frage der konkreten Beziehungsdynamiken zwischen Kulturschaffenden untereinander sowie zum eigenen Schaffen und dem Publikum gibt folglich Anlass zur vertieften Diskussion und zur Erforschung. Dass dies so ist, zeigt auch die Kulturkonferenz 2020 des Kantons St. Gallen mit dem Titel «Wie bleiben wir am Publikum?» (Kanton St. Gallen, 2020). Neben der eigenen Identität stehen bei den aktuellen Initiativen und Auseinandersetzungen die Fragen im Raum:

- Wie soll Digitalisierung im Umfeld von sozialen Medien konkret strategisch angegangen werden?
- Welche Tools sind in diesem Prozess als geeignet zu bewerten?
- Welche Plattformen sind als konkrete digitale Kulturorte nutzbar?
- Wie müssen resp. sollen diese Plattformen als Kulturräume bewirtschaftet werden?
- Wie lässt sich durch diese Tools eine Community aufbauen und pflegen, die zur spezifischen neuen Beziehungsqualität des Kulturschaffens wirklich passt?

Erste Handbücher sind auf dem Markt, stellen aber sicherlich keine abschliessende Untersuchung dar, sondern bieten eher eine praxisorientierte Gestaltungshilfe zur konkreten Herausforderung (Kummler & Schuster, 2019).

1.1.2. Kulturelle Netzwerke auch digital

Traditionsreiche Bereiche künstlerischen und kulturellen Schaffens, die im Verständnis des Kulturerbes stehen (etwa Volksmusik), können sich digitalen Produktionsprozessen teilweise oder ganz widersetzen und sich somit bewusst einer «Kultur der Digitalität» (Stalder, 2016) entziehen. Dennoch werden auch sie digitale Technologien zur künstlerischen Zusammenarbeit und kulturellen Vermittlung nutzen (Teil 2 dieses Buches). Progressive Kunstkollektive hingegen loten mit den Möglichkeiten der Digitalisierung eine grundlegende Veränderung des Kultur- und Kunstbegriffs und des Innovationsverständnisses aus – was auch die bewusste Ablehnung digitaler Medien bedeuten kann. Digitale kulturschaffende Kollektive und Handelsplattformen zeigen mit ihrer proaktiven Nutzung digitaler Medien eine mögliche zukunftsorientierte Richtung auf.

Ein Beispiel dafür sind die «Creators» im Bereich von Nightcore, einem jungen, Subgenre der elektronischen Musik, das nach einer Popularisierung in den 2010er-Jahren heute ein Massenpublikum erreicht (Winston, 2017; Popa, 2017). Die Creator verarbeiten Songs mehrheitlich aus (K-)Pop, Techno, Hardstyle und EDM weiter, indem sie einzelne musikalische Parameter (wie Geschwindigkeit oder Frequenzen) verändern oder neue Mixe erstellen. Das gibt es im Ansatz bereits seit den 1980er-Jahren, aber zudem werden die Produktionen allein über das Internet verbreitet, häufig mit Bildern aus Anime-Cartoons hinterlegt und sind frei verfügbar. Die Creator agieren anonym unter Pseudonymen; weitere Informationen beispielsweise zu ihrem Wohnort, Geschlecht oder Alter werden nicht publiziert – unter anderem auch wegen der urheberrechtlichen Grauzone, in der sie sich bewegen. Mit dieser Form der Inszenierung verändert sich das Selbstverständnis von Kulturschaffenden. Darüber hinaus tragen auch die einfache Verfügbarkeit und Nutzbarkeit digitaler Produktionsmittel zu einem Wandel des Kunstverständnisses bei. Viele können mit einfachen Mitteln etwas erschaffen, das für den Laien als Kunst interpretiert wird. Kunst löst sich von handwerklichem Können. Das bringt Prozesse der Neubewertung von Kunst mit sich, mit denen Aushandlungsprozesse und Zugangsdynamiken im Kunstbetrieb einhergehen (siehe Abschnitt 2.1.3).

Dabei ist auch aus ökonomischer Sicht entscheidend, dass sich digitale Werke mit praktisch null Grenzkosten verbreiten lassen. Somit können Kulturschaffende etablierte Markthierarchien disruptiv umgehen (Rifkin, 2014). Gleichzeitig zwingen neue Gatekeeper, wie Streaming- und Social-Media-Plattformen den Kulturschaffenden aber auch bestimmte Praktiken der Erzeugung und Verbreitung von «Content» auf (ähnlich wie in der Kulturbotschaft 2025–2028, Bundesamt für Kultur, 2024, S. 59). Die Generierung von Klickzahlen wird so zum entscheidenden Faktor, um Zugang zu Auftrittsmöglichkeiten zu bekommen und das eigene Schaffen zu monetarisieren. Dies wiederum wirft auch Fragen der künstlerischen Integrität auf (siehe Abschnitt 2.4.4).

1.1.3. Auswirkungen auf die soziale Sicherheit von Kulturschaffenden

Die Situation und die Änderungen im Urheberschutz und im Bereich der sozialen Sicherheit wirken sich zwangsläufig auf die Einkommenssituation der Kulturschaffenden aus. Hier schliesst sich die Frage nach der Stellung der Kulturschaffenden im Sozialsystem an. Flexibilisierte Arbeitsverhältnisse (d.h. selbstständige Erwerbstätigkeit, Teilzeitarbeit, befristete Anstellung, Mehrfachbeschäftigung) sind in der Kunst- und Kulturbranche klar mehr verbreitet als in der Gesamtwirtschaft (Bundesamt für Kultur, 2007, S. 10). Zum Ausgleich dieser damit einhergehenden negativen Auswirkungen im Bereich der sozialen Sicherheit wurde bereits 2013 der Artikel 9 des Bundesgesetzes über die Kulturförderung (KFG) geschaffen. Dieser soll die soziale Sicherheit von Kulturschaffenden stärken. Die Ausführungsbestimmungen (Verordnung über die Kulturförderung, KFV), sehen Finanzhilfen an Kulturschaffende vor: Bei solchen Finanzhilfen (z.B. Preise, Werkbeiträge) an einen Kulturschaffenden überweisen das Bundesamt für Kultur und Pro Helvetia 12% des Betrages an die Pensionskasse oder an die Säule 3a dieser Person. Der Anteil von 12% wird je zur Hälfte durch den Kulturschaffenden und durch das Bundesamt für Kultur resp. Pro Helvetia finanziert (Bundesamt für Kultur, 2013). Bezüglich der AHV bestehen Spielräume, die aber der Verantwortlichkeit der Kulturschaffenden im Rahmen ihrer Selbstverantwortung unterliegen. Die Stadt Zürich rät bspw. daher, sich «nur bei Projekten zu beteiligen, bei denen Sozialabgaben in Projektbudgets inbegriffen sind» (Stadt Zürich, 2022). Offen bleibt dennoch, wie die Möglichkeiten der sozialen Absicherung von Kulturschaffenden interpretiert und in Anspruch genommen werden (siehe Abschnitt 5.3).

1.1.4. Rechtliche Situation von Kunst- und Kulturschaffenden

Musik, Theaterleistungen und Visuelles Design können sich in den unterschiedlichsten Formen ausdrücken (Bundesamt für Statistik, 2020, S. 5). Nach schweizerischem Urheberrechtsgesetz (URG) sind urheberrechtliche Werke, unabhängig von ihrem Wert oder Zweck, geistige Schöpfungen der Literatur und Kunst, die individuellen Charakter haben. Die Schwierigkeiten bei der Umschreibung des Kunstbegriffes haben dazu geführt, dass grundsätzlich alles als Kunst zu gelten hat, was die Urheberin oder der Urheber als Kunst verstehen. Dabei gilt seit der Revision des URG auch ein verbesserter Schutz für Kulturschaffende, so dass neu alle Fotografien geschützt werden, auch wenn es sich nicht um Kunstwerke handelt. D.h. auch alltägliche Familienfotos oder Pressefotos unterstehen neu dem URG und es bedarf zu deren Verwendung eine Zustimmung des Urhebers (Eidgenössisches Justiz- und Polizeidepartement, 2020). In der Medienmitteilung betitelt das Eidgenössische Justiz und Polizeidepartement (EJPD) die Revision als «Fit für das digitale Zeitalter», aber wie «fit» ist das URG wirklich?

Insofern stellt sich die Frage, wer bei einer Urheberrechtsverletzung haftbar gemacht wird und wie. Das URG sieht bei zwei Arten von rechtlichen Schritten vor:

1. Klagen nach Zivilrecht (Art. 61ff. URG)
2. Klagen nach Strafrecht (Art. 67ff. URG)

Das heisst, Personen, die Urheberrechte verletzen, können alternativ oder kumulativ mit zivilrechtlichen Sanktionen (Schadenersatz) oder strafrechtliche Sanktionen (Freiheits- oder Geldstrafe) bestraft werden.

Das Urheberrecht beruht auf einem weiteren wesentlichen Grundsatz: Damit ein Werk geschützt werden kann, muss es ausgedrückt und wahrnehmbar sein. Eine nur im Kopf vorhandene Idee – und sei sie noch so ausgefeilt und detailliert – geniesst keinerlei Schutz, solange sie nicht mit Hilfe von Tönen, Zeichen, Farben, anderen Materialien, Gesten usw. konkretisiert wurde. Eine Idee wiederum, die keinen individuellen Charakter besitzt, wird vom Gesetz nicht geschützt, auch wenn sie in eine wahrnehmbare Form gebracht wurde.

1.1.5. Entschädigungssysteme im digitalen Umbruch

Jede Komposition, jeder Songtext gehört den jeweiligen Urheberinnen und Urhebern. Wer also ein Werk veröffentlichen, vervielfältigen, aufführen, senden oder verbreiten will, benötigt dazu deren Zustimmung. Konzertveranstaltende, Tonträgerproduzentinnen und -produzenten, Radio- und Fernsehsender, Clubs und Restaurants usw. müssen eine Lizenz erwerben. Weil nicht jeder Nutzende mit den Urheberinnen und Urhebern verhandeln kann, erteilt die SUISA im Auftrag von diesen Lizenzen für die Musiknutzung in der Schweiz und in Liechtenstein.

Digital repräsentierte Kunst ist im Vergleich zur analogen Kunst einfacher zu speichern, zu vervielfältigen und zu verbreiten. Die Schweizer Urheberrechtspraxis ist im digitalen Zeitalter angekommen: Wurde bisher nur die Vervielfältigung von Gedrucktem vergütet, hat ab Juli 2008 auch im Netz Publiziertes ein Anrecht auf Entschädigung – sofern es «Werk»-Status hat (IGE, 2008). Aber hat denn die «Digitale Kunst» einen Werkschutz? Wie sind diesbezüglich die allgemeinen Geschäftsbedingungen von Distributoren (DistroKid, TuneCore, CD Baby etc.) und Streamingdiensten (Spotify, Apple Music, YouTube, Instagram etc.) zu bewerten?

1.1.6. Digitale Kunst oder «KI-Kunst» – Schutz im digitalen Dschungel

Mit KI lassen sich (unter anderem) neue Werke alter Meisterinnen und Meister schaffen. Das überfordert aber das Urheberrecht. Expertinnen und Experten der Kunsthistorik, der Datenanalyse und Informatik haben aus 346 Porträts des niederländischen Künstlers Rembrandt 150 Gigabyte Daten extrahiert und diese Datenbasis einem selbstlernenden Algorithmus als Trainingseinheit gegeben (Schweibenz, 2019, S. 16). Es ging hierbei um Komposition, Geometrie, Pinselführung und andere typische Merkmale des Malers. Dank KI entstand anschliessend ein neues Porträt, das genauso auch vom vor 400 Jahren lebenden Rembrandt hätte stammen können. Tatsächlich führte jedoch kein Mensch den Pinsel, sondern es handelte sich um synthetisch hergestellte Kunst. Die stellt nun Spezialistinnen und Spezialisten im Bereich von Intellectual Property (IP) vor die auch wirtschaftlich bedeutsame Frage: Besteht am «Next Rembrandt» ein Urheberrecht? Ist es ein Werk nach den Regelungen des Urhebergesetzes? Und wenn ja, wem stehen die Rechte zu?

Betrachtet man nur das Bild selbst, ist ihm eine gewisse Eigenheit nicht abzusprechen. Nach allgemeiner Ansicht kann eine solche Schöpfung nur von einem Menschen kreiert werden, da das Urheberrecht nicht das Werk als solches schützt, sondern vielmehr die persönliche Beziehung des Schaffenden zu seiner Kreation. Auch wenn durch synthetische neuronale Netze und dem daraus resultierenden Lerneffekt verblüffende Ergebnisse zustande kommen, verfügt die KI über keine Rechtspersönlichkeit. Die KI kann also nicht Urheberin oder Urheber sein. Gerade mit dem Aufkommen sprach-, bild- und tonverarbeitender generativer Künstlicher Intelligenzen wie Midjourney und ChatGPT erhalten diese Urheberrechtsfragen neues Gewicht. Dies auch, weil nicht mehr einfach rekonstruierbar ist, auf welche Ursprungswerke der Output dieser Systeme zurückgeht.

Diese Fragen werden in dieser Studie untersucht: Wie sind Input und Output der KI rechtlich geschützt? Wie sind die Leistungsbeiträge der Programmiererinnen und Programmierer der KI und die der Autorinnen und Autoren des als Vorlage dienenden Werks zu werten? Wie dürfen die Ergebnisse von generativen Künstlichen Intelligenzen weiterverwertet werden?

Relevant ist dies, da zumindest Patente für KI-Innovationen seit kurzem anerkannt werden. Allerdings scheinen die Diskussionen noch nicht sehr weit gediehen, wie aktuelle Diskussionsspuren der Weltorganisation für geistiges Eigentum (WIPO; World Intellectual Property Organization, 2019; Selvadurai & Matulionyte, 2020), weshalb das Thema gerade adressiert werden sollte (siehe Abschnitt 5.4.4. und Abschnitt 5.4.5).

1.1.7. Recht am eigenen Bild und der eigenen Stimme

Mit dem Aufkommen generativer KI werden – wie besonders eindrücklich am sogenannten «Hollywood-Streik» von Juli bis November 2023 ersichtlich – Fragen nach der Weiterverwertung des eigenen Bildes und der eigenen Stimme virulent. Die Möglichkeit, sowohl Bild als auch Stimme täuschend echt zu simulieren, wirft Fragen des Persönlichkeitsschutzes auf (siehe Abschnitt 5.4.9).

1.2. Fragestellung

In dieser Studie werden folgende Ziele verfolgt:

1. Die wechselseitige Beziehungsdynamik zwischen künstlerischem Schaffen, Rezeption und Publikum ist untersucht. Der generelle Rahmen sowie zentrale Beziehungsaspekte im Kontext der Digitalisierung sind herausgearbeitet.
2. Die Entwicklung der traditionellen und digitalen Verbreitungskanäle von Kulturschaffenden und die Rolle von digitalen Hilfsmitteln sind analysiert und deren Wirkung auf die kulturelle Vielfalt kritisch reflektiert.
3. Die Entwicklung der kulturellen Netzwerke und ihrer Rollen im Kontext der Digitalisierung sind untersucht.
4. Die Stellung der Kulturschaffenden im Sozialsystem sowie der Schutz ihrer Urheber- und Persönlichkeitsrechte sind untersucht.
5. Abschliessende Handlungsempfehlungen zeigen auf, welche gestalterischen Impulse seitens der Politik, von Interessengruppen und wirtschaftlichen oder rechtlichen Akteuren notwendig sind oder das Themenfeld in eine wünschenswerte Zukunft weiterentwickeln können. Hierbei wird besonderer Wert auf den Transfer auf andere Kultur- und Kunstformen gelegt.

1.3. Definition des Forschungsgegenstandes

Die Digitalisierung betrifft Kunst und Kultur auf verschiedenen Ebenen. In dieser Studie unterscheiden wir vier Dimensionen der künstlerischen Arbeit inklusive der dabei zum Einsatz kommenden Technologien:

1. Die Herstellung von Kunstwerken und Kulturprodukten sowie die damit verbundenen *Produktionsmittel*, wie etwa generative Künstliche Intelligenz oder virtuelle respektive erweiterte Realität (VR/AR), aber auch die Adobe Software im Visuellen Design oder Aufnahme- und Produktionssoftware in der Musik.

2. Die Zusammenarbeit der Kulturschaffenden untereinander zur Herstellung von Kunstwerken und Kulturprodukten sowie die dabei zum Einsatz kommenden *Kollaborationsmittel,* wie etwa Google Drive, Miro-Boards, Zoom oder Technologien zum Teilen von Daten (z.B. WeTransfer).

3. Die zur Bewerbung des Kunstwerks respektive Kulturprodukts und zur Kontaktaufnahme mit Intermediären eingesetzten *Kommunikationsmittel* im Sinne von Social Media, Messenger-Diensten und E-Mail.

4. Die zur Verbreitung und finanziellen Verwertung des künstlerisch kulturellen Outputs eingesetzten *Distributionsmittel*, wie etwa Streamingdienste (u.a. Vimeo oder Spotify).

Hier ist festzuhalten, dass diese Unterscheidung zwischen Tätigkeiten und der dabei zum Einsatz kommenden Technologien eine idealtypische ist, die in der Praxis auch verwischen kann. So zeigt sich etwa beim Visuellen Design, dass Soziale Medien wie Instagram oder TikTok sowohl zur Ansprache des Publikums als auch zur Verbreitung der Kunst eingesetzt werden (siehe Kapitel 3). Ebenso kann es vorkommen, dass sich der Output des Kulturschaffens an den technischen Anforderungen der Verbreitungsplattformen selbst orientiert (z.B. der begrenzten Länge von Videos auf TikTok).

1.4. Studiendesign

Die Studie ist in vier inhaltliche Kapitel untergliedert, welche die oben angeführten Ziele aus unterschiedlichen disziplinären Perspektiven und mit Hilfe unterschiedlicher Methoden beleuchten:

Kapitel 2 ist als generelle Auslegeordnung zu verstehen. Aus Sicht der Kulturschaffenden werden in einem ersten Schritt (siehe Kapitel 2.1) die Rahmenbedingungen beleuchtet, unter denen sie ihre Arbeit vor dem Hintergrund digitaler Produktions-, Kooperations-, Distributions-, und Kommunikationsmittel erbringen. Grundlage hierfür bilden 22 leitfadengestützte Interviews mit Vertretenden der Themenbereiche Musik, Theater und Visuelles Design. Diese Studienteilnehmenden wurden über bestehende Netzwerke der Hochschule Luzern sowie über Empfehlungen der Begleitgruppe der Studie rekrutiert. Ihre Erfahrungsperspektive wurde angereichert durch Fachliteratur und der Einordnung der Beiträge der Tagung «Kultur Digital». Bei Letzterer handelt es sich um eine Initiative der Stadt und des Kantons Zürich aus dem Jahr 2021, bei der Entscheidungstragenden von kulturellen Organisationen und Institutionen im Kanton Zürich die Auswirkungen der Digitalisierung diskutierten (Kultur Digital, 2021). In diesem Kapitel werden sieben Entwicklungstendenzen dargestellt, welche die Bereiche Musik, Theater als auch Visuelles Design gleichermassen betreffen. Darüber hinaus werden Dynamiken beleuchtet, welchen den jeweiligen Kulturbereichen Musik, Theater und Visuelles Design eigen sind. Im Anschluss an diese «Erste Person-Perspektive» (siehe Kapitel 2.2) werden die digitalisierten Wertschöpfungsprozesse aus der Vogelperspektive betrachtet. Hierzu wurden Hinweise aus den Interviews mit einer Literaturauswertung angereichert. Ergänzt und geschärft wurden diese Visualisierungen über deren Diskussion in einer 12-köpfigen Fokusgruppe mit Kulturschaffenden der drei Kulturbereiche. Auch hier fand die Rekrutierung über bestehende Netzwerke statt. Im Zuge dieses Workshops wurden Machtasymmetrien und Abhängigkeiten zu Ungunsten der Kulturschaffenden rekonstruiert und diskutiert. Eine Darstellung dieser Entwicklungen mit ihren Haupt- und Nebendynamiken findet sich zugeordnet zu den jeweiligen Kulturbereichen in Kapitel 2.3.

Kapitel 3 fokussiert auf den Einfluss digitaler Verbreitungskanäle und Hilfsmittel auf die kulturelle Vielfalt, wobei insbesondere die diversen Aneignungsstrategien von Kulturschaffenden im Hinblick auf neue Technologien im Zentrum stehen. Dabei spielen Faktoren wie Professionalität, finanzielle Ressourcen, künstlerischer Anspruch und die Affinität zur Digitaltechnologie eine Rolle. Das Kapitel besteht aus zwei Komponenten:

1. Den interaktiven Entwicklungspfaden sechs fiktiver kulturschaffender Personas, die auf ihrem Karriereweg mit dem Einsatz digitaler Kollaborations-, Produktions-, Kommunikations-, und Distributionsmittel konfrontiert werden, deren Nutzung sie vor karriererelevante Entscheidungen stellt.

2. Der Einbettung dieser Entscheidungen in eine ökonomische Gesamtbetrachtung.

Die Entwicklungspfade der fiktiven Personas können auf der interaktiven Webseite zum Projekt durchgespielt werden. Sie sind nicht Teil dieses Abschlussberichts. Dieser kontextualisiert am Beispiel von Carla Buffi – einer fiktiven Elektro-/Cross-Over-Musikerin Ende 20 – und deren Entscheidungen für die Nutzung digitaler Kollaborations-, Produktions-, Kommunikations- und Verbreitungsmittel vor dem Hintergrund ökonomischer Überlegungen werden sichtbar. Diese Überlegungen umfassen nicht nur Aspekte der finanziellen Verwertung künstlerischen Schaffens, sondern betrachten die Kunstwerke selbst als meritorische Güter, denen ein kultureller Mehrwert zu eigen ist, welcher den reinen Marktwert der Kulturprodukte übersteigt. In diesem Sinne stellt dieses Kapitel relevante Digitaltechnologien wie generative Künstliche Intelligenz, Blockchain, Metaverse und weitere vor und beleuchtet deren Einsatz durch die Personas vor dem Hintergrund ökonomischer Modelle und Treiber.

Kapitel 4 geht der Frage nach, wie sich künstlerische Netzwerke im digitalen Zeitalter bilden. Dabei ist die Frage zentral, wie der stetige Einsatz neuer Technologien sowohl die Kommunikation innerhalb der Netzwerke als auch nach aussen hin prägt und wie sich dadurch der Arbeitsalltag der Kulturschaffenden verändert. Dies geschieht in zwei weitgehend voneinander unabhängigen Formen. Im ersten Teil (siehe Kapitel 4.1) werden die bestehenden Netzwerke von Kulturschaffenden und im Kulturmanagement tätigen Personen erörtert. Diese Analyse basiert auf der Auswertung einer reichhaltigen Forschungsliteratur, sowie der leitfadengestützten Befragung von drei Expertinnen resp. Experten. In einem zweiten Teil (siehe Kapitel 4.2) werden die Perspektiven auf die Zukunft von Vertretenden von Berufsverbänden Kulturschaffender diskutiert. Als Methode verwenden wir den «Speculative Design-Ansatz» (Galloway & Caudwell 2018; Auger 2013). Dieser zielt auf die gemeinsame Schaffung gesellschaftlicher Visionen und Fiktionen, die im Rahmen eines Workshops zusammen mit Vertretenden der Projektgruppe stattfand.

Kapitel 5 fokussiert auf die rechtlichen Themen in diesem Kontext, wobei insbesondere die Soziale Sicherheit in Form von Arbeitsformen von Kulturschaffenden und im Bereich der neuen Technologien, die Urheberrechtsthematik sowie Fragen des Persönlichkeitsschutzes im Zentrum stehen. Anhand der Erkenntnisse aus den Personas aus Kapitel 3 werden relevante Fragestellungen entwickelt, die sich in diesem Kontext als zentral erweisen. Die Ausführungen resultieren aus klassischer Literaturforschung, aus aktuellen Studien und Gerichtsurteilen. Einzelne Fragestellungen wurden mit Fachexpertinnen und Experten diskutiert und reflektiert.

Die inhaltlichen Kapitel schliessen jeweils mit Handlungsempfehlungen, die an bestimmte Bezugsgruppen adressiert sind.

Der Bericht schliesst mit dem Kapitel 6 zu den Transfer-Implikationen der untersuchten Kulturbereiche.

1.5. Projektstruktur und Zielgruppen

1.5.1. Zielgruppen

In erster Linie adressiert diese Studie die Kulturschaffenden, die von den Auswirkungen der Digitalisierung betroffen sind. Die Digitalisierung des Kulturbetriebs hat aber auch auf der Ebene der Gesellschaft und des Staates weitreichende Konsequenzen (siehe Kapitel 1.1). Daher gelten für das Forschungsprojekt «Einfluss der Digitalisierung auf die Kulturbereiche Musik, Theater und Visuelles Design» einige primäre Zielgruppen: Kulturschaffende an und für sich und deren Netzwerke, Vereine und Organisationen sowie Anspruchsgruppen aus der Gesellschaft. Ferner profitieren aber auch Bildungsinstitutionen und Gesetzgebende.

1.5.2. Nutzen für verschiedene Zielgruppen

Nutzen für Kulturschaffende und deren Netzwerke

Personen, welche im Bereich der Kultur selbstständig oder angestellt sind, kennen durch die Erkenntnisse des Forschungsprojektes neben den Vor- und Nachteilen der Digitalisierung auch deren rechtliche Aspekte. Dadurch erfolgt eine Befähigung dieser Personen, sodass der primäre Nutzen für diese Zielgruppe im Wissenstransfer besteht.

Nutzen für Vereine/Organisationen und Organisationen der Kulturförderung

Einen wesentlichen Beitrag zur Kulturförderung – sowohl auf professioneller als auch auf Amateurebene – leisten kulturelle Organisationen. Zu dieser Zielgruppe gehören primär künstlerische Netzwerke, Vereine und Verbände, aber auch hinsichtlich der Kulturförderung staatliche Stellen sowie fördernde Nichtregierungsorganisationen (NGOs). Absichtlich fragten die Forschenden im Rahmen der Studie nach den typisch lokalen Veränderungen im Kunst-/Kulturbetrieb und der Veränderung des Zusammenwirkens. «Big Business» steht nicht im Zentrum, auch wenn internationale Konsequenzen nicht ausgeblendet werden (können).

1.5.2.1. Nutzen für die Gesellschaft

Technologie und Ökonomie, Wesen und Verbreitungskanal der Kunst – alles steht in einer Wechselwirkung. Dies beeinflusst die Möglichkeiten und Grenzen für Kulturschaffende entscheidend und damit letztlich auch, wie vielfältig und umfangreich das Kulturangebot in Zukunft wird. Das muss auch politisch bedacht werden. Seit jeher werden Kunst und Kultur von Staat sowie Gönnerinnen und Gönnern gefördert. Kultur hat einen Options- und Vermächtnisnutzen, sie bildet und fördert politischen und gesellschaftlichen Dialog, steht für gesellschaftlichen Pluralismus, fördert soziale Integration und gilt in der Wissensökonomie als Standortvorteil und Wirtschaftsfaktor.

1.5.2.2. Nutzen für Bildungsinstitutionen

Bildungsinstitutionen profitieren von diesem Forschungsprojekt, indem die Wissenslücke zum Thema Kunst und Digitalisierung weiter geschlossen wird (siehe Kapitel 1.2). So erfolgt ein Wissenstransfer zwischen Forschung, Bildungsinstitutionen und letztlich den Kundinnen und Kunden in der Aus- und Weiterbildung. So könnten beispielsweise Ergebnisse in Unterrichtssequenzen oder in Inhalte zum Kulturmanagement einfliessen. Ferner bildet das Forschungsprojekt eine umfassende Grundlage für weitere Forschungsthemen im Gebiet der Kultur und Digitalisierung.

1.5.2.3. Nutzen für Gesetzgebende

Gesetze, Verordnungen und entsprechende Initiativen können nur dann in der Realität implementiert werden und effektiv sein, wenn sie auf einer aktuellen Grundlage beruhen. Die vorliegende Studie leistet einen Beitrag dazu, die aktuelle dynamische Situation noch besser zu verstehen. Für die Weiterentwicklung der gesetzlichen Grundlagen in der Schweiz (und u.U. auch international) kann diese Zielgruppe auf wichtige Fakten und Zahlen zurückgreifen. Dabei dienen die zu Grunde liegenden Zahlen und Fakten nicht nur arbeitsrechtlichen Aspekten der Gesetzgebung, sondern auch der volkswirtschaftlichen Ausgestaltung von Steuern und Abgaben (z.B. AHV/IV, Einkommenssteuern, Sozialleistungen wie Prämienverbilligungen). Weiter können auch dank den in den Handlungsempfehlungen aufzuzeigenden Datenlücken diese zukünftig geschlossen werden.

2. Beziehungsdynamik zwischen Kulturschaffenden, Intermediären und Publikum

Dieses Kapitel thematisiert den Einfluss der Digitalisierung auf die Rahmenbedingungen, unter denen Kulturschaffende ihrer Tätigkeit nachgehen und den Output ihres Schaffens über Intermediäre an ein Publikum vermitteln. Abschnitt 2.1 versteht sich als eine Auslegeordnung allgemeiner Entwicklungstendenzen über die einzelnen Kulturbereiche hinweg. Auf Grundlage 22 leitfadengestützter Interviews mit Kulturschaffenden werden aus deren Perspektive relevante Entwicklungen aufgezeigt. Hier geht es auch um Fragen der künstlerischen Identität sowie um einen Bedeutungswandel der künstlerischen Tätigkeit unter den Vorzeichen einfach zugänglicher und zu bedienender Produktionsmittel. In Abschnitt 2.2 werden digitale Wertschöpfungsprozesse und die Interaktionsdynamiken zwischen Kulturschaffenden, Intermediären (Plattformen, Agenturen etc.) und Publikum beschrieben und visualisiert. Grundlage hierfür bildet eine Analyse der Interviews aus Abschnitt 2.1 sowie eine erweiterte Recherche. In Abschnitt 2.3 werden die dabei auftretenden Abhängigkeiten und Machtasymmetrien rekonstruiert. Hierzu wurden die visualisierten Wertschöpfungsprozesse mit einer 12-köpfigen Fokusgruppe, bestehend aus Kulturschaffenden in den Bereichen Musik (3 Personen), Theater (5 Personen) und Visuellem Design (4 Personen) diskutiert und verfeinert.

2.1. Themenfeldübergreifende Entwicklungstendenzen

Ziel dieses Teilkapitels ist eine Auslegeordnung aus Perspektive der Kulturschaffenden bezüglich der Frage, wie digitale Produktions-, Distributions-, Kooperations- und Kommunikationsmittel die Beziehung von Kulturschaffenden zu ihrem Produkt sowie zwischen Kulturschaffenden untereinander und ihrem Publikum in den jeweiligen Kulturbereichen Musik, Theater und Visuellem Design verändern.

Hierzu wurden 22 leitfadengestützte Interviews mit Kulturschaffenden aus den Sparten Musik (7 Interviews), Theater (8 Interviews) und Visuelles Design (7 Interviews) geführt. Bei den Interviewten handelt es sich hauptsächlich um professionelle Kulturschaffende, vereinzelt aber auch um Intermediäre (z.B. dem Geschäftsführer des Kulturverbandes). 11 Interviews wurden mit Personen in der Zentralschweiz, 4 in Zürich, 2 in Espace Mittelland, 2 in der Ostschweiz, eines in der Genferseeregion, eines im Tessin und eines die ganze Schweiz betreffend (Schweizerischer Bühnenverband) geführt. Bis auf ein Interview, das auf Englisch geführt wurde, sind alle Interviews in deutscher Sprache (Auflistung der Interviews siehe Anhang).

Die Interviews zeichnen sich durch eine grosse Diversität aus und dienen im Sinne einer qualitativen Erhebung dazu, möglichst vielfältige Perspektiven auf die transformativen Qualitäten der Digitalisierung zu werfen. Sie erheben dementsprechend keinen Anspruch auf Repräsentativität, wohl aber auf Relevanz. So zeichnen sich über die Kulturbereiche und Genres hinweg Tendenzen ab, denen im weiteren Verlauf der Studie mittels Desk Research, der Bildung von Personas (Kapitel 3) und deren kritische Diskussionen nachgegangen wird. Zugleich zeigt das Nebeneinander individueller Erfahrungen und allgemeiner Entwicklungen, wie unterschiedlich die verschiedenen Aspekte der Digitalisierung in den jeweiligen Bereichen erfahren werden. Dementsprechend stellen die hier erhobenen Daten den aufgeregten, teilweise von der Alltagspraxis enthobenen und medial verbreiteten Debatten eine Annäherung aus der Erfahrungsperspektive der handelnden Kulturakteure entgegen.

Über sämtliche Kulturbereiche hinweg lassen sich gewisse Querschnittsthemen ausmachen, die in je einem Kapitel aufgearbeitet wurden. Digitale Technologien kommen in allen Kulturfeldern in unterschiedlichem Masse zum Einsatz. Während das Visuelle Design über die letzten Jahrzehnte hinweg einen schleichenden Übergang zu rein digitalen Produktionstechniken erfahren hat und digitale Produktionstechniken auch in der Musik schon seit geraumer Zeit nahezu unumgänglich sind, zeichnet sich das Theater durch eine zögerliche Aneignung digitaler Produktionsmittel wie etwa virtueller oder erweiterter Realität (VR/AR) und Verbreitungsmöglichkeiten (Streaming) aus. Obwohl auch im Musikbereich die Bedeutung des Live-Erlebnisses betont wird, ist die reibungslose – von technischen Störfaktoren ungehinderte – immersive physische Erfahrung des Theatererlebnisses dafür identitätsstiftend. Neue Möglichkeiten der technischen Aufbereitung von Inhalten werden von einer «freien Szene», sonst aber nur zögerlich vorangetrieben. Grund hierfür sind neben der bereits erwähnten Präferenz des Live-Erlebnisses auch ein hoher technischer und finanzieller Aufwand sowie die Abgrenzung zum Medium Film. Auch auf künstlerischer Ebene muss erst noch eine Form gefunden werden, in der digitale Produktionen nicht als spielerisches Gadget erscheinen, sondern als narratives Tool eingesetzt werden können.

2.1.1. Präferenz physischer Begegnungen

In Bezug auf die Beziehungspflege zwischen Kulturschaffenden untereinander und dem Publikum wird trotz der quasi unumgänglichen Nutzung von Social Media themenfeldübergreifend die Bedeutung physischer Treffen und unmittelbarer Face-to-Face-Kommunikation betont. Dies gilt im Bereich Musik sowohl für Avantgardekünstlerinnen der elektronischen Klangkunst, deren Szene sich zwar über Social Media formiert, deren Festigung jedoch auf persönliche Begegnungen angewiesen ist, als auch für Genres, die, wie die Volksmusik und die Klassik (Kunstmusik europäischer Tradition), sich der Aufführung des Musikerbes verschrieben haben. Auch im Bereich Videodesign lebt die Pflege wichtiger Kontakte sowie die Vermittlung von Aufträgen über Mund-zu-Mund-Propaganda, vom persönlichen Gespräch auf Kongressen und anderen physischen Begegnungsorten. Zu dieser Erkenntnis kommen auch übereinstimmend die Referentinnen und Referenten der Tagung «Kultur Digital» 2021 in Zürich (Kultur Digital, 2021, Abschlussdiskussion). Hier deutet sich an, dass persönliche Zusammenkünfte in physischer Unmittelbarkeit eine Art Gegenwelt zu einem zunehmend digitalisierten Berufsalltag wahrgenommen werden.

An Social Media kommt zwar niemand vorbei. Jedoch wird die Kontaktpflege hier als oberflächlich und als Mittel zum Zweck wahrgenommen. Es gilt als professionalisierter Businesssektor, der für das Publikumsmanagement und die pragmatische Kundenpflege bewirtschaftet werden muss. Entsprechend zeichnet sich der Umgang mit Social Media durch wenig Experimentierfreude aus. Dies trifft insbesondere auf die Bereiche Musik und Visuelles Design zu. Im Theater wird Social Media eher im klassischen Sinne als One-too-Many-Kommunikationsmittel verwendet. Parallel zur zögerlichen Annäherung an die künstlerischen Möglichkeiten digitaler Produktionsmittel wird hier für die kreative Nutzung von Social Media noch der richtige Umgang gesucht. Dies bedeutet, dass die künstlerischen Aneignungsprozesse neuer Technologien deren Entwicklungen hinterherlaufen (siehe Abschnitt 2.1.2).

Zwar gibt es in einer experimentierfreudigen Avantgarde Bestrebungen, die Möglichkeiten und Eigenlogiken virtueller Räume für das eigene künstlerische Schaffen zu nutzen. So baut etwa eine Klangkünstlerin ihre eigenen Instrumente im Metaverse. Dennoch bleibt das unmittelbare physische Live-Erlebnis auch für sie ein zentrales Moment der Vermittlung des eigenen Schaffens und der Interaktion mit dem Publikum. In Anlehnung an das McLuhansche Diktum «The Medium is the message» (McLuhan, 1968) zeichnet sich ab, dass sich gerade Live-Auftritte und physische Begegnungen weiterhin nicht digital ersetzen lassen. Das Digitale wird, insbesondere im Nachgang von Corona, mit Kälte und Distanz assoziiert:

> *«Ich bin sehr, sehr stark überzeugt, dass diese menschliche Nähe und die Wärme nie hundertprozentig digital sein können. Ich sehe eine Reduktion der Schnelligkeit der Digitalisierung und auch der Wichtigkeit. [...] Die Entwicklung wird weniger schnell sein können. Ich bin völlig überzeugt, dass viele Leute wieder Kontakt haben möchten, sie möchten sich wieder spüren. Das ist für mich richtungsweisend.»* Theaterschaffender, nennt sich Handwerker der Kultur, Mitte 40, Tessin

Gleichzeitig wird das Analoge als Rückzugsort vor der Überforderung des Digitalen und dessen Unpersönlichkeit wertgeschätzt:

> *«Manchmal ist es mir auch einfach zu viel, was da im digitalen Raum stattfindet und wo man noch sein sollte oder es etwas Spannendes zu sehen gibt. Das analoge Treffen von Kulturschaffenden auf der Strasse, an Ausstellungen – das bleibt für mich unersetzbar.»* Illustrator und Musiker tätig, 27 Jahre, Zentralschweiz

Ergänzend hierzu sei eine im Mai 2022 in der renommierten Fachzeitschrift Nature publizierte Studie erwähnt. Diese kommt zum Schluss, dass sich Kooperationen über Online-Videokonferenzen negativ auf den kreativen Output auswirken. Die Gründe hierfür liegen der Studie zufolge in der reduzierten Aufmerksamkeit über den Bildschirmkontakt (Brooks & Levav, 2022). Auch in der Publikumsinteraktion auf Popkonzerten wird eine zunehmende Fokussierung der Musikerinnen und Musiker auf ein abwesendes Onlinepublikum als für das Live-Erlebnis abträglich angesehen. Diese gespaltene Aufmerksamkeit ergibt sich daraus, dass Konzerte entweder von Fans oder von den Kulturschaffenden selbst live auf die Sozialen Netzwerke gestreamt werden. So müssen sie zwei Publika gleichzeitig adressieren:

> *«Bei uns findet mehr Kommunikation im analogen Raum, auf den Konzerten statt als über Social Media. Aber wir kennen auch Bands, die mit dem Handy auf der Bühne sind, wo man das Gefühl hat, das Konzert ist mehr für die Audience im Netz als für das Live-Publikum vor Ort.»* Indie-Pop Duo, Ende 20, Zürich/Winterthur

Diese Überforderung geht mit Rückzugstendenzen ins Atelier einher. Dabei besteht jedoch immer die Notwendigkeit, sich nach aussen zu orientieren, zu dem die digitalen Kommunikationskanäle das Tor darstellen. Als Konsequenz dieser dialektischen Fluchtbewegung wird eine Synthese des Digitalen und Analogen angenommen:

> «Viele Künstlerinnen und Künstler haben sich zurückgezogen ins Atelier. Nun sind sie gezwungen, sich nach aussen zu orientieren, um zu überleben in dieser Kunstwelt. Dieser dialektische Prozess zwischen der analogen und digitalen Zeit wird zu einer Synthese führen.» Regisseur und Lehrbeauftragter im Erwachsenen-, Kinder- und Jugend-Theater sowie für Film, 76 Jahre, Zürich

Auf der Tagung «Kultur Digital» stellte die Designerin und Kunstkuratorin Isabelle Vuong mit «Book Your Artist» den Prototyp einer Webapplikation vor, welche Kulturschaffende untereinander sowie mit einem Publikum in physischen Kontakt bringen soll. Dieses «Selbstermächtigungstool», das von Kulturschaffenden selbst kuratiert werden soll, umfasst u.a. ein Buchungssystem mit Kalender. Mit ihren Angeboten könnten sich die Kulturschaffenden auch mit Kulturinstitutionen wie Galerien und Veranstaltungsorten vernetzen und ihre Sichtbarkeit erhöhen (Vuong, 2021). In Projekten wie diesen zeichnet sich die oben erwähnte Synthese der digitalen und analogen Sphäre ab, indem digitale Vernetzungstools genutzt werden, um physische Begegnungen zu ermöglichen. Gleichzeitig drückt sich darin eine Entwicklung aus, die in Kapitel 2.1.3 beschrieben wird: eine neue Interaktionsdynamik zwischen Kulturschaffenden, die sich permanent neue Fähigkeiten zur Selbstvermarktung aneignen müssen, um Zugang zu neuen bzw. alten Gatekeepern zu bekommen (siehe auch Kulturbotschaft 2025–2028, Bundesamt für Kultur, 2024, S. 59).

2.1.2. Ungleichzeitige Erfahrung der digitalen Transformation

Die Auswirkungen der Digitalisierung auf das eigene Kulturschaffen lassen sich innerhalb und über die Themenbereiche hinweg in dem vom Soziologen Karl Mannheim popularisierten Ausdruck der «Gleichzeitigkeit des Ungleichzeitigen» (Mannheim, 1928) fassen: Kulturschaffende erleben die transformative Qualität der Digitalisierung sehr unterschiedlich und partizipieren unterschiedlich an dieser. Dies ist einerseits auf die oben beschriebene Präferenz physischer Begegnungen zurückzuführen; zum anderen zeichnen sich die Felder Musik, Theater, Visuelles Design auch intern durch eine starke Diversität aus. Etwa gehen Kleintheater und die Freie Szene experimentierfreudiger mit den künstlerischen Möglichkeiten digitaler Produktionsmittel um als grosse Theaterhäuser. Auch die Musik kennzeichnet eine Diversität der Aneignungspraktiken digitaler Kommunikations- und Verbreitungskanäle. So sind in der Corona-Pandemie Streamingmöglichkeiten in der Indiepop- und Volksmusikszene eher als bei zeitgenössischer klassischer Musik aufgegriffen worden. Letztere war durch die verordneten Schutzmassnahmen kurzzeitig sowohl live als auch digital nicht präsent.

Diese unterschiedliche Partizipation an den technischen Möglichkeiten der Digitalisierung zeigt sich in manchen musikalischen Genres auch in der Präferenz klassischer Tonträger (siehe Kunz & Stamm 2024: 22). In der Volksmusik beispielsweise spielt die Distribution der Musik über den Verkauf von CDs als «physische Visitenkarte» weiterhin eine wichtige Rolle. Dies auch zur Hörerbindung und zur Vernetzung, obschon der Umsatz von physischen Tonträgern durch den Einzug von Streamingdiensten, deren Nutzung ebenfalls unumgänglich für die Generierung von Aufmerksamkeit geworden ist, stark rückläufig ist (IFPI Schweiz, 2023). Im Black Metal hingegen stellt der Verkauf physischer Tonträger (CDs, Vinyl) innerhalb der Community die Haupteinnahmequelle dar. Obwohl Musikproduktionen nahezu ausschliesslich auf digitalisierten Klangsignalen beruhen, erfolgt die Klangerzeugung dazu häufig noch auf akustischen oder elektromechanischen Musikinstrumenten. Zudem werden häufig Klangideale analoger Musikproduktion und -wiedergabe genannt. Gerade in der Volksmusik und im Metal konstituiert sich die musikalische Ästhetik durch spezifische analoge und digitale Produktionsmittel, die die Interpretinnen und Interpreten nicht unbedingt auf den neuesten technologischen Stand zu bringen wünschen. Im Gegensatz hierzu wird jedoch in weiten Teilen der Populärmusik (Aktuelle Musik) aber auch in der Klangkunst auf virtuelle Instrumente und Plug-ins gesetzt, die in der Anschaffung kostengünstig sind und die eine niederschwellige Auslotung von Klängen bieten, die über die Möglichkeiten analoger Klangkontrolle hinausgehen (Harenberg, 2012).

Auch auf Rezeptionsebene gibt es teilweise Widerstände, sich auf die Eigenlogiken des Digitalen einzulassen:

> «*Es interessiert mich sehr, wie man Technologien im künstlerischen Kontext verständlich macht. Bei vielen Rezipientinnen und Rezipienten ist der Wille nicht da, das Verstehen der Prozesse zwischen Analogem und Digitalem zu suchen.*» Saxophonistin und Komponistin zeitgenössischer Musik und Produktion von interdisziplinären audiovisuellen Performance-Projekten, 30 Jahre, Espace Mittelland

Dies gilt insbesondere fürs Theater. Hier wird auf Publikumsseite ein reibungsloses immersives Erleben der Vorstellung in physischer Kopräsenz als Erwartungshaltung vorausgesetzt, gegen die es schwer ist, mit neuen Formaten (VR/

AR) anzukommen. Diese Haltung findet sich auch bei Theaterschaffenden, die die Digitalisierung, auch aufgrund knapper finanzieller Ressourcen als zusätzliche Belastung wahrnehmen:

> «Die Unique-Selling-Proposition des Theaters ist analog. Man will die Magie des Moments abfeiern. Da steht das Digitale quer dazu. Viele erleben die Digitalisierung als etwas Zusätzliches, das man mit den an sich knappen (Subventions-)Mitteln auch noch machen muss.» Geschäftsführer eines Verbandes, Jurist, Mitte 50, schweizweit tätig

Auch die Referierenden der Tagung «Kultur Digital» kommen zu dem Schluss, dass digitale Produktionen aufgrund des Planungs- und Umsetzungsaufwandes gesondert gefördert werden müssen (Kultur Digital, 2021, Abschlussdiskussion). Dieser Forderung kommt die «Kulturbotschaft 2025–2028» des Bundesrats nach, indem sie verspricht, «den ganzen kreativen Wertschöpfungsprozess» in die Förderung einzubeziehen (Bundesamt für Kultur, 2023a). Zusätzlich zur finanziellen Förderung setzen die Theaterschaffenden auch einen Erwartungswandel sowohl auf Seiten der Kulturschaffenden als auch des Publikums voraus. Dieser fordert einen langen Atem:

> «In der Theaterwelt erwartet man ein kuratiertes Erlebnis und wenn dann etwas nicht geht, wird es schwierig, das auszuhalten. Es braucht viel Geduld mit digitalen Produktionen auch von Seiten der Kulturschaffenden und des Publikums.» Projektleitung eines digitalen Theaters an einem Gastspielhaus, Mitte 30, Zentralschweiz

Zugleich wird gerade in grossen, etablierten Theaterhäusern ein externer Druck verspürt, sich dem Digitalen öffnen zu müssen:

> «Die letzte Bastion vom Analogen ist das Theater, aber das ist aufgebrochen durch die Digitalisierung. Dieses Interesse am Digitalen ist existenzgetrieben, es geht nicht um das Interesse, das zu erforschen, sondern eher im Sinne von: Wir müssen das angehen, sonst haben wir ein Relevanzproblem. [...] Es geht nicht darum, das digitale Theater neu zu integrieren, sondern wie man die Sachen, die bereits existieren, in neue Formate übertragen kann. Und zwar dann, wenn man es möchte.» Digitaler Dramaturg, freischaffender Künstler, Performer und Regie Mitte 40, Genferseeregion

Neues entsteht in der freien Theaterszene, die von Erwartungshaltungen an eine technisch aufwändige Produktion entbunden ist. Der einfache und kostengünstige Zugang zu Produktionsmitteln sowie die Vernetzungsmöglichkeiten über Social Media lassen experimentierfreudige Szenen entstehen:

> *«In der freien Szene geht das einfacher, da kann man, wenn man ein Auge für Fotografie hat auch mit dem Handy oder dem Tablet ein vollständiges Video-Design erstellen. [...] Es braucht schon auch Geduld, aber man muss nicht vollständig mit teurem Technik-Equipment ausgestattet sein, um arbeiten zu können. [...] Gerade in der freien Theaterszene ist man experimentierfreudig(er) und auch flexibler einmal was Neues auszuprobieren und niemand wird ausgeschlossen.»* Videokünstlerin/Videodesignerin. Ende 30, Zürich

Jedoch hat dieser vermeintlich niederschwellige und inklusive Zugang zu digitalen Technologien auch eine Kehrseite.

2.1.3. Digitale Skills und Plattformen als neue Gatekeeper

Zwar fallen durch diese günstige Verfügbarkeit von Produktions- und Distributionstechniken insbesondere in der Musik und im Visuellen Design alte Gatekeeper (Plattenfirmen, Vertriebe) grösstenteils weg. Das bedeutet für die Kulturschaffenden jedoch, dass sie sich neue Fähigkeiten und Aufgaben aneignen müssen, die mit dem tatsächlichen Kulturschaffen nur mittelbar etwas zu tun haben (Online-Communitymanagement, Contentmanagement, Marketing). Dabei bleibt weniger Zeit für das Kulturschaffen selbst:

> *«Eigentlich ist uns mit Social Media nochmal ein 100 Prozent Job [...] aufgebürdet worden. Du machst eigentlich fast alles, ausser Musik.»* Indie-Pop-Duo, Alter Ende 20, Zürich/Winterthur

Teilweise entstehen hierdurch neue Aufgabenfelder, die auf Externe ausgelagert werden (Online Community Manager). Booking-Agenturen bleiben weiterhin von Bedeutung. Es entstehen neue Gatekeeper wie Streamingdienste, die einen Monopolcharakter haben. Die Monetarisierung künstlerischen Schaffens wird insbesondere in der Musik durch diese Quasimonopole erschwert, weil diese die Kulturschaffenden nur unzureichend an der Ausschüttung ihrer Einnahmen beteiligen (vgl. Bundesamt für Kultur, 2024, S. 17; Kunz & Stamm 2024: 59ff.). Die Kulturschaffenden erachten es deshalb als nahezu unmöglich, sich ohne Nebentätigkeit finanziell über Wasser zu halten. Live-Konzerte sind im Musikbereich die Haupteinnahmequelle, doch Verbreitungs- und Monetarisierungskanäle stehen in einem unmittelbaren Zusammenhang: Klickzahlen und Likes auf

Streamingplattformen bestimmen, ob Bands von Veranstaltern gebucht werden und welche Hörreichweite sie über kuratierte Playlists haben. Dies erhöht den Druck, «künstlich» Klicks zu generieren:

> «Spotify- und Streamingzahlen werden immer wichtiger, weil sich daran auch die Gagen und die Grösse der Gigs bemisst. Bei uns sind die Live-Zahlen jedoch grösser und die Spotifyzahlen weniger gut im Vergleich wie wir live wachsen. Bei anderen ist das umgekehrt. Deshalb ist Spotify bei uns keine so gute Werbung. Deshalb haben wir den Druck, die Streamingzahlen besser zu machen.»
> Indie-Pop-Duo, Alter Ende 20, Zürich/Winterthur

Auf der bereits erwähnten Tagung «Kultur Digital» betonte Felix Stalder, Professor für Digitale Kultur an der Zürcher Hochschule der Künste (ZHdK), dass die heutigen Verbreitungskanäle die Rezeptionsseite der Kultur transformieren. Das Feuilleton verliert dabei an Deutungshoheit, wohingegen Bloggerinnen und Influencer bei der Bewertung des Kulturbetriebs an Diskursmacht gewinnen. Weil solche Einzelpersonen und digital vernetzte Kleingruppen die Aufmerksamkeitsökonomie lenkten, stellt Stalder hinter die These der Demokratisierung der Kulturkritik ein Fragezeichen (Stalder, 2021). Seitens der Interviewten wurde diese Rezeptionsperspektive nicht thematisiert.

2.1.4. Revitalisierung von Kunst durch ihre Entkopplung von Handfertigkeit

In Teilen der Musik und im Visuellen Design zeigen sich Tendenzen, dass Handfertigkeiten – das «Handwerkliche» – in den Hintergrund treten. Vorzeigbare Produkte zu erschaffen, setzt nicht mehr die Fähigkeit voraus, ein Instrument zu beherrschen. Gerade bei KI-generiertem Output spielen jedoch ästhetisch «richtige Entscheidungen», wie die Eingabe der richtigen Begriffe bei der Bildgenerierung, in Zukunft eine wichtige Rolle. Diese ästhetische Perspektive nimmt an Bedeutung zu:

> «Eine gute digitale Illustration braucht vertiefte Kenntnisse, vor allem auch eine eigene Bildsprache – das ist keine Laiensache. Nur wegen des Digitalen können Laien nicht einfacher Kunst machen. Im Gegenteil: Im Digitalen eine eigene Bildsprache zu entwickeln, das finde ich sehr beachtenswert, da dies möglicherweise eine noch grössere Herausforderung ist.» Illustrator, Designer, 30 Jahre, Ostschweiz/Zürich

Dieser verstärkte Fokus auf die Entwicklung einer eigenen Sprache und einer eigenen Ästhetik, die jedoch gleichzeitig ein Publikum finden muss, um auf Anerkennung zu stossen, setzt eine Neubewertung dessen voraus, was als einzigartig in einem künstlerischen Sinne akzeptiert wird. Gleichzeitig wird das Verfassen der richtigen Anweisungen an die Künstliche Intelligenz zur Erschaffung eines gewünschten Ergebnisses – das sogenannte «Prompt-Engineering» – zu einer neuen kreativen Kompetenz (Oppenlaender, 2023). Auch zeichnet sich in der Interaktion zwischen Kulturschaffenden und KI eine Erweiterung des kreativen Prozesses hin zur Kokreativität ab, die sowohl den Output der KI als auch deren Bewertung und ästhetische Weiterentwicklung durch Kulturschaffende berücksichtigt (Wingström, 2022). Mit diesen Entwicklungen müssen sich Kunsthochschulen bei der Konzipierung eines Curriculums auseinandersetzen.

Die Entkopplung von Handfertigkeit und ästhetischer Kompetenz spielt im Theater eine untergeordnete Rolle. Hier ist gerade die Aneignung technischer Expertise für die Umsetzung komplexer Bühnenbilder wichtig:

> *«Digitalität ist spannend, wenn man es verstanden hat und das Handwerk beherrscht, dann kann es auch bedient werden und das Publikum wird in eine andere Welt gebracht. Dafür braucht es die richtigen Personen an der Seite»* Projektleiterin, Schauspielerin, Teil eines Theaterkollektivs, Anfang 30, Zentralschweiz

Dies verändert auch die Anforderungen an das Berufsbild der Theaterschaffenden:

> *«Ich muss meine Arbeitsweise verändern, nicht nur was ich mache, sondern auch wie ich es mache. […] Ich sehe mich als Dilettant an, wenn es um technische Lösungen für mich selbst geht. Ich kann nicht programmieren, ich kann nicht löten. […]. Es gibt einzelne Vertreter, die beides vereinbaren können, die aufgrund ihrer Ausbildung beides können. Diese sind sehr gefragt zurzeit …»* Digitaler Dramaturg, freischaffender Künstler, Performer und Regie, Anfang 40, Chur

Insbesondere im Visuellen Design werden die neuen Zugangsmöglichkeiten und die einfache Handhabbarkeit digitaler Produktionsmittel begrüsst. Dadurch, dass jeder mit einfachen Mitteln etwas Vorzeigbares produzieren kann, entsteht eine lebendige Diskussion darüber, was Kunst ist und was nicht:

> «Ich empfinde es als inspirierend und faszinierend, dass digitale Hilfsmittel entwickelt wurden, die es auch Laien ermöglichen, vorzeigbare Resultate zu schaffen. Dies fördert den Diskurs, die Reflexion und den Zugang zum kreativen Arbeiten.» Fotografin und Visuelle Künstlerin (Video, Konzeptkunst), 27 Jahre, Zürich

Die Entwicklung einer eigenen Ausdrucksform setzt weiterhin vertiefte Kenntnisse voraus. Die Abgrenzung von gleichförmigen Produkten wird im Digitalen Raum eine noch grössere Herausforderung. Auch in Teilen der Musik findet eine Umdeutung von Professionalität statt, die von der Beherrschung eines Handwerks entkoppelt ist und mehr mit der Intensität und Ausdauer in Verbindung gebracht wird, mit denen man sich einer Sache widmet:

> «Professionell ist, wenn Leute über Jahre dranbleiben, sich im Austausch mit anderen selbst zu bilden, die an Grenzen stossen und dort weitermachen.» Klangkünstlerin, Anfang 50 Jahre, die sich mit KI und programmierbaren Instrumenten beschäftigt und ebenfalls mit visuellen Mitteln arbeitet, Zentralschweiz

Auch in der zeitgenössischen Musik wird davon ausgegangen, dass der Einsatz von KI zur Musikproduktion nicht zu einer Abwertung von Kunst führen wird. Vielmehr ist hier die Annahme, dass gerade für kommerzielle Zwecke (Games, Werbung etc.) eingesetzte Musik verstärkt kostengünstig über KI produziert werden wird. Hiervon abgrenzen würde sich dann die Musik, die als Ausdruck des menschlichen Geistes weiterhin einen hohen Stellenwert haben wird:

> «Music is not a product. It is our mind. But people need the product, so we need machines to make that product. Human beings are too slow to make products. We need machines to do that. But art is not artificial. We will still need some handwriting, painting, handmade cooking, etc. We don't need just [machine-made] products.» Komponistin, ca. 30, Zentralschweiz

Diese Aussage kann auch vor dem Hintergrund des sogenannten «Lindy-Effekts» gelesen werden. Insbesondere in der Volksmusik und der Klassik besagt dieser, dass sich die musikalischen Praktiken durchsetzen, die sich bereits lange bewährt haben. Jüngeren Entwicklungen wird demgemäss eine kürzere Lebensdauer prognostiziert (Eliazar, 2017). Deshalb ist davon auszugehen, dass das handwerkliche Beherrschen des Instruments auch in Zukunft in diesen Genres relevant sein wird.

2.1.5. Schaffung neuer Erfahrungsräume zur gesellschaftlichen Reflexion

Insbesondere im Museum und dem Theater beeinflussen digitale Ausdrucksmittel die Rezeption von Kunst und die Wahrnehmung von Kultur. Gerade Museen entwickeln sich selbst zunehmend zu Orten der digitalen Performance:

> «Die digitalen Veränderungen haben einen Einfluss auf die Rezeption von Kunst und Kultur. [...] Ich gehe gern in Museen, und es fällt mir in letzter Zeit auf, dass nicht mehr nur analoge Malerei gezeigt wird, sondern vermehrt auch digitale Werke wie Videoinstallationen oder VR/XR-Arbeit.» Videokünstlerin/Videodesignerin, Mitte 30, Zürich

Im Film findet ebenfalls eine Umgewöhnung an neue Formate statt:

> «Die digitale Entwicklung im Film ist prägend. Das Medium Film verändert sich extrem. Die Art, wie Geschichten erzählt werden, hat sich sehr verändert. Man schaut nicht mehr 50 Minuten einen Film, auch nicht mehr 3 Minuten, sondern 15 Sekunden.» Regisseurin, Drehbuchautorin, Editorin, Produzentin von Filmen, Anfang 40, Zentralschweiz

Digitale Ausdrucksmittel fördern weiterhin eine Selbstreflexion der Gesellschaft:

> «Digitalisierung ist ein interessanter Input, der für die ganze Gesellschaft förderlich sein kann, diese neu zu denken. Der Kulturbetrieb in seiner Statik hat ausgedient, es braucht neue Formen, Impulse.» Regisseur und Lehrbeauftragter im Erwachsenen-, Kinder- und Jugend-Theater sowie für Film, Mitte 70, Zentralschweiz/Zürich

So können über digitale Medien neue Erzählräume geschaffen werden, die narrative Eigenlogiken ermöglichen, durch die Gesellschaft neu gedacht werden kann:

> «[...] Digitalisierung kann im Theater neue Erzählräume schaffen, weil es sich komplett verändert. Man kann dislineare Sachen machen, man kann interaktive Sachen machen, es hat weniger Grenzen. Digitale Mittel werden genutzt, um die Gesellschaft zu reflektieren oder erfahrbar zu machen, was sich dort verändert. [...] Es können Erfahrungsräume geschaffen werden, die anders

> *funktionieren, als wenn man einen Text darüber liest.»* Digitaler Dramaturg, freischaffender Künstler, Performer und Regie, Anfang 40, Chur

Als mittelfristige Entwicklung wird eine Verschmelzung des Körperlichen und des Digitalen ausgemacht:

> *«Digitale Produktionsmittel sind ein neuer Input in die Gesellschaft. Es geht um das Körperliche und das Digitale [...]. Ich finde, man sollte offen sein für Neues. Ich glaube, dass die Digitalisierung ein interessanter Input ist, [...] für die ganze Gesellschaft, und förderlich sein kann, diese neu zu denken.»* Professioneller Theaterschaffender, Licht, Video, Regie, selbstständig, Mitte 70, Zentralschweiz/Zürich

Für diese Selbstreflexion ist die Erlernung einer digitalen Medienkompetenz unerlässlich, um die Bilderflut im Sinne der Demokratieförderung verarbeiten zu können, wie ein Studienteilnehmer meint:

> *«Das grösste Problem in der Digitalisierung ist das Ausgeliefertsein, bspw. bei der Bilderflut oder Fake-News. Digitale Medienkompetenz ist ein wesentlicher Baustein der Demokratiebildung und -entwicklung.»* (ebd.)

Auf der Tagung «Kultur Digital» 2021 in Zürich betonte Felix Stalder die erweiterte Aufgabe von Kulturinstitutionen, nicht nur selbst Narrative zur Einordnung von Kunst anzubieten, sondern auch Narrative, die Bottom-Up in der digitalen Sphäre entstehen, zu verhandeln und einzuordnen. Dies insbesondere auch, um vermeintlich unversöhnliche Perspektiven miteinander in Berührung zu bringen und um gesellschaftlichen Ausgleich herbeizuführen. Hierbei sollten Kulturinstitutionen weniger die Rolle autoritativer Experten als vielmehr die von Mediatoren einnehmen (Al-Ani et al., 2021).

2.1.6. Digitale Tools zwischen Effizienzsteigerung und globalem Konkurrenzdruck

In den Bereichen Musik und Visuelles Design wird betont, dass kostengünstige digitale Produktionsmittel zu einer starken Effizienzsteigerung führen. Diese Werkzeuge können ortsunabhängig genutzt werden und bewirken eine zeitliche Verdichtung des kreativen Prozesses:

«Digitale Produktionsmittel erlauben es, viel effizienter und ortsunabhängig zu arbeiten. Zudem ermöglichen sie, dass in kurzer Zeit vieles ausprobiert werden kann – der Prozess des ‹Experimentierens› wird dadurch schneller und dichter.» Illustrator und zu geringerem Teil auch als Musiker tätig, Ende 20, Zentralschweiz

Die Bewertung digitaler Verbreitungskanäle fällt diesbezüglich hingegen gespalten aus. Sie erhöhen einerseits die Autonomie der Kulturschaffenden, indem diese ihr Publikum direkt und ohne Vermittlung Dritter ansprechen können (siehe Abschnitt 2.1.3). Gleiches gilt für die Netzwerkarbeit. Diese Freiheit wird jedoch mit einem erhöhten Arbeitsaufwand erkauft:

«Die digitalen Verbreitungskanäle haben einen starken Einfluss auf meine Kommunikation. Sie ermöglichen mir, sämtliche Kommunikationsmassnahmen und Netzwerkarbeit selbst zu realisieren, was eine grosse Erleichterung ist. Der Aufwand, der benötigt wird, um das alles selbst zu bewältigen, ist aber auch sehr gross.» Fotografin und Visuelle Künstlerin (Video, Konzeptkunst), Ende 20, Zürich

Licht und Schatten liegen auch bei der Reichweitenvergrösserung über die Sozialen Medien nahe beieinander. Zwar erleichtern diese die Verbreitung des künstlerischen Outputs immens, jedoch bringen sie das eigene Schaffen auch in Konkurrenz mit einem globalen Markt:

«Die Distribution über Instagram ist super einfach. Dadurch steigt aber auch der globale Konkurrenzdruck» Illustrator und zu geringerem Teil auch als Musiker tätig. Ende 20, Zentralschweiz

Diese Positionierung in einem internationalen Umfeld kann auch auf das künstlerische Schaffen selbst zurückwirken und die Kulturschaffenden vor die Frage stellen, ob sie ein erweitertes Publikum oder eher einen regionalen Adressatenkreis gezielt ansprechen möchten. Diese Herausforderung betont etwa Barbara Bleisch, Philosophin, Moderatorin, Autorin, Herausgeberin und freie Journalistin, auf der Tagung «Kultur Digital» am Beispiel des Videopodcast «Bleisch & Bossart». Dieses vom SRF in Mundart produzierte Format wird gemäss den Social-Media-Analysen des Senders auch von einem beträchtlichen Publikum in Deutschland konsumiert. Deshalb kam es im Team zu Diskussionen, ob die Sendung auf hochdeutsch produziert werden sollte, was am Ende jedoch zugunsten der nationalen Teilhabe verworfen wurde. Bleisch weist auch darauf hin, die Konsequenzen die Messbarkeit eines Publikums für die Förderung subventionierter Theaterhäuser haben könnten, etwa wenn sich herausstellt, dass ein

Grossteil der Onlinezuschauer eines Theaterstücks aus dem Ausland kommen und der Kanton somit die finanzielle Unterstützung überdenken könnte (Bleisch, 2021).

2.1.7. Überforderung, Zwänge und Anpassungsdruck

Immer wieder betont werden die psychischen Belastungen, die für die Kulturschaffenden mit dem wahrgenommenen Druck der Aufmerksamkeitsökonomie einhergehen, die Sozialen Medien permanent mit Content bestücken zu müssen:

> *«Mir macht es meistens Spass, aber das Problem ist, dass ich merke, dass es mich süchtig macht, und das kotzt mich an. Ich merke, dass die Algorithmen stärker sind als mein Hirn. Und jedes Mal zu wissen, dass ich es nutze, weil ich es muss, ist [...] wie ein Schuss, den ich mir gebe.»* Indie-Pop-Duo, Alter Ende 20, Zürich/Winterthur

Das hier problematisierte Suchtverhalten wird durch die strukturellen Zwänge verstärkt, welche die Kulturschaffenden durch Intermediäre vermittelt bekommen:

> *«Die Businessleute sagen dir, wie wichtig Social Media ist, und dass du jeden Tag etwas posten sollst. Aber ich musste lernen dabei aufzupassen, dass es mir den Moment nicht verschneidet, und Strategien finden, das unter einen Hut zu bringen, damit ich diese Dinge nicht nur tue, damit es am Ende Likes gibt.»* (ebd.)

Die Bedeutung von Likes ist in der digitalen Aufmerksamkeitsökonomie nicht von der Hand zu weisen. Die meisten Social-Media-Algorithmen erhöhen das Ranking einer Künstlerin respektive eines Künstlers, wenn diese regelmässig und täglich Beiträge veröffentlichen. Eine Strategie zur Abgrenzung ist ein direkter Trade-off und beschneidet die Reichweite, somit die Effektivität und den Nutzen der Sozialen Medien. Weiterhin ist ein Kontrollverlust in der Rezeptionssteuerung sowie ein Wertschätzungsverlust auszumachen:

> *«Digitale Verbreitungsplattformen sind niederschwelliger und unkontrollierbarer. Wertschätzung ist schwieriger zu erreichen.»* Filmemacherin, Anfang 40, Zentralschweiz

Ein einzelner Beitrag in den sozialen Medien ist flüchtig und hat keinen Impact auf die Verbreitung von Inhalten. Der Business-Rationalität der sozialen Medien muss folglich zwingend entsprochen werden, damit diese nützlich sein können.

Damit einher geht ein Anpassungsdruck an die algorithmische Logik einer zielgruppenspezifischen Ansprache des Publikums, die möglicherweise von der Unterhaltungsindustrie auf die Kunstsphäre übergreift. Karin Frick vom Gottlieb Duttweiler Institut beobachtet die Tendenz einer zunehmenden Lesbarkeit des Publikums über deren digitale Datenspuren auch jenseits der reinen Unterhaltungsindustrie hinaus (Frick, 2021). Daraus ergeben sich möglicherweise auch Rückkopplungseffekte im Verhältnis der Kulturschaffenden zu ihrem Produkt und dem Publikum. Bereits heute passen viele finanziell erfolgreiche Musikschaffende ihren Output sowohl an die Rahmenbedingungen von Streamingdiensten (kurze Songs) als auch an die Hörgewohnheiten der Nutzenden dieser Plattformen an (Morris, 2020). Ausgangspunkt dieser «Dopaminökonomie» ist die Idee, die Nutzenden durch massgeschneiderte Inhalte und Gamificationstrategien zu mehr Interaktion zu verleiten, um durch die datengetriebene Auswertung ihres Verhaltens noch gezieltere Inhalte bereitstellen zu können.

2.2. Wertschöpfungsprozesse und Interaktionsdynamik

In diesem Abschnitt wird gezeigt, wie die Digitalisierung innerhalb der Kulturbereiche Musik, Theater und Visuellem Design die Wertschöpfungsprozesse von der Entstehung zur Verbreitung künstlerischer Arbeit beeinflusst und welche Interaktionsdynamiken hierbei entstehen. Grundlage hierfür bildet eine Recherche sowie eine Analyse der Interviews aus dem vorherigen Abschnitt. Die hieraus resultierenden Machtasymmetrien und Abhängigkeiten werden dann im anschliessenden Abschnitt 2.3 für jedes Themenfeld genauer beleuchtet, wobei auch die Gemeinsamkeiten und Unterschiede herausgearbeitet werden.

2.2.1. Finanzierungsmechanismen und Einkommensquellen in der Musik: zwischen Förderung und Querfinanzierung

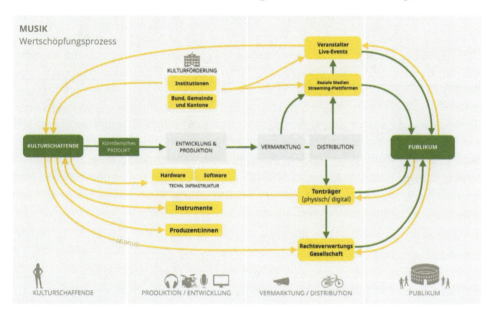

Abb. 1 Wertschöpfungsprozess im Bereich Musik

Kulturschaffende im Musikbereich benötigen Einnahmen, die sie in die Kreation neuer Musik investieren können. Diese kommen entweder von Förderinstitutionen oder sie werden durch Einnahmen aus Live-Auftritten oder anderen Tätigkeiten querfinanziert. Die Verteilung der Einnahmequellen unterscheidet sich von Genre zu Genre, je nachdem, was von Förderinstitutionen subventioniert und von Konzertveranstaltern ins Programm aufgenommen wird. Hier spielt auch die Vermarktbarkeit des künstlerischen Outputs eine wesentliche Rolle. Generell gibt es eine Tendenz, Musikproduktionen mit Live-Auftritten quer zu finanzieren, weil die Kulturförderung insbesondere Veranstaltungen fördert. Bis dato werden zwar auch Musikproduktionen, jedoch nicht die diesen vor- und nachgelagerten Arbeitsphasen gefördert. Die «Kulturbotschaft 2025–2028» verspricht dem entgegenzuwirken und auch die Planung und anschliessende Verbreitung des künstlerischen Outputs in der Förderung zu berücksichtigen (Bundesamt für Kultur, 2023a, S.23).

Das künstlerische Produkt umfasst neben der eigentlichen Musik in Form von Tonträgern und digitalen Musik- bzw. Videodateien auch Merchandising-Artikel, die teilweise kostenaufwändig hergestellt werden müssen. Aufgrund der Tendenz zum Do-it-Yourself-Prinzip fallen für die Musikerinnen und Musiker höhere Kosten für die Beschaffung und Instandhaltung der technischen Infrastruktur (Hardware/Software) sowie eigener Personalaufwand für komplexere Produktionen an.

Die Vermarktung und Distribution der eigentlichen Musik geschehen hauptsächlich digital, wobei physische Tonträger (CD, Vinyl) je nach Genre eine wichtige Rolle spielen, da sie Einnahmen generieren (vor allem in Genres mit kleinen, starken Communities wie Volksmusik, Metal). Streamingdienste (insbesondere Spotify und YouTube) sind wichtig für die Sichtbarkeit und werden von fast allen Kulturschaffenden bespielt, jedoch sind die Erträge daraus vernachlässigbar (Bundesamt für Kultur, 2024, S. 59). Monetarisiert werden Tonträger (physisch wie digital) auch über die Dienste der Rechteverwertungsgesellschaft. Hiervon profitieren die Kulturschaffenden. Andererseits zahlen sie ihrerseits Gebühren für die Interpretation geschützter Werke. Genauere Zahlen für den Bereich Musik liefert der jährlich veröffentlichte Geschäftsbericht der SUISA, auf den an dieser Stelle hingewiesen sei (SUISA, 2022).

Für die Akquise von Live-Events spielen Soziale Medien und Streamingplattformen eine zentrale Rolle. Gerade im Pop-Bereich messen Booking-Agenturen Bands an deren Streamingzahlen. Dies führt dazu, dass die Anzahl an Likes und Streams zu einem Ausschlusskriterium für das Bespielen grosser Bühnen wird.

2.2.2. Subventionierung und Wertschöpfung im digitalen Theater: zwischen traditioneller Bühnenkunst und neuen Medien

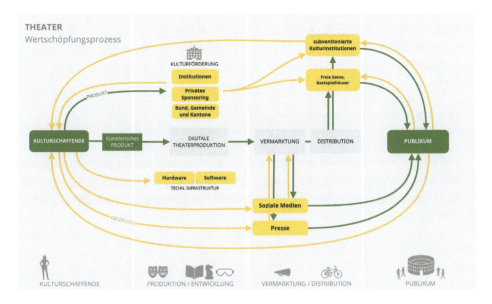

Abb. 2   Wertschöpfungsprozess im Bereich Theater

Als zentrale Gatekeeper im Themenfeld Theater fungieren die Förderinstitutionen, die zu Beginn einer Produktion festlegen, die Theaterproduktionen in welchem Umfang finanziell subventioniert werden. Im professionellen Theaterschaffen wird zuerst die Entstehung einer Theaterproduktion finanziert. Erst wenn die angestrebten Mittel für die Löhne während der Herstellung der Produktion sowie die Miete, den Kauf und die Programmierung der technischen Mittel vorhanden sind, wird die digitale Theaterproduktion oftmals überhaupt entwickelt.

Anschliessend werden die professionellen Theaterschaffenden mit ihrer digitalen Theaterproduktion über Gastspielverträge mit der fertigen Produktion in ein Gastspielhaus eingeladen. Hier werden dann individuelle Vereinbarungen zur Gage getroffen. Je nach vereinbartem Vertrag erhalten die Theaterschaffenden eine fixe Gage und/oder werden an den Einnahmen durch Ticketverkäufe beteiligt. Wenn sie an einem subventionierten Theaterhaus in Koproduktion eine digitale Theaterproduktion entwickeln, werden die Produktionskosten sowie die Gagen für die Vorstellungen über Subventionen oder vom Haus akquirierte Stiftungsgelder budgetiert. Somit ist die Wertschöpfung der Produktion über ein Publikum zweitrangig.

Darüber hinaus wird das Publikum über neue Distributionswege wie etwa kostenpflichtiges Live-Streaming, aber auch über Gratisangebote angesprochen. Diese werden jedoch eher als Marketinginstrument und weniger als Ersatz für Vor-Ort-Produktionen angesehen. Aktuell ist das Theater noch der Ort, an dem eine Produktion als temporäres, nicht wiederholbares Ereignis aufgeführt wird. Obwohl Produktionen teilweise zu Werbezwecken für Vorortveranstaltungen gefilmt und gestreamt werden, findet selten eine Weiterverwertung und Distribution dieser Aufnahmen über das Internet statt. Ein Grund hierfür besteht darin, dass der Qualitätsabfall zum Live-Ereignis als zu gross angesehen wird. Darüber hinaus will sich das Theater nicht in direkte Konkurrenz mit dem Medium Film bringen, das über komplexere visuelle und narrative Darstellungsformen verfügt als die direkte Frontalabfilmung im Theater.

Darüber hinaus sind digitale Theaterproduktionen in professionellen Häusern sehr kosten- und zeitaufwendig. Neben den tatsächlichen technischen Produktionsmitteln fallen hier hohe Personalkosten für Spezialistinnen und Spezialisten an, die wiederum häufig über solche Produktionen zum ersten Mal in Kontakt mit dem Theater kommen. Hinzukommt, dass vor den eigentlichen inszenatorischen Proben viel Zeit in die technische Vorproduktion fliesst. Dieser finanzielle und zeitliche Mehraufwand ist aktuell selten im Budget für eine Produktion veranschlagt.

An subventionierten Häusern kann der oben erwähnte Mehraufwand etwas besser aufgefangen werden, da das Produktionsbudget mit den Gesamtausgaben des Theaterhauses mitverrechnet wird und dieses über mehr personelle Ressourcen (Abteilungen Fundraising) verfügt, die Zeit in eine nachträgliche Projektförderung investieren können. In der freien Szene heisst ein Mehraufwand meist Gratisarbeit, weil das durch Fundraising zusammengetragene Produktionsbudget wenig Spielraum für Verzögerungen oder nicht einkalkulierte Kosten lässt.

2.2.3. Monetarisierungsstrategien im Visuellen Design: zwischen digitaler Präsenz und persönlichen Netzwerken

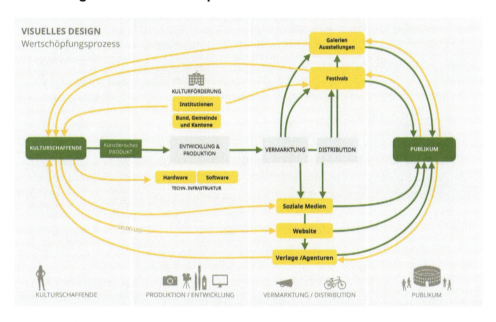

Abb. 3 Wertschöpfungsprozess im Bereich Visuelles Design

Die monetäre Wertschöpfung im Visuellen Design erfolgt hauptsächlich über Auftragsarbeiten via Agenturen und Verlage (Illustration) oder Gelder aus Förderinstitutionen (Film, audiovisuelle Performance). Im Falle der Videokunst und Fotografie sind weitere Intermediäre dazwischengeschaltet. Hier spielen neben Förderinstitutionen auch Galerien und Ausstellungen eine wesentliche Rolle bei der Monetarisierung der Kunst. Meist handelt es sich dabei nicht um Auftragsarbeiten, sondern die Vergütung an die Kulturschaffenden erfolgt im Nachhinein bei erfolgreichem Verkauf der Kunstobjekte. Bei Kulturschaffenden, die ihre visuellen Arbeiten im Rahmen von Theateraufführungen produzieren (Videokunst), erfolgt die Wertschöpfung gemäss den im Theater herrschenden Rahmenbedingungen (siehe dazu Abschnitt 2.2.2 zum Wertschöpfungsprozess Theater).

Vermarktung und Distribution geschehen hauptsächlich digital, über Plattformen wie Instagram (Illustration, Fotografie) und die eigene Webseite (alle Teilbereiche des Visuellen Designs). YouTube und Vimeo werden nur in spezialisierten Nischen genutzt (Videokunst und audiovisuelle Performance). Die physische Präsenz an Ausstellungen und Festivals können je nach Genre eine Rolle für die Sichtbarkeit spielen (Film, Illustration, Fotografie). Die Erträge daraus sind aber vernachlässigbar.

Die Vermarktung des eigenen Portfolios erfolgt bei den Illustratorinnen und Illustratoren hauptsächlich über Soziale Medien (ausschliesslich Instagram) oder die eigene Webseite. Über diese Kanäle suchen Verlagshäuser, Agenturen und andere Institutionen nach potenziellen Arbeiten. Anschliessend werden Auftragsmandate an die Kulturschaffenden vergeben. Andere Kanäle wie YouTube, LinkedIn und Facebook spielen keine oder nur eine sehr untergeordnete Rolle.

Die Sichtbarkeit über Social Media wird bei vielen grundsätzlich als wichtig eingestuft und als effizient beurteilt; sie hat aber nicht bei allen den gleichen Stellenwert für das eigene Kunstschaffen und die Erträge sind kaum vorhanden. Analog zum Theater ist die Wertschöpfung über ein rezipierendes Publikum vernachlässigbar. Das Publikum konsumiert Kulturproduktionen via publizierende Verlage und Agenturen (Illustrationen, Fotografie), Vertriebsfirmen (Film) oder direkt vor Ort (Videokunst im Theater und audiovisuelle Performance).

Im Visuellen Design existieren zur Vermarktung und Distribution spezialisierte Nischen. In der Videokunst spielen Instagram, die eigene Webseite und Vimeo (Publikation der Videos) für die Distribution und Sichtbarkeit eine wichtige Rolle. Eine effektive Vermarktung ist jedoch von analogen Mund-zu-Mund Empfehlungen abhängig. So kommen Aufträge nahezu ausschliesslich über persönliche Beziehungen und Empfehlungen sowie teilweise über Projektanträge bei Förderinstitutionen zustande.

Im Bereich der audiovisuellen Performance wird der eigene YouTube-Kanal und die eigene Webseite zur Vermarktung und Distribution (v.a. Sichtbarkeit) genutzt. Auch die Plattform Neo MX3 wird trotz ihres eher kleinen Wirkungskreises genutzt. Die Monetarisierung der Arbeit findet in der audiovisuellen Performance in erster Linie über Projektanträge bei Förderinstitutionen statt.

Neben der selbstständigen Kulturarbeit ist eine Teilzeitanstellung in einer themenverwandten Institution (Bildungsinstitution) zum Broterwerb vor allem bei jüngeren Kulturschaffenden nicht unüblich. Aber auch erfahrene Kulturschaffende unterrichten teilweise neben ihrer hauptberuflichen Kulturtätigkeit, wenn auch in weitaus geringerem Ausmass.

2.3. Machtasymmetrien und Abhängigkeiten entlang der monetären Wertschöpfungskette

Im Folgenden werden die Machtasymmetrien und Abhängigkeiten entlang der monetären Wertschöpfungskette nachgezeichnet, wie sie sich für die Kulturschaffenden von der Entwicklung hin zur Verbreitung und Vermarktung ihres künstlerischen Outputs ergeben. Unter Machtasymmetrien sind die Faktoren in Form von Akteuren und Technologien zu verstehen, die einen einseitigen Einfluss darauf nehmen, wie künstlerische Arbeit unter den Bedingungen der Digitalisierung erbracht und monetarisiert wird. Dabei werden die wesentlichen Hauptdynamiken sowie Nebenfaktoren samt einer Einschätzung ihrer qualitativen Wirkstärke herausgestellt. Die Darstellungen sind das Ergebnis eines Fokusgruppenworkshops mit 12 Kulturschaffenden aus den Bereichen Musik (Volksmusik, digitale Klangkunst, Jazz), Theater (Produktionsleitung, Freie Szene, Digitale Bühnenleitung, digitale Dramaturgie, Vertretung Bühnenverband Schweiz) und Visuellem Design (Illustration, Filmregie, Fotografie).

2.3.1. Digitale Transformation in der Musikindustrie: zwischen DIY-Produktion und Plattformabhängigkeit

2.3.1.1. Akteure und Technologien (Haupttreiber)

Zu Beginn des Wertschöpfungsprozesses steht im Themenbereich Musik die Aufnahme von Musikstücken und Alben. Hier lässt sich schon seit geraumer Zeit ein Rückgang der Bedeutung von Produzentinnen und Produzenten sowie Plattenlabels als Gatekeeper beobachten. Der niederschwellige Zugang zu Produktionsmitteln (z.B. virtuellen Instrumenten VST) und professionellen Recordingtools (z.B. Cubase, Logic, Ableton samt diverser Plug-ins) ermöglicht es Musikschaffenden, mit einer gewissen Einarbeitungszeit qualitativ hochwertigen Output zu produzieren. Insbesondere durch den Einbezug KI-basierter Plug-ins (Equalizer, Masteringtools) können auch Laien mit wenig Aufwand professionell klingenden Output produzieren, der sich in bestimmten Genres (z.B. Pop, Elektro) mit Standards messen lassen kann. Um sich von der Masse abzugrenzen, ist in gewissen Genres (z.B. Indie, Alternative) die Entwicklung einer eigenen Klangästhetik zunehmend wichtig, was wiederum eine tiefere Einarbeitung in Aufnahme- und Produktionstechniken voraussetzt. Abgesehen von Genres wie der Volksmusik und der Klassik, die auf herkömmliche Aufnahmetechniken und die damit verbundene Expertise (Mikrofonierung etc.) angewiesen sind, kann die Rolle von Produzentinnen und Produzenten aber auch die von Labels von den Musikerinnen und Musikern selbst übernommen werden.

Bei der Verbreitung von Musik nehmen Streamingdienste (Spotify, Applemusic, Amazon) und Intermediäre (u.a. DistroKid, TuneCore, Unchained Music), die die Streamingplattformen mit Inhalten bestücken, eine wichtige Rolle ein. Zwar besteht auch hier für die Musikerinnen und Musiker ein niederschwelliger Zugang, da keine Qualitätskontrolle seitens der Intermediären besteht. Allerdings werden die Musikschaffenden nur unzureichend am Ausschüttungsprozess beteiligt. Gleichzeitig besteht eine starke Abhängigkeit von solchen Diensten, da Musik zu einem überwiegenden Teil über Streaming konsumiert wird und diese Plattformen für die Musikverbreitung essenziell sind. Laut dem Schweizer Branchenverband der Musiklabels (IFPI) stieg der Anteil an Audio- und Video-Streaming im Musikbereich im Jahr 2022 auf 85% (CHF 190.5 Mio.) am Gesamtmarkt. Neben den oben aufgeführten Bezahldiensten (+5% auf CHF 166.4 Mio.) nahm auch der Anteil an werbefinanzierten Streams insbesondere über Kurzvideos auf Sozialen Medien wie TikTok oder Facebook im Vergleich zum Vorjahr enorm zu (+81% auf CHF 12.9 Mio.) (IFPI Schweiz, 2023).

Die Publikumspflege über Soziale Medien wie (Instagram und TikTok) wird von den Musikschaffenden jedoch ambivalent betrachtet. Um im Rahmen der Aufmerksamkeitsökonomie permanent sichtbar zu bleiben und den Bedürfnissen des Publikums nach Content zu entsprechen, müssen die Kulturschaffenden zunehmend Nebendienstleistungen, wie die Produktion von Videos, erbringen. Die häufig ungewollte Beziehungsarbeit wird als notwendiges Übel betrachtet, das vom eigentlichen Musikmachen ablenkt. Gleichzeitig können durch Content-Produktion auf Sozialen Medien auch neue Interessengruppen erschlossen und Kontakte aufrechterhalten und verfestigt werden.

Konzertveranstaltende buchen insbesondere Musikerinnen und Musiker, die in den sozialen Medien präsent sind und orientieren sich auch an Klick-Zahlen von Streamingdiensten. Dabei lagern sie auch die Zuständigkeiten im Bereich der Planung, Durchführung und Bewerbung von Veranstaltungen zunehmend auf die Musikschaffenden aus, was zu einem zusätzlichen Mehraufwand führt.

2.3.1.2. Hauptdynamiken

Im Bereich Musik zeichnen sich zwei Hauptdynamiken bezüglich entstehender Abhängigkeiten und Machtasymmetrien ab:

Der Social-Media-Imperativ

Bestimmte *Plattformen werden für die Kommunikation mit dem Publikum und die Dissemination im Musikbereich unumgänglich*, sei es durch die Nutzung durch die meisten Akteure («alle sind auf Instagram») oder durch die Erwartungshaltung des Publikums («ich gehe davon aus, dass ich alle Musik auf Spotify finde»). Auf die Kulturschaffenden wirkt sich dies in einer zusätzlichen Arbeitstätigkeit aus, die sich sowohl negativ auf die Qualität der Arbeit als auch negativ auf die Lebensqualität der Musikschaffenden auswirken kann. Das Verhältnis der Kulturschaffenden zu diesen Plattformen wurde unter anderem als «etwas widerwillig abhängig» beschrieben. Die ständige Präsenz und das Management der Onlineprofile erfordern Zeit und Aufmerksamkeit. Dieser Zeitaufwand kann von anderen wichtigen Aspekten der musikalischen Arbeit ablenken, wie dem Komponieren, dem Üben oder der Vorbereitung von Live-Auftritten. Ausserdem kann der Druck, sich ständig mit anderen zu vergleichen und die Erwartungen der Fans zu erfüllen, belastend sein. Die Wahl der Plattform ist community- und generationenabhängig (ältere Generation setzen immer noch auf Facebook, jüngere auf TikTok respektive Instagram).

TikTok wird als die in Zukunft dominante Must-have-Plattform wahrgenommen, an der niemand mehr vorbeikommen wird. Dies wird als negative Entwicklung eingeschätzt. Der Grund hierfür liegt in den als äusserst invasiv bewerteten Terms of Service von TikTok. Diese wurden im Juli 2022 plötzlich weltbekannt, als sie in einem der global populärsten Podcasts von Joe Rogan (2022) vorgelesen wurden. Positiver eingeschätzt werden hingegen kleinteilige Communities wie Szenechats auf WhatsApp (Beispiel aus dem Bereich Volksmusik) und die Kommunikation unter Gleichgesinnten auf X, ehemals Twitter (Beispiel aus der Computermusik). Allerdings wurde bei X bemängelt, dass der Dienst zunehmend schlechter darin würde, die passenden Inhalte bei den jeweiligen Anspruchsgruppen anzuzeigen.

Die DIY-Arbeitsweise

Eine Tendenz mit massiven Auswirkungen auf das Arbeitsfeld ist die durch die Digitalisierung realisierte «*Do it yourself*»-*Arbeitsweise*. Viele Arbeitsschritte, die in der Vergangenheit von Expertinnen und Experten ausgeführt wurden, können heute dank neuen Tools von den Kulturschaffenden selbst umgesetzt werden.

Beispiele dafür sind die Veranstaltung von Konzerten, die Ton- und Videoaufnahmetechnik, die grafische Gestaltung von Werbung und Programmen. Zwar darf argumentiert werden, dass so die Kosten enorm reduziert werden; aber früher hätten diese Leistungen von Externen denn auch bezahlt werden können. Heute ist diese Option häufig gar nicht mehr im Rahmen des Möglichen, da die kostengünstige – respektive kostenlose – Nutzung der Tools und die in Eigenleistung stattfindenden Arbeitsschritte in der Wertschöpfungskette bereits eingepreist sind. Das Fazit dieser Entwicklung: «Alles wird effizienter und schneller, aber man macht auch viel mehr». Beispielsweise sind Musikvideos mit Hilfe von Handykameras, Filtern und einfach zu bedienenden Schnittprogrammen sehr einfach zu produzieren. Die Wichtigkeit oder Wertigkeit eines solchen Videos ist aber vergleichsweise niedriger. Auch wird regelmässig neuer Gratiscontent erwartet. Da Gatekeeper (Produktionslabels) nicht mehr wirken, hat die Publikation eines Songs oder eines Videos auch keinen Meilensteincharakter mehr. Die Rolle von Expertinnen und Experten im erweiterten Feld des Kulturschaffens (Tontechnik, Editing, Notensatz etc.) verliert an Bedeutung, die Unterscheidung zwischen Professionalität und nebenbei selbst in Tutorials angeeigneten Fertigkeiten schwindet.

Es zeigt sich ein oberflächlicher Widerspruch darin, dass Technologien stets effizienter werden, und gleichzeitig der Aufwand im Umgang damit steigt. Das «Immer-mehr-Machen» bezieht sich auf die Tätigkeiten, die traditionell im Musikberuf als Nebensächlichkeiten betrachtet wurden und nicht als Teil der Kernkompetenzen des Musizierens.

2.3.1.3. Nebendynamiken

Eine Nebendynamik, die sich durch die Bedeutung Sozialer Netzwerke ergibt, besteht darin, dass das *Publikum selbst zu Produzierenden wird*, da bei Konzerten viel gefilmt wird. Das kann als Problem wahrgenommen werden, da die Kulturschaffenden die Kontrolle über ihr Produkt verlieren und so nicht steuern können, welche Inhalte verbreitet werden sollen und welche nicht. Musikerinnen und Musiker stellen fest, dass ihre Musik ohne ihre Erlaubnis auf Plattformen hochgeladen und geteilt wird. Andererseits handelt es sich dabei um freie Dissemination, die die Arbeit der Kulturschaffenden in den sozialen Medien teilweise ersetzen kann. Aus dem Publikum kommen über digitale Kanäle auch vermehrt Anfragen, zum Beispiel ob Noten zu gespielten Stücken verfügbar sind. Musikerinnen und Musiker können ihre Fans auch schnell über bevorstehende Auftritte informieren, neue Musik veröffentlichen und Feedback von ihren Zuhörerenden erhalten.

Einerseits ist der Zugriff auf digitale Produktionsmittel demokratisiert und es fallen Ausgaben für Plattenaufnahmen und Produzenten weg. Andererseits fällt auf der Ausgabenseite die *regelmässige Neuanschaffung von Hardware* (z.B. Laptops) ins Gewicht, die in gewissen Zeitabständen ersetzt werden muss.

Durch Social Media können *Zielgruppen spezifischer und kleinteiliger gefunden und adressiert werden*. Rezipientinnen und Rezipienten von kleinen Nischengenres können sich über Content-Plattformen wie YouTube auffinden und über Messenger-Plattformen wie X in Kontakt bleiben. Damit werden auch Nischenabsatzkanäle attraktiver.

Die *Konzentration von technischen Funktionen auf dem Smartphone* (Tonaufnahme, Videoaufnahme, Kommunikation, Stimmgerät und Metronom) wird als sehr praktisch wahrgenommen.

2.3.2. Digitale Innovation im Theater: Herausforderungen und Dynamiken im Wandel der Produktionsprozesse

2.3.2.1. Akteure und Technologien (Haupttreiber)

Im Gegensatz zum Themenfeld Musik bleiben im Bereich Theater klassische Gatekeeper weiterhin relevant. Dies sind insbesondere subventionierte Theaterhäuser und Gastspielhäuser, die digitale Theaterproduktionen entwickeln und veranstalten. In der freien Szene verlängern digitale Produktionen den Entwicklungsprozess, weshalb Produktionsteams andere Produktions- und Probestrukturen andenken müssen. Für Mitarbeitende in Kulturinstitutionen wird die Arbeitszeit, die sie für das Hosting digitaler Tools nutzen können, zum limitierenden Faktor. Das Publikum wiederum muss sich noch an digital vermittelte Seh- und Erlebnismomente im Theater gewöhnen, und auch die Kulturpolitik fokussiert in der Förderung auf eher traditionelle Produktionsweisen. Grundsätzlich werden digitale Technologien im Theater nicht als Treiber wahrgenommen, sondern in bestehende Logiken integriert. Es gilt das Primat der Erzählung und der Dramaturgie. Digitale Produktionsmittel werden nicht als Selbstzweck angesehen, sondern als erzählerisches Vehikel eingesetzt und müssen der Dramaturgie dienlich sein.

2.3.2.2. Hauptdynamiken

Im Themenbereich Theater können zwei Hauptdynamiken in Bezug auf Machtasymmetrien und die hierdurch entstehenden Abhängigkeiten ausgemacht werden:

Analoge Planungsstrukturen und Logistik als Hemmschuh

Die *starke Gebundenheit an die Produktionsplanung/Logistik* der Theater entpuppt sich als relevanter Hemmschuh. Es wird die Meinung vertreten, dass der ganze Theaterproduktionsapparat hinterfragt werden muss, damit der digitale Raum seine Stärken als Experimentierfeld für neue Erzählformen entfalten kann. Zudem fehlt es an Expertise bezüglich der Planung und Durchführung digitaler Produktionen.

Zwei Komponenten, welche die Dynamik beeinflussen, sind *Humanressourcen* und *Fachexpertise*, die beide für die digitale Theaterproduktionen unentbehrlich sind. Im Theater geht es nicht um Produktionsmittel im Sinne der Wertschöpfungskette, sondern um eine Neuorganisation des Entwicklungsprozesses einer Theaterproduktion, die mit Digitalität arbeitet. Denn die Theaterproduktion als Ergebnis des Schaffensprozesses steht und fällt mit den Menschen, die digitale Tools einsetzen und bedienen können, sowie mit den Abläufen, in die diese eingebettet sind. Die Frage, wie sich so ein neuer Produktionsprozess organisiert, ist noch offen. Die Theater sind hier momentan in einer Übergangssituation, da die jetzigen Prozesse kulturpolitisch und als Betriebssysteme inhouse abgesegnet sind und in jeder Spielzeit reproduziert werden. Digitale Theaterproduktionen arbeiten momentan in diesen sehr konservativen Proben- und Produktionsstrukturen. Im Zusammenhang mit der Nutzung digitaler Produktionsprozesse werden diese althergebrachten Strukturen zum Problem und erschweren die Planung. Beispielsweise müssen Premieren weit im Voraus angekündigt werden. Tradierte Strukturen und Prozesse sind auch Ausdruck einer konservativen Idee davon, wie Theater zu funktionieren hat. Hier wird seitens der Fokusgruppe ein Wille zur Erneuerung eingefordert, ohne den die Qualität digitaler Produktionen hinter deren Möglichkeiten bleibt.

Es solle stärker auf Produktionen gesetzt werden, in denen digitale Technologien und deren Eigenlogiken im Fokus stehen. Hieraus könnte ein Experimentierfeld entstehen, mit dem sich das Theater neu erfinden könnte. Das Publikum würde so immer mit den neuesten Erzählformen konfrontiert und das Theater könnte sich sukzessive weiterentwickeln. Diese Möglichkeiten der permanenten Weiterentwicklung wären theoretisch gegeben, jedoch müssten hierzu bestehende

Gefässe und Organisationsweisen angepasst werden. Wie diese Anpassung genau stattfinden soll, bleibt offen und müsste in experimentellen Verfahren erschlossen werden.

Die *technische Betreuung digitaler Modelle und Tools* wie etwa immersiver Bühnenmodelle, aber auch Social-Media- und Website-Pflege, ist *aktuell nicht gewährleistet* und die Verantwortlichkeiten für deren Aktualisierung und Weiterentwicklung werden *nicht in die Planung des Theaterbetriebes mit eingedacht*. Der Mangel an Ansprechpersonen ist ebenfalls problematisch, weil die Tools schnell veraltet sind und hier ein grosser Aktualitätsdruck besteht. Dies ist eine grosse Herausforderung, wenn man als Theaterstätte als Produktionspartnerin auftritt und den im Haus produzierenden oder eingeladenen Produktionsteams digitale Produktionen ermöglichen will.

Digitales Theater ist zeitintensiv

Digitale Theaterproduktionen haben eine bedeutend längere Produktionszeit. Es braucht mehr zeitliche Ressourcen für das gemeinsame Experimentieren und Proben. Hierin unterscheidet sich das Theater wesentlich von den Produktionsprozessen in der Musik und des Visuellen Designs, wo die Digitalisierung zu einer zeitlichen Verdichtung des kreativen Prozesses geführt hat (siehe Abschnitt 2.1.6). Daraus folgt, dass die Zusammenarbeit im künstlerischen Produktionsteam früher als bisher starten muss. Die Workshop-Teilnehmenden gehen hier von einem Vorlauf von zwei Jahren anstatt von einem Jahr vor der Premiere aus. Zwischen den Probephasen und auch den Endproben nimmt die Programmierung viel Zeit in Anspruch. Hier besteht seitens der Workshopteilnehmenden der Wunsch nach flexibleren Premieredaten und der Möglichkeit, auch Work-in-Progress vorführen zu können. Ohne diese Flexibilität ist der Einsatz neuer Technologien schwer möglich.

Auch wird die Agilität, das freie Improvisieren, wie es ein Theaterhabitus innerhalb einer Probephase der Produktion ist, durch die verwendeten digitalen Techniken/Tools gehemmt. Daher ist es aus Sicht der Teilnehmenden wichtig, mit klareren Vorstellungen zum Weg in den Probenprozess zu starten. Das Konzept, das Zusammenspiel zwischen digitaler Technik und Schauspielenden muss gut durchdacht sein. Hierfür muss bereits in der Vorbereitung viel Zeit eingeplant werden.

2.3.2.3. Nebendynamiken

Im Theater zeichnen sich bezüglich Abhängigkeiten und Machtasymmetrien folgende Nebendynamiken ab:

Qualität durch Publikumsansprache/Marketing/Vermittlung

Die Stärke des digitalen Raums besteht darin, das Publikum interaktiv in eine Produktion einbeziehen zu können. Das Durchbrechen der vierten Wand zwischen Bühne und Publikum ermöglicht eine digitale Teilhabe der Zuschauenden. Mit diesem immersiven Erleben einher geht die Möglichkeit eines längeren Nachwirkens der Theatererfahrung in der Lebenswelt aller Teilnehmenden. Hierfür müsste jedoch zuerst ein Rahmen geschaffen werden, um sowohl Theaterschaffende als auch Publikum für diese Möglichkeiten zu sensibilisieren und eine Akzeptanz für partizipative Erzählformen zu schaffen. Die verwendeten Marketinginstrumente, die momentan für die Bewerbung einer digitalen Produktion eingesetzt werden, erreichen jedoch häufig das anvisierte Publikum nicht. Dies auch weil es an der Zeit fehlt, eine dem Format gerechte Ansprache des Zielpublikums zu konzipieren. So sind die Teilnehmenden der Meinung, dass sie aktuell über die verwendeten Kanäle nicht das Publikum erreichen, das eigentlich interessiert wäre.

Aktuell werden digitale Produktionen von viel Vermittlungsarbeit begleitet, um dem Publikum deren Wertigkeit zu verdeutlichen und dieses für digitale Angebote zu aktivieren. Die Teilnehmenden beklagen als Tendenz, dass dieses Heranführen des Publikums an neue Sehgewohnheiten (etwa über AR-Elemente) eine pädagogische Dimension annimmt, unter welcher der künstlerische Anspruch der Produktionen leidet. Begründet wird dies damit, dass diese pädagogisch gestützten Aneignungsprozesse das Erleben der Theatererfahrung selbst beeinflussen. Durch dieses «geleitete Erleben» wird dem Publikum der Spielraum zur Aneignung neuer Sehgewohnheiten beschnitten. Gleichzeitig ist spürbar, dass das Publikum in dieser Orientierungsphase stark von der neuen Erfahrungsqualität digitaler Technologien benommen ist und sich seiner Rolle in diesen digitalen Settings erst bewusstwerden muss. Auch hierunter leidet die Vermittlung künstlerischer und textlicher Inhalte, weil das Publikum damit beschäftigt ist, zu begreifen und zu erfassen, was seine Aufgabe ist und wie es sich verhalten soll.

Diese Aneignungs- oder Aktivierungsprozesse müssen von allen Seiten her (Publikum, Produktionsteam, Theaterhaus) geschehen.

Qualität durch digitale Erlebnisräume

Als Fluchtpunkt dieser Orientierungsphase zeichnet sich für die Teilnehmenden die Gestaltung partizipativer Erfahrungsräume durch digitale Hilfsmittel ab. Demnach ist die digitale Theaterproduktion keine Spielerei, die einem Selbstzweck dient; Sinn und Zweck der digitalen Theaterproduktion sei es vielmehr, «neue, virtuelle, digitale» Erlebnisräume herzustellen, in denen Themen verhandelt werden, die anderswo nicht erlebbar sind. Dies geht mit dem Anspruch einher, Menschen auf neue Art und Weise zusammenzubringen. Digitale Produktionen bieten hier alternative Wege zu den üblichen Theaterformen. Es entstehen neue interaktive Räume, in denen das reine Rezipieren durch Partizipation abgelöst wird. Digitale Tools ermöglichen neue Formen der Weltvermittlung.

2.3.3. Gatekeeper im Visuellen Design: zwischen digitaler Effizienz und kreativer Autonomie

2.3.3.1. Akteure und Technologien (Haupttreiber)

Im Bereich Visuelles Design fungieren sowohl Produktionsmittel als auch Verbreitungskanäle und institutionelle sowie private Akteure als Gatekeeper. Diese haben jedoch nicht zwingend negative Auswirkungen auf die Herstellung und Verbreitung von Kunst- und Kulturprodukten.

Eine zentrale Rolle bei der Herstellung von Kulturprodukten spielt die Adobe Software. So nutzen alle Workshop-Teilnehmenden den Bezahlservice der Adobe Creative Cloud (v.a. Photoshop, Illustrator, InDesign, teils auch andere). Die dominante Marktstellung von Adobe wird jedoch nicht nur einseitig als negativ betrachtet. Vielmehr wird die von Adobe bereitgestellte Software als mächtiges Tool zur Effizienzsteigerung geschätzt. Die Anschaffung von Hardware wie Laptop, (Video-)Kamera, Scanner und Smartphone gilt als Selbstverständlichkeit und wurde daher auch nicht als Gatekeeper genannt. Grundsätzlich werden digitale Technologien nicht als Hindernis, sondern als Kreativität steigernde Werkzeuge betrachtet, mit denen man als Kulturschaffender wächst.

Als Distributionskanäle werden allen voran Instagram, dann aber auch Facebook und LinkedIn genutzt. Über diese Gatekeeper wird die eigene Arbeit einer breiten Öffentlichkeit zugänglich gemacht. Beim Film spielen Streamingplattformen (z.B. Video on Demand – als Bezahl- und Gratisservice) eine wichtige Rolle. Hier wird es immer schwieriger, das Publikum dazu zu bewegen, ins Kino zu gehen. Für Bewegtbilder ist Vimeo sowie die eigene Webseite zentral. Für den Datentransfer von Bilddateien werden WeTransfer und andere Datentransferprogramme genutzt.

Beim Film stellen Förderstellen und Kinos institutionelle Gatekeeper dar. Jedoch verliert das Kino zugunsten von Video on Demand an Bedeutung. Im Bereich Illustration, Grafik und Fotografie fungieren Agenturen und Verlage (Mediale Institutionen, analoge und online) sowie andere Auftraggebende (bspw. Museen) als Gatekeeper, um die Arbeiten der Kulturschaffenden an das Endpublikum zu bringen. Bemerkenswert ist, dass die Workshopteilnehmenden Festivalveranstalter und Galerien nicht explizit als Gatekeeper aufführten. Das (End-)Publikum wurde ebenfalls nicht dazugezählt.

2.3.3.2. Hauptdynamiken

Hinsichtlich Machtasymmetrien und Abhängigkeiten lassen sich im Bereich Visuelles Design zwei Hauptdynamiken ausmachen, die einerseits die Produktionsmittel, andererseits die Verbreitungskanäle betreffen.

Steigende Effizienz und steigender Erwartungsdruck durch digitale Tools

Hinsichtlich der digitalen Produktionstools ist eine ambivalente Entwicklung zu beobachten. In allen Bereichen des Visuellen Designs wird die *Digitalisierung und ihre Möglichkeiten als etwas Selbstverständliches* betrachtet, das schon immer da war und mit dem man aufgewachsen ist. Die oben genannte Adobe Software bietet Möglichkeiten der Effizienzsteigerung und der Optimierung der Arbeit, wobei als *Schattenseite höhere Erwartungshaltungen an das Endprodukt* entstehen. Die Adobe Creative Cloud Software gilt als «State of the Art» und setzt damit den Standard. Gleichzeitig stellt die Einarbeitung in die Software einen sehr grossen Lernaufwand dar, was dazu führt, dass ein Umsteigen auf andere Anbieter eigentlich nicht in Frage kommt. Bei einigen Workshopteilnehmenden stösst diese globale Marktdominanz von Adobe auch auf Unwohlsein. Hinzu kommt, dass ein Umsteigen auf alternative Anbieter beim Endkunden zu Kompatibilitätsproblemen führt.

Zudem wird seitens der Agenturen und Auftraggebenden ein *Druck* wahrgenommen, *schneller und effizienter arbeiten zu müssen* (Steigerung der Quantität bei gleichbleibender Qualität), weil dies die Software ja ermögliche.

Neben Computer, (Video-) Kamera, Scanner als Standard ist eine *wachsende Bedeutung von Smartphones in der gesamten Produktionskette* auszumachen. Letzteres wird oft auch für Audio-Sampling, Fotos und die schnelle Distribution für Instagram genutzt. Die vielseitigen technischen Funktionen der mobilen Geräte (Bild-, Ton- und Videoaufnahme, einfache Editierfunktionen, Kommunikation, direkter Zugang zu Distribution via Instagram) machen die Geräte zu einem immer wichtigeren Asset, das breiter genutzt wird.

Verbreitungsstrategien zwischen Be- und Entschleunigung

Ein zweite ambivalente Hauptdynamik ist im Bereich der Distributionskanäle auszumachen. *Soziale Medien*, allen voran Instagram, werden immer wichtiger und *bilden zentrale Gatekeeper*. Als positive Entwicklung wird die *enorme Reichweitenerweiterung* und *Visibilität* sowie die *Ansprache verschiedener Zielgruppen* ausgemacht. Dabei sind es nicht nur die Kulturschaffenden selbst, die Instagram als Akquiseplattform nutzen; auch Verlage und andere Auftraggebende gehen über diesen Kanal direkt auf die Kulturschaffenden zu. Wie im Falle der Produktionsmittel, so wird auch bei den Verbreitungskanälen als *Schattenseite ein enormer Druck* wahrgenommen, immer präsent und «aktuell» sein zu müssen, um Aufmerksamkeit zu generieren und das eigene Marketing voranzutreiben. Dies wird insbesondere von jungen, noch nicht etablierten Kulturschaffenden, die sich noch in der kreativen Findungsphase befinden, als Problem empfunden.

Diesem Druck wird mit einer Gegenbewegung begegnet. So versuchen einige der Workshopteilnehmenden stärker auf entschleunigte Alternativen umzusteigen und setzen wieder vermehrt auf E-Mail-Kommunikation (Newsletter) und der Bewerbung des Schaffens über die eigene Webseite. Kulturschaffende hingegen, die in etabliertere Produktionsfirmen eingebunden sind (etwa Filmproduktion), sind von diesen negativen Entwicklungen weniger betroffen.

Bemerkenswert ist, dass eine Auseinandersetzung mit neuen digitalen Formaten wie generativer KI oder anderen Machine Learning Anwendungen am Workshop im April 2023 nicht thematisiert wurde.

2.3.3.3. Nebendynamiken

Eine Nebendynamik besteht darin, dass sich eine Tendenz zur *Rückbesinnung auf und Wertschätzung von analogen Produktionen* abzeichnet. Hier gibt es eine «Es geht eigentlich auch ohne Digitales»-Haltung. Das analoge Kulturschaffen steht dabei für multimodale Qualität (spricht diverse Sinne an) und Entschleunigung.

Die bereits erwähnte Gegenbewegung im Bereich der Nutzung von E-Mail und Webseite entspricht dem Trend, einer zielgruppennahen Kommunikation gegenüber globaler Visibilität den Vorzug zu geben. Diese Gegenbewegung lässt sich auch vor dem Hintergrund verstehen, dass die Dominanz von Social Media aus

Sicht der Kulturschaffenden zu einer gewissen *Vereinheitlichung von Produktionsformaten* führt. So muss im Falle von Instagram mit einem quadratischen Bildformat gearbeitet werden. Der oben beschriebene *Gegentrend zielt* somit auch *auf einen Distinktionsgewinn gegenüber der Konkurrenz.*

2.3.3.4. Zusammenfassung und Zwischenfazit

Zusammenfassend lassen sich über die Kulturbereiche hinweg gewisse Gemeinsamkeiten und Unterschiede ausmachen.

Während sich insbesondere im Bereich Musik (im Visuellen Design bereits seit geraumer Zeit) über den niederschwelligen Zugang zu Produktions- und Verbreitungsmitteln eine «Do it Yourself»-Mentalität durchsetzt und günstige respektive kostenlose virtuelle Instrumente und Aufnahmetools einen teilweise demokratisierenden, öffnenden Effekt auf das Kulturschaffen haben, ist im Theater eine andere Tendenz auszumachen. Hier bleiben alte Gatekeeper im Sinne von subventionierten Theaterhäusern und Förderinstitutionen relevant und verhindern respektive erschweren die kreative Aneignung digitaler Erzähl- und Ausdrucksformen. Ebenso bleibt im Theater die Umsetzung digitaler Produktionen kostspielig. Anders als etwa im Visuellen Design führt die Digitalisierung hier auch nicht zur Beschleunigung und erhöhtem Erwartungsdruck. Vielmehr sind digitale Produktionen zeitaufwendig, schwer planbar und treffen auf verkrustete mentale und logistische Strukturen, die ein experimentierfreudiges Erschliessen digitaler Erzählräume erschweren. Auch sind im Theater unter Produktionsmittel weniger die digitalen Technologien selbst, als vielmehr die zur Entwicklung und Umsetzung digitaler Produktionen notwendigen Gelder und Humanressourcen zu verstehen.

Eine ganzheitliche Betrachtung der Ressourcen, die im Theater für digitale Produktionen notwendig sind, wird etwa im progressiven Manifest des Theaterbriefes aus Harvard angeregt (futureSTAGE Research Group, 2022).

Im Vergleich zur Musik und dem Theater gehört das Arbeiten mit digitalen Produktionsmitteln beim Visuellen Design schon seit langer Zeit zum künstlerischen Alltag. Die Arbeit mit Adobe Software und anderen Programmen ist schon lange Teil der gestalterischen Grundausbildung. Analog zur Musik werden im Visuellen Design zunehmend alle Prozesse des Schaffens und Verbreitens der Arbeit von den Kulturschaffenden selbst übernommen. Wenn die Kulturschaffenden nicht mit einer Agentur/Firma mit Arbeitsteilung arbeiten, führt dies zu erhöhtem Druck. Im Gegensatz zu wesentlichen Sparten der Musik erfolgt die Finanzierung im Visuellen Design nicht direkt über das Publikum selbst, sondern mehrheitlich indirekt über Auftraggebende (Verlage, Agenturen, Institutionen, etc.), die dann das Kulturprodukt ihrem Publikum zugänglich machen (via Zeitschriften, Ausstellungen, etc.).

Themenfeldübergreifend verblüfft, dass das Thema generative KI (ChatGPT, Midjourney etc.) von den Teilnehmenden selbst nicht thematisiert wurde, respektive dass keine inhaltliche Auseinandersetzung mit dem Thema stattfindet.

2.4. Handlungsempfehlungen

Aus den Ausführungen dieses Kapitels gehen folgende Handlungsempfehlungen hervor:

2.4.1. Förderung und Bereitstellung physischer Begegnungsräume zur Vernetzung und Auslotung digital-analoger Synergien

Als durchgehender Tenor zeigte sich über alle Kulturbereiche hinweg die herausragende Bedeutung physischer Begegnungsorte. Dies sowohl für die persönliche Vernetzung mit anderen Kulturschaffenden und Auftraggebern als auch zur Auslotung neuer Möglichkeiten der Verschmelzung physischer und digitaler Begegnungsräume. Zwar spielen Soziale Medien zur effizienteren Vernetzung und der Aufrechterhaltung von Kontakten eine wichtige Rolle. Trotzdem wird das Digitale mit Flüchtigkeit, Kälte und Distanz assoziiert. Besonders im Visuellen Design spielen physische Face-to-Face-Begegnungen eine entscheidende Rolle bei der Vermittlung von Aufträgen.

Neben der Festigung von persönlichen Kontakten werden physische Konferenzen und andere analoge Begegnungsräume als Gegenwelt zu einem durchdigitalisierten Alltag empfunden. Gerade nach Corona zeichnet sich eine Erschöpfung im Umgang mit digitalen Kommunikationsmitteln ab. Es besteht ein Wunsch nach Entschleunigung auch im Digitalen, der dem Eindruck geschuldet ist, dass die Grenzen der kommunikativen Beschleunigung erreicht sind. Dieser entschleunigte Rückzug in analoge öffentliche Räume schafft Kapazitäten, sich wieder auf Neues einzulassen, und muss auch vor dem Hintergrund einer dialektischen Bewegung zwischen dem Atelier als kreativem Rückzugsort und der Notwendigkeit, in der Kunstwelt Präsenz zu zeigen, ernstgenommen werden.

Zusätzlich zu ihrer zentralen Bedeutung für die Vernetzung und Auftragsvermittlung dienen Konferenzen und Vor-Ort-Veranstaltungen wie «Kultur Digital» oder Projekte im Rahmen der thematischen Initiative «Kunst, Wissenschaft und Technologie» von Pro Helvetia auch als Aushandlungsräume zwischen der Sphäre des Analogen und des Digitalen. Dies zeigt das erwähnte Beispiel der Booking-Plattform «Book Your Artist» von Isabelle Vuong, bei der ein digitales Tool genutzt wird, um eine Vermittlung physischer Begegnungen zu ermöglichen.

Auch können physische Begegnungsräume als Orte der Reflexion fungieren, in denen etwa im Bereich Theater Erfahrungen mit der Konzeption neuer virtueller Erlebnisräume der Weltvermittlung ausgetauscht werden können.

In diesem Sinne regen wir private und staatliche Förderinstitutionen an, solche Begegnungsräume für den Wissenstransfer bei der Zusammenführung von analoger und digitaler Kulturproduktion und -vermittlung sowohl innerhalb des Kulturbereichs als auch in Kooperation mit dem Technologiebereich verstärkt zu unterstützen. Dabei können die Potenziale von Kooperationen zwischen kulturellen Organisationen, anderen Branchenverbänden, Kulturvereinen und -institutionen sowie Fachhochschulen genutzt und unterschiedliche Formate des Austauschs (Networking-Events, themenspezifische Konferenzen, Reflexionsevents etc.) ermöglicht werden (siehe auch Bundesamt für Kultur, 2024, S. 116). Zielgruppen: kantonale und städtische Kulturförderung, Bundesamt für Kultur, Pro Helvetia, Fachhochschulen, Veranstalter, Bildungsanbieter.

2.4.2. Förderung eines digitalen Mindset im Theater sowohl auf der Ebene der Produktion als auch der Narration

Während in den Bereichen Musik und Visuelles Design digitale Produktionsmittel zu einer Kostenreduzierung und Effizienzsteigerung bei der Generierung von Output führen und sich eine Experimentierfreude in der künstlerischen Aneignung digitaler Produktionstools beobachten lässt, zeichnet sich im Theater eine gegenläufige Entwicklung ab.

Hier wird die Digitalisierung oft als externer Druck wahrgenommen, dem man irgendwie entsprechen muss, um weiterexistieren zu können. Auch, um nicht mit dem Medium Film konkurrieren zu müssen, wird die unmittelbare physische Begegnung im Theater als «Unique Selling Point» betont, zu dem virtuelle Formate querstehen, die darüber hinaus mit hohen Kosten an Personal und Zeit in Verbindung gebracht werden. Die Auseinandersetzung mit digitalen Erzählformen ist bei den Leitungen grosser Theaterhäuser dementsprechend häufig von zwei

Ängsten getrieben: einerseits die eigene Identität als Kunstform der Begegnung zu verlieren und andererseits an Relevanz einzubüssen, weil man nicht mit der Zeit geht. Dies erschwert die spielerische Aneignung neuer narrativer Möglichkeiten.

Hier gilt es seitens der Theaterschaffenden einerseits etablierte Produktionsprozesse aber auch narrative Gewohnheiten grundsätzlich infrage zu stellen. Die statischen Abläufe der klassischen Theaterproduktion stehen den agilen Anforderungen einer digitalen Produktion im Wege. Darüber hinaus fehlt es an künstlerischen Mitarbeitenden mit der notwendigen technischen Expertise zur Umsetzung digitaler Erzählformen. Hier sind auch Hochschulen gefragt, diese technischen Anforderungen in ihrem Curriculum zu berücksichtigen.

Zur Akzeptanz und Auslotung neuer narrativer Formen gehört auch die Offenheit des Publikums, sich auf Brüche und Unerwartetes einzulassen. Wir regen die Theaterhäuser dazu an, digitale Elemente spielerisch zur kollektiven Auslotung gesellschaftlicher Möglichkeitsräume zu nutzen und digitale Produktionen nicht als Selbstzweck zu sehen. Die Gewöhnung des Publikums an neue Erzählformen setzt auch voraus, dass die Theater sich gesellschaftlichen Prozessen aus der digitalen Sphäre öffnen und diese in den Produktionen mitreflektieren. Die Tendenz weg von einem statischen Kulturbetrieb hin zum dynamischen Austausch mit der Gesellschaft kann zu einer Akzeptanz und Auslotung von Prozessen zwischen Analogem und Digitalen führen, ohne in eine paternalistische Auferlegung spezifischer Deutungsschemata zu verfallen. Dabei muss das Digitale nicht zur neuen Norm erhoben werden. Vielmehr gilt es, die sich in der Gesellschaft abzeichnenden Prozesse zwischen Analogem und Digitalem multiperspektivisch zu beleuchten und Orte der gesellschaftlichen Reflexion zu schaffen. Zielgruppe: Theaterhäuser, Freie Szene, Bildungsanbietende.

2.4.3. Berücksichtigung des personellen und zeitlichen Mehraufwands in der Förderung digitaler Theaterproduktionen

Diese Offenheit zur Infragestellung des Theaterapparats und zur Etablierung neuer Produktionsprozesse und Erzählformen setzt jedoch voraus, dass die ohne Frage im Vergleich zu analogen Produktionen erhöhten Produktionskosten bei der Förderung berücksichtigt werden. Dies gilt sowohl für die Planung wie auch für die Umsetzung digitaler Produktionen. So empfiehlt es sich für Theaterhäuser als auch für die Freie Szene agile Produktions- und Probeprozesse einzuüben, die den erhöhten technischen Herausforderungen gerecht werden. Gleichzeitig regen wir den Bund und die Kantone dazu an, die erhöhten personellen und zeitlichen Ressourcen, die bei der Umsetzung digitaler Produktionen anfallen, bei der Förderung zu berücksichtigen.

So können die Rahmenbedingungen geschaffen werden, die den Theaterhäusern die Freiräume zur internen Neugestaltung der Prozessabläufe aber auch die spielerische Entwicklung neuer Erzählformen ermöglichen. Hier muss auch auf den erhöhten Bedarf an Fachpersonal hingewiesen werden, weshalb auch Weiterbildungen des künstlerisch technischen Personals im Budget einberechnet werden müssen. Darüber hinaus sollten Theaterhäuser und die Freie Szene ein Mehr an Arbeitszeit für das Hosting digitaler Tools einplanen. Zielgruppe: kantonale und städtische Kulturförderung, Bundesamt für Kultur, Pro Helvetia.

2.4.4. Sensibilisierung für zeitliche und gesundheitliche Belastung durch erweitertes Aufgabenfeld und erhöhten Erwartungsanspruch

In der Musik und im Visuellen Design führt das Wegfallen klassischer Gatekeeper dazu, dass die Kulturschaffenden Aufgaben etwa im Bereich des Selbstmarketing übernehmen müssen, die nur in indirektem Bezug zum eigenen Kulturschaffen stehen. Hierdurch bleibt den Kulturschaffenden immer weniger Zeit für das Kulturschaffen selbst. Gleichzeitig erhöht sich durch eine erweiterte Reichweite mittels Social Media sowie durch die niederschwellig zugänglichen professionellen Produktionstools der Konkurrenzdruck. Die Kulturschaffenden müssen sich also kontinuierlich weiterbilden und medial dauerpräsent sein. Insbesondere die permanente Bespielung der Sozialen Medien kann zu Suchtverhalten und Burn-out führen.

Hier müssen sich Kulturschaffende fragen, welche Aufgaben sie an Dritte externalisieren können, ohne an künstlerischer Integrität einzubüssen. Darüber hinaus müssen sie reflektieren, welche Qualität und Quantität an medialem Output sie produzieren müssen und möchten und in welchem Bezug dieser zur eigenen Kunst steht. Weiterhin sollten sie überdenken, welche Form von Publikumsbeziehung für ihre Art des Kulturschaffens relevant ist und wie sie mit den strukturellen Zwängen neuer Gatekeeper umgehen. Gerade in musikalischen Genres, bei denen die Streamingzahlen über Auftrittsmöglichkeiten bestimmen, besteht die Gefahr eines zunehmend abstrakten Publikumsbezugs. Hier kann es gegebenenfalls sinnvoller sein, einen persönlicheren Kontakt zum Publikum zu pflegen und dieses aktiv in die Content-Produktion (Live-Videos von Konzerten) einzubinden (ähnlich wie in Kulturbotschaft Bundesrat, 2024, S. 17).

Auch Verbände und Hochschulen müssen sich Strategien überlegen, wie den strukturellen Zwängen der medialen Dauerpräsenz und einer erhöhten Erwartung an Qualität und Quantität des künstlerischen Outputs begegnet werden kann und wie Künstlerinnen und Künstler hierfür sensibilisiert werden können (ähnlich wie in Bundesamt für Kultur, 2024, S. 17). Zielgruppe: Kulturschaffende, Verbände, Bildungsanbieter.

2.4.5. Berücksichtigung neuer kreativer und technischer Kompetenzen in den Studiengängen der Hochschulen Musik, Theater, Kunst und Design

In Teilen der Musik (u.a. Komposition), grundsätzlicher noch im Visuellen Design, zeichnet sich eine Ablösung künstlerischer Kompetenz von handwerklichen Fertigkeiten ab. Das Entwickeln einer eignen Bildsprache und eines individuellen künstlerischen Ausdrucks gewinnt zunehmend an Bedeutung. Gleichzeitig werden neue Kompetenzen im Umgang mit generativer KI, wie das Verfassen zielführender Eingaben, das sogenannte «Prompt-Engineering» relevant. Hier stellen sich auch Fragen der künstlerischen Interaktion zwischen Mensch und KI. Kunsthochschulen müssen diese neuen kreativen Anforderungen in der Gestaltung ihres Curriculums berücksichtigen. Im Bereich Theater zeichnet sich eine erhöhte Nachfrage an Fachpersonal ab, das künstlerische und technische Expertise vereint, um etwa die neuen erzählerischen Möglichkeiten erweiterter Realität auszuloten und Bühnenbilder an der Schnittstelle von analogem und digitalem Raum zu entwerfen, die mehr sind als reine Effekthascherei.

Hierfür ist auch die Erlernung einer digitalen Medienkompetenz unerlässlich, um nicht nur Narrative zur Einordnung des Digitalen zu entwickeln, sondern auch Bottom-Up Erzählungen aus der digitalen Sphäre zu reflektieren und spielerisch in Produktionen einzuarbeiten. Darüber hinaus ist die Entwicklung einer adäquaten medialen Publikumsansprache eine seitens der Hochschulen zu fördernde Kompetenz. Zielgruppe: Kunst-/Musikhochschulen.

3. Verbreitungskanäle, digitale Hilfsmittel und kulturelle Vielfalt

In diesem Kapitel werden die Auswirkungen digitaler Produktions-, Kooperations-, Kommunikations- und Distributionsmittel sowie deren zunehmende Akzeptanz und Anwendung insbesondere in Bezug auf die Verbreitung und die Vielfalt von Kultur thematisiert. Verbreitungsmöglichkeiten hängen auch massgeblich von der Kunstform und vom individuellen Fall ab, nämlich konkret davon, wie gut sich die Kunst in ein digitales Medium abbilden lässt oder ob sie schon per se digital erzeugt und entsprechend rezipiert wird. Hier sind die Ausgangslagen im Visuellen Design, im Theater oder in der Musik unterschiedlich. Mindestens indirekt sind aber alle Kulturschaffenden insofern betroffen, als digitale Hilfsmittel nicht nur für die Kunst an sich, sondern auch für die Ansprache von tatsächlichen und potenziellen Rezipientinnen und Rezipienten der Kunst stark an Bedeutung gewonnen haben und wohl noch wichtiger werden (Martel, 2018). Das heisst zum Beispiel, dass auch ein klassisches Theater auf digitales Marketing zurückgreift, um Menschen in die Aufführungen zu locken.

Dieses Kapitel baut methodisch auf sogenannten Personas auf. Diese Methode wird im Folgenden erläutert. Danach werden einige weitere Begriffe geklärt, um anschliessend einen Überblick zu schaffen, welche Technologien als Verbreitungskanäle und digitale Hilfsmittel eine besondere Rolle spielen. Dies kann hier keine abschliessende Aufzählung sein, aber es ist wichtig zu verstehen, welches die Merkmale dieser Technologien im Sinne der «Kanäle für Kunst» sind, um dann in einem weiteren Unterkapitel aus ökonomischer Sicht darstellen zu können, wie dies mit den besonderen Ausgangslagen in Kunst und Kultur zusammenkommt. Der Plural ist hier nötig, da bereits etwa im Bereich der Musik es wiederum völlig unterschiedliche Voraussetzungen in der Klassik, im Jazz, in der Volksmusik oder in der Popmusik gibt, und dann wieder andere im Theater oder im Visuellen Design.

3.1. Personas als Methode und Anschauungsobjekt

Die empirische Grundlage für das vorliegende Kapitel wurde mit sechs verschiedenen Personas von fiktiven, aber plausiblen Kulturschaffenden erarbeitet. Dabei gehören je zwei Personas zum Bereich Musik, Theater und Visuelles Design, wobei je eine eher digital affin und je eine weniger digital affin gestaltet wurden. Im Kontext dieses Forschungsprojekts bezeichnet der Begriff «Persona» eine fiktive, aber detailreich ausgearbeitete Figur, die einen bestimmten Typus Künstlerin oder Künstler repräsentiert. Diese Persona wird mit spezifischen Charakteristiken, Bedürfnissen, Fähigkeiten und Verhaltensweisen ausgestattet, um ein realitätsnahes, aber generalisiertes Bild von Kulturschaffenden zu zeichnen. Die Details dieser Personas wurden aus den bereits erwähnten Interviews abgeleitet und zunächst in der Diskussion der Projektgruppe festgelegt. Folgende morphologische Box zeigt die verschiedenen Dimensionen, nach denen sich die Personas unterscheiden. Weiter unten ist eine Beschreibung der Persona «Carla Buffi, Elektronikmusikerin» als ein Beispiel für die sechs Personas wiedergegeben.

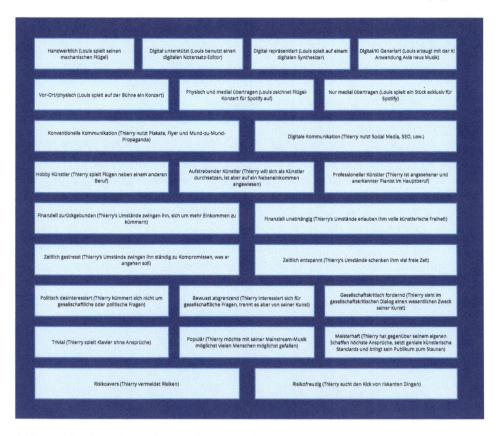

Abb. 4 Morphologische Box mit Eigenschaftsdimensionen der sechs Personas

In einem weiteren Schritt wurden ebenfalls aus verschiedenen Interviews sowie aus der wissenschaftlichen Literatur abgeleitet Fragen formuliert, die sich im Leben der Personas in Bezug auf die Verwendung von digitalen Verbreitungskanälen und Hilfsmitteln oder in Bezug auf ihr allgemeines kulturelles Wirken stellen können. Zu jeder dieser Fragen wurden zudem vier Wahlmöglichkeiten formuliert, die aus Sicht der jeweiligen Persona offenstehen könnten. Den insgesamt sechs Personas wurden so je rund sechs bis acht Fragen «gestellt», womit insgesamt ungefähr 40 Fragestellungen formuliert wurden. Zu den je vier Wahlmöglichkeiten wurden ausserdem vier kurze Bewertungen der möglichen Konsequenzen aus den Wahlmöglichkeiten formuliert. Auch diese ungefähr 160 Wahlmöglichkeiten und ihre denkbaren Konsequenzen wurden vom Projektteam im ersten Schritt aus Interviews und der wissenschaftlichen Literatur abgeleitet. So entstand zu jeder der sechs Personas ein virtueller Dialog.

Die Personas sind nützlich, um komplexe Sachverhalte wie die Auswahl von Verbreitungskanälen oder den Umgang mit digitalen Technologien in einem greifbaren und anschaulichen Format darzustellen. Sie dienen im nächsten Schritt als Grundlage für Interviews und Expertenanalysen und ermöglichen es, hypothetische Szenarien zu entwickeln, die wiederum Aufschluss über die möglichen Entwicklungspfade realer Kulturschaffenden geben können. Im empirischen Teil wurden die sechs Personas, deren Fragestellungen inklusive der Wahlmöglichkeiten und der dazugehörigen Konsequenzen somit jeweils drei Expertinnen und Experten zur Begutachtung vorgelegt und in einem qualitativen Expertengespräch weiterentwickelt und empirisch validiert. Die Expertinnen und Experten betrachteten dabei jeweils zwei Personas aus ihrem jeweiligen Bereich Musik, Theater oder Visuelles Design. Ihre Feedbacks führten dabei zu einer schrittweisen Verbesserung und einer Auslese der Fragestellungen, Wahlmöglichkeiten und Konsequenzen. Nachdem die externen Expertinnen und Experten alle ihre Rückmeldungen abgegeben hatten, wurden diese wiederum im Projektteam insbesondere auch mit den Fachpersonen aus den jeweiligen Künsten konsolidiert. In einem letzten Schritt wurden die so angepassten Dialoge nochmals spezialisierten internen und externen Expertinnen und Experten vorgelegt, so dass diese ein zweites Mal ein Feedback dazu abgeben konnten.

Persona Carla Buffi, Elektronikmusikerin

Du heisst Carla Buffi, bist 28 Jahre alt, kommst aus Bellinzona und magst neben Musik auch Sport und Reisen. Du bist extrovertiert und eine frohe Natur.

Ursprünglich hast du eine Ausbildung an der Gitarre absolviert, hast aber frühzeitig mit verschiedenen Instrumenten und Musikstilen experimentiert. Du siehst dein künstlerisches Schaffen in hippen, unerwarteten Crossover-Verbindungen. Mit deiner Lebenspartnerin reist du oft in andere Kontinente, wo du gerne lokale Musikerinnen und Musiker triffst. Für dein Talent hast du bereits national bedeutende Preise gewonnen. Du wartest jedoch noch auf den kommerziellen Durchbruch. Du hoffst, mit deinem Stilmix noch mehr Publikum begeistern zu können. Du weisst aber auch, dass du noch jung bist und deine Bekanntheit langsam, aber stetig wächst. Du verbreitest deine Musik einerseits über Performances, aber auch über Plattformen und ein kleines Label. Du fragst dich, ob du dich in Zukunft mehr auf das eine oder andere konzentrieren solltest.

Abb. 5 Porträt von Carla Buffi

Das Bild wurde generiert von der KI «Dall-E 2» am 14.06.2023 mit folgendem Prompt: *«Ein futuristisches Portrait von Carla Buffi, 28, aus Bellinzona, ist eine talentierte, extrovertierte Gitarristin, die in Crossover-Musik und Elektronik experimentiert. Sie arbeitet Teilzeit in einer Musikschule, reist gerne und ist in Sozialen Medien aktiv.»*

Du arbeitest für dein Grundeinkommen zu 40% an einer Musikschule. Das gibt dir etwas Sicherheit, aber es hält dich vom Reisen ab. Unregelmässig verdienst du durch die Produktion von Jingles, Klangkompositionen für Wirtschaftsevents (Klangdesign) und Ähnliches. Letztendlich bedeutet deine Einkommenssituation, dass du sparsam leben musst.

Du bist fasziniert von den Möglichkeiten elektronischer Musik. Dein Musikzimmer ist voller Synthesizer, spezieller E-Gitarren sowie Elektronik und Computern, für die du auch sehr viel Geld ausgibst. Hier siehst du auch deine künstlerische Entfaltung und Zukunft. Wenn du könntest, würdest

> du dich voll darauf konzentrieren. Auch über die Musik hinaus interessierst und öffnest du dich für die Digitalisierung. Privat bist du schon lange auf Instagram und X sowie immer mehr auf Twitch und Mastodon aktiv und probierst gerne die neuesten digitalen Gadgets aus.

Aus Platzgründen wird in diesem Bericht nur eine Persona, Carla Buffi, gezeigt. Alle sechs validierten Persona-Beschreibungen und ihre Frage-Antwort-Dialoge wurden in eine Websiteanwendung überführt. Damit können diese Dialoge auf einem Mobile oder einem Computer durchgespielt werden. Dabei geht es nicht mehr darum, weitere Daten zu gewinnen, sondern nicht zuletzt Kulturschaffende selbst durch diese spielerische Anwendung für Fragen zu sensibilisieren, die sich ihnen selbst im Zuge der Digitalisierung stellen können. Ein Prototyp dieses HTML-Codes befindet sich im Annex.

Neben den Dialogen an sich entstanden aus den Expertengesprächen weitere Hinweise und Erkenntnisse. Diese werden im vorliegenden Kapitel zusammen mit Grundlagen aus der Literatur festgehalten und zusammengefasst.

3.2. Verbreitungskanäle und Technologien

Obschon dieser Abschnitt das Wort Technologien im Titel trägt, sollen hier weniger die rein technischen Funktionsweisen verschiedener digitaler Technologien als vielmehr ihre Leistungsfähigkeit und Wirkung in Bezug auf die künstlerischen Verbreitungskanäle dargestellt werden. Als Technologie sind manche gar nicht mehr so neu, andere hingegen eher und entwickeln sich auch technisch noch bedeutsam weiter. Entscheidend bei allen Technologien ist aber nicht nur, wie sie an sich funktionieren, sondern dass sie in der Gesellschaft weit verbreitet und akzeptiert sind.

3.2.1. Einige Grundbegriffe

Um bei den einzelnen Technologien deren Funktion besser darstellen zu können, werden hier zunächst einige zentrale Begriffe umschrieben.

Der Begriff «Verbreitungskanäle» bezeichnet die verschiedenen Plattformen und Medien, durch die Kunst und kulturelle Inhalte an ein Publikum übermittelt werden. Diese können physischer oder digitaler Natur sein und sind somit weiter gefasst als die eingangs erwähnten digitalen Distributionsmittel. Zu den physischen Verbreitungskanälen zählen zum Beispiel Galerien, Konzerthallen und Theater. Digitale Verbreitungskanäle sind oben auch als (digitale) Distributionsmittel bezeichnet und umfassen Plattformen, Social Media, Streamingdienste und Websites. Die Wahl des Verbreitungskanals respektive des Distributionsmittels kann einen erheblichen Einfluss auf den künstlerischen, kulturellen und wirtschaftlichen Erfolg von Kulturschaffenden haben.

Fragen an Carla Buffi zu den Verbreitungskanälen

Du wurdest zu einem kleinen Festival eingeladen. Eine Woche vor dem Anlass fragt man dich, ob du mit einem Live-Stream deines Gigs über Instagram einverstanden wärst – man habe da eine Community beisammen. Du bist jetzt unsicher, denn du weisst nicht so genau, was dann mit diesem Stream passiert, unter welchen Bedingungen er stattfindet und wie er weiterverwertet wird.

Bist du mit dem Streaming einverstanden?

1. Ja, je mehr Leute mich hören können, desto besser. Sie sollen das Konzert unbedingt streamen, da kann ich nur gewinnen.

2. Ja, aber dann wähle ich meine Stücke anders und spiele nur diejenigen, die fürs Streaming passen. Mir geht es darum, für Promozwecke die künstlerische Kontrolle über die Veröffentlichung meiner Tracks zu bewahren. Ausserdem profitiere ich über SUISA-Einnahmen von Streams bereits veröffentlichter Stücke.

3. Nein, wer dabei sein will, der soll auch dafür bezahlen. Gratis mithören geht für mich nicht. Ausserdem bin ich nicht sicher, ob ich damit Exklusivklauseln in anderen Verträgen verletze.

4. Nein, das ist ein Live-Konzert. Ich will mich auf die echte Bühne konzentrieren können. Wenn noch eine Streamingkamera läuft, so lenkt mich das ab. Ich würde mich stets fragen, ob das Gestreamte nicht beschissen tönt.

Kommentare zu den Antworten:

1. Wir vermuten, deine Sichtbarkeit hat sich wieder ein Stück weit erhöht und die eine und der andere ist zu deiner eigenen Community hinzugestossen. Das ist in deiner Situation sehr wichtig. Aber falls die Qualität des Streamings sehr gut ist, könnte es vielleicht schwieriger werden für dich, deine Musik zu verkaufen. Falls die Qualität schlecht ist, tönen

gewisse Stücke schlecht. Vielleicht überlegst du doch, welche Stücke sich eignen?

2. Hmmm, eine durchdachte Entscheidung. Aber was, wenn dadurch dein Konzert nicht so toll wird? Kannst du überhaupt beidem gerecht werden? Sag den Veranstaltern vielleicht auch, dass die Streamingfrage zusammen mit der Bookinganfrage zu regeln ist.

3. Respekt, du lässt dich so kurzfristig nicht einspannen. Vielleicht hast du eine Chance vertan, bekannter zu werden, aber anderseits hast du die Kontrolle über deine aktuellen Stücke behalten und kannst hoffen, dass mehr Leute dafür bezahlen werden oder dich live sehen wollen.

4. Ja, die Fans kommen ans Konzert, auch um dich auf der Bühne zu erleben. Wenn du das Gefühl hast, dass das Streaming deiner Performance dich ablenken könnte oder dass es die Qualität deiner Live-Show beeinträchtigen könnte, dann hast du einen guten Grund abzulehnen. Bedenke jedoch, dass dein Publikum Ausschnitte deines Konzerts mitfilmt und unkontrolliert über seine Social-Media-Kanäle veröffentlicht. In diesem Fall kann es sinnvoll sein, einen hochwertigen offiziellen Live-Stream zu haben.

Mit «digitalen Hilfsmitteln» sind Distributions-, Kollaborations- und Produktionsmittel gemeint, die Künstlerinnen und Künstler in ihrem Schaffens- und Kommunikationsprozess unterstützen. Dazu können zum Beispiel digitale Zeichenprogramme, Musikproduktionssoftware, Content-Management-Systeme für Websites oder auch Social-Media-Management-Tools gehören. Diese digitalen Hilfsmittel können nicht nur den kreativen Prozess erleichtern, sondern auch bei der Verwaltung und bei der Vermarktung künstlerischer Inhalte eine wichtige Rolle spielen. Falls sich letzteres durch die Digitalisierung vereinfacht, dann spricht man auch von sinkenden «Transaktionskosten». Auch die Wahl des Verbreitungskanals hat einen wesentlichen Einfluss darauf, wie aufwändig es ist, dass sich Kunstwerke und Rezipientinnen und Rezipienten tatsächlich «finden». Als Transaktionskosten bezeichnet man im Allgemeinen die Kosten, die nicht bei der Erstellung von Wirtschaftsgütern, sondern bei der Übertragung von Verfügungsrechten an Wirtschaftsgütern von einem Wirtschaftssubjekt auf ein anderes Wirtschaftssubjekt entstehen, zum Beispiel im Zuge von Verhandlungen, der Vertragsanbahnung oder der Durchsetzung von Vereinbarungen. In unserem Zusammenhang sind Transaktionskosten jene Ressourcen, die für den Austausch und die Verbreitung von künstlerischen Werken oder für den Aufbau des Bekanntheitsgrads einer Künstlerin oder eines Künstlers aufgewendet werden müssen. Diese Kosten können sowohl monetär als auch zeitlich oder gar emotional sein. Beispielsweise können die Kosten für die Nutzung einer digitalen Vertriebsplattform, die Zeit für die Pflege von Social-Media-Kanälen oder die emotionale Belastung durch das Management verschiedener Verbreitungskanäle als Transaktionskosten betrachtet werden. «Kosten» sind also immer im weiteren Sinne zu verstehen.

Ein wichtiger Teil der Transaktionskosten entsteht bei der Verwaltung und Übertragung von «Verfügungsrechten». Das ist der Oberbegriff für die legalen Berechtigungen, die darüber entscheiden, wie ein künstlerisches Werk genutzt, verteilt oder modifiziert werden darf. Dies kann Urheberrechte, Lizenzvereinbarungen oder auch kulturelle Nutzungsrechte einschliessen. Verfügungsrechte sind für Kulturschaffende von grosser Bedeutung, da sie den Rahmen für die wirtschaftliche Verwertung ihrer Arbeit setzen. Sie bestimmen, unter welchen Bedingungen ein Werk verkauft, öffentlich aufgeführt oder online geteilt werden kann. Können Verfügungsrechte nicht hinreichend definiert oder nicht durchgesetzt werden oder sollen diese auch bewusst nicht eingefordert werden, dann gibt es kein «Ausschlussprinzip». Bei gegebenem Ausschlussprinzip besteht die Möglichkeit, bestimmte Personen oder Gruppen von der Nutzung oder dem Zugang zu einem künstlerischen Werk oder einem Verbreitungskanal durch Urheberrechtsbestimmungen, Lizenzgebühren oder technische Barrieren wie Paywalls auszuschliessen. Das sind in aller Regel die Nichtzahlenden, während der Zugang ausschliesslich den Zahlenden vorbehalten ist. Das Ausschlussprinzip ist relevant, da es die wirtschaftlichen Aspekte der Kunstproduktion und -verbreitung elementar beeinflusst. Es bestimmt, wer Zugang zu einem Werk hat und unter welchen Bedingungen. Das hat Einfluss auf die kulturelle Vielfalt und die gesellschaftliche Reichweite der Kunst. Es bestimmt aber auch, ob ein Kunstwerk marktgängig ist oder nicht.

Für eine Vinylschallplatte beispielsweise ist das Ausschlussprinzip aufgrund derer physischer Beschaffenheit sehr viel einfacher umzusetzen als für ein Musikstück im digitalen Format (Witt, 2015). Die a priori einfache Kopierbarkeit von digital vorhandener Kunst schlägt sich auch auf ihre «Konsumrivalität» nieder. Die Konsumrivalität ist dann gegeben, wenn die Nutzung eines Werks durch eine Person die Nutzung durch andere Personen einschränkt oder gar ausschliesst. Konsumrivalität besteht zum Beispiel bei Vinylschallplatten, weil diese mit jedem Abspielen je nach Behandlung gewisse Qualitätseinbussen erleiden, oder bei Theateraufführungen, weil die (besten) Plätze aufgrund der Platzverhältnisse nicht unendlich, sondern nur in endlicher Zahl belegbar sind. Umgekehrt ist die

Konsumrivalität wiederum bei einem Musikstück im digitalen Format nicht gegeben, wenn sich dieses ohne Qualitätsverlust unbeschränkt vervielfältigen lässt.

Digitale Inhalte lassen sich nicht nur sehr einfach kopieren, sondern häufig entsteht bei einer hohen Anzahl von Nutzenden sogar ein Vorteil durch «Netzwerkeffekte». Um beim Beispiel der Musik zu bleiben: Spotify hat durch die hohe Anzahl von Nutzenden den Vorteil, dass die Firma sehr viele Daten über deren Vorlieben und Verhalten sammeln kann. Mit diesen Daten kann Spotify das Angebot weiter optimieren. Netzwerkeffekte entstehen auch, wenn in einem Freundeskreis alle die gleiche Musikplattform benutzen, und dadurch Playlisten oder Empfehlungen zu Neuheiten untereinander sehr leicht ausgetauscht werden können. Dadurch tendieren alle Freundinnen und Freunde dazu, bei der gleichen Plattform mitzumachen. Schlussendlich begünstigen die Netzwerkeffekte die Entstehung von monopolistischen Anbietern. Die Anbieter sind sich dessen sehr wohl bewusst und halten daher ihr Angebot auch in einer kostenlosen Version offen, auch wenn man dort zum Beispiel Werbung erdulden muss. Die Folge daraus ist eine «Umsonstkultur», das heisst eine Erwartungshaltung, dass für digitale Inhalte und eben auch für Kunst kein Geld zu bezahlen ist (Köster, 2019, S. 2).

«Kulturelle Vielfalt» bezieht sich einerseits auf die Bandbreite der künstlerischen Ausdrucksformen, Stile und Herangehensweisen, die in einer Gesellschaft oder auch innerhalb einer Künstlergruppe existieren. Dies umfasst nicht nur verschiedene Genres in Musik, Theater und Design, sondern auch die vielfältigen kulturellen, ethnischen und sozialen Hintergründe der Kulturschaffenden selbst. Konsumrivalität und Ausschlussprinzip können kulturelle Vielfalt insofern beeinflussen, als sie die Zugänglichkeit von Kunstwerken oder kulturellen Veranstaltungen begrenzen oder eben nicht. Wenn beispielsweise der Zugang zu bestimmten künstlerischen Inhalten oder Veranstaltungen durch hohe Kosten oder exklusive Lizenzen eingeschränkt ist, kann dies die kulturelle Vielfalt negativ beeinflussen, indem es bestimmte Menschen ausschliesst. In ähnlicher Weise kann Konsumrivalität, etwa durch begrenzte Plätze bei Veranstaltungen oder Workshops, den Zugang zu kulturellen Erfahrungen beschränken und somit die kulturelle Vielfalt limitieren. Verknappungen führen andererseits zu einer Exklusivität des Angebotes und damit zu höheren Preisen und sind daher für Künstlerinnen und Künstler wirtschaftlich gesehen eine interessante Option. Verknappungen lassen aber die Teilhabe der Menschen entsprechend kleiner werden. Es gibt hier also einen Zielkonflikt, der im nächsten Abschnitt weiter erörtert wird. Die kulturelle Teilhabe wird hier im Sinne der Definition des Handbuchs des Nationalen Kulturdialogs (2019) verstanden und «meint ein sozial inklusives, von Vielen mitgestaltetes Kulturleben» (S. 15). Die Teilhabe kann die Begriffe «Inklusion», «Ko-Konstruktion», «Kollaboration», «Kooperation», «Mitwirkung», «Zugang» und natürlich auch «Partizipation» beinhalten (S. 14).

3.2.2. Fehlende Konsumrivalität und Ausschlussprinzip

Für Kulturschaffende ist das Fehlen von Ausschlussprinzip und Konsumrivalität eine wirtschaftliche Herausforderung. Denn dadurch verschwindet die Zahlungsbereitschaft für ihr oder sein Kunstwerk. Man spricht auch von einer Umsonst-Kultur. Dies kann Kulturschaffende in eine ökonomisch prekäre Situation oder gar zur Aufgabe ihres Kulturschaffens führen kann.

Ob ein digital bedingter Wegfall des Ausschlussprinzips und der Konsumrivalität zur kulturellen Vielfalt beiträgt oder nicht, ist daher ambivalent. Der Übergang von Vinylschallplatten zu mp3-Musikfiles, die auf der ersten grossen Tauschplattform Napster frei herunterladbar waren, hat zum Beispiel das Geschäftsmodell weiter Teile der Musikindustrie fundamental verändert. Während Tonträger früher die Haupteinnahmequelle waren, sind dies heute vor allem die Live-Konzerte, wo das Ausschlussprinzip immer noch durchsetzbar ist (durch Türsteher) und eine Konsumrivalität knapp bleibt (durch den beschränkten Platz vor der Bühne).

Im Theaterbereich hat noch kein so weitereichender Umbruch wie in der Musik stattgefunden, da das Theater weniger leicht und regelmässig in ein digitales Medium übertragbar ist. Im Theatersaal ist das Ausschlussprinzip wie auch die Konsumrivalität durch den abgegrenzten Raum gegeben. Wird das Theaterstück aber via Streaming oder Videoaufzeichnung digitalisiert, fällt die Konsumrivalität im Wesentlichen weg und es spielt keine entscheidende Rolle, ob die digitale Version hundert- oder millionenfach mitverfolgt wird. Da Theaterstücke im Unterschied zur Musik in der Regel nicht mehrmals, sondern nur einmal angeschaut werden, kann das Ausschlussprinzip auch bei digitalen Formaten einfacher gehandhabt werden, etwa ähnlich wie es im Filmbereich technisch gut möglich ist, einen Film für eine begrenzte Zeit digital verfügbar zu machen, Stichwort «funded streaming». Der Vergleich zum Film zeigt jedoch sogleich die Problematik beim Theater auf: Es entsteht bei der digitalen Verbreitung von Theaterinhalten die Abgrenzungsfrage, wo das Theater endet und wo der Film beginnt. Filme und insbesondere sogenannte Blockbuster profitieren seit jeher von einer tiefen Konsumrivalität, womit Investitionen in die Erstellung eines Films auch in mehrfacher Millionenhöhe auf viele Kopien verteilt werden können. Die technische Machbarkeit und die Sehgewohnheiten sind beim Film darum so weit entwickelt, dass es für ein gestreamtes oder aufgezeichnetes Theater sehr schwierig wird, das Niveau entsprechend zu erreichen. Das Theater zieht sich somit eher in sein Haus zurück, bietet dort seinem Publikum ein Erlebnis vor Ort und benutzt die Digitalisierung als Möglichkeit, neue Ausdrucksformen zu finden (Boiko et al., 2023).

Beim Visuellen Design sind Ausschlussprinzip und Konsumrivalität teilweise vergleichbar, aber es ist stark von der verwendeten Technik abhängig, wie gut sich ein Bild digital repräsentieren lässt. Die Tiefe und der Zauber eines Ölgemäldes haften stark am Original, damit kann mit dem physischen Bild das Ausschlussprinzip gut durchgesetzt werden. In einem Museum ist die Konsumrivalität nicht streng gegeben, es können auch mehrere Besuchende gleichzeitig ein Bild betrachten. Wenn aber ein Bild in Privatbesitz ist, kommen Ausschluss und Konsumrivalität voll zur Geltung. Ist hingegen schon der Ursprung eines Bildes digital, dann kann es auch unendlich oft kopiert werden, die Konsumrivalität besteht nicht. Ob das Ausschlussprinzip faktisch durchgesetzt werden kann, entscheidet sich vor allem durch den rechtlichen Schutz (und ob dieser Schutz auch respektiert und durchgesetzt wird), wenn ein Bild einmal öffentlich geworden ist. Hier setzen auch die Non-Fungible Tokens (NFTs) an. Aber auch diese können ein unerlaubtes Kopieren eines digital einmal veröffentlichten Bilds letztlich nicht verhindern.

3.2.3. Plattformen

Plattformen bringen möglichst viele potenzielle und tatsächliche Angebote und Nachfragen eines mehr oder weniger breit verstandenen, aber jedenfalls nicht sehr homogenen Gutes an einem gemeinsamen digitalen «Ort» zusammen, so dass sich Transaktionen zwischen den beiden Seiten einfacher und mit besserer Übersicht über den entsprechenden Markt tätigen lassen. Der klassische physische Marktplatz, wie er etwa in Stadtzentren heute noch anzutreffen ist, ist der analoge Vorläufer davon und hat sich schon vor Jahrhunderten entwickelt. Auch hier war und ist es sowohl für die Anbietenden irgendeiner Ware wie auch für die potenziellen Nachfragenden grundsätzlich interessant, eine hohe Zahl von möglichen Gegenparteien nah beisammenzuhaben. Ausserhalb der Kunst und Kultur sind Plattformen wie AirBnB oder Uber zu globalen Wirtschaftsgrössen aufgestiegen, ohne dass sie selbst Eigentümer von Wohneinheiten oder Taxis wären. Gerade bei Uber ist die Rolle der reinen Vermittlungsplattform sehr umstritten; vielerorts wird das Geschäftsmodell gerichtlich nicht als Vermittlungsplattform, sondern als arbeitgebende Unternehmung gewertet. Trotzdem illustrieren die riesigen Plattformen wie Uber oder AirBnB eindrücklich die Tendenz zur Grösse.

Diese entsteht wesentlich darum, weil es für beide Seiten, die Nachfragenden und die Anbietenden, von entscheidendem Vorteil ist, viele potenzielle Transaktionspartnerinnen und Transaktionspartner vorzufinden.

Der durchschnittliche Freizeitweg in der Schweiz betrug im Jahr 2021 pro Weg durchschnittlich 12,8 Kilometer (BfS und ARE, 2023, S. 50). Auch wenn jemand vielleicht für ein Konzert einmal eine wesentlich längere Anreise in Kauf nehmen mag, so sind analoge Märkte aufgrund der räumlich-geografischen Einschränkungen auf eine gewisse Grösse natürlich beschränkt. Bei den digitalen Plattformen entfallen derartige Limiten bezüglich Distanz und Raum, weshalb hier eine starke Tendenz zu Netzwerkeffekten besteht (Shapiro & Varian, 1999, S. 183ff.) und damit zur Grösse oder gar dem sogenannten «Winner takes it all»-Prinzip besteht, auch wenn sich am Ende oft auch einige wenige Plattformen parallel durchsetzen können. So dominiert etwa im Bereich der Musik Spotify, jedoch gibt es weitere Anbieter mit bedeutenden Anteilen sowie kleinere Nischenplayer wie etwa Bandcamp.com.

Um beim gängigen Beispiel Spotify zu bleiben: Den Nutzenden dieser App präsentiert sich eine gigantische Auswahl von Musiktiteln aus aller Welt und allen Genres. Spotify und Plattformen generell helfen hier zunächst, indem sie gewisse Kategorisierungen und Suchfunktionen anbieten. Letzteres ist für die Nachfragenden für gezielte Suchen nützlich, wenn diese bereits wissen, was sie eigentlich wollen. Plattformen bieten ihre Angebote aber auch aktiv an und erzeugen mit ausgeklügelten Algorithmen personalisierte Vorschläge. Je mehr persönliche Daten aus der Plattform oder aus dritten Apps dafür zur Verfügung stehen, je mehr Daten von anderen Nutzenden mitverwertet werden können und je ausgefeilter die Algorithmen, die diese personalisierten Vorschläge berechnen, desto höher die Trefferwahrscheinlichkeit, dass die Vorschläge auch tatsächlich angenommen werden.

Das ist sicher komfortabel und mag auch zu Rezeptionen führen, die es sonst nicht gegeben hätte, aber die Kontrolle über das, was rezipiert wird, verlagert sich dadurch auf eine eher subtile Art und Weise zur Plattform selbst. Subtil deshalb, weil die Rezipientinnen und Rezipienten grundsätzlich die Zügel dafür, was sie sich anhören oder anschauen, selbst in der Hand behalten (würden), die Versuchung aber gross ist, die «Arbeit» des Auswählens an die Plattform zu delegieren. Da die Algorithmen das vorschlagen, was gemeinhin gefällt, ergeben sich selbstverstärkende Rückkoppelungen, und diese wiederum führen von der Berieselung bis hin zu Filterblasen, was der kulturellen Vielfalt nicht zuträglich ist. Die dominierenden globalen Plattformen nehmen dabei wenig Rücksicht auf lokale Aspekte, auf Nachwuchsförderung oder andere Anliegen, die eine verantwortungsvolle Kuratorin oder ein verantwortungsvoller Kurator berücksichtigen würde. Selbst der Riese Spotify hat nicht einmal Mitarbeitende in der Schweiz. Anderseits bieten Plattformen einen transaktionskostengünstigen Zugang zu einem riesigen, auch kleinste Nischen abdeckenden Angebot, was für die Vielfalt eine Chance ist, sofern sie entdeckt und nachgefragt wird.

Auf Spotify gefunden zu werden ist aber schwierig, denn das Fehlen eines Gatekeepers führt dazu, dass inzwischen pro Tag weit über eine Million Tracks auf Spotify hochgeladen werden. Beim Visuellen Design ist das Verhältnis von Reichweite und Konkurrenz ähnlich: Zwar kann man potenziell an sich einfach viele Millionen Rezipientinnen und Rezipienten erreichen, aber die Konkurrenz besteht ebenfalls millionenfach und wird mit dem Aufkommen der generativen KI noch grösser. Für durchschnittliche Werke ohne klare Positionierung ist dies eine sehr heikle Ausgangslage: Es scheint sehr viele Möglichkeiten zu geben, und am Ende erreicht man wahrscheinlich doch keine Aufmerksamkeit. Das Theater hat hier in aller Regel insofern einen Vorteil, dass es eine lokale oder regionale Verankerung hat. Dies gibt dem Theater bei seinem Heimpublikum eine besondere Stellung. Zwar ist das potenzielle Publikum deutlich kleiner als der Weltmarkt von Spotify oder Instagram, dafür hat man vor Ort eine besondere Aufmerksamkeit. Die regionale oder allenfalls nationale Positionierung ist durchaus für alle Künste eine Möglichkeit, eine Nische zu finden.

Aus Sicht der anbietenden Kulturschaffenden gibt es jedoch noch einen weiteren, sehr entscheidenden Unterschied zum Bild des Marktplatzes: Sie können nämlich wichtige Punkte wie die Darbietung und insbesondere den Preis ihrer Güter in der Regel nicht selbst bestimmen. Spotify ist hier wieder anschauliches Beispiel: Die Entschädigung pro gestreamtes Musikstück ist ein kleiner Bruchteil einer gegebenen Summe geteilt durch die Summe aller Streams. Um nennenswerte Einnahmen zu erhalten, braucht es Streams in Millionenhöhe, was nur den populärsten und etabliertesten Kulturschaffenden vergönnt bleibt. Für alle anderen tritt dann eher der Aspekt der Sichtbar- respektive Hörbarkeit des eigenen Schaffens in den Vordergrund. Für die meisten Kulturschaffenden sind Plattformen daher nicht als Einkommensquelle wichtig, sondern als Ort, wo sie auffindbar, also sicht- respektive hörbar sind. Das ist etwas, was auch bei Social Media wesentlich ist.

3.2.4. Social Media

Social Media wie Facebook, Instagram, Snapchat oder TikTok sind mit Plattformen insofern artverwandt, als diese ebenfalls zu einem Zusammentreffen zahlreicher Akteure in einem digitalen Raum führen. Die Trennung zwischen

Anbietenden und Nachfragenden ist auf Social Media jedoch im Grundsatz verwischt, da alle Teilnehmenden prinzipiell gleichberechtigt Content produzieren und rezipieren können. Diese grundsätzliche Symmetrie lädt zu Reaktionen und Echos ein, und die «Prosumentinnen und Prosumenten kreieren so im günstigen Fall im Kollektiv Neues. Wer aktiv produziert und starken Zuspruch erhält, wird dadurch zunehmend sichtbar, womit auch hier selbstverstärkende Effekte entstehen und von einer Symmetrie aller Teilnehmenden nicht wirklich gesprochen werden kann. Influencerinnen und Influencer haben sich eine herausragende Reputation geschaffen, so dass sie auf Basis dieser sozusagen zu einem eigenen Medium werden.

Im Zusammenhang mit Kunst und Kultur können Social Media eine ähnliche Rolle einnehmen wie Plattformen, wenn Kulturschaffende ihr Schaffen in digitaler Form auf Social Media teilen. Auch dann geht es primär um die Sicht- und Hörbarkeit und die Auffindbarkeit und (noch) kaum (direkt) darum, Einnahmen zu generieren. Social Media erlauben es, Beispiele des eigenen Schaffens einem potenziell sehr grossen Publikum zu zeigen und dieses damit für weiteren Content anzusprechen. Die Kommunikation ist damit im Vordergrund, während Plattformen sich als Intermediäre für Transaktionen verstehen. Trotzdem sind auch die Sozialen Medien längst zu kommerziellen Giganten geworden und werden von Unternehmen jeder Grösse intensiv zu Marketingzwecken eingesetzt, wobei auch hier die Möglichkeit der personalisierten Botschaften intensiv genutzt wird. Dies wiederum lässt mehr noch als bei den Plattformen die Gefahr entstehen, dass Userinnen und User immer wieder nur das vorgesetzt bekommen, was sie durch ihre passive Rezeption oder ihr aktives Liken bereits als gut oder genehm gelabelt haben. Neues bleibt damit aussen vor. Es entsteht die berüchtigte Filterblase, eine durch gefilterte Informationen geschaffene Scheinteilwelt, in der Widerspruch und Alternativen nicht mehr eindringen können (Pariser, 2011). Insoweit Kunst und Kultur auch gesellschaftskritische Anstösse vermitteln will und soll, gerät auch sie dabei in Gefahr, in diese Filterblasen ein- oder aus ihnen ausgeschlossen zu werden.

In diesem Kontext ist festzustellen, dass unterschiedliche Interaktionsformen auf Sozialen Medien unterschiedliche Auswirkungen haben können. Auf Facebook zum Beispiel haben insbesondere die Anzahl der Likes – nicht unbedingt die Posts selbst – einen signifikanten Einfluss etwa auf den Verkauf von Tickets für Theaterveranstaltungen. Insbesondere von den über 25-Jährigen werden Likes als eine Art Qualitätsindikator wahrgenommen, ohne dass diese etwa durch die dazugehörigen Kommentare kontextualisiert werden müssen (Baldin et al., 2023, S. 12). Likes können die Suchkosten für Nutzende reduzieren, wenn sie als verlässliches Mass für die Popularität und Akzeptanz eines Beitrags wahrgenommen werden. Der schnelle Blick zählt. So sind auch Fotos in diesem Zusammenhang effektiver als Videos, um die Anzahl der Likes zu erhöhen und damit potenziell den Ticketverkauf zu steigern (Baldin et al., 2023).

Durch ihre grundsätzliche Offenheit und Symmetrie für alle Teilnehmenden vermittelten Social Media in ihren Anfangstagen die Hoffnung, dass das Publizieren von Inhalten demokratisiert und alle Gatekeeper irrelevant werden könnten. Diese Möglichkeiten führten aber auch zum Kampf um Aufmerksamkeit und entsprechendem Stress beim erhöhten gefühlten oder tatsächlichen Bedarf, in rascher Kadenz stets das Beste von sich ins digitale Schaufenster zu stellen oder zu konsumieren. Zudem verlieren die Kulturschaffenden die Kontrolle über die Inhalte, die sie über die Sozialen Medien teilen. Wenn einmal etwas geteilt wurde, kann dies auch in davon abweichenden Zusammenhängen genutzt werden.

Kulturschaffende müssen entscheiden, wie viel ihrer knappen Zeit, Aufmerksamkeit und Energie sie in ihre Social Media Präsenz stecken wollen und können. Darin steckt ein Grundproblem, das sich einzelnen Kulturschaffende schon immer gestellt hat: Wie viel Zeit und Energie bleibt für die Kunst übrig, wenn man sich auch noch um anderes rund herum kümmern muss?

Frage an Carla Buffi zu Social Media

Du merkst, dass du eigentlich den ganzen Tag recht beschäftigt bist, eigentlich fast schon erschöpft. Nun rät dir deine Freundin: «Du solltest auf Instagram noch viel präsenter sein, da sind die Leute drauf! Investiere hier doch mehr Zeit!».

Was tust du jetzt? Bist du noch mehr auf Instagram unterwegs?

1. Nein, mehr geht nicht. Ich will Musikerin sein, nicht Influencerin.
2. Ich reduziere die Zeit, die ich für meine Kunst verwende, und verbringe nun mehr Zeit auf Social Media. Mir ist wichtig, mich auch als Persönlichkeit zu vermarkten.
3. Ich versuche beides und verbringe jeweils am späten Abend noch zusätzliche Zeit auf Social Media.
4. Ich werde jemanden damit beauftragen, meine Präsenz auf Instagram hochzuhalten, damit ich mich besser auf meine Musik konzentrieren kann.

Kommentare zu den Antworten:

1. Respekt, du willst dich auf deine Kunst fokussieren. Und du erkennst, alles geht nicht. Es ist wichtig, dass du deine Energie und dein Wohlbefinden berücksichtigst und Prioritäten setzt. Doch du bist im Dilemma: Social Media sind wichtig, damit du auch wahrgenommen wirst.

2. Aha, du möchtest eine engere Verbindung zu deinen Fans aufbauen und deine Musik teilen, was zu mehr Streamings und Downloads führt. Frage dich aber auch, ob du den Kopf noch genügend frei hast für deine eigentliche künstlerische Arbeit. Achtest du auch darauf, dass du genug Zeit und Energie hast, um dich auf deine Musik und dein Wohlbefinden zu konzentrieren?

3. Hmmm, also versuchst du den Tag zu nutzen, um Musik zu machen und zu unterrichten, und den Abend und die Nacht, um mit deiner Community zu interagieren und deine Arbeit zu teilen. Aber wann schläfst du eigentlich noch? Wir glauben, du müsstest zu dir selbst mehr Sorge tragen. Vielleicht sagst du dir: Eine halbe Stunde Social Media pro Tag, das muss reichen.

4. Wir gratulieren, eine sehr gute Idee, Social-Media-Manager:innen haben da noch ein paar Tricks auf Lager, die du nicht kennst. Das funktioniert vor allem dann gut, wenn du auch Stories gut weitergeben kannst, zum Beispiel wenn du auf Tournee bist. Das Problem könnte aber sein: Wie willst du diesen «jemanden» bezahlen? Du bist ja jetzt schon ständig knapp bei Kasse. Falls du es doch tust, schau dass du jemanden anstellst, der dich und deinen Stil gut versteht, damit das Ganze auch authentisch bleibt. Oder, vielleicht findest du Freunde, die dir hierbei helfen?

3.2.5. NFTs und Blockchain

Es wurde oben bereits erwähnt, ist aber für die Bedeutung von Non Fungible Tokens (NFTs) die entscheidende Ausgangslage: Ein fundamentaler Treiber der Digitalisierung ist unter anderem die Einfachheit, mit der Daten zu teilen sind. Grundsätzlich kann jeder Datensatz kopiert werden, und die digitale Repräsentation von Kunst ist damit leicht zu vervielfältigen. Während an physische Medien gebundene Werke wie etwa ein Ölbild, eine Liveperformance oder auch eine Vinylschallplatte durch ihre Materialität einen gewissen, inhärenten Kopierschutz geniessen – respektive ein Verbreitungshindernis erleiden – entfällt dieser technisch-physikalische Umstand bei digitalen Datensätzen weitestgehend.

Hinzu kommt die einfache Veränderbarkeit von digitalen Daten. Ölbilder, Liveperformances oder Vinylschallplatten können selbst kaum verändert werden, jedenfalls nicht ohne Spuren zu hinterlassen. Digital repräsentierte Werke sind in dieser Hinsicht flexibler, was ebenfalls Chancen und Risiken mit sich bringt.

Die Blockchain-Technologie ändert diese Ausgangslage für digitale Datensätze. Dieses System mit kollektiv überwachten und in sich verketteten Datensätzen erlaubt es, digitale Veränderungen und Kopien vom Originaldatensatz zu unterscheiden, und dies aus technischer Hinsicht mit höchster Zuverlässigkeit (Swan, 2015). Daten, die so mit einer Blockchain verbunden werden, können damit einzigartig werden und eignen sich etwa, um elektronisches Geld (Kryptowährungen wie Bitcoin oder Ether), elektronische «Verträge» (sogenannte Smart Contracts) oder weitere Verfügungsrechte zu «verbriefen». Dies geschieht automatisiert und mit häufig offengelegten Algorithmen, was grundsätzlich tiefe Transaktionskosten verspricht, jedenfalls im Vergleich zu herkömmlichen Alternativen wie Notarinnen, Banken oder ähnlichen Institutionen.

Darauf basieren nun die gerade für die Kunstszene interessanten Non-fungible Tokens (NFTs). NFTs haben die Kunst- und Kulturwelt bereits angefangen zu verändern und bieten sowohl Chancen als auch Herausforderungen. Sie sind digitale Zertifikate, die auf der Blockchain-Technologie basieren und die Echtheit, Einzigartigkeit und das Eigentumsrecht eines digitalen oder physischen Objekts bestätigen können, auch wenn die effektiven rechtlichen Folgen von NFTs noch teilweise ungeklärt sind. Aus rechtlicher Einschätzung handelt es sich bei NFTs um Zertifikate mit einer erhöhten Glaubwürdigkeit (siehe Abschnitt 5.4.6.). Im Sommer 2021 hat der NFT-Markt für Kunst einen starken Boom erlebt, sowohl was die Anzahl der Transaktionen als auch deren Wert betrifft. Dieser Hype war allerdings vorübergehender Natur und ist danach rasch wieder abgeflacht (McAndrew, 2022).

Durch NFTs können Kulturschaffende Rechte an digitalen Werken direkt und ohne Zwischenhändler und damit transaktionskostengünstig deklarieren und verkaufen. Dies eröffnet neue Möglichkeiten zur Monetarisierung, insbesondere für digitale Kunstwerke, die zuvor schwer zu verkaufen waren, weil das Ausschlussprinzip schwer durchzusetzen war. Der Mehrwert von NFTs dürfte inskünftig insbesondere dann zum Tragen kommen, wenn der Erwerb, die Veränderung und die Weitergabe von Verfügungsrechten besonders transaktionskostengünstig erfolgen sollen (UNESCO, 2022, S. 91).

Die Blockchain-Technologie kann damit die Besitz- und Transaktionshistorie eines Kunstwerks lückenlos und transparent festhalten und verbindlich ausweisen. Dies erlaubt das geteilte oder kontinuierliche Arbeiten an einem Kunstwerk, ohne dass die Leistung der ersten Beiträge unentschädigt bleiben. Auch neue Formen der Interaktion zwischen Kulturschaffenden und Publikum sind derart möglich. So können «Smart Contracts» implementiert werden, die den Kulturschaffenden bestimmte Anteile an zukünftigen Verkäufen des kollektiv erarbeiteten Kunstwerks zuweisen oder die es zulassen, dass das Werk im Laufe der Zeit verändert wird (De Filippi, 2023).

Die Möglichkeit, digitale Kunst zu monetarisieren und weltweit zu verkaufen, könnte die kulturelle Vielfalt fördern, indem sie Kulturschaffenden aus verschiedenen Kulturen und Ländern den Zugang zu globalen Märkten ermöglicht. Hoffnungen bestehen etwa auch darin, dass eine neue Generation von digitalen Verbreitungskanälen Blockchain nutzen, um Peers direkt zu verbinden, was letztlich Plattformen und ihre neuen Gatekeeper-Rollen obsolet machen würde. Die Rolle der Blockchain in solchen Peer-to-Peer-Netzwerken ist es, das Vertrauen zwischen den Teilnehmenden abzusichern und mittels Kryptowährungen jenen einen automatisierten Anreiz zu geben, die das Netzwerk am Laufen halten. Man spricht hierbei häufig auch von einer neuen Generation des Internets, dem sogenannten «Web3».

Es gibt jedoch auch Kritik, zum einen einmal im Hinblick auf den hohen Energieverbrauch vieler Blockchain-Technologien, die NFTs zugrunde liegen. Allerdings könnten neue Ansätze starke Verbesserungen bringen. So hat zum Beispiel die weit verbreitete Ethereum Blockchain mit dem Wechsel zu «Proof of Stake» anstelle von «Proof of Work» Einsparungen von über 99% des Energieverbrauchs erreicht. Damit wurde auch ein wesentlicher Schritt zu tatsächlich tieferen Transaktionskosten gemacht (Kapengut & Mizrach, 2023).

Ein weiterer Kritikpunkt ist der, dass NFTs das illegale oder illegitime Kopieren digitaler Kunst an sich gar nicht verhindern können – und damit ein zentrales Versprechen nicht einlösen. Gemessen an den Marktpreisen haben NFTs bereits einen riesigen Hype hinter sich. Und dennoch gibt es auch viele ungeklärte Fragen hinsichtlich der Urheberrechte, des geistigen Eigentums und der ethischen Implikationen von digitaler Besitzübertragung. Immerhin sind NFTs dazu geeignet, die Existenz einer digitalen Datei zu einem ganz bestimmten Zeitpunkt fälschungssicher zu belegen, was Kulturschaffenden dabei helfen kann, ungerechtfertigte Ansprüche Dritter an ihren Werken abzuwehren.

NFTs sprechen aber momentan eher technisch affine Personen an (He et al., 2023). In der Masse sind NFTs noch nicht angekommen, da einerseits ein Mehrwert für die Rezipientinnen und Rezipienten schwer erkennbar ist, und anderseits die technischen Voraussetzungen wie der Besitz eines Wallets noch viele abschrecken. Während einige die NFT-Technologie mittelfristig als demokratisierendes Werkzeug sehen, das den Zugang zu Kunst und Kultur erleichtert, argumentieren andere, dass es dafür noch zu kompliziert in der Anwendung sei und eine neue Form von Exklusion fördern könnte, insbesondere wenn hohe Preise und spekulative Käufe im Spiel sind.

Frage an Carla Buffi zu NFTs

Deine Freundin rät dir, du solltest auf den Blockchain-Zug aufspringen und für deine Songs NFTs erstellen («minten»). So erhielten deine Songs eine Exklusivität, was ihren Verkaufswert steigert. Das sei die Zukunft.

Dich interessiert die Technologie ja grundsätzlich. Versuchst du das?

1. Nein, ich glaube nicht, dass es so viele unter meinen Fans gibt, die sich damit schon auseinandergesetzt haben. Ich warte, bis diese Möglichkeit besser bekannt ist.
2. Nein, ich kenne niemanden, der damit wirklich Geld verdient hat, daher lasse ich das und investiere in etwas Greifbareres, Haptisches, zum Beispiel coole T-Shirts mit meinem Logo.
3. Ja, ich will mich damit beschäftigen, und vielleicht gibt mir dies ja ein modernes Image.
4. Ja, aber ich will zuerst jemanden finden, der oder die mir hilft. Hier brauche ich unkomplizierte Unterstützung.

Kommentare zu den Antworten:

1. Wir finden das irgendwie auch verständlich. Viele deiner Fans haben noch kein Wallet und damit auch keinen Zugang zu den NFTs. Das ist tatsächlich gar nicht so einfach. Du hast ja selbst schon genug um die Ohren.
2. Okay, wir sehen, du willst nicht blindlings auf den NFT-Trend aufspringen. Es könnte jedoch auch nützlich sein, mehr über diese Technologie zu lernen und sie im Auge zu behalten, falls sie in der Zukunft rele-

vanter wird. Die Überlegung, dass du deinen Fans etwas Greifbares anbieten möchtest, sehen wir auch.

3. Wir sehen, du bist eine Vorreiterin in der digitalen Welt. Allerdings sind die Umsätze mit den NFTs recht bescheiden: Wir vermuten zunächst ein paar Nerds, die ein paar Franken locker machen werden. Du könntest neben Songs etwa auch Stickers oder Ähnliches anbieten, denn es geht vor allem um die Fanbindung und dies auch auf der ganzen Welt. Viele haben aber noch kein Wallet und damit auch keinen Zugang zu den NFTs.

4. Wir finden das gut, das wird dir etwas Zeit sparen und dir dabei helfen, gewisse Fehler zu vermeiden. Du wirst aber auch merken, dass sich die potenzielle Kundschaft noch in Grenzen hält und dass auch noch gewisse Fragen rund um NFTs offen sind.

3.2.6. XR und Metaverse

Mit «Extended Reality» oder kurz «XR» sind verschiedene Arten von computergenerierten Umgebungen oder Objekten bezeichnet. Darunter fällt die «erweiterte Realität» oder «Augmented Reality» (AR), bei der die tatsächliche Umgebung immer noch deutlich wahrnehmbar bleibt, dort aber virtuelle Elemente wie Bilder, Beschriftungen oder Animationen eingefügt werden. Während dies mit Mobiltelefonen oder Tablets auch funktioniert, erfordert die «Virtual Reality» (VR) ein sogenanntes Head-Mounted-Display, auch VR-Brille genannt. Damit soll die reale Welt ausgeblendet und ein vollständiges Eintauchen in eine virtuelle Welt entstehen. Bei der «Mixed Reality» (MR) geht man auch von einer virtuellen Umgebung aus, verknüpft diese dann aber wiederum mit realen Objekten.

Das Metaverse ist ein virtueller Raum, der als erweiterte Realität erlebbar ist, und der zudem kollektiv aufgebaut und benutzt wird. Dabei entstehen virtuelle Welten mit virtuellen Orten wie Strassen, Plätzen und Gebäuden. Und hier kann auch Eigentum zugewiesen werden. Ausschlussprinzip und die Konsumrivalität werden dadurch im Metaverse künstlich geschaffen, wodurch ein Markt entsteht. Mit NFTs und Kryptowährungen, oder auch mit herkömmlichem Geld, entstehen Marktplätze in der virtuellen Welt, die finanziell mit der realen Welt verbunden werden. Weiter können im Metaverse ähnliche Funktionen entstehen, wie sie bei Plattformen und bei Social Media auch schon erfüllt werden.

Mit diesen Möglichkeiten eröffnet sich ein enormes Potenzial für viele Kunstrichtungen inklusive Musik und Visuelles Design, aber insbesondere auch für das Theater. Interaktionen können über weite geografische Distanzen ermöglicht und durch die Verbindung von virtuellen und realen Elementen sehr variabel gestaltet werden.

Im Rahmen der fortschreitenden Digitalisierung im Kulturbereich ist die Integration von XR-Technologien auch für die Aufführungspraxis innerhalb des zeitgenössischen Theaters bedeutsam. Die Hauptanwendungsbereiche reichen von der Realisierung von Onlineaufführungen, über die Verstärkung der Wirkung von Live-Aufführungen durch immersive Technologien bis hin zur Entwicklung innovativer Konzepte für Bühnenbilder und die Anwendung von Spezialeffekten mittels Motion-Capture-Techniken. Diese Technologien ermöglichen grundsätzlich neue künstlerische Ausdrucksmöglichkeiten und fördern die Interaktion mit dem Publikum durch erweiterte und bereichernde visuelle Erlebnisse. Wenn die Technologien gleichzeitig die Überwindung räumlicher Grenzen ermöglichen, kann ein global diverses Publikum erreicht werden (Iudova-Romanova et al., 2022). Allerdings erfordert der Zugang zu XR-Technologie oft spezialisierte Hardware wie VR-Brillen, was derzeit noch eine Barriere für den allgemeinen Zugang schafft. Wer heute ein Headset kauft, kann sich noch nicht sicher sein, dass dies auch morgen der übliche Standard sein wird, und so sind diese Geräte noch nicht in der Masse gekauft worden.

Obwohl das Theater, wie in Kapitel 2.3.2 herausgestellt, die physische Kopräsenz als USP betont und auch das Publikum aktuell noch einen reibungsloses Vor-Ort-Erlebnis erwartet, sind Theatermacher heute gefordert, über traditionelle Darbietungsformen hinaus zu denken und neue, überraschende Formate zu erschaffen. Videoprojektionstechnologien spielen dabei eine wichtige Rolle und sind mittlerweile Teil der Standardausrüstung vieler Theater weltweit. Doch diese Instrumente dienen idealerweise nicht als Selbstzweck, sondern als Mittel zur Erweiterung der künstlerischen Ausdruckskraft. Zuschauer können von einem passiven Konsumenten zu einem aktiven Betrachter werden, der in das Thema und die Umgebung eintaucht (Boiko et al., 2023).

3.2.7. Generative Künstliche Intelligenz

Mit Künstlicher Intelligenz (KI) bezeichnet man Algorithmen, die menschliche Denk-, Entscheidungs- und Handlungsfähigkeiten nachahmen oder ergänzen sollen (Christen et al. 2020, S. 12). Die Technologie des «maschinellen Lernens» (ML) hat dabei entscheidende Fortschritte erzeugt. In Anlehnung an die Funktionsweise eines Gehirns werden beim ML eine hohe Zahl von Schaltstellen untereinander verbunden zu sogenannten neuronalen Netzwerken. Zum

Beispiel die Pixeldaten eines Pferdebildes können dabei einer ersten Schicht von Schaltstellen einen Wert zuweisen. Diese Schicht ist mit vielen weiteren verknüpft, und jede Schaltstelle im neuronalen Netzwerk enthält einen (anfänglich zufälligen) Parameter, der mitentscheidet, was die Schaltstelle an andere Schaltstellen in zusätzlichen Schichten weitergibt. Am Ende steht eine Ausgabeschicht, die sagt, ob das Bild ein Pferd zeigt oder nicht. In einer Trainingsphase zeigt man diesem neuronalen Netzwerk sehr viele Bilder mit und ohne Pferde und «belohnt» die Parameter, die zu einer korrekten Pferdeerkennung führen und umgekehrt. So nähern sich die Parameter und damit das ganze neuronale Netzwerk der Fähigkeit, auch auf unbekannten Bildern Pferde zu erkennen (Kirste & Schürholz, 2019, S. 30ff.).

Soweit konnten mit ML Entscheidungen zu spezifischen Aufgaben automatisiert werden, vorausgesetzt, genügend Trainingsdaten waren vorhanden. Die Idee von «Large Language Models» (LLM) war nun, dass die Entscheidungsfrage lautet, welches Wort bei einem vorgegebenen Satzanfang als wahrscheinlichstes folgen könnte. Zum Beispiel wird bei der Wortfolge «Ein Schimmel ist ein weisses» höchstwahrscheinlich «Pferd» folgen. Mit sehr, sehr grossen neuronalen Netzwerken und mit sehr, sehr vielen Textbausteinen (aus dem Internet) werden im Training Parameter so «belohnt» und gefunden, dass dies auch mit weniger offensichtlichen Wortfolgen und in grösserem Umfang funktioniert. Ein gewisses Mass an Zufallsparametern sorgt dabei sogar für ein gewisses Mass an «Kreativität» oder vielleicht besser «Variabilität». Jedenfalls sind diese KI-Systeme nun effektiv in der Lage, angestossen durch eine erste Eingabe, den sogenannten «Prompt», eigentliche Kreationsentscheidungen zu treffen und damit neue Texte zu generieren, weshalb sie auch «generative KI» genannt werden. Der «Satzanfang» oder eben der Prompt ist dabei sehr wichtig und bleibt als menschlicher Input, vielleicht vergleichbar mit der Fotografin, die eine Kamera richtig einstellen, hinhalten und im richtigen Moment abdrücken muss, damit eine gute Fotografie entsteht, obschon ja der Fotoapparat einen sehr wesentlichen Anteil bei der Entstehung der Fotografie hat.

Das Prinzip der LLM hat sich als sehr vielseitig erwiesen und funktioniert in ähnlicher Weise auch für Musik und Bilder, zunehmend auch für bewegte. Während bei den LLM Texte als Wortkombinationen aufzufassen sind, fragt sich bei diesen Anwendungen jedoch, welches analog zu den Wörtern die zusammenzusetzenden Elemente sind. Im Bereich der Musik kann dies zum Beispiel die Stimme einer berühmten Sängerin sein, die dann ein durch die KI neu kreiertes Lied singt. Im Filmbereich können das Statur und Gestik eines Schauspielers sein, die dann als Staffage in beliebig vielen Filmen verwendet werden können. Hier zeigen sich schwierige, ungelöste urheberrechtliche Fragen, die bereits beim

Umstand beginnen, dass alle generativen KI nur möglich sind, wenn ihre Parameterwerte mittels umfangreichen Trainingsdaten eingestellt wurden.

Mit der generativen KI lassen sich Werke schaffen. Ob dies auch Kunstwerke sein können, entscheidet sich mitunter mit der Frage, wie entscheidend der Prompt dafür ist. In jedem Fall ist die generative KI als ein Werkzeug zu betrachten, das mit gewissen handwerklichen Fähigkeiten von Kulturschaffenden konkurrenziert. Gleichzeitig kann generative KI das traditionelle Kulturschaffen unterstützen, etwa indem sie gewisse Impulse setzt oder Teile für ein grösseres Ganzes erstellt. Sie kann auch Hilfsfunktionen übernehmen und beispielsweise Aufgaben der Tontechnik übernehmen, womit Musikstücke schneller und spontaner abgemischt werden können. Schliesslich können KI-Tools eine Hilfe bei der Administration oder bei der eigenen Vermarktung sein, was dann den Kulturschaffenden im Idealfall wieder mehr Zeit für die Kunst an sich geben könnte. Wenn also zum Beispiel Texte für Social Media mithilfe der generativen KI leichter erstellt werden können, dann sind Kulturschaffende davon weniger abgelenkt.

Mit der generativen KI sind eine Reihe von ernsten Problematiken verbunden. Dazu gehören ungeklärte Urheberrechtsfragen, die Möglichkeit von Falschaussagen, die überzeugend klingen, sowie Missbrauchspotenzial für kriminelle und manipulative Machenschaften. In Bezug auf die kulturelle Vielfalt besteht eine weitere Gefahr darin, dass sie sich zunehmend mit selbst erstellten Inhalten trainieren. Dadurch entsteht eine nicht intendierte Standardisierung und ein inhaltlicher Kurzschluss, der zu nichts wirklich Neuem führt oder in eine zufällig-sinnlose Richtung abdriften kann.

> **Frage an Carla Buffi zur generativen KI**
>
> Du hast fast das ganze letzte verregnete Wochenende mit einer neuen generativen Musik-KI verbracht. Du warst ja schon immer technologieaffin, aber die Qualität und die Möglichkeiten der letzten App-Version, das hat dich irgendwie fasziniert. Du fragst dich allerdings, ob das noch Kunst ist und ob das deinem Anspruch genügt, verschiedene Musikstile mit viel Herz zu verbinden?
>
> Wirst du künftig deine neuen Stücke mit wesentlicher Hilfe einer generativen Musik-KI erstellen?
>
> 1. Nein, meine Kunst muss von mir sein, mit diesem Tool mache ich diese Musik ja nicht mehr selbst. Ich nutze weiterhin die Möglichkeiten meines Synthesizers, weiter gehe ich aber nicht.

2. Nein, ich fürchte nämlich, dass ich eines Tages eine Urheberrechtsklage am Hals habe, weil ich unbewusst etwas verwende, das ich gar nicht darf. Was ich aber sehr wohl immer mehr verwenden will, sind KI-Programme zum Abmischen meiner verschiedenen Tonspuren.

3. Ja, ich beachte aber sehr, dass ich mit meinen Prompts etwas Spezielles hervorbringe und mische es dann bewusst auch mit eigenen Gitarrenklängen, damit das Wesentliche immer noch wirklich von mir ist.

4. Ja, das ist so effizient, dass mir das total neue Möglichkeiten eröffnet. Ich setze nun voll auf KI und bin produktiver denn je.

Kommentare zu den Antworten:

1. Gut, wenn Musik für dich ein persönlicher Ausdruck deiner Gefühle, Gedanken und Erfahrungen ist, dann könntest Du noch mehr persönliche Elemente in deine Musik integrieren, da die KI nicht in der Lage ist, ihre persönlichen Erfahrungen zu teilen. Wer du bist, deine Persönlichkeit, das wird wohl in der Zukunft im Kulturbereich eher noch wichtiger werden.

2. In der Tat, zum Abmischen von Musik wird dir KI wohl schon bald den Tontechniker im Studio überflüssig machen. Und du hast schon recht, Urheberrechtsfragen können kompliziert sein, wenn KI in den Prozess einbezogen wird. Du willst dich vielleicht tatsächlich beraten lassen, bevor du damit arbeitest, es kommt nämlich durchaus darauf an, wie stark du die KI mit deinen eigenen Beiträgen vermischen wirst. Du könntest die KI-Technik nutzen, um dich für deine Crossover-Stücke von ihren Vorschlägen inspirieren zu lassen

3. Aber vergiss nicht, dass du immer noch diejenige bist, die die endgültigen kreativen Entscheidungen trifft. Indem du die generierte Musik mit deinen eigenen Gitarrenklängen mischst, könntest du einen einzigartigen Musikstil schaffen, der sowohl die Technologie als auch dein persönliches Talent nutzt. Dies könnte dir dabei helfen, dich von anderen Kunstschaffenden abzuheben und deine Musik interessanter und ansprechender zu machen. Es bleibt allerdings ein gewisses Risiko, dass du irgendein Urheberrecht verletzt.

4. Frage dich, wie deine Musik weiterhin deine persönliche Note tragen kann. Vielleicht indem du deine Reiseerfahrungen irgendwie in die Prompts bringst, und so Ideen aus verschiedenen musikalischen Stilen

und Kulturen verwendest, was ja eigentlich deine persönliche Stärke ist? Wir finden, du solltest deine musikalischen Fähigkeiten unbedingt weiter gut pflegen, damit dein Stil erhalten bleibt. Und sei dir bewusst, dass du Gefahr läufst, irgendwelche Urheberrechte zu verletzen.

Künstliche Intelligenz in der Musikproduktion hat jüngst Kontroversen ausgelöst, insbesondere durch die Verwendung von KI, um Songs mit den Stimmen bekannter Musiker zu kreieren. Eine Plattform namens Boomy ermöglicht es, KI-generierte Songs zu erstellen und sie über die Plattform zu veröffentlichen. Ein Beispiel hierfür ist ein Song, der mit den Stimmen von The Weeknd und Drake erstellt wurde und Millionen von Streams erreichte, bevor er von Plattformen wie Spotify, Apple Music und YouTube entfernt wurde. Das mächtige Musikunternehmen Universal Music Group hat Streamingdienste aufgefordert, die Nutzung von KI-Software zu blockieren, insbesondere wenn sie ihre Inhalte zum Training verwendet. Einige Kunstschaffende, wie DJ David Guetta und Sängerin Grimes, haben die AI-Musikbewegung akzeptiert, wobei Grimes anderen erlaubt, Songs mit ihrer Stimme zu erstellen, solange sie 50% der Tantiemen erhält (Johnson, 2023).

3.2.8. Technologien als Werkzeuge

Es ist meistens treffender, digitale Technologien nicht als Automaten und somit als «Menschenersatz» anzusehen, sondern als Werkzeuge, die das menschliche Schaffen wirksamer machen. Die Fähigkeit des Menschen, zunehmend produktive Werkzeuge und Maschinen einzusetzen, hat sowohl in der frühen Menschheitsgeschichte als auch während der industriellen Revolutionen eine entscheidende Rolle gespielt. Heute können Teams aus Menschen und Maschinen sogar die besten Schachcomputer schlagen, wenn sie ihre jeweiligen Stärken geschickt kombinieren. Mit anderen Worten ist der Wert der digitalen Technologien sehr entscheidend davon abhängig, wie geschickt diese von Menschen eingesetzt werden, die mit diesen Technologien umzugehen wissen (Arntz et al., 2019). So wie ein Hammer nur dann nützlich ist, wenn man weiss, wie man ihn benutzt, müssen auch die Werkzeuge der Digitalisierung richtig angewendet werden. Die Fähigkeit, digitale Werkzeuge geschickt zu bedienen, wird in der Arbeitswelt zunehmend wichtiger, so auch in Kunst und Kultur (Hauser, 2017, S. 171f.). In der Musik dürfte beispielsweise das Abmischen, also die Arbeit von Tontechnikerinnen und -technikern zunehmend von digitalen Hilfsmitteln übernommen werden. Für die Betroffenen eine Gefahr, ist dies für Musikerinnen und

Musiker ein Kostenvorteil bei der Aufnahme von neuen Stücken, was ihnen in der Folge freieres Experimentieren erlaubt. Gesamthaft gesehen dürfte so noch mehr Musik von Menschen produziert werden, was zu einer höheren Vielfalt führen könnte.

In der Welt des Grafikdesigns, die sich noch stark an traditionellen Ansätzen orientiert und von verhältnismässig vielen Arbeitslosen geprägt ist, eröffnet die Integration fortschrittlicher Technologien wie maschinelles Lernen und digitale Kodierung die Chance einer erhöhten Produktivität, aber auch die Gefahr, dass Laien mit digitalen Tools relativ einfach ansprechende, wenn auch nicht hochstehende Grafiken erstellen können. Dies ist eine zusätzliche Konkurrenz und Herausforderung für ausgebildete Grafikprofis. Aber die Verbreitung von Bildschirmwerbung und Smartphone-Technologie zwingt Grafikdesigner ohnehin dazu, ihre traditionellen Praktiken zu überdenken. In der Ausbildung müssen Inhalte wie die kreative Kodierung stärker verankert werden, um das Know-how im Grafikdesign zu erweitern (Conrad et al., 2021, S. 20ff.).

Frage an Carla Buffi zum Umgang mit der generativen KI

[...] Jedenfalls hast du nun mal etwas recherchiert, was da schon an KI-erzeugter Musik vorhanden ist. Du findest Dinge von völlig unbekannten Leuten, die sich für Otto-Normalverbraucher wahrscheinlich gar nicht mehr so einfach von deinen aufwändig komponierten und produzierten Stücken unterscheiden lassen.

Was geht dir jetzt durch den Kopf?

1. Ich muss auf meinem kreativen Pfad bleiben und halt einfach noch bessere Ideen haben. Das spornt mich an!
2. Das ist ein Frust, meine künstlerischen Qualitäten werden gar nicht mehr richtig wahrgenommen.
3. Das lässt mich kalt. Menschen wollen die Leistungen von echten Menschen erleben, künstlich bleibt künstlich.
4. Ich sehe nur eins: Ich muss mich noch mehr um meine Community bemühen und eine möglichst direkte Beziehung zu meinen Fans haben, damit diese mir die Stange halten.

Kommentare zu den Antworten:

1. Ja wir finden auch, du solltest dich nicht entmutigen lassen. KI mag zwar einige Aspekte des kreativen Prozesses automatisieren, aber sie

kann die menschliche Kreativität, Emotion und Intuition, die du in deine Musik einbringst, nicht ersetzen. Nutze diese Entwicklung als Motivation, um dich weiter zu verbessern. Und schliesslich sind deine Konzerte der Ort, wo du wirklich gut ankommst, insbesondere weil dort der Sound auch wirklich gut ist.

2. Wir finden es verständlich, dass du dich etwas frustriert fühlst. Du investierst viel Zeit und Mühe in deine Musik, und es kann entmutigend sein zu sehen, dass KI-generierte Musik so ähnlich klingt. Obschon du elektronische Musik machst, versuche erlebbar zu machen, dass du als Mensch diese Musik erschaffst. Also vor allem: Du gehörst auf die Bühne, die Leute werden das authentische Live-Erlebnis mit dir schätzen. Dies wird auch nie durch Maschinen zu ersetzen sein! Und auch nicht damit, wenn Musik über billige Kopfhörer gehört wird.

3. Ja, unbedingt, das sehen wir auch so. Hast du zum Beispiel gewusst, dass künstliche Diamanten nur halb so wertvoll sind wie natürliche Diamanten, obschon man den Unterschied kaum erkennt? Das heisst also auch für dich: Deine Fans schätzen deine Musik wegen ihrer Authentizität und der Geschichten, die dahinterstecken. Wir finden, auch als Musikerin, die gerne Technik benutzt, kannst du das weiterhin gut verbinden und ausspielen.

4. Ja, wir finden das auch sehr wichtig, das kann man durchaus als Konsequenz davon ableiten. Es bleibt dir wohl nicht viel anderes übrig, als in beidem sehr gut zu sein: als Künstlerin, die einzigartige Musik erschafft, und als Künstlerin, die eine Persönlichkeit hat und ihre Fans bei Laune hält.

3.3. Ökonomische Modelle und Treiber

3.3.1. Einleitung: Kunst und Kultur als meritorische Güter

Geht man davon aus, dass die Existenz eines Gutes durch mehr begründet ist als nur durch die Zahlungsbereitschaft der Bürgerinnen und Bürger, so wird dies in der Ökonomie auch als «Meritorisches Gut» bezeichnet (Musgrave, 1959). Die Befürworter dieses Konzeptes sehen den gesellschaftlichen und politischen *Willen* als essenziell an, durch Kulturförderung eine Sphäre zu schaffen, in der sich sinngebende Kunst nicht andauernd an der Zahlungsbereitschaft anderer orientieren muss (Strachwitz, 1993). Marktorientierte Kritikerinnen und Kritiker dieses Konzeptes fordern hingegen gerade dafür eine weitergehende Begründung, wie das Vorliegen eines Marktversagens etwa wegen des fehlenden Ausschlussprinzips und fehlender Konsumrivalität.

Die Gründe, warum Kunst und Kultur auch aus ökonomischer Sicht nicht allein dem Markt überlassen werden sollten, können hier nicht abschliessend erörtert werden. Es existiert eine breite Reihe von Effekten von Kunst und Kultur, die als öffentliches Gut einzuschätzen sind:

- Options- und Vermächtnisnutzen, Ausbildungseffekte für Kulturschaffende und Bildungseffekte beim Publikum (Hauser & Lienhard, 2014, S. 18f.),

- Förderung von gesellschaftlichem Dialog, von politischem Diskurs und Vorausdenken sowie Förderung von sozialer Integration und gesellschaftlichem Pluralismus (Hauser & Lienhard, 2014, S. 16f.),

- Ausgleich von ökonomischen Risiko- und Informationsproblemen (Clausen, 1997, S. 74f.)

- Erhöhung der Standortattraktivität, insbesondere für Talente der Wissensökonomie sowie nachfrageseitige, angebotsseitige und systemische Wachstumsimpulse für die regionale Wirtschaft (Florida, 2002; Weckerle et al., 2018, S. 87ff.).

Für all diese Dinge gibt es weder Ausschlussprinzip noch Konsumrivalität, weswegen diese von Marktentscheidungen nicht hinreichend berücksichtigt würden, was wiederum die Subventionierung von Kunst und Kultur als meritorisches Gut rechtfertigt. Kunst und Kultur werden häufig auch als wichtige Impulsgeber für die Wirtschaft beschrieben, insbesondere im Hinblick auf die digitale Transformation. In der Kreativwirtschaft, wo Wirtschaft und Kreativität zusammentreffen, entstehen an den Schnittstellen von Kreativität und Wirtschaft neue Formen der Wertschöpfung. Diese Schnittstellen sind in der heutigen Zeit besonders relevant, da sie Raum für Innovationen, experimentelle Technologien mit Marktpotenzial und neue Geschäftsmodelle bieten. Gleichzeitig ist die Kreativwirtschaft ein Treiber der digitalen Transformation, indem sie Brücken von der analogen in die digitale Welt baut. Sie übersetzt und ermöglicht die Entwicklung neuer digitaler Technologien und Geschäftsmodelle, die über traditionelle Wirtschaftsbereiche hinausgehen und sogar zur Erreichung internationaler Nachhaltigkeitsziele beitragen können. Die Dynamik der Digitalisierung führt zu einer Neudefinition etablierter Wertschöpfungsformen und ermöglicht alternative Ansätze. Die Bedeutung von Wertschöpfung ist dabei in einem breiteren Kontext zu sehen, der über rein ökonomische Aspekte hinausgeht und die Vielschichtigkeit des Begriffs in den Vordergrund rückt. In diesem Sinne können die Potenziale digitaler Technologien häufig erst durch kreative Aktivitäten voll ausgeschöpft und der Gesamtwirtschaft zugänglich gemacht werden (Trautenberger et al., 2021; Weckerle et al., 2018, S. 87ff.).

Kulturelle Angebote würden in vielen Fällen ohne Unterstützung der öffentlichen Hand schlicht nicht existieren. Schon früher hatte der Staat oft eine zentrale Rolle bei der Finanzierung von Kunst und Kultur. Wäre das nicht geschehen, hätten wir viel weniger von diesem sogenannten Vermächtnisnutzen. Das ist der Wert, der künftigen Generationen durch die Erhaltung des Kulturguts vermacht wird (Clausen, 1997, S. 81f.). Das heisst aber nicht, dass Kunst und Kultur nicht (auch) durch die Brille der Ökonomie betrachtet werden sollten, im Gegenteil. Dieser Abschnitt soll einige wichtige ökonomische Kräfte erläutern, die sich im Zuge der Digitalisierung deutlich verändern und so die kulturelle Vielfalt beeinflussen – zum Guten wie zum Schlechten. Schliesslich können Kulturschaffende selbst in ein Dilemma geraten, wenn Sie sich zwischen kommerziellem Erfolg und dem Erreichen künstlerischen Zielen entscheiden müssen. Teil des Dilemmas ist aber auch, dass die öffentliche Förderung von Kunst und Kultur auch nicht ohne Prüfkriterien und -prozesse auskommt, womit Kunst und Kultur auf dem freien Markt in bestimmter Hinsicht wiederum mehr Freiheiten geniessen. Sie kann sich so paternalistischen Vorgaben entziehen und bekommt durch die Gunst eines zahlenden Publikums eine direkte Nutzenlegitimität.

3.3.2. Head und Long Tail

Digitale Verbreitungskanäle wie Plattformen, Social Media oder das Metaverse führen zu einer starken, potenziell fast uneingeschränkten Erweiterung der Verbreitungskanäle. Um zum Bild des Marktplatztes zurückzukehren: Die Regalfläche eines physischen Marktstandes ist begrenzt, und so werden sich die Verkaufenden auf eine limitierte Anzahl von Produkten beschränken müssen, die sie dort anbieten können. Sie werden dabei bestimmte, womöglich die umsatz- und margenstärksten Produkte vorziehen und sie werden so zu Gatekeepern für diese Produkte. Ähnlich war und ist dies auch in Plattenläden, Galerien und Theaterprogrammen, wo jemand aufgrund des limitierten Distributionskanals eine Auslese treffen muss. Digitale Distributionskanäle können dagegen nahezu unendlich viele verschiedene Werke anbieten. Damit werden auch solche erhältlich, die an sich nur sehr selten gesucht werden und eine Nische bedienen oder ein Experiment darstellen.

Die daraus entstehenden Chancen werden häufig auch als Long-Tail-Nischenstrategie bezeichnet (Anderson, 2006). Diese Theorie geht davon aus, dass mit Produkten, die einzeln zwar selten nachgefragt, aber in ihrer Summe sehr zahlreich sind, insgesamt grössere Umsätze möglich sind als mit den wenigen Hits des sogenannten «Kopfs», vorausgesetzt, die Verbreitungskanäle sind breit genug. Die Bezeichnung «Long Tail» begründet sich in folgender Abbildung, in der alle Produkte eines Marktes nach ihrer Popularität respektive nach ihrem Umsatz geordnet werden. Je breiter das «Verkaufsregal», desto länger und bedeutender kann sich der «Long Tail» in der Abbildung nach rechts erstrecken. Bei digitalen Verbreitungskanälen kann dieser Long Tail dann fast unbeschränkt in die Länge gezogen sein (siehe Abb. 6).

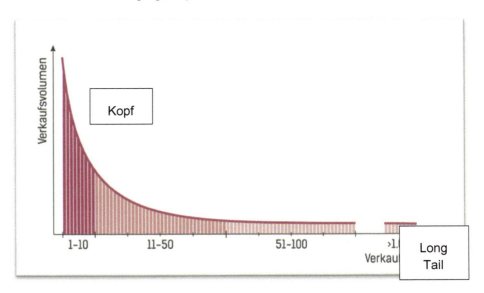

Abb. 6 Kopf und Long Tail (Riedel & Michelis, 2023, S. 164 und eigene Ergänzung)

Gesamtwirtschaftlich, also über die Kunstbranche hinausgesehen, lässt sich tatsächlich eine Verschiebung des Konsums hin zu Nischen beobachten (Neiman & Vavra, 2023). Dieser Erklärungsansatz ist denn auch eine Chance für kulturelle Nischenangebote, die über analoge, regional begrenzte Verbreitungskanäle kein hinreichend grosses Publikum erreichen könnten. Die «Long-Tail-Kultur» kann von den tiefen Transaktionskosten und von den praktisch unbeschränkten geografischen Reichweiten am meisten profitieren. Hinzu kommt mit dem Wegfall der Gatekeeper eine grundsätzliche Öffnung des Angebotes. Dadurch entsteht ein sehr breites Nischenangebot, das ohne Digitalisierung nicht da wäre, was insgesamt zu einer Verschiebung vom «Kopf» in den «Long Tail» führt.

Ob dies tatsächlich im Kulturbereich passiert und/oder weiter passieren wird, ist jedoch nicht eindeutig, denn es gibt auch gegenteilige Kräfte, wie im nächsten Abschnitt beschrieben.

Ein mindestens so wichtiger Punkt ist die Nachfrage, nach welcher sich Kulturschaffende ausrichten. Auch hier können Dilemmata entstehen, wie folgender Dialog illustriert.

Frage an Carla Buffi zum Umgang mit der Nachfrage und ihrer Kunstform

Du hast vor einiger Zeit zwei neue Stücke auf YouTube hochgeladen. Stück A findest du persönlich super, während du auf Stück B weniger stolz bist. Zu Stück B wurde dir aber geraten, es auf YouTube zu stellen, weil es den Leuten besser gefalle. Und tatsächlich, es zeigt sich, dass Stück B sehr viel öfter geteilt und angeklickt wird als Stück A.

Was machst du jetzt?

1. Du suchst den Erfolg und machst zukünftig nur noch Stücke wie B.
2. Du bleibst dir und deiner Kunst treu, und machst vor allem Stücke wie A, auch wenn da weniger Klicks entstehen.
3. Du versuchst einen Mittelweg, und integrierst Elemente von Stück B, das bei den Zuhörern beliebter ist, in deine bevorzugten Stücke wie A.
4. Du diskutierst die Frage zunächst auf deinen Social-Media-Kanälen mit deiner Community.

Kommentare zu den Antworten:

1. Die Anpassung deiner Arbeit an die Vorlieben deines Publikums steigert deine Beliebtheit und deinen kommerziellen Erfolg. Allerdings macht dich dies auf längere Frist unzufriedener und deine Kreativität leidet. Das ist schon ein zweischneidiges Schwert. Denk daran, dass es wichtig ist, auch solche Musik zu machen, die dir gefällt und die deine künstlerische Vision widerspiegelt.

2. Du kannst deine künstlerische Integrität bewahren und ein kleines, aber feines Publikum gewinnen, das deine einzigartige musikalische Perspektive schätzt. Deine finanziellen Probleme sind dadurch nicht gelöst – im Gegenteil. Unser Tipp: Mit dem World Wide Web kannst du

Menschen auf der ganzen Welt erreichen. Versuche deine Nische gut zu positionieren, dann könnte es klappen.

3. Eine gute Idee. Dies könnte eine Möglichkeit sein, das Publikum anzusprechen und gleichzeitig Musik zu kreieren, die deinem persönlichen Stil und deinen Vorlieben entspricht. Aber es bleibt wohl ein Balanceakt.

4. Hey, eine tolle Idee. Du könntest auf Social Media auf den Erfolg von Stück B hinweisen und Diskussionen anregen, um zu verstehen, warum Stück B populärer ist als Stück A, das dir persönlich besser gefällt. Wir fürchten aber, dass die Posts dein Dilemma nicht lösen können.

3.3.3. Plattformökonomie und «The Winner Takes it All»

Die Digitalisierung und insbesondere die Plattformen führen zu wesentlichen Skalen- und Netzwerkeffekten, die die Konzentration von Ressourcen, des Umsatzes und der Aufmerksamkeit auf wenige Akteure begünstigen, was gerade die Gegenthese zum Long-Tail-Ansatz ist.

Eine erste und wichtige Ursache dafür ist die Kostenstruktur von digitalen Gütern wie zum Beispiel einem digitalen Bild, da es hier keine Konsumrivalität gibt. Angenommen, die Transaktionskosten der Verbreitungskanäle sind sehr tief, dann bestehen die Kosten für die Erstellung eines digitalen Bildes fast ausschliesslich aus Fixkosten. Das heisst, der Initialaufwand ist praktisch gleich hoch, unabhängig davon, ob es von diesem Bild eine, hundert oder eine Million Kopien geben wird. Um die Kosten für den Initialaufwand zu decken, kann die durchschnittliche Entschädigung bei einer Million Kopien viel tiefer sein als bei einhundert Kopien oder bei nur einer Kopie. Dies wiederum wird diejenigen, die gute Aussichten auf eine grosse Verbreitung ihrer Arbeiten haben, stärker ermutigen mehr in weitere Werke zu investieren. Bei der gelenkten Aufmerksamkeit auf Social Media gibt es weitere Beispiele für Netzwerkeffekte. Was oft gesehen oder gehört wird, hat mehr Chancen, geliked, geteilt oder kommentiert zu werden. Das erhöht die Wahrscheinlichkeit, von anderen gesehen oder gehört zu werden. Die selbstverstärkende Rückkoppelung kann dazu führen, dass der künstlerische Output «ansteckend» wird und «viral» geht. Glück und Zufall spielen dabei eine nicht unwesentliche Rolle (Frank, 2016).

In diesem Kampf um Aufmerksamkeit spielen Daten und Algorithmen eine zentrale Rolle. Ein Paradebeispiel dafür ist TikTok. Die Plattform hat in weniger als sechs Jahren die sozialen Medien revolutioniert und die Nutzenden von den traditionellen sozialen Netzwerken weg und hin zu algorithmisch ausgewählten Kurzvideos geführt. Obwohl dies das Verhalten der Rezipierenden grundlegend verändert hat, zeigt sich, dass dieses Modell weniger profitabel ist als das der älteren Plattformen. Dies liegt zum einen an der geringeren Werbefläche, die Kurzvideos bieten, und zum anderen an der passiveren Haltung der Nutzerinnen und Nutzer (The Economist, 2023a). Mit anderen Worten führt das massenhafte Teilen und Konsumieren von Inhalten auch zu einer Verwässerung der Aufmerksamkeit. Einher geht eine sinkende Zahlungsbereitschaft für digitale Inhalte bis hin zur Umsonstkultur, was für kleinere Nischenanbieter zum Problem wird.

Eine Strategie könnte sein, dass sich noch unbekannte Kulturschaffende an besser verbreitete Inhalte anhängen, wo sie zu mehr Reichweite kommen könnten. Eine solches Beispiel zeigt folgende Frage an Carla Buffi.

Frage an Carla Buffi zum Umgang mit der Nachfrage und ihrer Kunstform

Du weisst, dass deine Kompositionen auf YouTube oder TikTok vor allem dann hohe Aufrufzahlen erzielen, wenn sie einem populären Video unterlegt werden.

Was machst du jetzt?

1. Nein, ich mache Musik und keine Hintergrundmusik. Ich will nicht, dass ein Clickbait-Video meine Kunst überdeckt.

2. Nein, ich will diese Art der Manipulation von Menschen grundsätzlich nicht unterstützen.

3. Ja, ich kontaktiere möglichst berühmte Influencerinnen und Influencer und frage sie an, meine Musik zu verwenden.

4. Ja, ich höre mich in meinem Umfeld um, wer mir einen zu mir passenden Kontakt vermitteln könnte.

Kommentare zu den Antworten:

1. Okay, du möchtest deine künstlerische Integrität und die Kontrolle über deine Musik behalten. Die Qualität deiner Musik und die Botschaften, die du vermittelst, sind dir offenbar wichtiger als die Menge der Klicks, die du auf Social-Media-Plattformen erhältst. Aber du verpasst schon auch eine Chance, eine Brücke zu Millionen von Menschen weltweit zu schlagen. Es gäbe einige, die diese Videos anschauen und dich dann zum Beispiel auf Spotify suchen würden.

2. Wow. In einer Welt, die immer mehr von der Jagd nach Likes und Klicks beherrscht wird, finden wir es bemerkenswert, wenn sich jemand dafür einsetzt, diese Dynamiken nicht zu verstärken. Man kann sich schon fragen, wohin diese «30-Sekunden-Kultur» führen wird. Aber, du wirst trotzdem Wege finden müssen, um deine Musik zu verbreiten, wenn du einmal davon leben willst. Da steckst du nun auch etwas in einem Dilemma.

3. Wir denken, das ist ein interessanter Schritt. Du kannst damit eine Brücke zu Millionen von Menschen weltweit schlagen. Einige werden deine Musik nun aktiv auf Streamingplattformen suchen, nachdem sie dich im Video gehört haben. Vor allem, wenn deine Musik und das Profil der Influencerin/des Influencers gut zusammenpassen. Allerdings hast du auch keine volle Kontrolle darüber, in welchen Zusammenhängen deine Musik genutzt wird.

4. Bravo, wir finden, das ist eine ausgezeichnete Idee. So könntest du eine Influencerin oder einen Influencer finden, die oder der deine Musik wirklich schätzen und unterstützen will. Je häufiger die Videos angeklickt werden, desto mehr werden dich dann auch auf Streamingplattformen suchen. Vielleicht passt deine Musik auch zu einem Videogame, das wäre auch sehr interessant.

3.3.4. Monopolistische Konkurrenz

Die Theorien des «Winner Takes All»-Prinzips und des «Long Tails» führen zu widersprüchlichen Prognosen. Welche Kräfte dominieren, ist zunächst von den besonderen Umständen abhängig, die je nach Kunstform unterschiedlich sind. Aus der ökonomischen Theorie der monopolistischen Konkurrenz kann man einige Grundsätze ableiten, da hier generell sehr ähnliche, an sich gegenläufige Kräfte am Werk sind. Es geht dabei im Wesentlichen um die Frage, wie viele Anbieter sich in einem Markt halten können. Einerseits sind sie von Skaleneffekten geprägt, was zu einem monopolistischen Winner führen kann. Anderseits bieten Produktvarianten eine gewisse Einzigartigkeit und damit die Möglichkeit, eine eigene Nische zu schaffen.

Es würde hier zu weit führen, das entsprechende Modell vollständig abzubilden (Melitz & Trefler, 2012; Krugman et al., 2023, S. 188ff.). Wichtige Folgerungen daraus können sinngemäss wie folgt auf die Verbreitungskanäle von Kunst und Kultur übertragen werden:

Wenn durch digitale Technologien erweiterte Verbreitungskanäle die Märkte grösser werden lassen, dann

- steigt das Angebot aus Sicht der Nachfragenden, das heisst, die Rezipientinnen und Rezipienten haben eine grössere Auswahl.
- steigt der Absatz der Anbieter mit Kostenvorteilen, also die Grossen respektive die «Superstars» im «Kopf» profitieren.
- werden die Nischen im «Long Tail» durch stärkere Angebote im «Kopf» potenziell stärker verdrängt und müssen sich dadurch noch stärker vom Mainstream abheben, wenn sie eine Überlebenschance haben wollen.

Wenn durch digitale Hilfsmittel die Produktionskosten für alle sinken, dann

- steigt das Angebot aus Sicht der Nachfragenden noch mehr, die Rezipientinnen und Rezipienten haben eine nochmals grössere Auswahl.
- steigt der Absatz für alle Anbietenden an, weil Hürden zur Produktion sinken und mehr Marge möglich ist.
- haben Nischenanbieter im «Long Tail» bessere Chancen sich zu behaupten, da sich ihr Nachteil, weniger Kopien absetzen zu können, dadurch stärker relativiert.

Daraus ergibt sich folgendes Zwischenfazit: Die Antwort darauf, ob die digitale Transformation die kulturelle Vielfalt erhöht, ist zunächst abhängig davon, ob man damit die Sicht der Anbietenden oder der Nachfragenden einnimmt. Für die Nachfragenden steigt die Auswahl stark an, weil sie sich sprichwörtlich per Knopfdruck am Weltmarkt bedienen können. Dies ist a priori positiv, führt aber auch zur Herausforderung, aus dieser riesigen Angebotsfülle auszuwählen. Für die Anbietenden ist das Fazit ambivalenter: Da die Konkurrenz durch andere, teils sehr starke Anbietende enorm ist, wird es trotz (oder eben wegen) der grossen Reichweite der digitalen Verbreitungskanäle schwieriger sich zu behaupten und Aufmerksamkeit zu erlangen. Es kann gelingen, wenn man sich von anderen Angeboten in irgendwelchen Hinsichten unterscheiden kann, und wenn man bei den eigenen Produktionskosten die Vorteile der Digitalisierung nutzen kann. Deswegen spielen digitale Hilfsmittel nicht nur bei der Verbreitung, sondern auch bei der Erstellung von Kunstwerken eine Rolle.

3.4. Die (Un-)Ersetzbarkeit menschlicher Leistung

3.4.1. Die Baumol'sche Kostenkrankheit und Grenzen der Automatisierung

Die Wirtschaftsgeschichte ist zu guten Teilen eine Geschichte über die Einführung von Technologien, die zu einer erhöhten Automatisierung und damit zu einer höheren Produktivität ganzer Wirtschaftszweige geführt hat. Man denke etwa an die Erfindung des Spinnrads und des Webstuhls. Derartige Entwicklungen sind bis heute voll im Gange, nicht zuletzt auch durch die digitale Transformation getrieben. Je nach Branche und Beruf sind die Auswirkungen der Technologie auf die Produktion von Gütern und Dienstleistungen jedoch sehr unterschiedlich. Dort, wo der Mensch im Zentrum steht, hat dieser Effekt natürliche Grenzen. Zum Beispiel lassen sich der empathische Trost von Pflegenden in einem Spital oder das fürsorgliche Behüten von Kindern durch Kindergärtnerinnen und Kindergärtner grundsätzlich schlechter automatisieren als die Produktion von Möbeln oder Spielzeugen.

Das Phänomen, dass Arbeit auf der Ebene der Produktion in unterschiedlichem Masse automatisierbar ist, spiegelt sich im Wirtschaftskonzept der sogenannten Baumol'schen Kostenkrankheit wider (Baumol & Bowen, 1993). Während digitale und andere Technologien die Produktivität in einigen Branchen oder Bereichen enorm steigern können, bleibt in humanzentrierten Branchen wie Kunst und Kultur (oder auch im Gesundheits- und Bildungswesen) der menschliche Faktor in der Baumol'schen Denkweise zentral. Es sind daher in diesen Bereichen *im Verhältnis zu den Anderen* steigende Kosten zu verzeichnen. Das kann dazu führen, dass in der Industrie die Löhne dank der technologischen Fortschritte steigen, sie aber in menschenzentrierten Dienstleistungsberufen stagnierend bleiben.

Digitale Verbreitungskanäle und weitere Hilfsmittel oder Innovationen führen zwar zu anderen Vorteilen (Frey, 1996). Digitalisierung und Plattformökonomie bringen etwa wesentliche Skalen- und Netzwerkeffekte mit sich. Diese betreffen jedoch vor allem die *Verbreitung*, aber nicht unbedingt die *Produktion* von Kunstwerken an sich. Beim Modell der Baumol'schen Kostenkrankheit wird davon ausgegangen, dass der Mensch in wichtigen Hinsichten «unautomatisierbar» ist. Baumol und Bowen schreiben in ihrem Klassiker von 1966: *«Dies soll nicht bedeuten, dass Effizienzsteigerungen oder Innovationen in der Kunst völlig unmöglich sind oder dass Produktivitätssteigerungen pro Arbeitsstunde völlig ausgeschlossen sind [..., zum Beispiel] durch längere Spielzeiten ...]. Dennoch können die Künste nicht darauf hoffen, mit dem bemerkenswerten Produktivitätswachstum der Wirtschaft als Ganzes mithalten zu können.»* (Baumol & Bowen, 1966, S. 165, eigene Übersetzung).

Echte Kreativität von Menschen ist nach Baumol und Bowen schwer zu automatisieren oder es ist gar unerwünscht, da das Bewundernswerte der Kunst auch daher rührt, dass sie einer menschlichen Handlung entspringt. Man schaut zum Beispiel einer Gewichtsheberin oder einem Gewichtsheber gebannt zu, der/die 200 Kilogramm stemmt, während man einer Gabelstaplerin oder einem Gabelstapler keine Aufmerksamkeit schenkt, obschon dieser ja ein Mehrfaches hebt. Die menschliche Leistung ist in dieser Leseart wesentlicher Teil dessen, was Kunst und Kultur ausmacht, und damit bleiben digitale Anwendungen mehr oder weniger immer nur Hilfsmittel. Entsprechend bekommen das Vertrauen in die Echtheit von Performances sowie die authentische Persönlichkeit von Kulturschaffenden eine zusätzliche Bedeutung. Dies in einer Welt, in der digital-automatisierte «Werke» mit dem genuin menschlichen Schaffen zusammentreffen und oft auch verschmelzen.

Während im digitalen und im industriell-ökonomischen Bereich eine rasche technologische Weiterentwicklung und damit auch eine Produktivitätssteigerung stattfindet, verändern sich die eigentlichen, «handwerklichen» Tätigkeiten von Kulturschaffenden im analogen Bereich kaum. Man denke hier beispielsweise an ein Streichquartett. (Baumol und Bowen hatten ein solches schon in ihrem Buch von 1966 als Beispiel genommen.) Die Kunst des Cello- oder Geigenspielens ist heute nicht grundsätzlich eine andere als vor hundert Jahren. Während technologische Fortschritte in anderen Bereichen wie der Industrie zu enormen Produktivitätssteigerungen geführt haben, kann dies in den auf menschliche Leistungen zentrierten Künsten wie dem Cello- oder Geigenspielen nicht erwartet werden. Zwar können Distributionsmittel die Musik millionenfach vervielfältigen – passenderweise gibt es mit dem Cellist Jodok Vuille derzeit einen Schweizer Cellisten, der auf Social Media Millionen von Follower hat. Auf der Ebene der analogen Produktion der Musik an sich ist das Cellospiel jedoch an das menschliche Handwerk gebunden – was dann eben auch dessen besondere Faszination ausmacht.

Durch die rapide Evolution von KI-Werkzeugen stellt sich die Frage allerdings immer wieder neu, inwieweit die Digitalisierung menschliche Kreativität herausfordert oder ergänzt, und wie Rezipientinnen und Rezipienten auf von Maschinen geschaffene «Kunstwerke» reagieren. Experimentelle Studien über die menschliche Wahrnehmung von KI-generierter Kunst zeigen gemischte Ergebnisse: Während teilweise kein signifikanter Unterschied in der Wahrnehmung von KI-generierter und menschlich geschaffener Kunst festgestellt wird, neigen andere Studien dazu, menschlich geschaffene Kunstwerke doch noch höher zu bewerten (Oksanen et al., 2023). Unabhängig davon dürfte der digitale Anteil in Zukunft einen wichtigen Platz einnehmen, wie der nächste Abschnitt exemplarisch zeigt.

3.4.2. Digital authentische Persönlichkeiten

Hatsune Miku ist eine virtuelle Sängerin und ein Pop Idol, die von Crypton Future Media mithilfe von Yamahas Vocaloid-Synthesizing-Technologie geschaffen wurde. Ihr Name bedeutet so viel wie «der erste Klang der Zukunft». Sie wurde ursprünglich als eine Anwendung entwickelt, die es Nutzenden ermöglicht, Musik zu erzeugen, indem sie Texte und Melodien eingeben. Hatsune Miku hat eine einzigartige, animierte Persona, die mit türkisfarbenen Zöpfen und einem futuristischen Outfit dargestellt wird. Trotz ihrer Virtualität tritt Hatsune Miku durch Hologrammtechnologie bei Konzerten für ein grösseres, physisch anwesendes Publikum auf, was ihr eine greifbare Präsenz in der realen Welt verleiht und die Grenzen zwischen Realität und Virtualität verschwimmen lässt. Nutzende können eigene Lieder komponieren und Miku singen lassen. Dieser kreative Freiraum hat eine aktive und engagierte Gemeinschaft gefördert, die ständig neues Material produziert. Die Fans erstellen und teilen nicht nur Musik, sondern auch Kunstwerke, Animationen und Geschichten, die Miku betreffen (March, 2022).

Abb. 7 Das Hologramm «Hatsune Miku» bei einem Konzert

Hatsune Miku ist zwar ein herausragendes Beispiel, aber keineswegs ein Einzelfall. Andere virtuelle Idole und Charaktere wie Kizuna AI zeigen, dass virtuelle Kunstpersonas ein wachsendes Phänomen sind. Dies deutet darauf hin, dass die Integration digitaler Elemente in bestehende Settings an Bedeutung gewinnt.

Wohl spielen Menschen hinter Hatsune Miku, darunter Programmiererinnen und Programmierer, Kulturschaffende, Marketingexpertinnen und Marketingexperten, weiterhin eine entscheidende Rolle für ihren Erfolg. Sie entwickeln die Technologie weiter, gestalten ihre Erscheinung, organisieren Events und Konzerte und fördern die Marke Hatsune Miku weltweit. Ohne ein solches Team wäre Hatsune Miku nicht das globale Phänomen, das sie heute ist. Das Beispiel illustriert jedoch deutlich: Digitale Kunst kann auch ohne ein echtes menschliches Gesicht funktionieren.

3.5. Handlungsempfehlungen

3.5.1. Kuratierung virtueller Räume

Während die Ausweitung der digitalen Verbreitungskanäle die Möglichkeit bietet, ein grösseres Publikum zu erreichen und mehr Kulturschaffenden praktisch unbeschränkten Zugang zu einem globalen Markt ermöglicht, führen Mechanismen wie die Plattformökonomie und «The Winner Takes it All»-Dynamiken zu einer Konzentration von Ressourcen und Aufmerksamkeit auf wenige Akteure. Die «Superstars» dürften von der Entwicklung am meisten profitieren (The Economist, 2023b).

Aus Sicht der Rezipientinnen und Rezipienten ist die digital-globalisierte Auswahl an Kunstangeboten dennoch grösser denn je. Das kann auch zu einer Überforderung und zu einer nicht gewollten Verengung des Kunstkonsums auf die wenigen globale Superstars führen, die es dorthin geschafft haben. Somit stellt sich die Frage, wie digitale Kunst im digitalen Raum kuratiert werden kann.

Ein Ansatz liegt im Ausbau von digitalen Plattformen und Netzwerken, die auf die Bedürfnisse von jungen, aufstrebenden Kulturschaffenden und Kulturinstitutionen ausgerichtet sind. Dies könnte beinhalten, regionale oder nationale Plattformen zu fördern, die sich von internationalen, marktbeherrschenden Plattformen unterscheiden. Derartige Plattformen könnten auch in Gestalt von digitalen Ausstellungs- und Aufführungsräumen gedacht werden, die die Aufmerksamkeit des Publikums beständig anziehen. Spezielle virtuelle Ausstellungsräume oder Onlineplattformen könnten es Kulturschaffenden ermöglichen, ihre Werke einem breiter interessieren Publikum zu präsentieren.

Virtuelle und kuratierte Räume können auch lokal geschaffen und abgegrenzt werden, denn neben der globalen Reichweite sollte auch die lokale Kunst- und Kulturszene im digitalen Raum gestärkt werden. Dies könnte durch Plattformen geschehen, die lokale Kulturschaffende und Kultureinrichtungen unterstützen. Zielgruppen: Kulturschaffende, Plattformbetreiber, Förderinstitutionen, Bildungseinrichtungen, Branchenverbände, Politik, Rezipientinnen und Rezipienten.

3.5.2. Förderung eines Verständnisses der Mechanismen digitaler Märkte und Technologien

Das Verständnis und die Nutzung digitaler Verbreitungskanäle, einschliesslich sozialer Medien und Onlineplattformen, sind für den Erfolg in der heutigen digitalen Welt entscheidend. Dies kann helfen, ein breiteres Publikum zu erreichen und sich in der digitalen Landschaft zu positionieren. Das bedeutet für Kulturschaffende, dass sie sich mit den neuen digitalen Geschäftsmodellen auseinandersetzen sollten. Die Erkundung und Anpassung an neue Geschäftsmodelle, wie NFTs und digitale Marktplätze im Metaverse, können im besseren Fall gar neue Einnahmequellen erschliessen. Dies erfordert jedoch ein gründliches Verständnis dieser Modelle und ihrer Implikationen. Kulturschaffende sollten erkennen, wie ihr Markt funktioniert. Ist Ausschlussprinzip und Konsumrivalität möglich oder nicht, lässt sich dies steuern oder hängt es auch ab von der Technik, mit der die Kunst hervorgebracht wird? Die Förderung digitaler Kompetenzen umfasst damit nicht nur technische Fähigkeiten, sondern auch das Verständnis für digitales Marketing, die Nutzung neuer Technologien wie Blockchain und NFTs sowie Fragen rund um das Urheberrecht im digitalen Zeitalter. Mit letzterem ist ein Punkt erwähnt, der in Kapitel 5.4.2 noch ausgeführt wird: Mit dem zunehmenden Einsatz von digitalen Medien und Plattformen entstehen komplexe Fragen zum Urheberrecht und zu Lizenzierungen. Kunst- und Kulturschaffende sollten Zugang zu Beratung und Unterstützung nicht nur in technischen und ökonomischen, sondern auch in diesen rechtlichen Fragen erhalten.

Bildungs- und Kulturprogramme sollten also darauf abzielen, Kunst- und Kulturschaffenden digitale Kompetenzen zu vermitteln (Bundesamt für Kultur, 2024, S. 50). Es ist eben auch eine Kunst, die Kunst an den Mann und an die Frau zu bringen. Nebst herkömmlicher Bildung kann auch der Zugriff auf Open-Source-Tools eine Rolle spielen. Die Entwicklung und Bereitstellung von Open-Source-Software für kreative Prozesse würde es Kulturschaffenden beispielsweise ermöglichen, ohne hohe Kosten auf professionelle Tools zugreifen zu können und damit «zu spielen». Es sollte darauf geachtet werden, dass alle Kulturschaffenden, unabhängig von ihrer finanziellen Situation, Zugang zu den notwendigen digitalen Ressourcen und Plattformen haben. Dabei könnte weiter die Kooperation zwischen Kulturschaffenden und Kulturinstitutionen einerseits und Technologieunternehmen oder technischen Hochschulen anderseits unterstützt werden, um kreative und technologische Synergien schaffen, und innovative Kunstprojekte zu ermöglichen. Die Kulturförderung sollte mit anderen Worten Projekte unterstützen, die die Grenzen zwischen Kunst, Technologie und Wissenschaft überschreiten. Die Förderung von interdisziplinären Projekten kann zu neuen kreativen Ausdrucksformen und Innovationen führen. Die Kulturförderung sollte entsprechend flexible und dynamische Fördermodelle entwickeln, die den sich schnell ändernden Anforderungen und Möglichkeiten der digitalen Kunstwelt gerecht werden. Dies könnte bedeuten, kurzfristigere Projektförderungen anzubieten oder Fördermittel speziell für innovative, digitale Kunstprojekte bereitzustellen. Zielgruppen: Pro Helvetia, kantonale und städtische Kulturförderung, Verbände.

3.5.3. Entwicklung und Vermarktung von Einzigartigkeit

Kunst definiert sich in erster Linie über das menschliche Schaffen – also über den individuellen Ausdruckswillen der/des Kulturschaffenden. Während die obenstehende Empfehlung darauf abzielt, die digitalen Distributions- und Kommunikationsmittel geschickt einzusetzen, und die Kulturschaffenden überhaupt dazu zu befähigen, geht es hier um die Kunst an sich und um die Kulturschaffenden selbst.

Kulturschaffende sollten ihre Einzigartigkeit gezielt suchen und auch in Szene setzen – im digitalen Zeitalter erst recht. Von einigen «Superstars» abgesehen, von denen es auch in der Schweiz zuweilen welche gibt, liegt eine wichtige Strategie in der Entwicklung eines einzigartigen, differenzierten Angebots, um sich von der Masse abzuheben und eine eigene Nische zu finden. Die Einzigartigkeit kann auch im regionalen Bezug respektive in der «Swissness» liegen, was Live-Performances erleichtert. Bei einer «Long Tail»-Strategie muss jedoch allenfalls auch global gedacht und stärker inhaltlich differenziert werden. Hier gilt es jedoch auch die strukturellen kulturellen Imperative kritisch zu reflektieren, die eine immer radikalere Individualisierung einfordern, und die für die Kulturschaffenden mit einem enormen psychischen Druck und der Tendenz zur Vereinzelung einhergehen können (siehe Abschnitt 4.1.1).

Kulturfördernde sollten weiterhin den Wert von Kunst und Kultur als meritorisches Gut erkennen und Projekte unterstützen, die möglicherweise nicht sofort kommerziell erfolgreich sind, aber einen gesellschaftlichen Mehrwert bieten, etwa auch solche, die die Potenziale der Digitalisierung nutzen und innovative Produktionsmittel erkunden. Trotz des Einsatzes von Technologie sollten Kulturschaffende und Berufstätige ihre persönliche Entwicklung und Authentizität nicht vernachlässigen. Menschliche Kreativität und Individualität sind nach wie vor zentrale Aspekte in der Kunst. Kulturschaffende oft vor der Herausforderung, einen Ausgleich zwischen kommerziellem Erfolg und der Treue zu ihrer künstlerischen Vision zu finden. Dies erfordert einen strategischen Ansatz und manchmal auch die Bereitschaft, Kompromisse einzugehen. Zielgruppe: Kulturschaffende, kantonale und städtische Kulturförderung, Pro Helvetia.

4. Kulturelle Netzwerke und ihre Rollen in der digitalen Transformation

Die Digitalisierung verändert die Dynamik von Netzwerken kulturschaffender Akteure und die Dynamik innerhalb dieser Netzwerke. Die schnelle Änderung von Voraussetzungen und Möglichkeiten in der digitalen Kommunikation und der Anwendung neuer Software bei der künstlerischen Arbeit stellen grosse Herausforderungen, sowohl an die einzelne Person als auch an informelle Netzwerke und Organisationen. Daher wurde die Zusammenarbeit von Kulturschaffenden und weiterer Akteure in der Kreativwirtschaft beleuchtet. In einem zweiten Schritt wurden die Perspektiven von Vertretenden kultureller Organisationen als spezifische Netzwerkakteure auf die digitale Transformation dokumentiert.

4.1. Digitale Netzwerke künstlerischen und kulturellen Schaffens

Um digitale Kompetenzen und Zusammenarbeit in künstlerischen und kulturellen Kollektiven und deren Rollen zu untersuchen und durch die Perspektiven von Kulturschaffenden zu beleuchten, wurden ausgehend von einer breiten Erhebung des Forschungsstandes zu Netzwerken in der Kreativwirtschaft Experteninterviews mit drei Kulturschaffenden geführt. Die Kulturschaffenden wurden auch hier verteilt auf die drei Sparten Musik, Theater und Visuelles Design rekrutiert.

Erörtert wurde, wie sich Netzwerke von digital arbeitenden Kulturschaffenden heute konstituieren und ihre Zusammenarbeit gestalten, über welche digitalen Kompetenzen die Kulturschaffenden für die Zusammenarbeit verfügen (müssen /sollten) und wie die fachlichen Schnittstellen von Informatik und Kunst organisiert sind. Während der Gespräche wurden Fragen entlang eines Leitfadens gestellt und jeweils mit den Interviewten eine grafische Darstellung ihrer Netzwerke erarbeitet. Diese wurde in der Folge mit Daten aus der Literatur und den Erfahrungen aus bisherigen Arbeitspaketen kontextualisiert und in einer leicht abstrahierten Form verdichtet. Dazu ist festzuhalten, dass es keine objektive Sicht auf ein Netzwerk gibt. Jede Darstellung und Beschreibung eines Netzwerks beruht auf subjektiven Konzeptionen desselben durch einen oder mehrere Akteure in und ausserhalb des Netzwerks. Wenn wir über Digitalisierung im Kulturbereich sprechen, ist «Netzwerk» zudem notwendigerweise sowohl ein technologischer als auch ein soziologischer Begriff.

4.1.1. Die Künstlerin, der Künstler als Individuum im «Netz»

Für die Diskussion von Netzwerken im Kulturbereich ist die kleinteilige Struktur der Kulturbranche bedeutsam. Der «3rd Creative Economies Report Switzerland 2018», der an verschiedene Veröffentlichungen zur Kreativwirtschaft der Schweiz anschliesst, spricht diese «Kleinteiligkeit» und deren Bedeutung für die Vernetzung an:

> *«Die Kleinteiligkeit hat sowohl Vor- als auch Nachteile. So ist man flexibel und kann sich in netzwerkartigen Strukturen zu neuen, innovativen Produktions- und Verwertungskontexten zusammenschliessen. Klein sein bedeutet aber auch, verstreut zu sein und kaum über Flagship-Unternehmen zu verfügen, welche die öffentliche Wahrnehmung prägen, sowie kein professionelles Lobbying betreiben zu können oder zu wollen»* (Weckerle et al., 2018, S. 60).

Kulturschaffende gelten in den hier diskutierten Situationen, wie sie für die kleinteilige Branchenstruktur der Kreativwirtschaft charakteristisch sind, als Repräsentierende einer hoch individualisierten Netzwerkkultur. Diese Kultur basiert auf informellen Bindungen und führt Individuen nur temporär, für begrenzte Projekte zusammen (Manske, 2015, S. 201). Die Netzwerke tragen wesentlich zur Funktionsweise der Kreativwirtschaft bei und kommen auf unterschiedliche Weise zum Tragen. So ersetzen informelle Prozesse und Netzwerke oft professionelle, vertragliche und bürokratische Steuerungsformen, die früher von Direktkontakten zwischen Menschen geprägt waren (Manske, 2015, S. 202; Apitzsch, 2010, S. 118). Betont wird in diesem Zusammenhang die Bedeutung persönlicher Kontakte für den Zugang zu Beschäftigungsmöglichkeiten. Die persönlichen Beziehungen, wie sie heute über digitale Kanäle gepflegt werden, wirken deshalb in gewissem Masse risikobegrenzend für die Beschäftigungs- und Einkommenssicherheit (Apitzsch, 2010). Zugleich sind die Phänomene der Individualisierung und die drohende Vereinsamung im Kulturbetrieb Themen, die in der aktuellen Literatur vermehrt Beachtung finden (Vaih-Baur & Pietzcker, 2022, S. VII). Insbesondere der Beruf der Kulturschaffenden nimmt innerhalb dieser Diskussion eine besondere Stellung ein.

Der heute verbreitete Kunstbegriff, der von ästhetischen Ideen und ökonomischen Rahmenbedingungen des ausgehenden 18. Jahrhunderts geprägt ist, geht beim künstlerischen Beruf von einem inhärenten Drang zur Einzigartigkeit, zum Individuellen und zum Aussergewöhnlichen aus (Ruppert, 1998). In der soziologischen und kulturwissenschaftlichen Literatur wird zudem für den jüngeren gesellschaftlichen Wandel eine Bewegung hin zu einer Singularisierung konstatiert, definiert als «Zwang zur kontinuierlichen Selbstoptimierung und das unaufhörliche Streben nach Einzigartigkeit und Aussergewöhnlichkeit, das von der Gesellschaft erwartet wird» (Reckwitz, 2000, Kastner, 2022, S. 9). Eine «zwanghafte und nie enden wollende Selbst-Findung, Selbst-Optimierung bzw. Selbst-Darstellung» (ebd.) wird dabei durch die sozialen Medien verstärkt und katalysiert. Für Kulturschaffende entsteht somit praktisch eine doppelte Aufforderung zur Individualisierung. Parallel dazu stehen sie selbst der gesellschaftlichen Individualisierung mit ihren heterogenen Erwartungen an das Kulturschaffen gegenüber und werden über die öffentliche Kulturfinanzierung, von denen viele abhängig sind, in die Verantwortung zur Förderung kultureller Teilhabe, der Inklusion und sozialen Kohäsion genommen.

Johannsen analysiert das Dilemma, das sich durch den Individualisierungsdruck ergibt, und benennt das Spannungsfeld zwischen dem Konzept des «Kulturerbes», das von Kulturschaffenden neuartige Aktualisierungen von Kunsttraditionen einfordert, und dem Erfordernis nach «Teilhabe», das Kunstrezipierenden eine maximale Eigentätigkeit zugesteht. Sie finden sich daher «[...] in einem Spannungsverhältnis wieder, das sich auszeichnet durch das Bewahren von künstlerisch-kulturellen Inhalten auf der einen und dem Ermöglichen von Zugängen zu diesen auf der anderen Seite – verbunden mit der Gefahr der Trivialisierung und Popularisierung» (Johannsen 2019, S. 19). Um ihre gesellschaftliche Relevanz zu unterstreichen und ihre Existenz langfristig zu sichern, stehen sie vor den Herausforderungen, sich einer durch digitale Medien beeinflussten Gesellschaft anzupassen und entsprechende Beiträge zur Bewältigung der sozialen Herausforderungen zu leisten. Gerade die digitale Vernetzung kann hier eine Lösung bieten, indem Verbreitungsplattformen für die Bewerbung von kulturellen Aktivitäten genutzt werden.

Die Digitalisierung der Zusammenarbeit wird in einigen Kulturbetrieben unterschiedlich eingeschätzt und auch kritisch hinterfragt. Vor allem im Theaterbereich besteht eine weitgehende Digitalisierung der Aussenkommunikation, während die interne Kommunikation, insbesondere die Aufführung, überwiegend analog bleibt. Es herrscht hier eine ausgeprägte Skepsis gegenüber der Digitalisierung, sowohl von Seiten der Kulturschaffenden als auch vom Theaterpublikum. Häufig wird argumentiert, dass digitales Theater nicht mit traditionellem Theater vergleichbar sei, was mit sich auch am geringen Interesse des Publikums an digitalen Theateraufführungen zeigt. Obgleich aufgrund des technologiegetriebenen Veränderungsdrucks die Digitalisierung des Theaterbereichs als Transformationsrichtung anerkannt ist, ist Vermittlungsarbeit notwendig, um Theaterteams und das Publikum für digitale Wege zu motivieren. Oft fehlen jedoch auch die notwendigen Ressourcen für digitale Theaterproduktionen, sowohl in Bezug auf das technische Equipment als auch auf die konzeptionelle Entwicklung (siehe Abschnitt 2.2.2).

4.1.2. Wege und Mittel der Kommunikation in Netzwerken

Die Kommunikation in Netzwerken und Kulturbetrieben gestaltet sich vielseitig und nach individuellen und themenbedingten Bedürfnissen angepasst. Sie findet nicht ausschliesslich digital statt, nutzt aber im Falle von persönlichen Direktkontakten digitale Hilfsmittel. Insbesondere in grösseren Kulturbetrieben und Netzwerken sind digital geführte Gespräche nicht länger eine Nebenerscheinung des Betriebs, müssen aber in Abstimmung mit den dichten Terminkalendern der Mitarbeitenden organisiert werden. Beim internen Projektmanagement beispielsweise haben Videokonferenzen seit der Covid-19-Pandemie deutlich an Bedeutung gewonnen, während das klassische Telefonieren in den Hintergrund getreten ist. Viele im Kulturbereich erachten Videokonferenzen in kleinen Gruppen als effektiv und produktiv, nutzen aber zugleich für die Peer-to-Peer-Kommunikation regelmässig die schriftlichen Formate E-Mail und Chat – darunter insbesondere WhatsApp –, während der arbeitsbezogene Konsum von Inhalten audiovisuell erfolgt. In grösseren Institutionen etabliert sich MS Teams als bevorzugtes Kommunikationstool, womit E-Mails als primäres internes Kommunikationsmittel wegfallen können. Dies entspricht einer Forderung aus der Kommunikationsforschung, denn nach Simon (2019, S. 83) verbrauchen E-Mails nicht nur unnötig viel Zeit, sondern erzeugen auch redundante Kopien, während Informationen über Kanäle auf Messengerplattformen übersichtlicher dargestellt und damit effizienter gearbeitet werden können.

Zu beobachten ist ferner, dass sich Kulturschaffende zunehmend auf spezialisierten digitalen Plattformen austauschen. Als Beispiel benennt eine VR-Künstlerin die Quill-Community auf *Facebook* und *Discord*, die für Austausch, Tutorials und Q&A im Zusammenhang mit dem Tool *Quill* genutzt wird. Viele ihrer professionellen Kontakte entstanden durch diese Plattform, und mit einigen dieser Personen hat die Künstlerin bereits zusammengearbeitet. Gelegentlich werden in dieser Community auch ehrenamtliche Kooperationsprojekte initiiert. Dennoch gibt es weiterhin Plattformen des professionellen Austauschs in traditionellen Präsenzformaten, die die Netzwerkbildung ermöglichen und festigen.

Eine solche Veranstaltung mit physischen Begegnungen, die dies leistet, ist das seit 1998 jährlich von der Migros veranstaltete Musikfestival *m4music* in Lausanne und Zürich. Es dient als Plattform sowohl für nationale junge Schweizer Musikerinnen und Musiker als auch für internationale Acts. Ein besonderes Merkmal dieses Festivals ist die *Demotape Clinic*, bei der aufstrebende, weitgehend unbekannte Schweizer Kulturschaffende prämiert werden. Neben den Konzerten findet zudem eine kostenlos besuchbare Konferenz statt, in der Musikschaffende und Musikindustrie über aktuelle Herausforderungen des Musikmarkts debattieren.

Solche Plattformen, aber auch einzelne Kulturprojekte sind für die Akteure Orte des Netzwerkens. Hier treffen Kulturschaffende, Sponsorinnen und Sponsoren, Kritikerinnen und Kritiker sowie Fans aufeinander. Digitale Plattformen können solche Treffen simulieren, aber die subtilen Nuancen von physischen Begegnungen, wie beispielsweise Körpersprache, gehen für einen spontanen Austausch in einer lockeren Atmosphäre verloren: In der Aussage eines Gesprächspartners kommt dies folgendermassen zum Ausdruck:

> *«Zwischendurch muss man eine Organisation spüren lassen, dass es sie gibt. Und das geht nicht anders als über den persönlichen Kontakt.»* (Festivalleiter, Bereich Popmusik, mit Ausstrahlung in der ganzen Schweiz)

Ähnlich wird die zunehmend wichtige Rolle von persönlichem, motivierendem Austausch zwischen Mitarbeitenden als Kompensation für die oft distanzierte Arbeit über Plattformen und digitale Messages in einem Statement einer anderen Gesprächspartnerin betont:

> *«Ich, als Dramaturgin, bin mehr im Austausch in meinem Netzwerk. Ich muss das Netzwerk zusammenhalten und Vermittlungsarbeit leisten [auch gegen aussen].»* (Dramaturgin, Bereich digitale Theaterformen, Region Bern)

Das Gelingen der digitalen Kommunikation innerhalb einer grösseren Organisation hängt von der Akzeptanz und der Kompetenz im Umgang mit den dort etablierten Tools zusammen. Für die optimale Nutzung digitaler Tools spielt ein solides Onboarding eine besonders wichtige Rolle. Dieses ist als ein Service auf Leitungsebene organisiert, aufgrund der Erkenntnis, dass das Onboarding für die künftige Funktionsweise insbesondere der Kommunikation entscheidend ist. Es spricht auch das Sicherheitsbedürfnis an, das aus der Ablage und dem Teilen von oftmals vertraulichen Daten hervorgeht. Zentral sind dabei auch ein bereits funktionierendes Zusammenspiel der Schnittstellen der künstlerischen Fachpersonen und der Informatikabteilung.

Auch die Einführung neuer digitaler Tools erfordert in grösseren Institutionen Massnahmen, wie eine 2021 durchgeführte Studie der Hochschule Luzern zu Bedürfnissen im Zusammenhang mit Digitalisierung an Musikschulen betont. Aus dieser für 2024 geplanten Veröffentlichung der Studie «Netzbasierter Musikunterricht» geht Folgendes hervor:

> *«Zum einen erfordert die Top-down-Einführung von neuer Software einen manchmal zeitaufwändigen Lernbedarf. In der Zeit seit Beginn der Corona-Massnahmen ist die Nachfrage nach Beratungsangeboten zu digitalen Themen an den Musikschulen explodiert, was die Frage nach der Organisation solcher Beratungsangebote beziehungsweise deren Einrichtung aufwirft. Der Herausforderung im Umgang mit Software-Infrastruktur und im Alltag auftretenden Problemen kann eigentlich nur mit einem IT-Support begegnet werden, wie sie in der Privatwirtschaft üblich sind.»* (Camp et al., im Druck)

Der Kulturmanager Stefan Schindler beschreibt die Kommunikation in erweiterten Netzwerken von Kulturinstitutionen. Die Zusammenarbeit von Personen einer Kulturinstitution mit Kulturschaffenden, die auf Mandatsbasis an Projekten beteiligt sind, aber organisatorisch ausserhalb des Betriebs stehen, erfordert angemessene Kommunikation:

> *«Kernprozesse von Kulturbetrieben befinden sich in den Händen Externer. Aufgrund der Relevanz der erfolgreichen Zusammenarbeit der freiberuflichen Künstler und der Mitarbeiter des Kulturbetriebes ist die Kommunikation zwischen diesen strukturell so zu organisieren, dass auch die emotionale und soziale Ebene beachtet werden. Dies wiederum erhöht den Kommunikationsaufwand.»* (Schindler, 2013, S. 111)

Schindler spricht die bereits erwähnten sozialen Aspekte in der Netzwerkkommunikation an. Diese Komponente erscheint den befragten Gesprächspartnerinnen und Gesprächspartner bei voranschreitender Digitalisierung der Kommunikation als zunehmend wichtig. Die Vereinzelung durch die individuelle Onlinetätigkeit und die vielen Arbeitsschritte, bei denen Kollaboration durch «do it yourself» ersetzt wurde, müssen durch Beziehungsarbeit unter Kulturschaffenden, zwischen Kulturbetrieben und Kulturschaffenden sowie in der Beziehung zum Publikum kompensiert werden. Dabei ist entscheidend, wie digitale Kommunikationstools eingesetzt werden und in welchem Verhältnis sie – je nach Phase einer künstlerischen Produktion – zum physisch präsenten Austausch stehen. Kollaboration muss entsprechend gestaltet werden, je nachdem ob es dabei um das Kennenlernen, den Informationsaustausch, eine Einübung einer Performance oder die Arbeit mit Materialien geht.

Dies kann am Beispiel einer Theaterproduktion veranschaulicht werden. Hier wird ein Videokonferenz-Tool meist zu Beginn eingesetzt, um die Beteiligten miteinander vertraut zu machen. Dies geschieht in der Konzeptionsphase, bei der ersten Probe, wenn physische Treffen nicht möglich sind. Sobald der Probenprozess jedoch in die heisse Phase tritt und alle Beteiligten vor Ort sind, gewinnen andere Kommunikationsmittel an Bedeutung. Tools wie WhatsApp oder Signal werden dann genutzt, um schnelle Absprachen zu treffen und aktuelle Arbeitsupdates zu teilen.

Während die Personen in den Bereichen der Live-Musik und des Theaters die Vor- und Nachteile digitaler und analoger Kommunikationswege abwägen und die Schnittstellen zwischen einer Produktion vor Ort und den digitalen Kommunikationsstrukturen innerhalb der Organisation und nach aussen ineinander verflechten, ist der Bereich des VR-Design vollständig im digitalen Raum verortet. Den Ablauf einer Produktion mit Bezug zu den Kommunikationswegen beschreibt eine VR-Künstlerin wie folgt:

- Die Anfragen werden in der Regel über *Geschäfts-E-Mails* entgegengenommen. Da die Community der VR-Kulturschaffende recht überschaubar ist, erfolgen Auftragsvergaben vorwiegend über persönliche Empfehlungen, sei es aus der Community oder von ehemaligen Kunden, sowie über die eigene Webseite.

- Anschliessend wird eine Videokonferenz per *Zoom* oder einem anderen Tool mit den Regisseurinnen und Regisseuren und/oder den Produzentinnen und Produzenten des Projekts (den Auftraggebenden) organisiert. In diesem Gespräch werden Inhalt, Umfang und Format des Projekts, inklusive Budget bzw. Tageshonorar sowie zeitliche Rahmenbedingungen, besprochen und festgelegt. Für nahezu jedes grössere Projekt existieren Verträge und ein Non-Disclosure Agreement mit umfangreichen rechtlichen Bestimmungen und Pflichtenbeschreibungen (die Rechte am Auftragsprodukt gehen häufig an das auftraggebende Studio über). Die Dokumentation dieser Vereinbarungen erfolgt oft über Plattformen wie *DocuSign* oder *DropBox*.

- Nach Projektstart wird die Kommunikation mit den Auftraggebenden (Produzentinnen und Produzenten, Regisseurinnen und Regisseuren, Art Directors) und den Projektmitarbeitenden (Artists, Animatorinnen und Animatoren, Sound Artists etc.) meist über *Slack* oder *MS Teams* auf einem Projektkanal geführt. Abhängig von der Projektgrösse werden Fortschritte und weitere Schritte entweder wöchentlich oder monatlich besprochen. Regelmässig werden auch Videos oder VR-Dateien zum gemeinsamen Feedback auf Plattformen wie *Google Drive* oder *DropBox* hochgeladen. Für die Betrachtung müssen VR-Dateien gegebenenfalls im VR Animation Player aufbereitet werden. Telefonate oder physische Treffen sind praktisch nicht existent; die Kommunikation verläuft ausschliesslich über digitale Plattformen.

- Das abgeschlossene VR-Projekt wird in der Regel bei einem internationalen Film- oder Animationsfestival, zum Beispiel dem Venedig-Filmfestival, erstmals dem Publikum über ein VR-Headset präsentiert. Für die Einreichung sind in der Regel die Auftraggebenden verantwortlich, die die Werke online über die Festival-Website einsenden. Gelegentlich übernehmen Kulturschaffende diese Aufgabe selbst, insbesondere bei eigenen kleineren Projekten. Die Promotion des Festivals und somit auch der Arbeiten über Social Media sind unerlässlich. Sowohl die Festivalveranstalter als auch die Auftraggebenden nutzen vor allem *Instagram* und *LinkedIn*, wohingegen *Facebook* und *X* weniger präsent sind.

Auffallend ist hier, neben der vollständigen Digitalisierung der Arbeitsabläufe, die Zahl und Vielfalt der verschiedenen Tools und Plattformen. Einige Tools, wie zum Beispiel MS Teams, sind zwar sehr vielfältig einsetzbar und ersetzen diverse ältere Programme. Jedoch wird in den einzelnen Arbeitsschritten mit den unterschiedlichen Kooperationspartnern klar, dass auf deren jeweilige Bedürfnisse und Arbeitsweisen eingegangen werden muss. Gerade besonders «mächtige» Tools sind jedoch nicht frei verfügbar, sondern mit laufenden Abonnementskosten verbunden. Für selbstständige Kulturschaffende stehen sie in einem schlechten Kosten-Nutzen-Verhältnis und sind teilweise zu teuer, so dass auf verschiedene Gratissoftware und freie Versionen mit stark begrenzter Kapazität und Funktionen ausgewichen wird. Von der Nutzung von Bezahlsoftware profitieren vor allem Angestellte von grösseren Kulturinstitutionen, die diese im Rahmen von Firmenkundenverträgen zur Verfügung stellen.

4.1.3. Sichtbarkeit und Schnittstellen zu Communities

Die Transformation von ursprünglich analogen zu digitalen Formaten ist in doppelter Hinsicht herausfordernd. Einerseits müssen die Anforderungen des digitalen Mediums selbst berücksichtigt werden, andererseits müssen die Erwartungen eines sich verändernden Publikums, das verstärkt Kurzvideo-Plattformen nutzt, erfüllt werden. Aus den geführten Gesprächen geht hervor, dass die Nutzung von Social Media Plattformen mit ihren audiovisuellen Darstellungsmöglichkeiten zwar erfolgt, aber weiterhin ein «work in progress» ist. Es herrscht ein Spannungsverhältnis zwischen der Neugier und dem Optimismus über das Potenzial des Neuen und dem Wunsch, bewährte, traditionelle Formate zu erhalten.

Häufig hat die Bewirtschaftung von Social-Media-Kanälen heute eine ergänzende Funktion für die Bewerbung von Live-Veranstaltungen, der Verbreitung von deren Inhalten und einer Community-Bildung der adressierten Personen. Ein Beispiel hierfür ist das Festival *m4music*. Für die Vermarktung des Festivals, seiner Bands und der Nachwuchsveranstaltung *Demotape Clinic* bewirtschaften die Verantwortlichen für Marketing und Kommunikation Social-Media-Kanäle. Aktuell werden *Instagram* und *Facebook* intensiv genutzt. Zudem wird die Einbindung von *TikTok* als zusätzlicher Kanal derzeit in Erwägung gezogen. Diese Überlegung deckt sich mit der Tendenz, die in verschiedenen Befragungen aufgezeigt wurde: *TikTok* könnte die Rolle als führendes soziales Medium im Kulturbereich übernehmen, da sich die jüngeren Generationen zu dieser Plattform hinbewegen. Währenddessen dient *LinkedIn* als Netzwerk-Tool und wird nicht primär für Marketingzwecke genutzt.

Ein naheliegendes Missverständnis, das durch die Allgegenwart der sozialen Medien entsteht, ist die Vorstellung, dass eine breite Öffentlichkeit allein durch digitale Vermittlung erreicht werden kann. In Interviews wurde betont, dass digitale Vermittlung vielmehr gezielte Möglichkeiten bietet, spezifische Gruppen, beispielsweise aus der Gaming-Szene, Kunstliebhabende oder Studierende bestimmter Fachrichtungen, neu anzusprechen und sich so in der eng umworbenen Aufmerksamkeitsökonomie des potenziellen Publikums geschickt zu positionieren. Daher ist es bei sozialen Netzwerken wie schon bei älteren Formen der Öffentlichkeitsarbeit entscheidend, regelmässig die Frage zu stellen: «Wer ist unser Publikum?»

Social Media akquiriert aber nicht nur Publikum für einen bestimmten Anlass – eine Kunstvernissage, eine Theateraufführung, ein Konzert –, vielmehr wird davon ausgegangen, dass mit regelmässiger Präsenz in den Sozialen Medien eine Sichtbarkeit erzielt wird, die einen Kulturbetrieb, ein Ensemble, eine Künstlerin oder einen Künstler längerfristig ins (digitale) Gespräch bringt. Die Aktivitäten auf Social Media zielen damit allgemein darauf ab, dass «andere gut über einen reden», wie es Schneidewind & Tröndle (2012, S. 94) für jede Öffentlichkeitsarbeit formulierten. Dabei nehmen die Öffentlichkeit und die Sichtbarkeit der Prozesse der Vermittlung zu. In seinem Vorwort zu «Kultur in Interaktion: Co-Creation im Kultursektor» betont Christian Holst, dass die digitale Vernetzung Prozesse transparenter macht, die zuvor nur intern sichtbar waren. Er weist darauf hin, dass durch die Digitalisierung die Grenzen zwischen Sendenden und Empfangenden, zwischen Produzierenden und Konsumierenden, immer mehr verschwinden. Kulturelle Erlebnisse und Kommunikation werden zu gemeinsamen Ereignissen, die nicht nur vom Kulturproduzierenden oder -veranstaltenden, sondern auch vom Publikum und weiteren Interessengruppen mitgestaltet und individualisiert werden (Holst, 2020, S. V). Diese Entwicklung manifestiert sich auch in den hier dokumentierten Netzwerken. Hier findet die Kommunikation mit dem Publikum nicht nur während der Darbietungsphase, sondern kontinuierlich statt. Es gibt eine fortlaufende wechselseitige Begleitung, bei der die Rezipientinnen und Rezipienten über verschiedene Kanäle schon in der Planungs- und Produktionsphase informiert werden. Allerdings wird eine aktive Mitgestaltung von Seiten des Publikums nur dann ermöglicht, wenn sie von den Kulturschaffenden bewusst gewünscht und integriert wird, etwa durch direkte Live-Interaktion oder durch die Einbindung von Publikumsreaktionen. Solche Interaktionen sind in der Regel aufwendig und bedürfen entsprechender personeller Ressourcen und Mittel. Diesbezüglich gilt daher die häufig erfolgende Gleichsetzung von Digitalisierung mit Partizipation und Demokratisierung nur unter der Bedingung, dass entsprechende Ressourcen vorhanden sind und eingesetzt werden.

Trotz der wachsenden Bedeutung der Digitalisierung zeigt sich insbesondere im Theaterbetrieb und in Teilen der Musikbranche eine spürbare Analogprägung. So erscheinen Inhouse-Softwarelösungen und Ticketingsysteme und der Umgang mit Social Media oftmals als rückständig vor dem Hintergrund einer konsequenten Öffentlichkeitsarbeit über digitale Kanäle wie Newsletter, Instagram oder Facebook. Jedoch gibt es Stimmen wie die von Kotolloshi (2020, S. 64), die neue Wege aufzeigen. Er bietet drei innovative Ansätze, um Soziale Medien in die Theaterproduktion einzubinden:

1. die Entwicklung von Smartphone-Apps zur Publikumseinbindung,

2. die Nutzung digitaler Netzwerke für Echtzeitinteraktionen mit Menschen an unterschiedlichen Orten und

3. das Engagement des Publikums beim Schreiben von Texten für Aufführungen oder beim Teilen von Sofortbildern während der Vorstellung.

Dabei sollte jedoch bedacht werden, dass das Streaming – beispielsweise über Vimeo – Theaterproduktionen einem globalen Publikum zugänglich machen kann. Dies erweitert räumlich das Netzwerk eines Theaters, aber in dieser digital ermöglichten Weite besteht auch das Risiko, dass eine gestreamte Produktion schnell in der Flut digitaler Inhalte untergeht und somit aus dem Blickfeld verschwindet.

4.1.4. Hypothesen zum Impact der Digitalisierung in künstlerischen Netzwerken

Aus den Gesprächen mit den Kulturschaffenden haben sich ergänzend zur analytischen Sicht auf Netzwerke auch Annahmen gezeigt, die hier in Form von Hypothesen explizit gemacht werden.

> Für die Kulturbetriebe in den performativen Künsten (Theater und Musik) und ihre erweiterten Netzwerke stellt die digitale Transformation deshalb eine besondere Herausforderung dar, weil das Produkt ihres Schaffens vom Grundverständnis her auf eine physische Interaktion zwischen Menschen ausgelegt ist.

Angesichts der voranschreitenden Digitalisierung, die sämtliche Bereiche der Gesellschaft durchdringt, ist auch der Kunst- und Kultursektor gezwungen, sich den aufkommenden Veränderungen anzupassen. Hierbei müssen nicht nur Inhalte, sondern auch Organisationsstrukturen, Abläufe, Angebote und Services einer digitalen Transformation unterzogen werden. Eine strategische Herangehensweise ist dabei von grosser Bedeutung. Diese sollte den Kern des digitalen kulturellen Schaffens berücksichtigen und es in Einklang mit den Erwartungen, Bedürfnissen und Konsumgewohnheiten der digitalen Ära bringen. Daraus können entweder umgestaltete digitale Produkte und Services oder gänzlich neue Angebote entstehen, bei denen digitale Technologien und künstlerische Leistungen miteinander verschmelzen.

Trotz dieser Notwendigkeiten zeigt die Theaterbranche allgemein (und zum einen Teil auch in der Musikbranche) eine gewisse Skepsis gegenüber der Digitalisierung und der Arbeit im digitalen Raum. Diese Skepsis betrifft nicht nur das Publikum, sondern erstreckt sich auch auf Kulturschaffende und Theaterhäuser selbst. Digitales Theater wird von Beteiligten oft als «nicht authentisches Theater» geringgeschätzt. Wenn sich aber Dramaturginnen und Dramaturgen aktiv dafür einsetzen, digitale Vermittlungsformate im Theater zu etablieren, stossen sie auf verschiedene Herausforderungen, da Ressourcen und Rahmenbedingungen für digitale Theaterproduktionen oft fehlen (siehe Abschnitt 2.3.2). Bereits gut etabliert sind digitale Kommunikationsmittel und Soziale Medien bei Theaterproduktionen mit Kooperationen. Genutzt werden Zoom, Skype, Instagram oder Facebook, um die Zusammenarbeit mit anderen künstlerischen Produktionsteams, freien Theatergruppen, Theaterakademien, Universitäten und Gamer-Netzwerken zu erleichtern und Inhalte effektiv zu teilen.

4.1.4.1. Digitalisierte Kooperation (in und zwischen Netzwerken und Organisationen) erfordert eine kompensatorische Pflege sozialer Beziehungen

In den hier vorgestellten Netzwerken lässt sich beobachten, wie sich die Kommunikation zunehmend in digitale Kanäle für den Informationsaustausch und persönliche Treffen zur Beziehungspflege unterteilt. Die zunehmende physische Distanz, die mit der mehrheitlich digitalen Kommunikation entsteht, wird zur Herausforderung. Betont wird, dass ein Netzwerk, eine Organisation für beteiligte Individuen nur einen Sinn der Zugehörigkeit entwickeln oder bewahren kann, wenn sich Verantwortungsträgerinnen und Verantwortungsträger stärker in der Beziehungsarbeit mit anderen Akteuren innerhalb des Netzwerks einbringen. Die Identifikation mit einer Organisation oder einem Netzwerk muss durch die Sicherstellung von persönlichen Treffen gefördert werden (siehe Handlungsempfehlung 2.4.1). Produktion digitaler Bilder und Klänge bedarf demnach immer eines Feedbacks, das die körperliche Aufmerksamkeit impliziert, sei es ein anerkennendes Icon eines Mitarbeitenden während des Produktionsprozesses oder ein Klick auf einer Plattform oder eines Videos durch das Publikum. Bei letzterem kann die Anzahl Aufrufe einen Hinweis geben, ob eine Kommunikation erfolgreich ist oder (aufgrund künstlerischer Inhalte oder der Art der digitalen Verbreitung) Rezipientinnen und Rezipienten nicht erreicht werden.

4.1.4.2. In Netzwerken bilden sich kontextabhängige «Do it yourself»-Mentalitäten ab

Die Vernetzung ermöglicht es Kulturschaffenden – allerdings mit Aufwand –, ihre Werke direkt, ohne zwischengeschaltete Institutionen und im Prinzip global an ihr Publikum zu vermarkten und zu verkaufen. Dies kann bedeuten, dass professionelle Vermittlerinnen und Vermittler sowie Verträge zur Organisation des Vertriebs, die früher notwendig waren, durch informelle digitale Vertriebskanäle ersetzt werden. Eine «Do it yourself»-Tendenz, die sich bereits in der Befragung zu Beziehungsdynamiken und Asymmetrien zeigte (siehe Kapitel 2, insbesondere Abschnitt 2.3), bildet sich denn auch in den Netzwerken ab. Die Kommunikation und Beziehungspflege verläuft über eigens erstellte digitale Vernetzung via Organisationssoftware (beispielsweise MS Teams), Messengergruppen (beispielsweise WhatsApp) und Soziale Medien (beispielsweise Instagram). Zwar können die fachlichen Schnittstellen von Informatik und Kunst in grösseren Betrieben durch spezialisierte Fachpersonen besetzt werden, im freiberuflichen Feld und in kleinen Betrieben müssen allerdings Kompetenzen behelfsmässig und nach Bedarf individuell angeeignet werden, was den Einsatz grösserer Arbeitsressourcen und finanzieller Mittel für Bezahlsoftware erfordert. Hier ist die Schnittstelle zwischen Kunst und Informatik kein bestimmter Akteur im Netzwerk, sondern entsteht situativ und ändert sich.

4.1.4.3. Professionelle kulturelle Netzwerke werden lokaler und regionaler, weil der global skalierbare Musikvertrieb schlecht finanziell verwertbar ist

Frühere Wellen der Digitalisierung ab den 1990er-Jahren bewirkten bereits, dass Musikerinnen und Musiker wieder stärker auf Live-Auftritte angewiesen waren. Denn die skalierbare Reproduktion von Musik durch CDs oder Radio erzielte nicht mehr den gleichen wirtschaftlichen Effekt (European Parliament 2024a). Inzwischen zeigt sich bei Kulturschaffenden in der Schweiz auch eine Tendenz zu einer wieder stärker regional oder gar lokal ausgerichteten Kulturproduktion und entsprechenden Netzwerken. Dies wird zusätzlich durch die Kleinteiligkeit der Kulturbranche und durch die föderalistische öffentliche Kulturförderung in der Schweiz unterstützt. Auch die nationale Kulturförderung ist mehrheitlich – mit Ausnahme der speziellen Programme von Pro Helvetia und ihrer Aussenstellen – an Aufträge im Inland mit seinen Absatzmärkten gebunden. Die regionale und lokale Verankerung schafft zudem eine Kompensation für die Instabilität der Beziehungen in ausschliesslich digitalen Netzwerken. Durch die sich situativ konstituierenden Beziehungsgeflechte der Netzwerke, die sich projektbasiert bilden und wieder auflösen, sind die Akteure in erhöhtem Masse auf ihre Eigeninitiative gestellt.

4.2. Perspektiven von Vertretenden kultureller Organisationen

Im zweiten Block der Fragen zu Netzwerken im Kulturbereich stehen unter anderem die formalen, kulturellen Organisationen im Fokus, die kulturpolitische Ziele verfolgen und die Rahmenbedingungen kulturellen (digitalen) Schaffens mitprägen, in der Schweiz beispielsweise der Schweizer Musikrat, Visarte oder das Swiss Design Network. Ein Teil von ihnen ist auch Anlaufstelle für die Unterstützung, da sie durch die Finanzierung des Bundes Dienstleistungen für Kulturschaffende erbringen. Betreffend Digitalisierungsfragen treffen in den Organisationen unterschiedliche Standpunkte und Interessen aufeinander, dies auch hinsichtlich der Zusammenarbeit unter den Kulturschaffenden.

Für die Diskussion möglicher Zukunftsszenarien wurden diverse Verbände professioneller Kulturschaffender in der Schweiz eingeladen, um die vorliegenden Themen aus ihrer Perspektive zu beleuchten. An einem Speculative Design-Workshop trafen sich Ende September 2023 Vertretende des Schweizer Musikrats, der Visarte, der Assitej, der Suisseculture und der Hochschule Luzern, um sich zukünftige Szenarien vor Augen zu führen und zu diskutieren. Spekulatives Design (Galloway & Caudwell, 2018; Auger, 2013) fragt das Publikum nach seiner möglichen, bevorzugten Zukunft, nach dem «wie es sein könnte» («social fiction»). Der Ansatz ermöglicht es Gruppen der Gesellschaft, explorativ über die Zukunft zu denken und ihre eigenen Vorstellungen der Zukunft zu definieren – im Gegensatz zum Affirmativen Design, bei dem Regierung und Industrie konkrete Zukunftsvisionen erstellen. Spekulatives Design fördert die aktive Beteiligung der Teilnehmenden, regt Debatten über gegenwärtige Werte, Normen und Handlungen und deren Auswirkungen auf zukünftige Entwicklungen an, schärft damit das Bewusstsein für zukünftige Entscheidungen und fordert zur aktiven Gestaltung des Wandels auf. Die angestrebten Ziele sollen realisierbar sein, aber unabhängig von ihrer augenscheinlichen Wahrscheinlichkeit, wie sie in der Gegenwart prognostiziert werden. Konkret setzt sich Spekulatives Design kritisch mit Technologien auseinander, hinterfragt deren Rolle und Domestizierung.

Wir können die «social fictions» den Annahmen der Akteure sowie dem Ist-Zustand kultureller Netzwerke und ihrer Zusammenarbeit (der in Abschnitt 2.1 konstruiert wurde) gegenüberstellen. Der bevorzugten Zukunft kann sich zwischendurch auch «ex negativa» genähert werden, indem die Teilnehmenden die Voraussetzungen für eine Dystopie sammeln. Denn letztlich sind es die Annahmen über die Zukunft und Entscheidungen, die Veränderungen bestimmen.

4.2.1. Methode

Als operative Methode wurde das «Futures Wheel» (Glenn, 2009, Strukturiertes Brainstorming) angewandt. Das Ziel der Methode besteht darin, unmittelbare und mittelbare Auswirkungen einer möglichen künftigen Situation, eines möglichen Ereignisses in der Zukunft oder einer möglichen Entwicklung explorativ zu erkunden, strukturiert zu visualisieren und so einer Analyse und Diskussion zugänglich zu machen (Defila et al., 2018, S. 4).

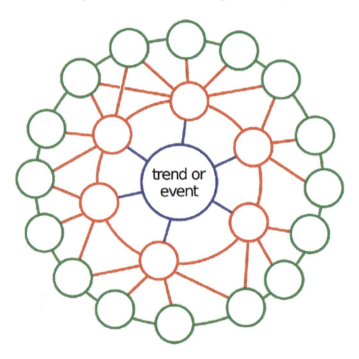

Abb. 8 Futures Wheel nach Glenn (2009)

Wir erkundeten zwei (Zukunfts-)Szenarien, die als Ausgangspunkt und Mitte der «Futures Wheels» dienten (in der Grafik «Trend or Event»). Die roten Knoten repräsentieren direkte mögliche Auswirkungen eines Szenarios, die grünen wiederum sekundäre Auswirkungen einer spekulativen Auswirkung im roten Kreis des Rads.

In der Folge legten wir die fiktiven Szenarien dar, deren «Futures Wheel»-Elemente anschliessend ausgewertet wurden. Die Szenarien wurden von den Ergebnissen aus den Gesprächen mit Kulturschaffenden aus Kapitel 2 abgleitet. Das erste Szenario «Digital unterstütztes Arbeiten» bestand aus zwei Teilen und bezog sich auf aktuell bereits laufende und leichter in die Zukunft projizierbare Prozesse. Das zweite Szenario setzte sich mit den Möglichkeiten immersiver Technologien auseinander. Die ausformulierten Szenarien befinden sich im Annex.

4.2.2. Zukunftsvision Szenario 1: Digital unterstütztes Arbeiten

Das erste Szenario «Digital unterstütztes Arbeiten» bestand aus zwei Teilen und bezog sich auf aktuell bereits laufende und leichter in die Zukunft projizierbare Prozesse. Damit bildete es im Workshop eine Grundlage zu einer grösseren Auseinandersetzung. Einerseits ging es dabei Teil um die Organisation der alltäglichen Arbeit mittels Digitaler Assistenz (Szenario 1a). Hier lag der Fokus auf repetitiven, wenig Kreativität erfordernden Arbeitsabläufen, wie der Organisation von E-Mail-Nachrichten. Andererseits thematisierten wir im Szenario 1b das kreative Arbeiten mit KI. Hier wurde diskutiert, wie Kultur- und Kulturschaffende KI-Tools gewinnend einsetzen könn(t)en.

4.2.2.1. Perspektiven auf die aktuelle Entwicklung

Der «State of the Art» im Bereich der KI ist schwer zu erfassen. Es stehen sich täglich Sensationsmeldungen und ernüchternde Fallerfahrungen gegenüber. Als Beispiel wurde der Roboter «Pepper» genannt, der einfache Greif- und Sprechvorgänge nur unbefriedigend bewältigen kann. Dabei handelt es sich allerdings um ein Spielzeug, das nicht dem Forschungsstand und den aktuell in der Industrie verwendeten Robotern entspricht, der deshalb einen falschen Eindruck über die heutigen Möglichkeiten vermittelt. Die schwierige Einschätzung der gegenwärtigen Möglichkeiten der verschiedenen KI-Applikationen und der laufenden Entwicklungen ausserhalb des Fachbereichs Informatik scheint im Kulturbereich eine Herausforderung zu sein, um überhaupt die ungewisse Zukunft in Szenarien entwerfen und bewerten zu können.

Ein Konsens lautet denn auch, dass die kürzlichen und aktuellen Entwicklungen der digitalen Technologien eine Überforderung darstellen, einerseits der Kulturschaffenden und andererseits der kulturpolitisch engagierten Personen und Verbände. Die Aneignung neuer Technologien kann nicht Schritt halten mit deren Entwicklung. Aktuell füttern Kulturschaffende als «Steigbügelhalter» diese Systeme (moralisch) unreflektiert und liefern ihnen somit die Basis, um aus «Kartoffeln Kartoffelchips» zu machen. Aber aus Kartoffeln können Menschen – nicht aber die KI – auch etwas Neues machen. Die KI ist also nicht selbst kreativ, sondern ist auf Input angewiesen, den sie dann weiterverarbeiten kann. Maschinen haben keine menschliche Fehlerkultur, aus der sich unbeabsichtigte Abweichungen ergeben (dafür «halluzinieren» sie). Allerdings gibt es bereits so viele Daten, dass nicht mehr nachvollziehbar ist, worauf sich die KI als Grundlage für ihren Output bezieht. Es brauche schnell eine Reform des Immaterialgüterrechts, insbesondere des Urheberrechts, um diese Situation unter Kontrolle zu bringen (siehe Abschnitt 5.4.4). Denn der Schutz des geistigen Eigentums sei im Kulturbereich ein Standbein für das Einkommen, und Grundprobleme des bestehenden Prekariats der Kulturschaffenden werden durch neue Technologien momentan weder gelöst noch verschärft. Wir befinden uns aktuell in einer Zwischenphase, in der sowohl politisch als auch künstlerisch und gesellschaftlich ausgehandelt wird, wie diese Technologien angewendet werden sollten und v.a. auch, wie Monopole, zum Beispiel OpenAI, (hätten) verhindert werden können.

Bereits heute Bestandteil des Arbeitsalltags von vielen (darunter auch Kulturschaffenden) sind KI-basierte Tools wie der Übersetzer *Deepl,* der Textgenerator *ChatGPT* oder die Kunst erschaffende KI *Midjourney.* Die Künstliche Intelligenz erweist sich hier als Hilfsmittel, das in ganz individuellen Arbeitsweisen und -bereichen effizient eingesetzt werden kann. Aus dem Nutzen dieser Technologie entsteht jedoch schnell eine Abhängigkeit: Aufgaben und Arbeitsabläufe können wenige Jahre oder sogar Monate nach der Aneignung dieser Assistenzen nicht mehr ohne sie bewältigt werden. Daraus ergibt sich eine Abhängigkeit von den Eigentümern der Assistenztools und eine Minderung der eigenen persönlichen, geistigen Wirksamkeit. Der Umgang mit KI, sei es in der Bearbeitung administrativer Tätigkeiten durch ChatGPT oder als Assistenz in der kreativ-künstlerischen Arbeit etwa durch die Generation von Bildern, fordert mittelfristig seitens der Nutzenden die Fähigkeit zur regelmässigen Reflexion über den Umgang mit und die Auswirkungen der Technologie. Dass neue Technologien sich auf die Resultate der Arbeitsprozesse auswirken, ist zwar nicht neu; der Aufbau der Software PowerPoint hat etwa wesentlich mitbestimmt, wie Inhalte präsentiert werden. Für die aktuelle Entwicklung ist aber besonders, dass alle Prozesse von der Zusammenarbeit, der Produktion, dem Vertrieb bis zur Rezeption von digitalen Assistenzen mitgestaltet werden.

4.2.2.2. Perspektiven auf zukünftige Auswirkungen

In der heutigen digitalen Ära wird der Begriff des Privaten und der Privatsphäre neu definiert. Dabei rückt das Konzept des Analogen in den Vordergrund: Privat sein bedeutet in der zukünftigen Vorstellung, analog zu sein. Damit einher geht die Kritik, dass die Teilhabe an digitalen Netzwerken und der digitalen Ökonomie auch immer eine gewisse Aufgabe der Privatsphäre beinhaltet. Damit einhergehend wird es entscheidend, die zunehmend alltäglichen digitalen Systeme gezielt und kontrolliert zu füttern und rechtlich konsequent sicherzustellen, dass Menschen sich gegen die Nutzung von Daten entscheiden können. Andererseits ist dieses Datenfutter auch Thema beim Urheberrecht, das von menschlicher Kreativität und bestimmbaren Werken ausgeht. Es wird denn auch kritisch angemerkt, wie und ob eine Weiterentwicklung des Urheberrechts angesichts einer schwierig einlösbaren Transparenzforderung für kreative Prozesse gelingen kann.

Es gibt jedoch Annahmen in Bezug auf die Entwicklung und Funktionsweise dieser Systeme, die kritisch betrachtet werden müssen. Ein weit verbreitetes, jedoch vermutlich falsches Konzept besagt, dass digitale Assistenten dazu bestimmt sind, das menschliche Verhalten nachzuahmen und das Ziel verfolgen, ein menschliches Gehirn zu rekreieren. Tatsächlich ist das bisher nicht einmal ansatzweise erkennbar, und es erscheint auch für die absehbare Zukunft unwahrscheinlich, dass dies das Hauptziel digitaler Assistenten ist und deren sinnvollen Einsatz bestimmen wird. Vielmehr besteht der eigentliche Nutzen digitaler Assistenten darin, gewisse Prozesse mit einer erhöhten Genauigkeit und Geschwindigkeit auszuführen, weit jenseits menschlicher Kapazitäten. Die Vorstellung, dass Maschinen das Potenzial haben, Menschen vollständig zu ersetzen, hat kulturgeschichtliche Wurzeln und ist seit jeher ein fester Bestandteil unserer Fantasie. Was wir stattdessen sehen, ist eine Zunahme der Automatisierung von Arbeitsprozessen und die Einführung digitaler Hilfsmittel und Assistenten, welche von vielen Menschen als wertvolle Unterstützung gesehen und als unproblematisch erachtet werden.

4.2.3. Zukunftsvision Szenario 2: Immersive Realität

Das zweite Szenario setzte sich mit den Möglichkeiten immersiver Technologien auseinander. Diese Thematik wurde im Workshop bedeutend kürzer diskutiert. Der Grund lag vermutlich darin, dass diese Technologien im Alltag noch nicht weit verbreitet sind und deshalb persönliche Erfahrungen fehlen.

4.2.3.1. Perspektiven auf die aktuelle Entwicklung

Gegenwärtig zeigt sich das Metaverse als Hype, da es klare Hinweise für das Bedürfnis nach physischen Veranstaltungen im Kulturbereich gibt, deren soziale Funktionen durch Onlinetreffen nicht erfüllt werden. Während der Covid-Pandemie 2020/21 geschaffene Streamingkonzerte etwa fanden zwar als Notlösung Anerkennung, aber gerade diese Erfahrung führte dazu, dass es im Anschluss wieder einen verstärkten Bedarf nach physischer Begegnung gab – dies jedoch in unterschiedlichem Masse in den jeweiligen Kulturbranchen. Gerade im Kino sind Besucherzahlen auch nach Corona zugunsten von Streamingdiensten rückläufig, womit sich ein längerfristiger Trend fortsetzt.

4.2.3.2. Perspektiven auf zukünftige Entwicklungen

Das Metaverse wird dennoch als gesellschaftlich einschneidende Entwicklung gesehen, die von wenigen aus Profitinteresse vorangetrieben wird. Mit Blick auf die Entwicklungen der KI, die von wenigen grossen Unternehmen beherrscht wird, könnte die Zukunft durch demokratisch nicht kontrollierbare Technologiemonopole mit ihren immersiven Realitäten geprägt werden – die Teilnehmenden des Workshops nahmen vermutlich implizit Bezug auf den Offenen Brief vom 22. März 2023 mit der Forderung nach einem Entwicklungsmoratorium für Large Language Models (LLM) auf der Webseite des Future of Life Institute (Future of Life Institute, 2023). Gerade für Verbände, die als Akteure der Zivilgesellschaft bei der Meinungsbildung eine zentrale Funktion im direktdemokratischen System der Schweiz einnehmen, muss ein durch Sprachmodelle und ihre Filter dominierter politischer Diskurs, der von einigen weltweit agierenden Monopolisten gesteuert wird, ein düsteres Szenario sein. Wenn Sprachmodellen ähnliche KI-Systeme mit ihren kostspieligen Daten verstärkt für musikalische und andere Kulturproduktionen eingesetzt werden, könnten technologische Monopole zu kulturproduzierenden Monopolen werden. In Zukunft wird es darum gehen müssen, etwas nachhaltig Kontrollierbares zu schaffen, an dem alle teilhaben können und von dem nicht nur Monopolisten profitieren. Immersive Social Media sind sowohl eine Chance wie auch eine Gefahr für die Demokratie. Sie verlegen die Meinungsbildung in die virtuelle Realität. Damit erreichen sie die dort aktiven Menschen. Die Prozesse des Kulturschaffens und der Meinungsbildung sind dort jedoch von statistischen Methoden der Datenzusammenführung und -interpretation beeinflusst. Der ältere Diskurs über eine Manipulation von Kultur und politischer Meinungen durch ökonomisches Kapital erhält gerade aus Sicht von Kulturschaffenden, die ihr Wirken als gesellschaftskritisch sehen, mit den technologischen Entwicklungen eine neue Aktualität.

Vor dem Hintergrund immersiver Welten wird die Rolle von Gamedesign als Kulturfaktor zunehmen. Bereits heute sind Gamedesignerinnen und -designer

Teil von Suisseculture. Gameentwicklerinnen und Gameentwickler gründeten in Deutschland eine eigene Urheberrechtsgesellschaft gegen einen rechtlichen Ausverkauf, das als zentrales Problem der Kulturbranche gesehen wird.

Eine Prekarisierung des Kulturschaffens durch das «Buy-out» droht, wenn kreative Schöpfungen günstig von grösseren Playern in Auftrag gegeben oder angekauft werden, um dann die skalierte Wertschöpfung dank der Verfügbarkeit überlegener digitaler Technologien und Plattformen selbst zu nutzen, ohne dass die Kulturschaffenden von der Wirkung der kreativen Tätigkeit profitieren. Um derartige prekarisierende Dynamiken aufzuhalten, werden altbewährte Mechanismen wie das Urheberrecht ins Spiel gebracht (vergleiche hierzu Kapitel 5.4). Die Prekarisierung Kulturschaffender auf dem Markt der internationalen Streamingplattformen wurde Ende 2023 Gegenstand einer Motion im Schweizer Parlament. Stefan Müller-Altermatt, Präsident der parlamentarischen Gruppe Musik, appelliert in der Motion daran, «die gesetzlichen Grundlagen so anzupassen, dass in- und ausländische Unternehmen, die in der Schweiz Musik über elektronische Abruf- und Abonnementsdienste anbieten, das Schweizer Musikschaffen in der Präsentation ihres allgemeinen und kundinnen- und kundenindividuellen Angebots angemessen und nichtdiskriminierend abbilden und hervorheben müssen. Diese Unternehmen sollen verpflichtet werden, mit den massgebenden Verbänden der Schweizer Musikschaffenden und Produzenten eine Branchenvereinbarung abzuschliessen» (Müller-Altermatt 2023b). Beanstandet wird insbesondere auch die Sichtbarkeit der Schweizer Musikschaffenden auf internationalen Plattformen wie Spotify, die in der Schweiz keine Niederlassungen etabliert haben. Der Motion voraus ging eine Interpellation zur Situation Schweizer Musikschaffender auf dem Streamingmarkt (Müller-Altermatt 2023a), die bestätigte, dass «die Online-Verbreitung derzeit für die überwiegende Mehrheit der Musikschaffenden kein Weg, um nennenswerte Einnahmen zu erzielen, die sich oft in einer wirtschaftlich prekären Situation befinden» (Bundesrat 2023b). Gleichzeitig gehören die Erträge aus der Schweiz zu den lukrativsten für die Anbieter der Streamingdienste. Dessen Problematik sei jedoch der Werkbegriff, auf den sich der urheberrechtliche Schutz bezieht, und seine Unbeständigkeit angesichts der im digitalen Zeitalter unbegrenzten Möglichkeiten der Variation, Sampling, künstlicher Generierung von Bildern und Klängen (zur rechtlichen Bewertung siehe die Abschnitte 5.4.4 und 5.4.5).

Als Antwort auf die Motion 23.4528 hat der Bundesrat per 21. Februar 2024 beschlossen, dass das Bundesamt für Kultur noch im Jahr 2024 eine nationale Arbeitsgruppe einberuft, um die erforderlichen Abklärungen einzuleiten (Bundesamt für Kultur, 2024, S. 45; Müller-Altermatt, 2023b).

4.2.4. Zwischenfazit und Folgerungen

In der Diskussion zeichnete sich ab, dass KI und immersive Realität nicht voneinander gelöst betrachtet werden können. Vielmehr verschmelzen hier zwei Schlüsseltechnologien, die in ihrem Zusammenspiel grundlegend die Rahmenbedingungen verändern, unter denen die Erzeugung, Vermittlung und Rezeption von Kunst stattfinden.

Auf der einen Seite stehen die positiven Visionen, die wünschenswerten «Social Fictions», die die Arbeitswelt der Kulturschaffenden und ihre Rolle in der Gesellschaft prägen könnten.

Erstens wird sich durch den breiten Einsatz von KI-Assistenzen die Bedeutung der Kulturschaffenden in der Gesellschaft verändern. Eine Funktion der Kulturschaffenden in der Gesellschaft wird sein, alternative Welten aufzuzeigen, die erkundet werden können. Durch die globale Vernetzung findet dort ein potenziell neuer Zugang zum demokratischen Dialog statt, der von Kritikern jedoch auch als Netzutopie bezeichnet wird.

Zweitens können dank generativer KI-Systeme die Abläufe in der Kulturadministration verbessert werden. Im Bereich der Kulturförderung kann die digitale Aufbereitung und Auswertung von den heute in unzähliger Form existierenden Formularen und Verfahren zur Finanzierung des Kulturschaffens Transparenz und Vergleichbarkeit schaffen, falls die technologischen Möglichkeiten auch dahingehend genutzt werden, organisatorische Abläufe zu erneuern und bisherige Vorgaben zu hinterfragen. In konkreten Fällen würde das bedeuten, dass für die Realisierung eines Projekts nicht mehr diverse verschiedene Gesuche mit verschiedenen Argumentations- und Budgetstrukturen erstellt werden müssen, sondern nur noch ein standardisierter Prozess zur Anwendung kommt.

Drittens könnte sich ein Gegentrend zur KI-basierten Aneignung von Wissen etablieren, der auf einen intensiveren, bei physischen Treffen gepflegten Austausch der eigenen persönlichen Erfahrung und Technologietransfer zwischen Freier Szene und subventionierten Theaterhäusern hinausläuft. Teilen und mieten statt kaufen schafft die Basis für eine ökonomisch und ökologisch nachhaltiger strukturierte Arbeitswelt, gerade in der Kunstbranche, die auf vielfältige und oft in Manufaktur hergestellte Infrastruktur und Hardware angewiesen ist. Das Prinzip des Sharing bezieht sich sowohl auf das Teilen von Infrastruktur als auch von Erfahrungswissen. So zeigt sich eine zunehmende Tendenz, dass subventionierte Theaterhäuser der freien Szene nach dem Ablauf einer Spielzeit technisches Equipment zur Verfügung stellen, das sie ansonsten ausmustern würden. So können Theaterschaffende in der freien Szene kostengünstig mit VR-Tools experimentieren und Erfahrungen mit digitalen Produktionen sammeln. Anschliessend können sie das dabei erworbene Wissen und ihre Erfahrungen im persönlichen Dialog mit grösseren, subventionierten Theatern teilen. Dieser Austausch kann für beide Seiten vorteilhaft sein: Die freie Szene bekommt Zugang zu Ressourcen und Netzwerken, während subventionierte Theater von innovativen, digitalen Ansätzen profitieren können. Dieser wechselseitige Erfahrungsaustausch könnte einen Gegentrend einläuten zur Tendenz, sich auf KI-generierte Auskünfte zu verlassen. Gleichzeitig könnte er die Aneignung neuer immersiver Theaterformen begünstigen.

Auf der anderen Seite werden dystopische Entwicklungen formuliert.

Eine Befürchtung – und gewissermassen ein möglicher Gegentrend zu oben Gesagtem – lautet, dass die KI unsere kognitiven Fähigkeiten in einem ähnlichen Prozess übernimmt, wie Maschinen die Muskelkraft des Menschen obsolet gemacht haben. In Zukunft werden wir nach der Arbeit nicht nur eine Stunde Fitness machen, um körperlich in Schwung zu bleiben, sondern auch eine Stunde lang Rätsel lösen, damit die kognitiven (reflexiven und kreativen) Fähigkeiten nicht verkümmern.

Die KI bedient sich menschlicher Kreativität und wird zu einem Selbstläufer. Unabhängig von der Frage, ob diese Technologien wirklich kreativ sind, übernehmen sie zunehmend die kognitiven Aufgaben der Menschen, und diese verlassen sich zunehmend auf den Output, ohne diesen zu hinterfragen. Die KI imitiert somit zwar nicht unser Gehirn, aber unser Gehirn richtet sich mehr und mehr nach KI-Applikationen. So führen die Standards bei der Gesuchstellung für Kulturprojekte dazu, dass diese kreative Ideen tendenziell ausschliessen und die Vielfalt der Kulturlandschaft mindern. Führt die kulturwirtschaftliche, technologiegetriebene Entwicklung mit Künstlicher Intelligenz und Immersion zu einer endgültigen Auflösung des romantischen, handwerklich geprägten Kunstbegriffs bzw. zu dessen (elitären) Nischendasein als einer multisensorisch unberechenbaren «slow art»?

Andererseits könnte sich KI auch selbst limitieren, da sie viel nicht nachhaltige Rechnungsleistung erfordert. In einem pessimistischen Zukunftsszenario würde sich der gegenwärtige KI-Hype, wie er seit Jahrzehnten periodisch anschwillt, angesichts des Klimawandels auflösen.

Die virtuelle Welt bietet (vermeintlich) grössere Gestaltungsmöglichkeiten als die analoge Welt. Eine gewisse «Flucht» in die digitale Welt der (Rollen-)Spiele, der gamifizierten Erfolge und der entgrenzten Möglichkeiten findet statt. Als Gefahr tritt der Verlust der Unterscheidung zwischen Wahrheit und Fiktion hervor. Diese

Angst ist nicht neu, sondern ging immer mit dem Auftreten neuer Medien einher, etwa beim Buchdruck oder dem Fernsehen. Eine neue Dimension schaffen jedoch die «Deepfakes», dies sind mit KI hergestellte Videos realer Personen (vgl. zu diesem Thema die TA-SWISS-Studie «Deepfakes und manipulierte Realitäten»). Sie lassen sich nicht mehr von real aufgenommenen Videos unterscheiden. Digitalen Videos kommt, wenn diese Entwicklung zu Ende gedacht wird, kein Informationswert mehr zu, sondern nur mehr ein Unterhaltungswert. Eine interessante, virtuell erfahrbare Fiktion kann auch attraktiver sein als eine auf ihren Wahrheitsgehalt überprüfbare Faktendarstellung. Gleichzeitig tragen von der Wirklichkeit nicht mehr zu unterscheidende Videoaufzeichnungen real existierender Personen und Ereignisse auch eine eigene Überzeugungskraft in sich. Dies erfordert neue reflexive Praktiken, die eigene Wahrnehmung kritisch zu hinterfragen. Darüber hinaus könnten diese Entwicklungen dazu führen, dass der direkte persönliche Erfahrungsaustausch in der physischen Welt weiter aufgewertet wird. Die Unterscheidung zwischen Fakt und Fiktion könnte so zum Privileg von Akteuren werden, die sich mit anderen persönlich austauschen können.

Ein weiterer Reiz immersiver Realitäten liegt in der Möglichkeit, kontrollierbare und einfach gestaltbare Welten aufzubauen. Das Videospiel «Minecraft» hat in den 2010er-Jahren mit seinem globalen Erfolg bereits das grosse Bedürfnis nach digitaler kreativer Entfaltung ohne nötige Vorkenntnisse bewiesen. Es gibt bereits Rückzugstendenzen in virtuelle Räume, weil sich die Menschen in einer hochkomplexen Welt nicht mehr als selbstwirksam erfahren (Wong 2020; Gabbiadini et al 2021; Scheffer 2020). Virtuelle Realitäten scheinen diese Selbstwirksamkeitserfahrungen zu ermöglichen. Die Flucht in virtuelle Welten ist allerdings kein neues Phänomen. Bereits in den 1980er-Jahren waren Rollenspiele verbreitet, in denen sich die Teilnehmenden in Phantasiewelten begaben.

4.3. Handlungsempfehlungen

Die Darstellung von Netzwerken künstlerischen Schaffens zeigt die vielgestaltige Neuordnung, die durch digitale Kommunikation, Zusammenarbeit und Vermittlung Einzug hält. Dies verdeutlicht sich in der Diskussion mit Vertretungen der Verbände professioneller Kunstschaffender. Gleichzeitig entwickeln sich unterschiedliche Szenarien für den zukünftigen Umgang mit der Digitalität, deren Rückwirkung auf die Arbeitsrealität im Kultursektor und die Konsumption kultureller Produkte von Seiten des Publikums. Daraus geht ein Erfordernis nach aktiver Begleitung inklusive Mitsteuerung der digital-kulturellen Entwicklungen hervor, damit die Kulturschaffenden nicht von Wellen erfasst werden, sondern navigieren und allenfalls Kurskorrekturen einleiten können. Die beiden Handlungsempfehlungen fokussieren deshalb auf konkrete, bereits bestehende Prozesse und Gefässe des Bundes. Schwer abzuschätzen bleiben die Auswirkungen der Digitalisierung auf die kulturelle Vielfalt, was sich in der grossen Diversität der hier dargelegten Ansichten abbildet. Je nach Situation können Kulturschaffende von der Digitalisierung profitieren und diese auch monetarisieren, oder sie führt zu Mehraufwand ohne Mehrertrag respektive gar zu einer Marginalisierung der Tätigkeit innerhalb der Kunstwelt.

4.3.1. Digitalisierungsfolgen als Schwerpunkt des Nationalen Kulturdialogs

Folgen der Digitalisierung für die Kulturförderung und die kulturelle Vielfalt sollten ein mehrjähriger Schwerpunkt des Nationalen Kulturdialogs werden. Angeknüpft werden kann an das von der Schweiz ratifizierte UNESCO-Übereinkommen zum Schutz und zur Förderung der Vielfalt kultureller Ausdrucksformen von 2005, in dessen Rahmen die Auswirkung digitaler Transformationen thematisiert werden (Bundesamt für Kultur, 2024, S. 98; Kulesz, 2017; UNESCO, 2019) und dabei sowohl Trends der Regionalisierung als auch der Globalisierung angesprochen werden. Entwickelt werden muss dafür ein Monitoring, das nicht allein die digitale Kommunikation von Kulturinstitutionen und die digitale Mediennutzung im Blick hat, sondern (durch Erhebungen über Förderinstitutionen) die digitale Transformation in der Kulturproduktion zu erfassen vermag. Zielgruppe: Bundesamt für Kultur, Förderinstitutionen der Kantone, Gemeinden.

4.3.2. Rasche Umsetzung der Massnahme «Faire Rahmenbedingungen im digitalen Umfeld»

Das Bundesamt für Kultur sollte die im Entwurf der Kulturbotschaft 2025–2028 vorgesehenen Massnahmen «Faire Rahmenbedingungen im digitalen Umfeld»(2024, S. 17) in enger Zusammenarbeit mit anderen Bundesstellen und insbesondere mit den Verbänden professioneller Kulturschaffender rasch angehen, dabei aber nicht nur die digitale Transformation der Verbände selbst und die digitale Kulturverbreitung (und entsprechende Netzwerke) fördern, sondern den Verbänden und Netzwerken einen ständigen, technologisch-fachlich fundierten Informationsaustausch über die ökonomischen, sozialen und kulturellen Folgen der Digitalisierung auf den Kultursektor, auf kulturelle Produktion und Konsumtion sowie über allfällige regulatorische Massnahmen ermöglichen (vgl. Kapitel 5.3.9 Handlungsempfehlungen). Zielgruppe: Bundesamt für Kultur.

5. Soziale Sicherheit und Schutz der Urheberrechte

Trotz zahlreicher Bemühungen der öffentlichen Hand, von Stiftungen, der Berufsverbände und der Kulturschaffenden selbst hat sich deren soziale Sicherheit in den letzten zwei Jahrzehnten nur punktuell und nur in spezifischen Kultursparten verbessert, insbesondere in den Bereichen Theater, Film und Audiovision. Viele Kulturschaffende leben in schwierigen sozialen und finanziellen Verhältnissen – sowohl während ihrer aktiven Karriere als auch im Alter (Bundesamt für Kultur, 2024). Zusätzlich verschärft wurde die prekäre Lage von Kulturschaffenden aufgrund der Einschränkungen des kulturellen Lebens während der Covid-19-Pandemie.

Die wirtschaftlich wichtigsten Grundlagen für die Kulturschaffenden sind Honorare und Gagen, ihre Urheber- und Interpretenrechte sowie die finanzielle Unterstützung durch die öffentliche Hand und private Institutionen. Die Kulturschaffenden sind zudem häufig in atypischen Arbeitsformen tätig, was automatisch zu Fragen der sozialen Sicherheit führt. Dass dieser Themenbereich durch virtuelle und internationale Tätigkeit noch komplexer wird, liegt auf der Hand. Zwar waren schon in Vergangenheit die hohe Quote von Selbstständigerwerbenden und die oftmals schwierige Erwerbssituation ein wichtiges Thema. Jedoch verschärfen sich diese Fragen mit dem Aufkommen von digitalen Plattformen (siehe auch Abschnitte 3.2.3 sowie 3.3.3) sowie mit der Vergrösserung von Reichweite und Konkurrenz in digitalen Märkten (siehe auch Abschnitt 3.3.2, Head und Long Tail). Auch die Herausforderungen rund um die Durchsetzung des Ausschlussprinzips bei digitalen Werken (siehe Abschnitt 3.2.2) respektive beim Umgang mit dem Urheberrecht (siehe Kapitel 5.4) ändern die Ausgangslage. Gemeinsam ist diesen ökonomischen Überlegungen, dass die Erwerbssituation von Kulturschaffenden unberechenbarer und volatiler werden dürfte. Daher nimmt sich das vorliegende Kapitel zunächst der Themen Erwerbsituation von Kulturschaffenden sowie deren Arbeitsformen und soziale Absicherung ausführlicher an, dies vorwiegend innerhalb der schweizerischen Gesetzgebung, und leitet Handlungsempfehlungen ab. Es folgen zentrale rechtliche Überlegungen zu den Urheberrechten und den verwandten Schutzrechten in Kunst und Kultur.

5.1. Erwerbssituation von Kulturschaffenden

5.1.1. Soziale Sicherheit

Um ein umfassendes Verständnis der sozialen Sicherheit von Kulturschaffenden zu erlangen, müssen über die Aspekte der Sozialversicherung hinaus auch die Fragen der Honorare und der generellen Arbeitsbedingungen einbezogen werden. Denn Einkommen und Arbeitsbedingungen bestimmen die Beiträge an die Sozialversicherungen und damit auch die Leistungen, die Kulturschaffende von den Sozialversicherungen während ihres Arbeitslebens und nach der Pensionierung erwarten können. Kulturschaffende mit wechselnden Auftrags- oder Arbeitgebenden und zeitlich befristeten Engagements stehen in Bezug auf die soziale Absicherung und Entschädigung vor besonderen Herausforderungen. Ihre oft atypische Arbeitssituation, die durch die Digitalisierung verschärft wird, entspricht nur selten dem in den Sozialversicherungen vorgesehenen «Normalfall». (Bundesamt für Kultur, 2024, S. 12–13; 54)

Deshalb soll nachfolgend die arbeitsrechtliche wie auch sozialversicherungsrechtliche Situation der Kulturschaffenden in der Schweiz erfasst werden.

5.1.2. Einkommensstruktur

Die Organisation Suisseculture Sociale, in der sich Verbände der professionellen Kulturschaffenden mit dem Ziel, die soziale Sicherheit zu verbessern, zusammengeschlossen haben, lancierte erstmals 2006 und im Jahr 2016 eine Umfrage zu Einkommen und sozialer Sicherheit von Kulturschaffenden. Die Einkommenssituation der Kulturschaffenden hat sich gemäss einer aktuelleren Studie von Suisseculture Social und der Schweizer Kulturstiftung Pro Helvetia (Bundesamt für Kultur, 2024, S. 13; Ecoplan, 2021, S. 11ff.) erneut verschlechtert. Während 2016 50% der Kulturschaffenden 40'000 CHF oder weniger verdienten, so ist der Anteil 2021 auf knapp 60% angestiegen – losgelöst von Auswirkungen der aktuellen Covid-19-Krise. Ebenfalls zeigt sich erneut, dass die soziale Absicherung der Kulturschaffenden in der Schweiz im Pensionsalter und bei Erwerbsausfall mangelhaft geblieben sind. Dieser Wert ist bei den Personen, die gleichzeitig selbstständig und unselbstständig erwerbend sind mit 53% etwas tiefer und bei den unselbstständig Erwerbenden mit 33% deutlich tiefer. Die erfassten Jahreseinkommen fallen auch im Vergleich zu den geleisteten Wochenarbeitsstunden (Durchschnitt 45 Stunden pro Woche) verhältnismässig tief aus. Mehr als die Hälfte lebt, aufgrund des Koordinationsabzugs, trotz zusätzlicher nicht künstlerischer Erwerbstätigkeit unter prekären Umständen und verfügt über keine Altersvorsorge, die über die AHV hinausgeht.

Die Anstrengungen der letzten 20 Jahre, in den erwähnten Bereichen eine Optimierung herbeizuführen, haben daran nur wenig geändert. Für Suisseculture Sociale unterstreichen die Resultate dieser Umfrage die prekäre Situation der Kulturschaffenden in der Schweiz. Daher fordert die Dachorganisation Politik und Gesellschaft auf, bei Fragen zur sozialen Sicherheit die Besonderheiten des Kulturschaffens adäquat zu berücksichtigen (Ecoplan, 2021, S. 11ff.).

5.2. Arbeitsformen

Durch die Veränderung von neuen Berufsbildern und Arbeitsformen und des damit zusammenhängenden Arbeitsverhältnisses entwickelte sich die Rechtsfigur «arbeitnehmerähnliche Person». Der Erwerb einer arbeitnehmerähnlichen Person besteht, wenn Elemente des Arbeitsvertrags nicht vollständig erfüllt werden, aber wenn die persönliche Arbeitsleistungspflicht sowie eine wirtschaftliche Abhängigkeit bestehen. Ferner existiert die soziale Schutzbedürftigkeit (Pärli, 2019). Jedoch wird diese Form im Schweizer Recht nicht definiert und geregelt (Bosshard & Rajower, 2003).

Die gängigsten Vertragsverhältnisse, um eine Arbeitsdienstleistung zu erbringen, ist der Einzelarbeitsvertrag, der Werkvertrag sowie der Auftrag. Die zentralen, respektive zu unterscheidenden Merkmale sind nachfolgend dargestellt. Das zentrale Abgrenzungskriterium auch hinsichtlich der folgenden sozialversicherungsrechtlichen Thematik, das für die Arbeitsverhältnisse entscheidend ist, ist das Subordinationsverhältnis. Diese Abgrenzung wird durch atypische Arbeitsformen immer schwieriger.

Tab. 1 Arbeitsverhältnisse (in Anlehnung an Vischer & Müller, 2014, S. 21–25)

Arbeitsvertrag	• Persönliche Arbeitsleistung für Dritte
	• Privatrechtliches Dauerschuldverhältnis
	• Lohn
	• Sorgfalts- und Treuepflicht
	• Eingliederung in die Organisation
	• Befolgung von Anordnungen und Weisungen
	• Subordinationsverhältnis
Werkvertrag	• Bestimmter Arbeitserfolg
	• Persönliche Arbeitsleistung für Dritte
	• Unternehmerisches Risiko
	• Sorgfaltspflicht
	• Vergütung
Einfacher Auftrag	• Persönliches Tätigwerden im Interesse für Dritte
	• Sorgfaltspflicht
	• Vorschriftsgemässe Ausführung
	• Rechenschaftsablegung
	• Nicht zwingende Vergütung

Wie mehrfach in der Studie erläutert, steht eine «besondere Schutzbedürftigkeit selbstständiger Kulturschaffender» fest. Dabei sind vor allem jene von schwierigen sozialen und finanziellen Lebensbedingungen betroffen, die «freischaffend» sind, das heisst nicht langfristig oder unbefristet bei einem Arbeitgebenden angestellt sind, sondern befristet bei mehreren Arbeitgebenden. Diese Erkenntnis basiert sowohl auf den analysierten Datengrundlagen (Suisseculture Sociale 2016; 2023) als auch auf den Einschätzungen der befragten Personen von Akteuren im Kultursektor und der Schweizerischen Interpretenstiftung (Leupin & Kaiser, 2021).

Aus juristischer Sicht gibt es die Definition «freischaffend» nicht. Deshalb wird in den nachfolgenden Ausführungen auf die zentralen Abgrenzungen der Arbeitsformen und deren arbeitsrechtlicher und sozialversicherungsrechtlicher Auswirkungen eingegangen.

5.2.1. Beschäftigungsverhältnisse im Kultursektor

In der Berufswelt wollen oder müssen Arbeitnehmende generell mehr Flexibilität und Verantwortung übernehmen. Die Flexibilisierung wird durch die Digitalisierung, die erlaubt, dass ich jederzeit von irgendwo her arbeiten kann, noch mehr zunehmen. Solange ein Arbeitsverhältnis nach Art. 328ff. OR besteht, liegt die Fürsorgepflicht klar beim Arbeitgeber und die sozialversicherungsrechtlichen Themen sind klar geregelt (Streiff et al., 2012, Art. 328 OR N2). Durch die nicht qualifizierten, atypischen Arbeitsformen entstehen unter anderem Schwierigkeiten in der Subordination der rechtlichen Normierung. Besteht ein Einzelarbeitsvertrag mit einer betrieblichen Eingliederung und einer Weisungsbefolgungspflicht, oder ein Auftrag oder befinden wir uns in der Selbstständigkeit? Bei diesen Abgrenzungsdiskussionen vom Einzelarbeitsvertrag zu den atypischen Arbeitsformen sind die heutigen Sozialversicherungen nur ungenügend auf die Flexibilität des Arbeitsmarktes abgestimmt. Dadurch kann es zu sozialen Unsicherheiten der durch den Arbeitsmarkt flexibilisierten Personen kommen.

Aktuelle Kennzahlen im Kultursektor zeigen auf, dass durch die Digitalisierung forcierte atypische Beschäftigungsverhältnisse im letzten Jahrzehnt weiter angewachsen sind. So sind etwa die befristete Anstellung, die Mehrfachbeschäftigung und die selbstständige Erwerbstätigkeit stärker verbreitet als in der Gesamtwirtschaft. Diese Beschäftigungsverhältnisse sind häufig mit tieferem Einkommen (das Durchschnittseinkommen liegt unter jenem in der Gesamtwirtschaft) und einer geringeren sozialen Absicherung verbunden. Dadurch verfügen viele Kulturschaffende nur über eine geringe Altersrente und riskieren, Ergänzungsleistungen beantragen zu müssen. Zusätzlich sind viele nur unzureichend gegen Verdienstausfall bei Unfall und Krankheit abgesichert (Bundesrat, 2023a).

Das heisst gleichzeitig, dass die Kulturschaffenden in mehreren und häufig wechselnden Anstellungen in niedrig Pensen tätig sind, was durch die technologischen virtuellen Hilfsmittel ermöglicht wird. Spezifischer zeigt eine Analyse von Ecoplan, dass mehr als die Hälfte aller Kulturschaffenden selbstständig erwerbend sind. In der deutschsprachigen Schweiz ist dieser Anteil mit 60% sogar deutlich höher als die 45% in der französischsprachigen Schweiz. Knapp ein Viertel aller Kulturschaffenden sind also in einem selbstständigen sowie unselbstständigen Arbeitsverhältnis engagiert. Zusätzlich dazu sind 40% dieser Personen auch ausserhalb des kulturellen Bereichs arbeitstätig (Ecoplan, 2021). Detailliertere Auswertungen sind in den Grafiken des Berichts des Bundesrates «Die soziale Sicherheit der Kulturschaffenden in der Schweiz» ersichtlich (Bundesrat, 2023a, S. 6–15).

5.2.2. Rechtliche Subsumierung von atypischen Arbeitsformen

Atypische Arbeitsformen gehören im Kulturbereich zur Realität und dürften im Zuge der Digitalisierung noch zunehmen. Unter *atypischen* Arbeitsformen sind jene Arbeitsverhältnisse zu verstehen, die nicht dem *Normalarbeitsverhältnis* einer unbefristeten Anstellung im Vollzeitpensum entsprechen. Das heisst, die Teilzeitarbeit, die befristete Anstellung, die Mehrfachbeschäftigung und die Selbstständigkeit (Ecoplan, 2017).

Unselbstständigkeit: Personen, die in einer unselbstständigen Erwerbstätigkeit angestellt sind, sind Arbeitnehmende. Der Begriff der Arbeitnehmenden sowie Arbeitgebenden sind im Bundesgesetz über den Allgemeinen Teil des Sozialversicherungsrechts (ATSG) nach Art. 10f. definiert: «Als Arbeitnehmerinnen und Arbeitnehmer gelten Personen, die in unselbstständiger Stellung Arbeit leisten und dafür massgebenden Lohn nach dem jeweiligen Einzelgesetz beziehen.» Gemäss Rechtsprechung des Bundesgerichts gilt als unselbstständig erwerbend, wer «vom Arbeitgeber in betriebswirtschaftlicher bzw. arbeitsorganisatorischer Hinsicht abhängig ist und kein unternehmerisches Risiko trägt» (Pärli, 2019, S. 16). Die Abhängigkeit wird durch ein Weisungsrecht des Arbeitgebenden, eine Unterordnung, eine Aufgabenerfüllungspflicht, eine Präsenzpflicht und ein Konkurrenzverbots bestimmt (Pärli, 2019, S. 20–21).

Die Selbstständigkeit wird unter Art. 12 im ATSG beschrieben: «Selbstständig erwerbend ist, wer ein Erwerbseinkommen erzielt, das nicht Entgelt für eine als Arbeitnehmerin oder Arbeitnehmer geleistete Arbeit darstellt» (Art. 12 Abs. 1 ATSG). D.h. bei selbstständiger Erwerbstätigkeit wird ein Unternehmensrisiko getragen (Pärli, 2019, S. 17). Im Vergleich zur Unselbstständigkeit sind Selbstständigerwerbende für ihre Sozialversicherungsbeiträge selbst verantwortlich und geniessen nicht denselben Sozialversicherungsschutz.

Unter *Selbstständigkeit* fällt der sogenannte Freelancer. Freelancer führen Aufträge aus, ohne dabei in das Unternehmen eingegliedert zu sein. Sie gelten grundsätzlich als Selbstständigerwerbende, die eine bestimmte Dienstleistung aus einem Auftrag und nach Instruktion des Auftraggebenden, jedoch unter Verwendung der eigenen Infrastruktur und ohne Weisungsgebundenheit erbringen. Die Schweizer Rechtsordnung kennt keinen gesetzlich geregelten Vertragstyp *Freelancer*. Der Freelancingvertrag ist ein Innominatvertrag und somit nicht im OR geregelt. Je nach Ausprägung kann er aber ein Werkvertrag sein, nämlich wenn vom Freelancer ein bestimmtes Resultat geschuldet ist, oder dann ein Auftrag, wenn er/sie eine sorgfältige Dienstleistung erbringen muss. In der Praxis gilt es zu beurteilen, ob der Freelancer in eine betriebliche Arbeitsstruktur eingebunden ist (Weisungsgebundenheit), ihm Arbeitsmittel durch das Unternehmen zur Verfügung gestellt werden, er/sie an fixe Arbeitszeiten gebunden ist und er/sie eine regelmässige Bezahlung erhält sowie seine/ihre Aufgabe nicht auf ein Projekt beschränkt ist. Sind diese Kriterien vorwiegend, dann ist die Wahrscheinlichkeit gross, dass es sich um einen Einzelarbeitsvertrag handelt, auch wenn der Vertrag als Freelancingvertrag deklariert ist. Auch hier kommt dann wieder die soziale Absicherung zum Tragen. Die Arbeitgebenden haben im Gegensatz zum Einzelarbeitsvertrag für einen Freelancer keine Sozialversicherungsbeiträge zu bezahlen.

Die Scheinselbstständigkeit wird in den Schweizer Gesetzen nicht definiert. Völker beschreibt die Scheinselbstständigkeit als «die Anstellung einer Person durch eine andere Person, um eine Arbeit als Selbstständiger zu verrichten, obwohl das Rechtsverhältnis zwischen diesen Personen als Arbeitsvertrag qualifiziert werden müsste» (Völker., 2004, S. 2). Die Personen werden in einem Werkvertrag, Auftrag oder weiteren Vertragsarten angestellt, obwohl eigentlich ein Verhältnis des Arbeitsvertrags vorliegt (ebd., S. 2–3).

Diese geschilderten Abgrenzungsfragen müssen zwingend bereits bei der Qualifizierung von Vertragsverhältnissen geklärt werden. Denn von dieser Qualifizierung hängt nicht zuletzt ab, ob eine Vertragspartei dem arbeitsrechtlichen und dem sozialversicherungsrechtlichen Schutz untersteht oder nicht. Auch im Zusammenhang mit der *Scheinselbstständigkeit* ergeben sich Probleme bei der Frage, in welchen rechtlichen Rahmen sich diese Form der Arbeit einfügen soll. Dabei ist zu beachten, dass keine Versicherungsmöglichkeiten gegen Arbeitslosigkeit, weder eine berufliche Vorsorge noch eine obligatorische Versicherung nach UVG besteht und auch das Thema Berufskrankheiten nicht abgedeckt wird. Bei der *Scheinselbstständigkeit* ist darauf zu achten, dass dieser nicht klar definierte Bereich vertraglich präzisiert und geregelt wird (Zölch et al., 2020). Hierbei ist nicht zuletzt auch die Eigenverantwortung der «Arbeit leistenden Person» gefragt, dass diese Punkte bei einem Vertragsabschluss geklärt und nicht einfach gutgläubig unterzeichnet werden.

Die geschilderten Herausforderungen der atypischen Arbeitsformen und deren Konsequenzen im Sozialversicherungsbereich betreffen auch berufstätige Personen in anderen Bereichen. Gerade das Aufkommen der Plattformökonomie ermöglicht neue Beschäftigungsmodelle, die gleichermassen arbeits- und sozialversicherungsrechtliche Fragen aufwerfen. Zusätzlich gibt es spezifische Herausforderungen wie kurze und mehrfache Anstellungen, schwankende Einkommen oder Phasen ohne Einkommen (Ecoplan, 2017).

In der Kulturbotschaft 2025–2028 (Bundesamt für Kultur, 2024) wird noch das in Frankreich vorhandene Modell der Lohnträgerschaft (Portage salarial) erwähnt. Dieses baut auf dem Modell des Personalverleihs auf (Art. 12ff. AVG), nur dass es dabei nicht um Arbeitnehmende, sondern um Selbstständigerwerbende geht (Bundesrat, 2023a, S. 27). Dieses Modell ist im schweizerischen Recht heute so nicht vorgesehen.

> «Es zeichnet sich durch ein Dreiecksverhältnis aus: Zwischen der selbstständig erwerbstätigen Person und ihrer Kundschaft (Leistungsempfänger) wird ein Dienstleistungsunternehmen zwischengeschaltet, das sogenannte Trägerunternehmen. Dieses stellt die selbstständig erwerbstätige Person mit Arbeitsvertrag an, womit diese auf dem Papier zur Lohnempfängerin wird. Das Trägerunternehmen nimmt von der Kundschaft der Lohnempfängerin das Honorar entgegen und wandelt dieses in einen Lohn um. Es zieht davon nach Abzug einer Kommission die entsprechenden Sozialversicherungsbeiträge ab und rechnet als Arbeitgeberin darüber bei der Ausgleichskasse ab. Der Restbetrag wird der Lohnempfängerin als Lohn ausgerichtet. Die Lohnempfängerin entscheidet im Unterschied zum Personalverleih selbstständig über die Auswahl ihrer Kundschaft und setzt ihre eigenen Betriebsmittel (z. B. Computer, Fahrzeug usw.) zur Leistungserbringung ein.» (Bundesrat, 2023a, S. 27–28).

Das Modell der Lohnträgerschaft böte den Vorteil, dass Selbstständigerwerbende sowohl gegen die Arbeitslosigkeit versichert sind als auch bei der obligatorischen beruflichen Vorsorge und der obligatorischen Unfallversicherung angeschlossen wären. Ausserdem sind beim Modell der Lohnträgerschaft, die Selbstständigerwerbenden nicht selbst dafür verantwortlich, die Zahlung der Sozialversicherungsbeiträge abzuwickeln und sich um die administrativen Aufgaben wie beispielsweise dem Inkasso der Kundenhonorare zu kümmern (Bundesrat, 2023a, S. 28).

Zurzeit ist ein Anschluss von Selbstständigerwerbenden an die Unfallversicherung nach UVG und der beruflichen Vorsorge nur unter gewissen Bedingungen und auf freiwilliger Basis möglich (Bundesrat, 2023a, S. 28).

Gemäss dem Bericht des Bundesrats (2023a, S. 28) führen verschiedene Charakteristika des Lohnträgerschaftmodells dazu, dass Personen, die auf diesem Weg abrechnen, als Selbstständigerwerbende qualifiziert werden müssen. Das Trägerunternehmen ist weder für die Kundenakquisition zuständig noch kann es in Bezug auf die konkrete Arbeitsverrichtung ein Weisungsrecht ausüben. Zudem entfällt gegenüber Dritten die Haftung. Die betreffende Person trägt das gesamte Unternehmerrisiko selbst, da sie nicht in die Arbeitsorganisation des Trägerunternehmens eingegliedert ist. Die Qualifikation der Betroffenen als Selbstständige ist im nachfolgenden Gerichtsurteil abgehandelt (Urteil des Sozialversicherungsgerichts des Kantons Genf, das eine Musikerin, die über ein Lohnträgerschafts-Modell abrechnete, als selbstständig qualifizierte, siehe ATAS/1161/2019 vom 16. Dezember 2019, Erw. 10). Gleichermassen verweist auch die Lehre auf die rechtlichen Risiken der Lohnträgerschaft hin. Gemäss geltendem Recht besteht bei der Wahl des Sozialversicherungsstatus keine Privatautonomie. Das Modell der Lohnträgerschaft widerspricht diesem Grundprinzip des Schweizer Sozialversicherungsrechts. Wie auch im Bericht «Digitalisierung – Prüfung einer Flexibilisierung des Sozialversicherungsrechts» erwähnt, lehnt der Bundesrat einen Paradigmenwechsel betreffend Statuswahl ab (Bundesrat, 2021).

5.3. Soziale Absicherung

5.3.1. Rechtliche Rahmenbedingungen

In diversen Staaten gibt es Spezialgesetzgebungen im Sozialversicherungsrecht für Kulturschaffende. Eine solche Gesetzgebung ist in der Schweiz nicht vorhanden. Der Bundesrat hat sich zuletzt mit der Motion 22.3630 der FDP-Liberale Fraktion «Neuer Status für Selbstständige in Plattformbeschäftigung. Soziale Absicherung sicherstellen» befasst (FDP-Liberale Fraktion, 2022). Dabei ist der Stellungnahme zu entnehmen, dass ein zusätzlicher sozialversicherungsrechtlicher Status zu neuen Abgrenzungsschwierigkeiten führen und namentlich eine Anpassung der Bundesverfassung erfordern würde. Die Schaffung eines besonderen Status verletze zudem das Gleichbehandlungsgebot (Bundesrat, 2023a).

In der Schweiz besteht für die Sozialversicherung das Drei-Säulen-System. Die erste Säule behandelt die staatliche Vorsorge. Dabei soll die Alters- und Hinterlassenenvorsorge (AHV), die Invalidenversicherung (IV) und die Ergänzungsleistungen (EL) die Existenz vor dem Alter, Tod und Invalidität sichern. Die zweite Säule ist die berufliche Vorsorge. Deren Ziel ist die weitere Abdeckung der ersten Säule und soll die bisherige Lebenshaltung unterstützen. Bei der dritten Säule handelt es sich um die private Vorsorge, bei der die beiden vorherigen Säulen individuell ergänzt werden können (Informationsstelle AHV/IV, o.D.). Diese sozialversicherungsrechtlichen Bestimmungen haben den Schutz vor sozialen Risiken zum Zweck, wobei das Sozialversicherungssystem einen staatlichen Solidaritätszwang impliziert (von Stokar et al., 2018, S. 115).

Die Unterscheidung der sozialrechtlichen Qualifikation ist ausschlaggebend für die soziale Absicherung, so werden je nach Status andere Pflichten zu den Beiträgen und Abgabehöhen verlangt. Der Zweck einer Sozialversicherung ist der Schutz der Arbeitnehmenden vor den Folgen: Arbeitslosigkeit, Alter, Tod, Unfall, Invalidität und Mutterschaft. Grundlagen dafür werden in den Art. 110 bis 116 BV geschaffen. Die Art der Beschäftigung betrifft dabei gezielt die Alters-, Hinterlassenen- und Invalidenversicherung und die Erwerbsersatzordnung (AHV/IV/EO), die Unfallversicherung (UV), die Arbeitslosenversicherung (ALV), die berufliche Vorsorge (bV) und die Familienzulagen (FamZ). Die Krankenversicherung (KV) sowie die Ergänzungsleistungen (EL) sind abhängig vom Wohnsitz des Erwerbenden. Die Sozialversicherungsbeiträge werden unterschiedlich geregelt. Unselbstständige, Selbstständige, Nichterwerbstätige und Arbeitgebende sind unterschiedlich beitragspflichtig. Bei der AHV/IV/EO sind Erwerbstätige sowie Nichterwerbstätige beitragspflichtig und somit versichert. Arbeitnehmende sind bei der UV, ALV und bV obligatorisch versichert, wobei Selbstständige sich bei der UV und bV freiwillig versichern können. Zudem verfügen bestimmte Versicherungen über eine Einkommensschwelle, einen Jahreslohn oder ein Arbeitspensum, das erreicht werden muss (Pärli, 2019, S. 13–15).

5.3.2. Ausgangslage

Die Auswertung der langfristigen Absicherung von Kulturschaffenden in der Untersuchung von Ecoplan zeigt, dass nicht alle Erwerbseinkommen AHV- versichert sind. Ausserdem besteht auch hier wiederum ein deutlicher Unterschied zwischen Personen, die einer selbstständigen und unselbstständigen Arbeit nachgehen. Bei der 1. Säule entrichten nur knapp 84% der Selbstständigerwerbenden AHV/IV/EO-Beiträge, im Vergleich zu 97% für Unselbstständigerwerbende. Bei der 2. Säule fällt der Anteil an Versicherten im Kulturbereich noch geringer aus. Nur gerade 34% der Einkommen aus selbstständig erwerbenden Tätigkeiten sind BVG-versichert. Doppelt so viele sind es hingegen bei Kulturschaffenden mit unselbstständigem Erwerbseinkommen (68%). In Bezug auf die Jahreseinkommen haben die Auswertungen gezeigt, dass erst ab einem Einkommen von 40'000 CHF eine deutliche Mehrheit BVG-Beiträge auf unselbstständigem Erwerbseinkommen entrichtet. Jedoch bezahlt bei einem Einkommen aus selbstständigem Erwerb über alle Einkommensklassen hinweg nur eine Minderheit überhaupt BVG-Beiträge (Ecoplan, 2021).

Ein Drittel aller Selbstständigerwerbenden im Kulturbereich verfügt über keine Altersvorsorge (2. Säule, 3. Säule, Säule 3b, Sparkonto, Finanzanlagen). Zudem ist ersichtlich, dass selbst die Kulturschaffenden, die in die zweite Säule einzahlen, aufgrund ihrer geringen Einkommen kaum je eine anständige Rente beziehen werden können. In Bezug auf die kurzfristige soziale Absicherung verfügen Kulturschaffende grundsätzlich über eine obligatorische Unfallversicherung, unabhängig von ihrer Arbeitsform. 5% der Arbeitnehmenden geben an, keine Taggeldversicherung bei Unfall zu haben. Dies resultiert gemäss der Ecoplan-Umfrage daraus, dass es unverhältnismässig hohe Prämien gibt oder dass es gar keine Unfallversicherer gibt, die Nebenwerbe respektive «Kleinstpensen» versichern. Auffangreinrichtungen bieten zwar eine teilweise Abdeckung, was aber die Gefahr mit sich bringt, dass bei Unfall im Rahmen eines Nebenerwerbs auch für den Haupterwerb kein Taggeld ausgerichtet wird. Kaum die Hälfte aller Selbstständigerwerbenden hat eine (freiwillige) Krankentaggeldversicherung. Dieser Anteil ist bei den Unselbstständigerwerbenden und bei den Kulturschaffenden, die selbstständig und gleichzeitig unselbstständig erwerbend sind, mit 60% deutlich höher. Zudem ist zu vermerken, dass wenn eine Versicherung fehlt, der Arbeitgeber mitunter eine lange Lohnzahlungspflicht zu entrichten hat (vgl. Art. 342a OR; Ecoplan, 2021).

5.3.3. Alters- und Hinterlassenenversicherung (AHV)

Versicherungspflicht: Seit dem 1. Januar 2010 haben alle Kulturschaffenden auf ihrem gesamten Lohn Beiträge an die AHV, die EO, die IV und ALV zu bezahlen (Art. 34d Abs. 2 lit. b AHVV). Dadurch wird der Versicherungsschutz verbessert.

Das heisst, dass Arbeitgebende aus den Bereichen Tanz- und Theaterproduktionen, Orchester, Phono- und Audiovisionsproduktionen, Radio und Fernsehen sowie Schulen im künstlerischen Bereich automatisch einen Beitrag an die AHV/IV/ALV der Arbeitnehmenden leisten und für diese abrechnen. Dies gilt auch für Löhne unter CHF 2'300.00 (Bundesamt für Kultur, 2009).

5.3.4. Berufliche Vorsorge

Bei der beruflichen Vorsorge finden sich viele private Initiativen zur Deckung der Bedürfnisse von Kulturschaffenden, so zum Beispiel durch die spezifische Vorsorgeeinrichtungen für Kulturschaffende. Zudem bietet ein Teil der öffentlichen Kulturförderer seit 2013 (Dachverbands Suisseculture auf Bundesebene) und seit 2016 (bei ersten Städten und Kantonen, Schweizerischen Städtekonferenz zur sozialen Sicherheit von Kulturschaffenden) an, einen Beitrag an die berufliche Vorsorge der 2. oder 3. Säule zu leisten, falls die Kulturschaffenden auch ihren Arbeitnehmendenbeitrag leisten. Im Falle eines Vorbezugs der Pensionskassengelder, beispielsweise beim Aufbau einer Selbstständigkeit, ist die berufliche Vorsorge von Bedeutung, weil bei mangelndem wirtschaftlichem Erfolg die Absicherung durch die 2. oder 3. Säule fehlt, was zu Versicherungslücken führt. Nachfolgend erläuterte Themen sind seit längerem in Diskussion und zeigen in Kürze den aktuellen Stand auf.

5.3.4.1. Eintrittsschwelle bei Mehrfachbeschäftigungen

Arbeitnehmende sind in der obligatorischen beruflichen Vorsorge versichert, wenn sie bei einem Arbeitgeber einen Jahreslohn von mehr als CHF 22'050 verdienen (Eintrittsschwelle). Das Zusammenzählen mehrerer Jahreslöhne und damit das Erreichen der Eintrittsschwelle vermag das Obligatorium nicht zu rechtfertigen. Gemäss Art. 46 Abs. 1 BVG kann ich mich nur freiwillig bei einer Auffangeinrichtung oder bei der Vorsorgeeinrichtung des Arbeitgebers versichern lassen, sofern deren reglementarische Bestimmungen dies so vorsehen. Im letzten Fall muss der Arbeitgeber für die Hälfte der Beiträge aufkommen, welche auf den von ihm ausbezahlten Lohn entfallen (Bundesrat, 2023a). Dieses Dilemma ist aber nicht ein typisches Problem der kulturschaffenden Personen, sondern betrifft alle im Arbeitsmarkt aktiven Personen, die sich mit Mehrfachbeschäftigungen den Lebensunterhalt verdienen. Eine Anpassung von Art. 46 BVG wurde anlässlich der Reform der beruflichen Vorsorge (BVG 21) diskutiert und das Parlament hat am 17. März 2023 die Reform beschlossen (Parlament, 2023). Mit der Reform wird die Eintrittsschwelle von CHF 22'050 auf CHF 19'845 gesenkt und der fixe Koordinationsabzug in der heutigen Form abgeschafft. Vorgesehen ist ein Koordinationsabzug von 20% des AHV-Lohnes. Neu sind somit 80% des AHV-Lohnes bis zur Höhe von CHF 88'200 obligatorisch versichert (Bundesrat, 2020). Der Bundesrat hat ausserdem die Motion 22.3389 – «Auch Nebenerwerbseinkommen ins BVG» – zur Annahme empfohlen (Kommission für Soziale Sicherheit und Gesundheit SR, 2022). Die Grundanliegen zum Art. 46 BVG wurden im Parlament berücksichtigt. Gegen diese Reform wurde jedoch erfolgreich das Referendum ergriffen und es folgt dazu im Jahr 2024 eine Volksabstimmung (Bundeskanzlei, 2023).

Zu ergänzen bleibt, dass Vorsorgeeinrichtungen bereits heute für Versicherte vorteilhaftere Regelungen in Bezug auf Eintrittsschwelle und Koordinationsabzug vorsehen können, indem sie beispielsweise die Eintrittsschwelle tiefer ansetzen oder auf einen Koordinationsabzug verzichten. So kennt zum Beispiel die Pensionskasse «Musik und Bildung» gar keine Eintrittsschwelle für Unselbstständigerwerbende; für Selbstständigerwerbende ist ab CHF 5'000 Jahreslohn die Versicherung möglich (Visarte, o.D.).

5.3.4.2. Berücksichtigung der Gesamtdauer bei befristeten Arbeitsverhältnissen

Bis Ende 2008 gab es für befristete Arbeitsverhältnisse bis max. 3 Monate keine obligatorische Versicherung, was zu Versicherungslücken führte (alt Art. 1j Abs. 1 lit.b BVV2). Dieser Artikel wurde revidiert und seit dem 1. Januar 2009 sind Arbeitnehmende, die mehrere Arbeitseinsätze für denselben Arbeitgebenden leisten, dem BVG unterstellt, wenn die Gesamtdauer der Einsätze bei diesem Arbeitgebenden insgesamt 3 Monate übersteigt. Dadurch wurde die Versicherungdeckung für eine Anzahl von Arbeitnehmenden in atypischen Arbeitsverhältnissen optimiert (Art. 1j Abs. 1 lit.b i.V. Art. 1k Abs. 1 lit.b BVV2).

5.3.4.3. Unterstellung von Selbstständigerwerbenden unter obligatorische Versicherung auf Antrag eines Verbandes

Seit langer Zeit ist die Einführung einer obligatorischen Versicherung für Selbstständigerwerbende ein Anliegen der Kulturverbände. Diese Option ist im Art. 3 BVG so vorgesehen, dass der Verband dem Bundesrat einen Antrag stellen kann. Dazu muss jedoch die Mehrheit der Selbstständigerwerbenden dieser Berufsgruppe dem antragsstellenden Verband angehören. Bis heute wurde auf ein Einreichen eines solchen Antrags jedoch aus drei Gründen verzichtet:

«Eine grosse Anzahl Kulturschaffenden ist nicht Mitglied eines Berufsverbandes. Es ist fraglich, ob es überhaupt einen Kulturverband gibt, dem die Mehrheit der Selbstständigerwerbenden einer bestimmten Berufsgruppe angehören.

Selbst wenn die Selbstständigerwerbenden aus dem Kultursektor einer obligatorischen beruflichen Vorsorge unterstellt wären, würden nur die Wenigsten mit ihrem Einkommen aus selbstständiger Tätigkeit die Eintrittsschwelle der 2. Säule erreichen. Sie könnten sich nur auf freiwilliger Basis versichern. Eine Aufnahmepflicht besteht in diesem Fall für die Vorsorgeeinrichtung aber nicht.

Im Weiteren hat auch ausserhalb des Kultursektors bisher kein Berufsverband ein Gesuch gemäss Art. 3 BVG gestellt.» (Bundesrat, 2023a, S. 18).

5.3.4.4. Gründung einer Vorsorgesammeleinrichtung durch die Verbände

Immer wieder Thema ist, dass die Kulturverbände eine Gründung einer Vorsorgesammeleinrichtung für alle Kulturschaffenden vornehmen sollen. Eine mögliche Fusion wurde von Suisseculture Sociale überprüft aber wieder verworfen. Einerseits sind die Mitgliederstrukturen der aktuell vier bestehenden Vorsorgeeinrichtungen sehr unterschiedlich (unterschiedliche Beitragssätze und Vorsorgepläne), was eine Fusion zu einer Sammeleinrichtung erschwert. Andererseits sind bestehende Vorsorgeeinrichtungen aus dem Kultursektor offen für Anschlüsse von weiteren Berufsverbänden, was von vielen auch gemacht wurde, wodurch die Kulturschaffenden die Möglichkeit haben, sich in einer 2. Säule versichern zu lassen. Dass die Beitritte bisher noch bescheiden sind, lässt sich daher ableiten, dass die Verdienste immer noch gering sind (Bundesrat, 2023a).

5.3.5. Arbeitslosigkeit

Die Arbeitslosenquote von Kulturschaffenden lag zwischen 2017 und 2021 jeweils leicht unter der Arbeitslosenquote aller Berufsgruppen. Die Entwicklung verlief in etwa parallel zur Gesamtwirtschaft. Insbesondere zeigt sich bei den Kulturschaffenden während der Covid-19-Pandemie kein überproportionaler Anstieg der Arbeitslosenquote (Bundesrat, 2023a, S. 11).

Auch wenn es bei der Arbeitslosenversicherung bestimmte Sonderregelungen für Berufe wie Interpretinnen und Interpreten gibt, in denen häufig wechselnde oder befristete Anstellungen üblich sind, genügt dies oft nicht, um anspruchsberechtigt zu sein. Lücken bei Selbstständigerwerbenden können auch im Falle einer Arbeitslosigkeit entstehen, da sie sich nicht bei der Arbeitslosenversicherung gegen Arbeitslosigkeit versichern können. Auch bei der Arbeit auf Abruf gibt es Nachteile, zum Beispiel wenn eine schleichende Abnahme des Arbeitspensums besteht. Zudem ist bei schwankenden Pensen oder bei Kurzanstellungen die Feststellung schwierig, ob überhaupt ein Anspruch auf Arbeitslosenentschädigung besteht oder nicht. In solchen Konstellationen beurteilen die Arbeitslosenkassen die Situation im Einzelfall. In der Arbeitslosenversicherung gibt es deshalb für Kulturschaffende Erleichterungen bei der Berechnung der Beitragszeit. So werden die ersten 60 Tage einer befristeten Anstellung doppelt an die erforderliche Beitragszeit angerechnet (Art. 12a AVIV).

Eine Neuregelung von Personen mit arbeitgeberähnlicher Stellung in der ALV wurde in den letzten Jahren mehrfach gefordert. Der Bundesrat hat davon abgesehen. Dies vor allem, um Missbräuchen vorzubeugen. Personen in arbeitgeberähnlichen Stellungen sollen nicht die Möglichkeit haben, sich selbst vorübergehend und zulasten der ALV zu kündigen, um sich anschliessend bei besserer Auftragslage wieder anzustellen (Bundesrat, 2023a).

5.3.6. Nichtberufsunfall und Berufskrankheit

Das Risiko eines Nichtberufsunfalls ist sehr gering, da bei flexibilisierter Arbeit auch bei einem minimalen Beschäftigungsgrad das Risiko von der Krankenkasse aufgefangen werden kann. Das Risiko einer Berufskrankheit ist im Arbeitsalltag hingegen zentral. In Bezug auf die flexibilisierte Arbeit stellt sich jedoch die Frage, inwiefern der Arbeitgeber seinen Pflichten in Bezug auf die Gesundheit bei der flexibilisierten Arbeit nachkommt. Der Gesetzgeber regelt den Grundsatz dieser Pflichten sowohl in Art. 328 OR als auch in Art. 6 ArG i.V.m. Art. 3 ArGV.

Alle Arbeitnehmenden, die in der Schweiz beschäftigt sind und in einem Arbeitsverhältnis gemäss Einzelarbeitsvertrag angestellt sind, sind obligatorisch unfallversichert. Sie sind somit gleichzeitig auch gegen Berufskrankheiten versichert. Diese Deklaration der Berufskrankheit entfällt bei allen anderen Arbeitsformen wie Auftrag oder Werkvertrag und auch Freelancer, die nicht als Einzelarbeitsvertragsverhältnis geregelt sind. Die Ergebnisse des Forschungsberichts «Flexicurity» hinsichtlich AHV/IV fallen verhältnismässig gut aus, da dank der auch für Nichterwerbstätige und Arbeitslose geltenden Beitragspflicht sowie der Einrichtung der Ergänzungsleistungen, die zu tiefe Renten aufzufangen vermögen (Bundesrat, 2008). Bei neuer Selbstständigkeit besteht keine Versicherung gegen Arbeitslosigkeit, keine obligatorische berufliche Vorsorge und keine obligatorische Versicherung nach UVG. Gleiches gilt für die Scheinselbstständigkeit (Marti et al., 2007). Das heisst, die Unfallversicherung nach UVG ist für Selbstständigerwerbende freiwillig und nicht obligatorisch. Es zeigt sich an einer spezifischen Initiative in der Stadt Genf, dass die Möglichkeit, freiwillig eine Krankentaggeldversicherung und Unfallversicherung abzuschliessen, von den Kulturschaffenden meist nicht genutzt werden – sei dies, weil sie sich dessen nicht bewusst sind oder aus finanziellen Gründen (Marti et al. 2007).

Im Rahmen des Berichts «Flexi-Test» (Bundesrat, 2021) hat sich der Bundesrat mit der Forderung der Senkung der Eintrittsschwelle zur freiwilligen Unfallversicherung auseinandergesetzt. Diese Senkung wurde als nicht *uninteressant* deklariert. Das Bundesamt für Gesundheit ist beauftragt, diese Absenkung des jährlichen Mindesteinkommens zu überprüfen und Verbesserungsvorschläge vorzulegen.

5.3.7. Schwarzarbeit

Unter Schwarzarbeit wird die entlohnte Selbstständigkeit oder Unselbstständigkeit, bei denen entscheidende Rahmenbedingungen von Arbeitgebenden und Arbeitnehmenden nicht eingehalten werden, verstanden. Die Schwarzarbeit wird sich durch die Digitalisierung und die Möglichkeiten der Arbeitstätigkeit im virtuellen Raum ausbreiten. Schwarzarbeit ist illegal, weshalb die involvierten Personen gegen das Gesetz verstossen. Das Bundesgesetz über Massnahmen zur Bekämpfung der Schwarzarbeit (BGSA) und die dazugehörige Verordnung über Massnahmen zur Bekämpfung der Schwarzarbeit (VOSA) umschreiben folgende Formen der Schwarzarbeit:

- Fehlende Entrichtung von Sozialabgaben
- Fehlende Einholung von Arbeitsbewilligungen
- Fehlende Versteuerung von Lohn und Umsatz
- Unrechtmässiges Beziehen von Arbeitslosengeldern
- Fehlende Abrechnung von Quellensteuern

Im BGSA ist ein vereinfachtes Abrechnungsverfahren geregelt, das eine administrative Vereinfachung für den Arbeitgeber vorsieht. Davon können Arbeitgeber freiwillig Gebrauch machen, um die Abrechnung der Sozialversicherungsbeiträge und Quellensteuern vereinfacht abzuwickeln. In erster Linie ist dieses Abrechnungsverfahren für kurzfristige oder im Umfang geringe Arbeitsverhältnisse angedacht. Es hat gegenüber dem ordentlichen Abrechnungsverfahren den Vorteil, dass die Beiträge einmal jährlich zu leisten sind und nicht einer monatlichen Lohnabrechnung unterliegen. Dieses Abrechnungsverfahren ist bereits heute auch auf den Kultursektor anwendbar. Die Frage ist, wie bekannt dieses Verfahren in der Praxis ist. Das Verfahren könnte insbesondere für Laienvereine wie auch für kleine Kulturorganisationen interessant sein (Bundesrat, 2023a).

Nach Art. 1 BGSA werden im Gesetz Massnahmen zur Bekämpfung der Schwarzarbeit behandelt und Kontroll- und Sanktionsmassnahmen erläutert. Der Art. 6 BGSA regelt die Aufgaben des kantonalen Kontrollorgans (KKO). Jeder Kanton verfügt über ein kantonales Kontrollorgan, dieses soll prüfen, ob die Melde- und Bewilligungspflichten der Betriebe und der Arbeitnehmenden eingehalten werden. So dürfen die mit der Kontrolle betrauten Personen den Arbeitsort der kontrollierten Personen während der Arbeitszeit betreten (Art. 7 Abs. 1 lit. a BGSA). Die kontrollierte Person und der Betrieb unterstehen dabei der Mitwirkungspflicht (Art. 8 BSGA). Die KKO arbeitetet mit anderen Behörden sowie Organisationen zusammen und geht deren Verdachtsmeldungen nach (Art. 11ff. BGSA). Vor allem die Themen der fehlenden Entrichtung von Sozialabgaben oder der fehlenden Versteuerung von Lohn und Umsatz wie auch die Abrechnung von Quellensteuern betreffen die Kulturschaffenden.

5.3.8. Zwischenfazit und Folgerungen

Die nachfolgend erwähnten Handlungsempfehlungen adressieren vorwiegend zwei Hauptgruppen:

5.3.8.1. Kulturschaffende

Selbstverantwortung für soziale Sicherheit übernehmen!

Grundsätzlich ist jede Person, so auch die Kulturschaffenden, v.a. wenn sie als freischaffende Personen aktiv sind, selbst verantwortlich, sich um die eigene soziale Sicherheit (Vorsorge und präventive Absicherung wie Berufsunfall- oder Krankheitstaggeldversicherung) zu kümmern. Es bedarf eines erhöhten Masses an Eigenverantwortung und Wissen, wie arbeitsrechtliche und sozialversicherungstechnische Fragen innerhalb von spezifischen Arbeitsbedingungen adäquat zu lösen sind.

5.3.8.2. Öffentliche und private Förderinstitutionen und Bildung

Effektiverer Einsatz von Fördergeldern mit entsprechenden vertraglichen Rahmenbedingungen!

Kulturschaffende sind in hohem Mass abhängig von der Förderung durch Institutionen. Diese tragen die Verantwortung, wie ihre Fördergelder eingesetzt werden. Dies ist vor allem dann zentral, wenn zwischen Förderinstitution und Kulturschaffenden keine vertraglich basierende Zusammenarbeit, wie zum Beispiel ein Arbeitsverhältnis, besteht. Art. 9 KFG und deren Ausführungsbestimmungen definieren, dass bei Finanzhilfen an Kulturschaffende das Bundesamt für Kultur und die Stiftung Pro Helvetia 12 der Finanzhilfe an die Pensionskasse oder an die Säule 2a dieser Person überweisen. Der Anteil dieser 12% wird je zur Hälfte durch den Kulturschaffenden und durch das Bundesamt für Kultur, resp. Pro Helvetia, finanziert (KFG).

Einhalten von Honorar- und Gagenempfehlungen!

Die öffentliche Hand soll die Subventionsempfänger dazu verpflichten, bei der Entschädigung die Honorar- und Gagenempfehlungen einzuhalten. In allen anderen Branchen gibt es definierte Mindestlöhne, die den Arbeitgebenden verpflichten, diese gegenüber den Arbeitnehmenden umzusetzen. Wo solche Branchenempfehlungen noch fehlen, sollten sie erarbeitet werden.

Stärkung der Information und Beratung der Kulturschaffenden zu sozialversicherungsrechtlichen und arbeitsrechtlichen Themen!

Das BAK unterstützt gemäss dem Kulturförderungsgesetz (KFG) insgesamt 12 Organisationen mit jährlichen Finanzhilfen. Dieser Betrag dient insbesondere der generellen Information der Kulturschaffenden über die beruflichen Rahmenbedingungen sowie der persönlichen Beratung der Mitglieder (Bundesrat, 2023a). Diese Massnahme genügt wohl allein nicht und die Aus- und Weiterbildungsinstitutionen sind hier mit zu adressieren, damit diese Themen künftig als Pflichtinhalt in das Curriculum einfliessen.

5.3.9. Handlungsempfehlungen

Der Frage nach einer angemessenen Entlohnung in der Kultur und dem damit zusammenhängenden niedrigen Lohnniveau auch nach Erreichen des Rentenalters mit der Konsequenz, dass die Kulturschaffenden keine volle Rente erhalten, ist zentral. In der Kulturbotschaft 2025–2028 (Bundesamt für Kultur, 2024, S. 43–45) wird aufgezeigt, welche Massnahmen als prüfenswert erachtet und in die Vernehmlassung gegeben wurden. Diese werden hier nicht nochmals aufgelistet. Zudem wird auf die Stellungnahmen von Suisseculture verwiesen (Suisseculture Sociale, 2023).

Um dieser Situation entgegenzuwirken, haben beispielsweise das Amt für Kultur und Sport des Kantons Genf und die Kulturabteilung der Stadt Genf Interface beauftragt, sie bei der Umsetzung einer Übergangsregelung zum Zweck einer gerechteren Entlohnung von Kulturschaffenden zu unterstützen. Dabei soll ein Pilotmodell für die Sparten Musik und visuelle Künste entwickelt werden, das gegebenenfalls auf alle Bereiche der Kulturförderung in Genf ausgeweitet werden kann. Erfahrungen aus diesem Pilotmodell sind zu verfolgen und bei den nachfolgenden Empfehlungen künftig zu berücksichtigen.

5.3.9.1. Prüfung einer «Portage salarial»

Prüfung einer «Portage salarial»: In den letzten Jahren haben verschiedene Dienstleister innovative Modelle der Umwandlung von Honoraren in Lohn für Freelancer und Selbstständigerwerbende auf den Markt gebracht. Dabei besteht aus rechtlicher Sicht die geschilderte Unsicherheit, ob es sich hier nicht um eine eigentliche unzulässige «Scheinarbeitnehmerstellung» handelt. Frankreich hat dieses Modell bereits auch auf gesetzlicher Grundlage umgesetzt und es wären zum Thema «Soziale Absicherung von Kulturschaffenden» sicher gute Ansätze dabei, um einen Pilotversuch in enger Zusammenarbeit mit staatlichen Behörden und privaten Anbietern zu diesem Thema zu starten. Der Bundesrat hat im Bericht zum Postulat Maret diese Thematik geprüft und anerkennt die Komplexität der sozialversicherungsrechtlichen Fragestellung bei Beschäftigungsverhältnissen der Kulturschaffenden (ähnlich beim Bundesamt für Kultur, 2024, S. 44). Er verwirft im gleichen Bericht einen gesetzgeberischen Handlungsbedarf (Bundesrat, 2023a). Auch wenn aktuell von gesetzgeberischen Änderungen abgesehen wird, wird das Potenzial in diesem Modell gesehen und im Minimum sollte das Modell und die Auswirkungen in Frankreich beobachtet werden, um aus diesen Erfahrungen mögliche Massnahmen ableiten zu können. Zielgruppe: Politik, Verbände.

5.3.9.2. Beratungs- und Dienstleistungsstelle für Kulturschaffende / Monitoring und Sanktionierung beim Einhalten von Honorar- und Gagenempfehlungen / Rahmenbedingungen bei Vergabe von Fördergeldern

Hier stellt sich die Frage, wer für die Beratung und umfangreiche Oberaufsicht dieser Themen verantwortlich ist. Allein durch das Schaffen oder Anpassen von gesetzlichen Rahmenbedingungen können gewisse Optimierungen nicht durchgeführt werden, wenn diese dann nicht konform umgesetzt werden. Die Branchenverbände versuchen diese Themen abzufedern, aber es gilt zu prüfen, ob das Schaffen einer «Ombudsstelle» diese Umsetzung und Kontrolle stärken könnte. Diese Optimierungen wären in Zusammenarbeit mit Suisseculture Sociale auszuarbeiten. Zielgruppe: kantonale und branchenspezifische Förderinstitutionen, Bundesamt für Kultur (BAK).

5.3.9.3. Grundsätzliche Regelung der atypischen Arbeitsformen

Die geschilderten Herausforderungen im arbeitsrechtlichen und sozialversicherungsrechtlichen Bereich sind zu regeln. Diese Themen betreffen nicht nur den Kultursektor, sondern alle, v.a. auch die durch die Plattformökonomie geschaffenen neuen Berufsfelder. Zielgruppe: Wirtschafts- und Branchenverbände, Bundesparlament.

5.3.9.4. Aufnahme Arbeitsrecht und Sozialversicherungsrecht im Aus- und Weiterbildungscurriculum

Arbeitsrecht und Sozialversicherungsrecht gehören in das Aus- und Weiterbildungs-Curriculum der Kunstberufe: Damit die Kulturschaffenden die Eigenverantwortung wahrnehmen können, bedarf es einer Stärkung dieser Themen in der Aus- und Weiterbildung. Zielgruppe: Bildungsanbieter, Hochschulen, Kulturschaffende.

5.4. Urheber- und verwandte Schutzrechte in Kunst und Musik

Dieses Kapitel gibt einen Überblick über Schutz und Verteidigung von Rechten in Kunst und Musik, besonders im Hinblick auf künftige Herausforderungen für Kulturschaffende. Es geht darum aufzuzeigen, was geregelt ist und wo es allfällige Lücken im Rechtssystem gibt.

5.4.1. Musik und Visuelles Design nach URG

In Art. 2 Abs. 2 und 3 Urheberrechtsgesetz (URG) führt der Gesetzgeber nicht abschliessend Werkkategorien auf, die unter das URG fallen. Davon werden in der vorliegenden Studie gemäss Titel der Studie folgende Kategorien behandelt:

- Werke der Musik und andere akustische Werke
- Werke der Bildenden Kunst, insbesondere der Malerei, der Bildhauerei und der Graphik
- visuelle Werke mit wissenschaftlichem oder technischem Inhalt wie Zeichnungen, Pläne, Karten oder plastische Darstellungen

- Werke der Baukunst
- Werke der angewandten Kunst
- fotografische, filmische und andere visuelle oder audiovisuelle Werke
- choreografische Werke und Pantomimen

Nicht behandelt, jedoch in Art. 2 Abs. 2 und 3 aufgeführt werden:

- literarische, wissenschaftliche und andere Sprachwerke
- nicht visuelle Werke mit wissenschaftlichem oder technischem Inhalt
- Computerprogramme

5.4.2. Urheberrecht und verwandte Schutzrechte

Das Gesetz, in dem in der Schweiz das Urheberrecht primär geregelt ist, heisst «Bundesgesetz über das Urheberrecht und verwandte Schutzrechte».

Das Gesetz regelt also nicht nur das Urheberrecht, sondern auch die sogenannten verwandten Schutzrechte. Letztere sind insofern mit dem Urheberecht verwandt, als sie sich von diesen ableiten und durch deren Aufführung oder Produktion entstehen.

Die verwandten Schutzrechte werden in Art. 33ff. URG geregelt. Dazu gehören die:

- Rechte der ausübenden Kulturschaffenden (Art. 33ff. URG)
- *Ausübende Künstlerinnen und Künstler sind natürliche Personen, die ein Werk oder eine Ausdrucksform der Volkskunst darbieten oder an einer solchen Darbietung künstlerisch mitwirken.*
- Rechte der Herstellerin oder des Herstellers von Ton- oder Tonbildträgern (Art. 36 URG)
- Rechte der Sendeunternehmen (Art. 37 URG)

Die verwandten Schutzrechte und ihre Inhaberinnen und Inhaber werden hier ebenfalls berücksichtigt, soweit sie in die Bereiche Musik, Visuelles Design und allenfalls auch Theater fallen.

5.4.3. Digitalisierung bei Schweizer Kulturschaffenden

Für die Bestimmung der entsprechenden rechtlichen Hotspots ist es notwendig, vorab zu eruieren, wie Kulturschaffende im vorliegenden Sinne ihre Werke digitalisieren, mit diesen an digitalen Systemen partizipieren, diese in digitalen Räumen kreieren oder dorthin transferieren. Dafür werden insbesondere auch die im Rahmen dieser Studie geführten Interviews mit Kulturschaffenden berücksichtigt.

5.4.3.1. Digitalisierung in der Musik

In der Regel wird Musik in der Form von Noten kreiert bzw. komponiert, analog (Pencil to Paper) oder digital. Die entsprechenden Hilfsmittel lassen es jedoch heute auch zu, Musik in der Improvisation oder Komposition ohne Notierung digital aufzuzeichnen (Mikrofon, Software zur Musikproduktion).

Musik wird überwiegend durch Menschen kreiert bzw. komponiert. Zunehmend wird dafür KI zu Hilfe genommen oder Künstliche Intelligenz kreiert bzw. komponiert Musik überwiegend oder sogar in weiten Teilen autonom.

Musik entsteht heute zu grossen Teilen über die Nutzung digitaler Technologien. Es gibt jedoch Bereiche, wie die Volksmusik und Klassik, wo Musik nach wie vor analog entsteht und allenfalls später digitalisiert wird.

Notabene für deren Vermarktung wird Musik heute vielfach, in der Regel ergänzend, auch visuell in Musikvideos umgesetzt.

Mindestens im kommerziellen Bereich wird Musik nach deren Komposition bzw. Kreation in anderen Formaten aufgeführt resp. inszeniert. Dies erfolgt einerseits im Rahmen von Konzerten und andererseits online über Streaming- und/oder Videoplattformen. Musik wird aber auch integriert, insbesondere in Theaterstücken, Musicals, Filmen und Videogames; analog oder digital.

5.4.3.2. Digitalisierung im Visuellen Design

Der grösste Teil des kommerziellen Visuellen Designs entsteht heute direkt digital, nur schon, weil nur in dieser Form ein einfacher Austausch mit den Kundinnen und Kunden möglich ist und diese die digitale Form verlangen. Dies dürfte insbesondere auf grafisches Design, Industrial Design, Webdesign, UX/UI Design und Motion Design, Fotografie und Film zutreffen. Anders verhält es sich insbesondere in der Bildenden Kunst und im Bereich der Illustration. Dort wird Design noch überwiegend analog kreiert, später allenfalls digitalisiert.

Design wird überwiegend durch Menschen kreiert. Zunehmend wird dafür KI zu Hilfe genommen oder Künstliche Intelligenz kreiert Design überwiegend oder sogar vollständig autonom (Grüter, 2023).

Auch beim Visuellen Design gibt es Design, das zuerst analog kreiert wird, und es gibt Design, das direkt digital entsteht.

5.4.4. Künstliche Intelligenz bei URG-Revision 2019 nicht berücksichtigt

Ende 2017 hat der Bundesrat dem Parlament eine Botschaft zur Revision des URG unterbreitet. Sinn und Zweck der Revision war es, «verschiedene gesetzliche Bestimmungen an neuere technologische und rechtliche Entwicklungen [anzupassen], um die Chancen und Herausforderungen der Digitalisierung im Urheberrecht nutzen bzw. meistern zu können» (Bundesblatt, 2018, S. 593). Obwohl die für die Kultur relevante generative Künstliche Intelligenz (wie z.B. ChatGPT von OpenAI) zum Zeitpunkt der Unterbreitung der genannten Vorlage oder mindestens bis zur Schlussabstimmung Ende 2019 den Fachkreisen hätte bekannt sein müssen, war jene zu keinem Zeitpunkt ein Thema, wie Recherchen und zusätzliche Quellen, die mit der Revision befasst waren, bestätigen. Dies ist insofern fatal, als die Technologie der KI sich rasant entwickelt und schon jetzt und in Zukunft noch viel grössere Auswirkungen auf die Arbeit und sogar die Existenz der Kulturschaffenden hat bzw. haben wird. Die Auswirkungen von KI auf die Kulturschaffenden bildet denn auch einen zentralen Bestandteil einer der längsten und härtesten Streiks der Autorinnen und Autoren und der Schauspielerinnen und Schauspieler in Hollywood (Barnes, 2023).

Gerade weil die Technologie der KI so rasant voranschreitet, ist es dringend notwendig, dass Bundesrat und Parlament deren Auswirkungen auf Kreation und Nutzung von Werken gemäss Art. 2 URG so bald als möglich prüfen, diskutieren und, falls notwendig, das URG erneut revidieren. Denn nur damit ist gesichert, dass «die Chancen und Herausforderungen der Digitalisierung im Urheberrecht «genutzt bzw. gemeistert werden […] können» (Bundesblatt, 2018, S. 593).

Effektiv hat der Bundesrat dies erkannt und an seiner Sitzung vom 22. November 2023 beim UVEK eine Übersicht möglicher Regulierungsansätze von KI in Auftrag gegeben. Diese soll bis Ende 2024 vorliegen (Bundesrat, 2023c). Gemäss Auskunft des Bundesamts für Kultur fand dazu am 9. Januar 2024 ein

Kick-off zur Erarbeitung der Auslegeordnung statt, die die möglichen Ansätze zur Regulierung von KI für die Schweiz aufzeigen soll. Seither laufen die Arbeiten an verschiedenen Arbeitspaketen simultan. Momentan verschafft man sich einen Überblick über die Regulierungsaktivitäten in anderen Ländern (nicht EU). Ebenso in Arbeit ist eine Analyse der internationalen Konventionen, die die Schweiz ratifiziert hat und die einen Zusammenhang mit KI haben, sowie eine Analyse des AI Acts der EU. Die Analyse der sektorspezifischen Gesetze startet im März. Die genannten Analysen ebenso wie die Auslegeordnung werden veröffentlicht, allerdings erst, nachdem der Bundesrat sie zur Kenntnis genommen hat. Dies dürfte voraussichtlich im Dezember 2024 der Fall sein.

Nachfolgend wird auf einzelne, insbesondere juristische Auswirkungen von KI notabene auch auf die Schweizer Kulturschaffenden und ihre Kreationen bzw. deren Nutzung eingegangen.

5.4.5. Musik und Visuelles Design basierend auf oder durch Künstliche Intelligenz, insbesondere auch ChatGPT und andere Chatbots

Wenn man die Auswirkungen von KI auf die Kreation und die Nutzung von Musik und Visuellem Design betrachtet, muss man insbesondere zwei Hotspots anschauen: erstens das Antrainieren der KI mit Informationen; zweitens den Output der KI. Für die Kulturschaffenden sind beide Hotspots relevant. Denn einerseits werden ihre Kreationen für das Training der KI verwendet und andererseits verwenden Kulturschaffende wohl bereits aktuell und zukünftig auch vermehrt Ergebnisse der KI, wie z.B. Texte und Bilder.

5.4.5.1. Urheberrechtliche Relevanz von Inputs und Outputs der KI

Gemäss Art. 2 Abs. 1 URG werden Werke (s. Art. 2 Abs. 2 und 3 URG) geschützt, die unabhängig von ihrem Wert oder Zweck, *geistige Schöpfungen* der Literatur und Kunst sind, die *individuellen Charakter* haben. Letzteres beinhaltet ein hohes Niveau an Originalität. Die Unabhängigkeit von Wert oder Zweck spielt in der Praxis keine grosse Rolle. Auch die Frage der geistigen Schöpfung war bislang in konkreten Fällen kein sehr relevantes Thema. Eine geistige Schöpfung gemäss Gesetz ist eine *menschliche* Willens- und Gedankenäusserung (Rehbinder et. al., 2022, Rn. 2 zu Art. 2 URG). Beim Output der KI stellt sich nun aber die Frage, ob dieser überwiegend durch menschlichen Einfluss entstanden ist. In diesem Fall würde der Output der KI nach schweizerischem Recht keinen Schutz geniessen und könnte somit unter urheberrechtlichen Gesichtspunkten

(Rehbinder et al., 2022, Rn. 2 zu Art. 2 URG) von Kulturschaffenden frei verwendet werden (Grüter, 2023). Um entsprechende Fälle juristisch beurteilen zu können, ist Transparenz bei der KI notwendig. Für die Schweiz ist zusätzlich zu beachten, dass fotografische Wiedergaben und mit einem der Fotografie ähnlichen Verfahren hergestellte Wiedergaben dreidimensionaler Objekte seit der Revision des URG (siehe Abschnitt 5.4.4) einen «telquel-Schutz» geniessen (Grüter, 2020). Das bedeutet, dass für den urheberrechtlichen Schutz die Voraussetzung des individuellen Charakters bzw. des hohen Niveaus an Originalität nicht gegeben sein muss.

Rechte an Inputs

Es ist notorisch, dass KI nur funktioniert, wenn die entsprechenden Modelle mit bestehenden Informationen (Texte, Bilder usw.) trainiert wurden (Pouly, 2023). Diese Informationen können basierend auf verschiedenen rechtlichen Grundlagen geschützt sein, u.a. durch Urheberrecht. Sofern diese Informationen effektiv urheberrechtlich geschützt sind, stellt sich die Frage, ob KI-Anbieter wie OpenAI mit ihrem Chatbot ChatGPT diese geschützten Informationen zum Training ihrer Modelle verwenden dürfen (Grüter, o.D.). Gemäss Art. 10 Abs. 1 URG hat der/die Urheber/in das ausschliessliche Recht zu bestimmen, ob, wann und wie das geschützte Werk verwendet wird. Auch neue Nutzungsformen, die dem Gesetzgeber technisch oder wirtschaftlich noch nicht gegenwärtig waren (unbekannte Verwendungsarten), sind ohne Weiteres vom Ausschliesslichkeitsrecht erfasst. Dieses ist daher prinzipiell technologieneutral. Es ist der/dem Inhaber/in des Ausschliesslichkeitsrechtes vorbehalten zu bestimmen, ob und wie andere dieses nutzen. Dabei spielt es keine Rolle, ob die Verwendung zu kommerziellen oder nicht kommerziellen Zwecken erfolgt. Einschränkungen des Ausschliesslichkeitsrechts erfolgen aus den Schranken gemäss Art. 19ff. URG, der Schutzfrist (Art. 29ff. URG), der Erschöpfung des Verbreitungsrechts (Art. 12 Abs. 1 URG) und dem Zwang zur kollektiven Verwertung in gewissen Fällen (Art. 40ff. URG) (Rehbinder et al., 2022, Rn. 1ff. zu Art. 10 URG). Seit der Revision des URG (siehe Abschnitt 5.4.4) darf gemäss Art. 24d URG ein geschütztes Werk zum Zweck der wissenschaftlichen Forschung vervielfältigt werden, wenn die Vervielfältigung durch die Anwendung eines technischen Verfahrens bedingt ist und zu den zu vervielfältigenden Werken ein rechtmässiger Zugang besteht (Wissenschaftsschranke betreffend Data Mining). Die im Rahmen dieses Artikels angefertigten Vervielfältigungen dürfen nach Abschluss der wissenschaftlichen Forschung zu Archivierungs- und Sicherungszwecken aufbewahrt werden. Gemäss Botschaft zur letzten Revision des URG wird unter «wissenschaftlicher Forschung» gemäss Art. 24d URG die systematische Suche nach neuen Erkenntnissen innerhalb verschiedener wissenschaftlicher Disziplinen und über deren Grenzen hinweg verstanden. Sie umfasst sowohl die Grundlagenforschung als auch die angewandte Forschung. Gemäss Botschaft ist es denkbar, dass ein Forschungsprojekt neben wissenschaftlichen Zwecken auch anderen Zielen dient. Voraussetzung für die Anwendung der Schutzausnahme ist, dass die wissenschaftliche Forschung Hauptzweck der Arbeiten bleibt (Bundesblatt, 2018, S. 628). Rehbinder et al. (2022, Rn. 6 zu Art. 24d URG) vertreten die Auffassung, dass unter anderem das Training für kommerzielle Anwendungen von KI nicht unter das Privileg von Art. 24d URG fällt. Dementsprechend erfüllen Anbieter von KI-Tools wie OpenAI mit ChatGPT die Voraussetzungen für die freie Verwendung von urheberrechtlich geschützten Werken gemäss genannter Schranken nicht. Das heisst, wenn sie urheberrechtlich geschützte Werke ohne entsprechende Lizenz zum Training ihrer Maschinen verwenden, erfolgt dies rechtswidrig.

Ende Dezember 2023 hat The New York Times OpenAI und Microsoft in den USA wegen Verletzung ihrer Urheberrechte an Medieninhalten eingeklagt, weil OpenAI und Microsoft diese für das Training ihrer Chatbots ChatGPT und Copilot verwendet haben (Grynbaum & Mac, 2023). Bei diesem Prozess dürfte es um die aktuell wichtigste rechtliche Auseinandersetzung zur Datennutzung für den Input bei Chatbots handeln. Ein entsprechender Gerichtsentscheid dürfte auch Einfluss auf die Diskussion in Europa und in der Schweiz haben.

5.4.5.2. Rechte an Outputs

Vorab ist zu bemerken, dass urheberrechtlich geschützte Inhalte, die gemäss vorangehenden Ausführungen widerrechtlich für das Training von KI verwendet werden, auch als Output widerrechtlich sind. Daraus folgt, dass die Maschine die Inhalte nicht legalisieren kann («Data Laundering») (SUISA, 2024; Baio, 2022). Diese Inhalte können aus Perspektive des Rechts also bereits ausgeklammert werden.

Nachfolgend geht es also nur noch um Outputs von KI, die von Material stammt, mit dem die KI legal gefüttert wurde; konkret um urheberrechtlich nicht geschützte Inhalte.

Bereits erörtert wurde die Frage, ob eine KI, wie z.B. ChatGPT, urheberrechtlich geschützte Werk nach Art. 2 URG hervorbringen kann. Nach geltendem schweizerischem Recht ist dies nur möglich, wenn der Output einer KI durch überwiegend menschlichen Einfluss entstanden ist. Zudem darf dieser Einfluss erst nach dem Input der nämlichen Inhalte erfolgt sein. Denn ein Output von urheberrechtlich geschützten Inhalten wäre nach der hier vertretenen Meinung per se widerrechtlich. Für die Nutzung solcher von den Machern der KI durch die KI erzeugte urheberrechtlich geschützten Inhalte brauchen User gemäss schweizerischem Recht eine Lizenz. Diesbezüglich ist ein Blick in die Allgemeinen Geschäftsbedingungen (AGB) der Anbieterin von ChatGPT, OpenAI, interessant (OpenAI, 2024). OpenAI halten in ihren AGB bzw. Terms of use in Ziffer 3 fest, dass die Verantwortung insbesondere hinsichtlich der Einhaltung aller anwendbaren Gesetze sowohl für das, was man als Nutzerin oder Nutzer bei ChatGPT eingebe, als auch für das, was ChatGPT dann daraus generiere, bei den Nutzenden selbst liege. Zudem findet sich hier ein Passus, mit dem OpenAI den Nutzenden alle Rechte am jeweils generierten Output abtritt: Als Nutzerin oder Nutzer könne man somit die Inhalte für jegliche Zwecke verwenden, auch für solche kommerzieller Natur, wie die Veräusserung oder die Veröffentlichung, sofern man dabei die Nutzungsbedingungen einhalte. Mit Blick auf diese gemäss Nutzungsbedingungen erlaubte Verwendung der Inhalte ist überdies die Sharing & Publication Policy» relevant (OpenAI, 2022). Dort wird unter anderem vorgeschrieben, dass bei Inhalten, an denen ChatGPT oder eine andere OpenAI-Anwendung als «Co-Autorin» mitgewirkt hat, deren Rolle offenzulegen sei. Gleichzeitig behält sich OpenAI vor, eingegebene und generierte Inhalte selbst zu verwenden, und zwar für das Angebot und die Aufrechterhaltung ihrer Dienstleistungen sowie zur Einhaltung von anwendbaren Gesetzen und zur Durchsetzung der Nutzungsbedingungen. Die Inhalte sollen hingegen nicht für die Weiterentwicklung oder Verbesserung der Dienstleistungen von OpenAI genutzt werden, so die Nutzungsbedingungen. Dass das Urheberrecht bei ihrem Geschäft gegebenenfalls problematisch sein könnte, scheint übrigens auch OpenAI selbst erkannt zu haben. So werden in den Terms of Use Kontaktadresse und -formular für «Copyright Complaints» zur Verfügung gestellt (OpenAI, 2023). Die erläuterten Bestimmungen regeln gewisse Aspekte, die aus urheberrechtlicher Perspektive relevant sind. Sie lassen aber ganz grundlegende Fragen offen: So weiss man nach dem Studium der Standardklauseln beispielsweise zwar, dass man als Nutzerin oder Nutzer scheinbar dafür verantwortlich wäre, wenn die KI-generierten Inhalte Rechte Dritter verletzten. Inwiefern dies allerdings, etwa im Rahmen des Trainings von ChatGPT, passieren kann oder passiert (ist), bleibt unbeantwortet. Ebenfalls erfährt man, dass OpenAI einem alle Rechte abtritt. Es bleibt in den AGBs allerdings unbeantwortet, ob an den von ChatGPT generierten Inhalten überhaupt irgendwelche Rechte bestehen (können), wem diese zustehen und wer sie folglich jemand anderem abtreten könnte. Für eine umfassendere urheberrechtliche Einordnung sind somit über die OpenAI-Nutzungsbedingungen hinaus weitere Quellen heranzuziehen (Oehri, o.D.).

Praktisch stellt dies Nutzende von KI-Tools, wie ChatGPT vor eine Herausforderung, denn um keine Urheberrechtsverletzung zu begehen, müssten sie vorab jeweils ganz genau eruieren, ob und welche Teile im Output der KI von Dritten übernommen wurden. Wenn dies nicht entsprechend deutlich ersichtlich ist, besteht die Gefahr versehentlicher Urheberrechtsverletzungen durch die Nutzenden.

5.4.6. NFTs aus juristischer Sicht

Wenn Kulturschaffende analog ein Bild malen und das damit verbundene Eigentum in der Folge an Kundinnen und Kunden übertragen, ist zwischen der Übertragung des geistigen Eigentums und der Übertragung des Sacheigentums zu unterscheiden. Beides ist beim analogen Bild problemlos möglich. Bei einem digital erstellten Bild stellt die Übertragung des geistigen Eigentums ebenfalls kein Problem dar. Eine Übertragung des Sacheigentums und damit auch eine entsprechende Exklusivität ist jedoch nur schon darum nicht möglich, weil es aus juristischer Sicht analog zum Sacheigentum kein Eigentum an den entsprechenden Daten gibt. Wenn nun die Kundinnen und Kunden für den «Kauf» eines digitalen Werks bereits ein paar hundert Franken bezahlen, stellt sich faktisch und in der Folge auch juristisch die Frage, wie man sicherstellen kann, dass Dritte das Werk ohne Einverständnis des oder der Eigentümer als Kopie *notabene* unentgeltlich nutzen. Denn wenn dies möglich ist, stellt sich weiter die Frage, wieso Erstere dafür bezahlen soll. Das Problem ist in der Kunst nicht neu. Die digitale Produktion und Distribution von Musikstücken ist schon lange Usus. Beim Streamen von Musik besteht jedoch kein Eigentumsanspruch an den Daten. Den Usern genügt das Nutzungsrecht. Auch Musiklabels haben kein Interesse an Besitz analog zum Sachenrecht (Art. 919ff. ZGB). Ihnen genügt das Immaterialgüterrecht. Die Labels sind aus wirtschaftlicher Sicht an einer möglichst breiten, entgeltlichen Lizenzierung interessiert.

So wird auch in Abschnitt 3.2.5 diskutiert, ob der Einsatz von NFTs (siehe Abschnitt 3.2.5) das Nutzungsproblem insbesondere in der Kunst lösen kann. Hierbei ist zu beachten, dass es sich bei NFTs um einen einzigartigen, unveränderbaren Eintrag auf einer Blockchain handelt. Dieser Eintrag kann unter anderem das Eigentum an einem digitalen Werk bescheinigen (Zertifikat). Jedoch stellt ein NFT nicht das Werk an sich dar. NFTs verweisen, z.B. mit einem Link, lediglich auf ein Werk, das nicht auf der Blockchain, sondern auf einer anderen Datenbank, wie z.B. derjenigen des wohl bekanntesten und grössten Marktplatzes für NFTs, insbesondere für digitale Bilder, OpenSea. Von da kann das mit dem NFT verbundene digitale Werk mindestens als Vorschaubild sogar ohne Weiteres heruntergeladen und somit kopiert werden (Walter & Martinovic, 2023).

Aus juristischer Sicht sind NFTs, Zertifikate mit einer erhöhten Glaubwürdigkeit, da diese auf einer Blockchain gespeichert sind. Rechtlich ist diese jedoch nicht von einer Lizenz auf einem Papier, allenfalls als PDF mit einer qualifizierter digitaler Signatur oder einer E-Mail, zu unterscheiden (digilaw.ch, o.D.). Rein juristisch lösen NFTs also wohl in den meisten Fällen die wesentlichen Probleme der Kulturschaffenden mit dem Urheberrecht nicht. Einen Nutzen können sie im defensiven Sinn erbringen, wenn es darum geht, dass Kulturschaffende nachweisen wollen, dass sie ein bestimmtes Werk zu einem bestimmten Zeitpunkt für sich reklamiert haben. Zum Zeitpunkt, zu dem nämlich zum Beispiel ein NFT für ein bestimmtes Musikstück «geminted» wird, entsteht auf der verwendeten Blockchain ein unveränderbarer Zeitstempel. Zwar ist nicht das Musikstück selbst auf der Blockchain, aber es gibt einen «Hash» davon, womit ein NFT eindeutig auf das Musikstück referenziert. Dadurch wird zwar nicht vermieden, dass das Musikstück (oder das Bild oder was auch immer) weiterhin kopiert wird. Es wird aber vermieden, dass zu einem späteren Zeitpunkt jemand anders eine dieser Kopien für sich beanspruchen kann. Mit anderen Worten kann ein NFT eine Hilfe bei Beweis von Urheberrechten sein.

Der NFT-Markt erlebte in den Jahren 2021 und 2022 einen eigentlichen Hype. Im Laufe des Jahres 2021 wurden NFT im Volumen von 17 Milliarden US-Dollar gehandelt, während es im Vorjahr noch 82 Millionen US-Dollar gewesen waren. Im Verlauf des Jahres 2022 brach der Handel jedoch um 97% ein. Im Juli 2023 war er auf 80 Millionen US-Dollar geschrumpft, 3% des Volumens auf dem Höhepunkt. Laut einer Studie von dappGambl (2023) hatten zu diesem Zeitpunkt 69'795 oder rund 95% der 73'257 untersuchten NTF-Kollektionen eine Marktkapitalisierung von 0 Ethereum, waren also wertlos. Der Nutzen von NFTs ist somit aus juristischer Sicht zu hinterfragen.

Solange es keine Technologie gibt, die ein originales digitales Werk der Bildenden und angewandten Kunst so fixieren kann, dass es nicht mehr kopiert werden kann, macht es faktisch und juristisch keinen Sinn, das Eigentum an einem solchen Werk zu verkaufen. Möglich ist aus der juristischen Perspektive lediglich eine Lizenz.

5.4.7. Allgemeine Geschäftsbedingungen von Distributoren (DistroKid, TuneCore, CD Baby u.a.), Spotify, Apple Music, Amazon Music, Deezer, YouTube, TikTok und Instagram betreffend Lizenzierung

Wenn Musizierende einen Song digital publizieren möchten, können sie dies nach wie vor auf einer CD tun oder sie streamen den Song auf einer eigenen Plattform oder bei einem der mittlerweile zahlreichen Streamingdienste, wie Spotify, Apple Music, Amazon Music und Deezer, oder Plattformen wie YouTube, TikTok und Instagram.

In diesem Abschnitt schauen wir uns die rechtlichen Aspekte für eine Publikation von Musik auf dem Streamingdienst Spotify an. Spotify akzeptiert keine Direkteinsendungen von Musikschaffenden. Sie müssen einen digitalen Musikvertrieb wie TuneCore, DistroKid oder CD Baby nutzen, der ihre Musik an Spotify (und andere Streamingdienste) weiterleitet. Nachfolgend schauen wir uns den Prozess über TuneCore an.

Sobald Musizierende bei TuneCore ein Konto erstellt haben, können sie den Song, den sie publizieren möchten, bei TuneCore hochladen. In der Folge können sie auswählen, bei welcher der verschiedenen Plattformen, die TuneCore anbietet, sie den Song publizieren möchten. TuneCore berechnet eine Gebühr für die Veröffentlichung des Songs. Nach der Veröffentlichung können die Musikerinnen und Musiker über ihr TuneCore-Konto Zugang zu Verkaufs- und Streamingberichten erhalten. TuneCore sammelt die Einnahmen von den verschiedenen Plattformen und zahlt sie den Kulturschaffenden aus.

Auf das Verhältnis zwischen Artists und TuneCore kommen die allgemeinen Geschäftsbedingungen (AGB) von TuneCore zur Anwendung (TuneCore, 2023). Gemäss diesen Bedingungen erteilen Musikerinnen und Musiker TuneCore weltweit und für die Dauer des Vertrags das nicht exklusive Recht, ihre Aufnahmen zu verkaufen, zu kopieren, zu verbreiten und auf andere Weise zu verwerten (ebd., Ziff. 1 lit. b). Die Musikerinnen und Musiker dürfen keine Materialien übermitteln, die urheberrechtlich geschützte Werke verletzen oder die Rechte Dritter beeinträchtigen. TuneCore kann den Zugang zu Artist-Konten sperren oder Aufnahmen entfernen, wenn Ansprüche Dritter geltend gemacht werden, die die Zusicherungen und Gewährleistungen der Musikerinnen und Musiker verletzen (ebd., Ziff. 1 lit. c). Musikerinnen und Musiker dürfen keine Methoden verwenden, die künstlich die Anzahl der Streams oder Abspielzahlen erhöhen. Verstösse können zur Sperrung von Konten und zur Rückforderung generierter Einnahmen führen («Streaming Manipulation») (ebd., Ziff. 1 lit. d und e). Musikerinnen und Musiker sind verantwortlich für das Sichern und Bezahlen von Lizenzen, die erforderlich sind, um die Rechte an den musikalischen Kompositionen ihrer Aufnahmen zu nutzen, sowie für die Zahlung von Tantiemen an Kulturschaffende, Produzentinnen und Produzenten und andere beteiligte Personen (ebd., Ziff. 4 lit. a und b). Musikerinnen und Musiker versichern und gewährleisten, dass sie die volle Berechtigung haben, in den Vertrag einzutreten und die Rechte gemäss den AGB zu gewähren. Sie müssen TuneCore und seine Partner vor Ansprüchen Dritter, die auf einer Verletzung ihrer Zusicherungen und Gewährleistungen beruhen, verteidigen und schadlos halten (Gewährleistung und Indemnität) (ebd., Ziff. 5). Für die Verteilung ihrer Aufnahmen an Verbrauchermärkte ist der Kauf eines wiederkehrenden, gebührenpflichtigen Abonnements erforderlich (ebd., Ziff. 6). Musikerinnen und Musiker ermächtigen TuneCore, in ihrem Namen Ansprüche, Forderungen, Klagen oder Verfahren einzuleiten, die für den Schutz und die Durchsetzung der TuneCore gewährten Rechte erforderlich und angemessen sind (ebd., Ziff. 12). Der Vertrag mit TuneCore hat eine Mindestlaufzeit von einem Jahr und verlängert sich danach immer wieder um ein Vierteljahr. Er kann immer nur per Ende März, Ende Juni, Ende September und Ende Dezember gekündigt werden (TuneCore, o.D.). TuneCore (2023, Ziff. 13 lit. f) behält sich den ausschliesslichen Gerichtsstand im US-Bundesstaat und County New York vor.

Wenn man über TuneCore einen Song auf Spotify veröffentlicht, kommen auch die AGB von Spotify zur Anwendung. Ziff. 9 der AGB (TuneCore, 2023) anerkennen Kulturschaffende, dass TuneCore bestimmte Vereinbarungen mit verschiedenen Verbrauchermärkten (Consumer Stores) eingeht und dass die Nutzungsbedingungen von TuneCore den geltenden Bedingungen dieser Vereinbarungen unterliegen. Daher müssen Musikerinnen und Musiker, die ihre Musik über TuneCore auf Plattformen wie Spotify veröffentlichen, auch die Bedingungen und Richtlinien dieser Plattformen einhalten.

Bei einer Publikation von einem Song auf Spotify über TuneCore kommen somit kumulativ auch die Allgemeinen Nutzungsbedingungen von Spotify zur Anwendung (Spotify, 2021). Musikerinnen und Musiker räumen Spotify eine nicht exklusive, übertragbare, gebührenfreie (keine Gebühr für die Lizenz an sich, jedoch Entschädigungen für effektive Streams), weltweit gültige Lizenz zur Nutzung ihrer nutzergenerierten Inhalte ein, insbesondere solche, die durch Rechte an geistigem Eigentum geschützt sind. Diese Lizenz ermöglicht Spotify die Nutzung, Vervielfältigung und Weitergabe der Inhalte im Rahmen der Spotify-Dienste (Spotify, 2021, Ziff. 6.2). Auch in den AGB von Spotify nehmen Musikerinnen und Musiker zur Kenntnis, dass sie für die von ihnen veröffentlichten Inhalte verantwortlich sind und sicherstellen müssen, dass diese Inhalte ihnen gehören oder sie berechtigt sind, diese zu veröffentlichen. Zudem dürfen die Inhalte weder gegen die Vereinbarung noch gegen gesetzliche Bestimmungen oder Rechte Dritter verstossen (ebd., Ziff. 6.1). Von Interesse ist in diesem Kontext noch, dass Nutzende von Spotify den gestreamten Content nur zu «nicht kommerziellen Zwecken» nutzen dürfen, also für den Privatgebrauch. Dies dürfte dem Privatgebrauch nach Art. 19 Abs. 1 lit. a URG entsprechen (jedoch nicht dem Gebrauch gemäss Art. 19 Abs. 1 lit. b und c URG). Auch die AGB von Spotify sehen das Verbot der Streamingmanipulation (ebd., Ziff. 7 und 8), eine Schadloshaltung von (ebd., Ziff. 18), insbesondere bei schuldhafter Verletzung der Rechtsgewährleistung (ebd., Ziff. 6.1) vor. Die Vereinbarung mit Spotify wird auf unbestimmte Zeit abgeschlossen und kann sowohl durch Spotify als auch durch die Kulturschaffenden jederzeit mit einer Frist von 14 Tagen zum Monatsende gekündigt werden (ebd., Ziff. 12). Spotify behält sich keinen Gerichtsstand am Sitz der Gesellschaft vor (ebd., Ziff. 19).

Im Rahmen dieser Studie ist es nicht möglich, die vertraglichen Beziehungen zwischen Kulturschaffenden und digitalen Plattformen umfassend zu analysieren. Die vorliegende summarische Bewertung zeigt folgende, für Musikerinnen und Musiker relevanten Punkte. Nach Meinung des Autors handelt es sich nicht, wie manchmal kolportiert wird, um «Knebelverträge». Dies insbesondere darum, weil die Kulturschaffenden keine Urheberrechte abtreten, sondern lediglich ein *notabene* nicht exklusives Recht zur Publikation auf den entsprechenden Plattformen und dies auch nur zum nicht kommerziellen Nutzen. Der Vertrag mit Spotify kann sogar mit einer sehr kurzen Frist von 14 Tagen bereits auf das Ende des ersten bzw. jeden weiteren Monats gekündigt werden. Ungünstig ist, dass die Laufzeiten und Kündigungsfristen von TuneCore und Spotify nicht harmonisch sind. Die Laufzeit und Kündigungsfrist von TuneCore sind mit einem Jahr und mit Kündigungsfristen per Quartal sogar sehr ungünstig. Damit wird für Musizierende, die über TuneCore bei Spotify publizieren deren kurze Kündigungsfrist nach Einschätzung des Autors obsolet. Spotify sieht, soweit dieser erkennen kann, keinen zwingenden Gerichtsstand vor. Bei TuneCore ist der Gerichtsstand jedoch zwingend im US-Bundesstaat und County New York. Dies ist aus europäischer beziehungsweise schweizerischer Sicht ausserordentlich ungünstig. Konkret würde das bedeuten, dass man TuneCore zwar einklagen könnte, jedoch mit enormem finanziellem Aufwand.

Abschliessend ist noch zu bemerken, dass es in diesem Abschnitt nicht darum geht, zu beurteilen, ob Musikerinnen und Musiker durch entsprechende Plattformen ökonomisch benachteiligt werden. Sollte dies der Fall sein, wäre es eine politische Frage, ob man dagegen mit einer allfälligen Regulierung in den Markt eingreifen müsste.

5.4.8. Handy-Aufnahmen an Konzerten und deren Publikation auf YouTube und Co.

Seit es Handys gibt, werden mit diesen Foto- und Filmaufnahmen an Konzerten und anderen Bühnenveranstaltungen gemacht, wobei die Qualität der Aufnahmen immer mehr an diejenige von professioneller Ausrüstung herankommt. Auch wenn einige Veranstaltende solche Aufnahmen generell verbieten, ist zu beobachten, dass sie weitgehend toleriert werden. Dies wohl darum, weil die Durchsetzung eines Verbots bei Tausenden von Zuschauern illusorisch ist.

Falls ein Veranstalter Foto- und Filmaufnahmen generell verbietet, verstossen solche Aufnahmen gegen die Geschäftsbedingungen der Veranstaltenden und stellen damit eine Vertragsverletzung gemäss Art. 97 OR dar. Sie verletzen zudem das Urheberrecht (Art. 2ff. URG) sowie die verwandten Schutzrechte (Art. 33ff. URG) von Veranstaltenden, Interpretinnen und Interpreten, Autorinnen und Autoren, Komponistinnen und Komponisten sowie allfälligen Produzentinnen und Produzenten. Letzteres jedoch nur dann, wenn die Fotos und Filme nicht ausschliesslich zum Eigengebrauch verwendet werden (Art. 19 Abs. 1 URG) und insbesondere auf Internetplattformen wie YouTube und Co. geladen und damit der Öffentlichkeit zugänglich gemacht werden. Solches Verhalten kann auch strafbar sein (Art. 67ff. URG). Falls eine natürliche Person gegen ihren Willen fotografiert oder gefilmt wird, stellt dies eine Persönlichkeitsverletzung dar (Art. 27ff. ZGB), wobei in diesem Fall schon das Abdrücken bzw. das Filmen an sich (ohne Veröffentlichung) den zivilrechtlichen Tatbestand der Persönlichkeitsverletzung erfüllt. Diese Art der Persönlichkeitsverletzung kann zwar zivilrechtlich, aber nicht strafrechtlich verfolgt werden.

Basierend auf Art. 17 der EU-Richtlinie 2019/790 über das Urheberrecht und die verwandten Schutzrechte im digitalen Binnenmarkt haben Provider wie YouTube und Facebook (inkl. Instagram) Systeme eingerichtet, um urheberrechtlich geschützte Inhalte zu erkennen und zu verwalten. Falls die Provider von den Rechteinhaber keine entsprechende Lizenz erhalten haben, müssen sie das Hochladen solcher Inhalte auf ihre Plattformen verhindern, um für entsprechende Urheberrechtsverletzungen nicht haftbar gemacht werden zu können. Dies erfolgt regelmässig mit automatisierten Upload-Filtern.

Im schweizerischen Urheberrechtsgesetz findet sich keine Vorschrift, die Provider generell de facto a priori zu Upload-Filtern oder ähnlichen Massnahmen verpflichtet. Der mit der letzten Revision des URG eingefügte Art. 39d URG kann einen Provider erst auf Anzeige hin dazu veranlassen, eine solche Massnahme in Bezug auf ein besonders gekennzeichnetes Werk zu ergreifen, ebenfalls aus haftungsrechtlichen Gründen. Die Provider haben die Pflicht, dafür zu sorgen, dass Inhalte, die auf Anzeige hin bereits einmal von ihrer Plattform entfernt worden sind, nach deren Entfernung auch entfernt bleiben («Stay down»-Pflicht) (Bundesblatt, 2018, S. 611ff. und 634ff.).

Die Schweiz hat die relativ strenge Regel der EU, die generell de facto zu a priori Upload-Filtern führt, nicht übernommen und «beschreitet [damit] einen Mittelweg, der den Argumenten der Befürwortenden sowie der Gegnerinnen und Gegner gleichermassen Rechnung trägt» (Bundesblatt, 2018, S. 612). Auch wenn ein a priori Upload-Filter wohl das effizienteste, wenn nicht sogar das einzige Mittel zur Verhinderung von Urheber- und Persönlichkeitsverletzungen im Kontext von Konzerten und anderen Bühnenveranstaltungen ist, wird auch daran Kritik laut. Es wird befürchtet, dass Upload-Filter nicht immer zwischen illegalen und legalen Inhalten unterscheiden und damit zu einem «Overblocking» führen können, was die kreative Ausdruckformen von Kulturschaffenden im Internet beeinträchtigen kann.

5.4.9. Recht am eigenen Bild und an der eignen Stimme in Bezug auf Künstliche Intelligenz

Darstellende Kulturschaffende wie Schauspielerinnen und Schauspieler, Tänzerinnen und Tänzer, Sängerinnen und Sänger oder Musikerinnen und Musiker sind von den neuesten Entwicklungen der Digitalisierung und deren Einfluss auf ihr Schaffen besonders betroffen. Dabei geht es in diesem Bereich aktuell vor allem um die Auswirkungen des Einsatzes von KI. Ihr Einfluss auf die Arbeit der darstellenden Kulturschaffenden bildet denn auch einen zentralen Bestandteil einer der längsten und härtesten Streiks der Autorinnen und Autoren und der Schauspielerinnen und Schauspieler in Hollywood (The New York Times, o.D.). Dabei geht vereinfacht unter anderem darum, dass bisherige Aufnahmen von Schauspielerinnen und Schauspielern, Tänzerinnen und Tänzern, Sängerinnen und Sängern sowie Musikerinnen und Musikern mittels KI so aufbereitet werden, dass künftige Filme, allenfalls sogar Theateraufführungen, audiovisuelle Tanzproduktionen, Tanzaufführungen und digitale Musik, ohne eine weitere wesentliche Mitwirkung der realen Kulturschaffenden produziert werden.

Falls für das entsprechende Training der KI urheberrechtlich geschütztes Material verwendet wird, wäre dies ohne Einwilligung der betroffenen Kulturschaffenden unter Umständen eine Verletzung von deren Urheberrechten. Wird dafür aber deren Bild und/oder Stimme verwendet, wäre dies ohne deren Einwilligung wohl eine Verletzung von deren Persönlichkeitsrecht gemäss Art. 27ff. ZGB. Zur

Persönlichkeit gehört unter anderem auch das Recht am eigenen Bild und das Recht an der eigenen Stimme (Büchler, 2021, Rn. 9 zu Art. 28 ZGB).

Gegen eine entsprechende Persönlichkeitsverletzung kann zivilprozessual gemäss Art. 28ff. ZGB gegen diejenige oder denjenigen vorgegangen werden, die oder der Bild und/oder Stimme ohne Einwilligung verwendet. Dabei kann gemäss Art. 28a ZGB sowohl auf Unterlassung wie auch auf Schadenersatz und/oder Genugtuung geklagt werden. Bedacht werden sollte, dass Zivilprozesse in der Regel mit einem hohen Prozessrisiko verbunden sind, insbesondere wegen der Prozesskosten. Darum wäre es speziell für Kulturschaffende von Interesse, auch strafprozessual vorgehen zu können (s. dazu u.a. Grüter, 2022; Fontana, 2022). Dies ist jedoch nach Einschätzung des Autors in diesem Fall nicht möglich, da ja Bilder und/oder Stimmen verwendet werden, die mit Einwilligung der Betroffenen aufgenommen worden sind und somit keinem der im Strafgesetzbuch (StGB) aktuell vorhandenen, persönlichkeitsrechtlich relevanten Straftatbestände entspricht (Art. 173ff. StGB). Da das Urheberrecht, das auch ein strafprozessuales Vorgehen vorsieht (Art. 67ff. URG), in den unter dieser Ziffer geschilderten Fällen nicht ausreicht, ist der Autor der Auffassung, dass aus besagten Gründen ein entsprechender Straftatbestand geschaffen werden müsste. Andernfalls wird das Persönlichkeitsrecht in diesem Bereich zur Farce.

Mit dem sogenannten «Hollywood-Streik» hat sich die Aufmerksamkeit verstärkt auf die Entwicklung generativer KI und deren potenzielle Auswirkungen auf die Filmindustrie gerichtet (zur rechtlichen Einschätzung siehe Abschnitt 5.4.5). Innerhalb von Monaten hat sich dort die KI von einer Randerscheinung zu einer möglichen existenziellen Bedrohung gewandelt. Hauptstreitpunkte im Streik waren unter anderem Residualzahlungen, also Vergütungen für Wiederholungsausstrahlungen, sowie die Eigentumsfrage an der Darstellung einer Schauspielerin respektive eines Schauspielers durch generative KI (Pulver & Shoard, 2023).

Die Digitalisierung in der Filmindustrie hat insbesondere für Nebendarstellerinnen und Nebendarsteller ohne Prominentenstatus signifikante Konsequenzen. Diese werden zu digitalen Körperscans am Set aufgefordert, ohne dass ihnen die Tragweite der Nutzung ihrer digitalen Abbilder zu einem späteren Zeitpunkt vollständig klar sein kann. Die Studios fordern das Recht, Verträge anzubieten, die es ihnen erlauben, den Körper, die Stimme und andere Merkmale einzelner Schauspieler zu scannen und dann die Rechte an den KI-Abbildungen auf Dauer zu halten. Filmstudios vertreten die Position, dass solche Scans primär dazu dienen, Menschenmengen in der Postproduktion zu ergänzen, eine Praxis, die seit Jahren mit anderen Technologien umgesetzt wird. Allerdings behalten die Studios einmal erfasste Darstellungen für unbegrenzte Nutzungszwecke.

Vertragsklauseln besagen, dass Datenlizenzen den Unternehmen vollumfängliche Rechte einräumen, die Aufnahmen zu verwerten. Angesichts der raschen Weiterentwicklung der generativen KI entsteht dadurch eine schwer einzuschätzende Rechtslage. Schauspielerinnen und Schauspieler könnten möglicherweise Rechte an ihren Eigenschaften abtreten, die zum Zeitpunkt des Vertragsabschlusses noch gar nicht absehbar waren oder existierten (Guo, 2023). Verhandlungsführer der Schauspielenden fordern deswegen Residualzahlungen für derartige Verwendungszwecke ihrer Daten. Diese Zahlungen würden auf den Zuschauerzahlen von Streamingdiensten basieren. Doch die Studios, zu denen Streaminggiganten wie Netflix und Amazon sowie Disney gehören, sind nicht bereit, entsprechende Streamingzahlen zu teilen. (Pulver & Shoard, 2023).

5.4.10. Handlungsempfehlungen

5.4.10.1. Review URG in Bezug auf KI

Sinn und Zweck der Revision des URG im Jahre 2019 war es, «verschiedene gesetzliche Bestimmungen an neuere technologische und rechtliche Entwicklungen [anzupassen] […], um die Chancen und Herausforderungen der Digitalisierung im Urheberrecht nutzen bzw. meistern zu können» (Bundesblatt, 2018, S. 593). Aus diesem Grund empfehlen wir auch den bereits angestossenen Prozess zur Revision des URG in Bezug auf die Auswirkungen von KI dringlich fortzuführen (ähnlich in Bundesamt für Kultur, 2024, S. 18). Zielgruppe: Politik, Verbände.

5.4.10.2. Generelle Empfehlungen in Bezug auf Rechtsanpassungen im digitalen Bereich

Wie schon das Internet, ist auch die Digitalisierung stark international ausgerichtet. Nationale (Insel-)Lösungen machen keinen grossen Sinn. Für die Schweiz als ein stark in den europäischen Markt integriertes Land ist darum die aktuell sehr starke Regelungstätigkeit der EU im Bereich der Digitalisierung, insbesondere der KI, von besonderer Wichtigkeit. Rechtsanpassungen sollten darum einerseits im Gleichschritt mit der EU erfolgen und andererseits mit dieser mindestens harmonisiert sein (siehe bestehende multilaterale Zusammenarbeit der Schweiz diesbezüglich in: Bundesamt für Kultur, 2024, S. 98).

In Bezug auf allfällige Rechtsanpassungen möchten wir generell auf den wichtigen und richtigen Grundsatz der Technologieneutralität von Gesetzen verweisen (dazu Müller, 2017, S. 9, «Eine Lex Bitcoin braucht es nicht»). Es ist also auch in Bezug auf die Digitalisierung, insbesondere der KI, sorgfältig zu prüfen, ob eine Anpassung wirklich notwendig ist oder ob nicht einfach das bestehende Recht auch auf die neuen, technischen Bedingungen bzw. Umstände angewendet werden kann. Zielgruppe: Bundesamt für Kommunikation, Bundesrat, Parlament.

5.4.10.3. Schaffung Straftatbestand bei Persönlichkeitsverletzungen durch KI

Werden Bilder und Stimmen von Kulturschaffenden gegen deren Willen in Projekte und Arbeiten verwendet, die durch KI erstellt wurden, könnten sich, wie erwähnt, Kulturschaffende zwar zivilrechtlich wehren. Zivilprozesse sind aber notorisch teuer und darum wohl für die meisten Kulturschaffenden nicht gangbar. Die Schaffung eines Straftatbestandes bei Persönlichkeitsverletzungen durch KI böte hier Hand. Zielgruppe: Bundesamt für Kommunikation, Bundesrat, Parlament, Bundesamt für Kultur, Kulturverbände.

5.4.10.4. Juristische Information und juristischer Support der Kulturschaffenden

Das Gesetz (URG, ZGB, UWG) gibt den Kulturschaffenden zwar die Möglichkeit, sich gegen die Ausbeutung ihres Schaffens zu wehren. Die juristischen Möglichkeiten werden aber nicht genutzt, weil die Kulturschaffenden sie nicht kennen oder sich scheuen, sie zu ergreifen. Diesbezüglich brauchen die Kulturschaffenden mehr Informationen durch die Kulturverbände. Sie sollten ihre Mitglieder bei der Ergreifung von Rechtsmitteln unterstützen. Die entsprechende Hilfe sollte möglichst niederschwellig zugänglich sein, z.B. auch über Onlineplattformen. Zielgruppe: Bundesamt für Kommunikation, Bundesrat, Parlament, Bundesamt für Kultur, Kulturverbände, Verwertungsgesellschaften.

5.4.10.5. Proaktiver Dialog

Wir empfehlen den Kulturverbänden, sich auch proaktiv für akzeptable Rahmenbedingungen bei den kommerziellen Anbietenden einzusetzen, wie dies unlängst u.a. die Gewerkschaften von Schauspielerinnen und Schauspieler und Autorinnen und Autoren in Hollywood getan haben; in der schweizerischen Kultur eher im Dialog als in Form von Streiks. Zielgruppe: Kulturverbände.

6. Transfer

Im Sinne des Transfers und der Validierung der Ergebnisse ging es darum, die im Projekt gewonnenen Erkenntnisse für die Bereiche Theater, Musik und Visuelles Design im Rahmen einer Expertengruppe zu spiegeln und einen Transfer auf andere Kunst- und Kulturbereiche zu schaffen. Als Personen mit Expertise galten hier potenzielle Personen, welche einen professionellen oder semiprofessionellen Bezug zum Kulturbereich aufweisen, also beispielsweise als Kunst- und Kulturschaffende, Verbandsfunktionäre oder als Forschende.

6.1. Workshopdesign

Zum Transferzweck wurden drei Workshops mit Expertinnen und Experten aus verschiedenen Kunst- und Kulturbereichen durchgeführt. Diese fanden von Januar bis März 2024 statt, zwei in einem Online-Setting und der erste physisch vor Ort in Luzern:

- 30. Januar 2024, 3-stündiger physischer Workshop
- 22. Februar 2024, 1,5-stündiger Online-Workshop
- 1. März 2024, 1,5-stündiger Online-Workshop

Um geeignete Expertinnen und Experten aus anderen Kunst- und Kulturbereichen zu finden, wurde die Begleitgruppe wie auch die Projektgruppe nach Vorschlägen für geeignete Personen aus diversen Kulturbereichen angefragt. Zudem wurden auch die bisherigen Interviewpartnerinnen und Interviewpartner sowie die Personen aus der Begleitgruppe eingeladen, an einem der Transferworkshops teilzunehmen. Für die Teilnahme an den Workshops wurde den Teilnehmenden eine Aufwandsentschädigung von CHF 150 offeriert. Insgesamt nahmen diese Aufwandsentschädigung 11 Personen an.

6.2. Teilnehmende

Über alle Workshops nahmen 23 Personen aus verschiedenen Kunst- und Kulturbereichen teil. Die Gruppe der Teilnehmenden setzte sich wie folgt zusammen:

Teilnehmende Transferworkshop 1: 3-stündiger physischer Workshop

- Branchenvertreter Musiklabels
- Vertreter Schweizerischer Bühnenverband
- Vertreterin Musikverband
- Vertreter Game Developers
- Vertreterin Immersive Technologien
- Vertreterin Filmregie und Drehbuch
- Theaterpädagogin, Produktions- und künstlerische Leitung
- Freischaffende Choreografin und Performerin

Teilnehmende Transferworkshop 2: 1,5-stündiger online Workshop

- Vorsteher Sektion Kultur & Gesellschaft beim BAK
- Vertreterin Autorenverband
- Fotografin und visuelle Künstlerin
- Digitaler Dramaturg, Theaterschaffender
- Mechatronischer Künstler
- Illustrator und Musiker

Teilnehmende Transferworkshop 3: 1,5-stündiger online Workshop

- Vertreter Suisseculture
- Universitätsprofessorin im Bereich Bild und visuelle Repräsentation
- Digitale und performative Künstlerin
- Architekt, Freischaffender Illustrator
- Visueller Künstler
- Kunstwissenschaftler, Data Design
- Mechatronischer Künstler
- Vertreterin Theaterverband für junges Publikum, Dramaturgin

6.3. Workshopmuster und Ablauf

Die Workshops folgten demselben Grundmuster:

- Begrüssung und Vorstellungsrunde
- Grundsätzliche Rückfrage bzgl. Verständnis der Inhalte
- Teilrunde Kapitel 2: Beziehungsdynamik Kulturschaffende, Rezipientinnen und Rezipienten, Publikum
- Teilrunde Kapitel 3: Verbreitungskanäle, digitale Hilfsmittel und kulturelle Vielfalt
- Teilrunde Kapitel 4: Kulturelle Netzwerke und ihre Rollen
- Offene Frage- und Feedbackrunde zu den rechtlichen Themen (Kapitel 5)
- Schlussplenum
- Vorstellung Idee Webseite/Plattform
- Abschluss

Im Vorfeld des Workshops wurde den Teilnehmenden eine Zusammenfassung der wichtigsten Erkenntnisse aus den verschiedenen voranstehenden Kapiteln zustellt (in Form einer PDF-Präsentation), inklusive eines vertonten Screencasts. Die Vorbereitung der Teilnehmenden diente dazu, möglichst rasch in einen inhaltlichen Austausch einzusteigen.

Grundlage für den Austausch in den verschiedenen Teilrunden waren ausgewählte Highlights, Zitate und die Handlungsempfehlungen aus den verschiedenen Kapiteln.

Die Teilrunden der Kapitel 2 bis Kapitel 4 wurden beim physischen Workshop parallel in zwei kleineren Gruppen behandelt. Die Inhalte des rechtlichen Teils (Kapitel 5) wurden in einer Fragen-Antwort-Runde thematisiert.

Für den gesamten Workshop waren folgende Fragen zentral:

1. Wurden die Forschungsergebnisse richtig verstanden?
2. Sind die Erkenntnisse, Aussagen und Handlungsempfehlungen wichtig und relevant für andere Kunst- und Kulturbereiche?
3. Wurden zentrale Dinge übersehen?

6.4. Dokumentation und Ergebnissicherung

Die Workshops wurden jeweils durch zwei Personen protokolliert und im Nachgang abgeglichen. Die online stattgefundenen Workshops wurden protokolliert und mit dem Einverständnis aller Teilnehmenden aufgezeichnet. Die entsprechenden Protokolle wurden an die Hauptverantwortlichen der jeweiligen Arbeitspakete zurückgespielt, um den Input aus den Workshops an der entsprechenden Stelle in den Forschungsergebnissen noch anzupassen oder besser auszuarbeiten. Dies führte auch zu einer sukzessiven Anpassung der Inputs für den nachfolgenden Workshop, auch wenn Veränderungen eher im Detail vorgenommen wurden.

6.5. Diskussion der Ergebnisse

Bei den Diskussionen konnten einige Punkte festgehalten werden, die in der Studie weniger thematisiert wurden. Es wurde beispielsweise über die Notwendigkeit eines KI-Labels diskutiert, wobei jedoch auch die Schwierigkeiten und Grenzen angesprochen wurden. Im Bereich Theater hat sich herauskristallisiert, dass die Ablehnungshaltung gegenüber Innovation respektive Digitalisierung noch ziemlich verbreitet ist. Die Teilnehmenden bemerkten zudem, dass Digitalisierung nicht sprunghaft stattfände, sondern als schrittweise Weiterentwicklung.

Des Weiteren besteht betreffend der Ausbildung in den Branchen Game Development, Musik und Film die Meinung, dass es an Aktualität und Realitätsbezug fehle. So werden insbesondere wirtschaftliche Überlegungen und neuere Entwicklungen wie Künstliche Intelligenz nicht praxisnah vermittelt oder erarbeitet. In der Ausbildung allgemein liege der Fokus zu stark auf den Inhalten und nicht darin, wie man als Kulturschaffende jenseits der Inhalte bestehen kann. Die Frage, wie man als Künstlerin oder Künstler überlebt, sei aber überaus relevant. Dort reagierten Kulturschaffende häufig erst, wenn es nicht mehr funktioniert. Auch ein Anschluss an einen Verband, der in solchen Situationen unterstützen würde, erfolgt häufig erst, wenn die Situation sehr prekär ist. Zudem sei es problematisch, dass die kulturelle Förderung hauptsächlich über die Kantone geschehe. Seit 2021 gibt es im Kulturförderungsgesetz die Möglichkeit, dass dieser starke Fokus auf die kantonale Förderung geändert werden kann. Das Problem ist, dass man mit den Kantonen immer mindestens 26 verschiedene Meinungen habe.

Unbeantwortet bleibt die Frage, ob durch digitale Verbreitungs- und Vermittlungsplattformen die Hürden für die digitale Teilhabe gesenkt werden. Es sinken zwar die Kosten, aber der Publikumseffekt bleibt unbekannt.

Hier werden zwei Probleme auf einmal betrachtet: zum einen gebe es das Potenzial und zum anderen auch gezielte Strategien, um solche Medien zu nutzen. Der notwendige Transformationsprozess brauche Zeit und die Mediennutzung könne nicht schlicht «umgegossen» werden. Nicht nur die Technik selbst ist hier zu betrachten, sondern auch die Frage nach der Zugangsdramaturgie. Es stellt sich die Frage, wo die Zugangsstelle ist. Wie vermittelt sich das Erlebnis? Das Bewusstsein für diese Problemstellen ist seitens der Kulturschaffenden noch nicht ausgeprägt.

Die Handlungsempfehlungen im Allgemeinen respektive die Highlights im Kapitel 3 entsprechen weniger den Besonderheiten im Bereich des Visuellen Designs mit seinen zahlreichen Unterformen. Es geht in dieser Studie vorrangig darum, wie digitale Technologien das Kulturschaffen beeinflussen und nicht darum, wie digital Kulturschaffende neue Instrumente zur Erzeugung von Kunst erschaffen. Eine solche Digitalkunst ist eine eigenständige Disziplin und nicht nur ein Zusatz für traditionelle Kunstformen. Die etablierte Kulturförderung hierfür hält sich stark in Grenzen, was für Digitalkünstlerinnen und -künstler problematisch ist.

Im Folgenden werden die wesentlichen Beiträge und Rückmeldungen zu ausgewählten Kerneinsichten und Handlungsempfehlungen aufgelistet, um die Diskussion nachvollziehen zu können.

6.5.1. Detailergebnisse mit Bezug zu Kapitel 2

Präferenz physischer Begegnungsräume als Orte der Vernetzung und diskursiven Auslotung digital-analoger Synergien

Handlungsempfehlung 1: Förderung und Bereitstellung physischer Begegnungsräume zur Vernetzung und Auslotung digital-analoger Synergien. Zielgruppe: Kantonale und städtische Kulturförderung, Bundesamt für Kultur, Pro Helvetia, Fachhochschulen, Veranstalter, Bildungsanbieter. (ähnlich in: Bundesamt für Kultur, 2024, S. 18–19).

Im Kulturbereich Film hat sich vieles stark verändert, da man hier sehr digital unterwegs ist. Zum einen begründet dies das Kinosterben, zum anderen sieht man aber auch die Tendenz, dass erfolgreiche Anlässe und Erlebnisse rund um den Film herum entstehen, zum Beispiel Anlässe wie Premieren. Ein ähnliches Phänomen lässt sich auch in der Techno- und Clubkultur beobachten, wo das Publikum auch zu schrumpfen scheint und sich nur diejenigen Anbieter, die aussergewöhnliche Erlebnisse und Events anbieten, behaupten können. Im Bereich Spieleentwicklung, der Entwicklerinnen und Entwickler, Komponistinnen und Komponisten, Autorinnen und Autoren umfasst, ist man ausschliesslich digital unterwegs. Physische Treffen sind eher selten und wenn sie stattfinden, dann meist im Rahmen internationaler Business-to-Business-Veranstaltungen wie beispielsweise in Hamburg oder Los Angeles.

Im Bereich Theater/Performing ist die Ablehnung gegenüber der Digitalisierung gross. Dies hat viel mit der technischen Ebene zu tun, zum Beispiel mit fehlendem Material bzw. fehlender Technik, die selbst organisiert werden müssen. Die finanziellen Möglichkeiten im Bereich des Digitalen sind besonders für kleine Gruppen im Bereich Theater/Tanz sehr schwer (Bundesamt für Kultur, 2024, S. 53). Auch gibt es im Gegensatz zum Film im Theater grosse Berührungsängste, mit neuen Technologien zu arbeiten. Beim Theater ist das physische Element besonders wichtig, da es ansonsten zu einer «Kannibalisierung» des Business Case kommt.

Auch in der freien Szene gibt es viel Widerstand. Hier wird vor allem die starke Unterscheidung zwischen physischen und digitalen Begegnungsräumen kritisiert. Man dürfe diese nicht nur isoliert betrachten, sondern auch in hybrider Form, was als sehr spannend empfunden wird.

Das «physische Element» kann als Verknappung gesehen werden (z.B. Konzerte, Theater). Durch KI respektive neue Technologien gibt es neue Möglichkeiten und Chancen, zum Beispiel Kulturschaffende wie Loredana/Rammstein, die daraus hervorgegangen sind. Trotz der zunehmenden Digitalisierung bleibt das Bedürfnis nach Live-Erlebnissen bestehen. Hier spielt vor allem Spannung und Angst mit herein, dass etwas Unerwartetes oder Ungeplantes passieren könnte. Das Live-Erlebnis ist somit emotional potenter als ein digitales Erlebnis, kann aber durchaus gut mit Mixed Reality kombiniert werden. Um neue Mixed-Reality-Erlebnisse zu verkaufen, sollte der Fokus jedoch womöglich nicht zu stark auf der Digitalität liegen, sondern es gilt, das Publikum zu überraschen, zum Beispiel durch Tanz. Wichtig ist, dass dabei eine gewisse Authentizität bestehen bleibt. Gilles Jobin wird als ein Paradebeispiel für Live-Performances mit einem Avatar genannt. Ein sogenanntes Real-Time-Theater, dass aber überall auf der Welt stattfindet. Bis zum Schluss sei das Publikum unsicher und ängstlich gewesen, ob es sich tatsächlich um einen Live-Auftritt handelt. Die Frage wurde schlussendlich mit einem Meet-the-Artist am Ende der Performance aufgelöst.

Das Publikum unterscheidet sich je nach Branche stark. Im Theater ist häufig nicht das Stück an sich im Vordergrund, sondern das Live-Theater-Erlebnis. Das Theaterpublikum wird zudem als konservativ wahrgenommen. Man möchte den Nachbarn quasi riechen. Eine Performerin widerspricht jedoch dieser Ansicht und wendet ein, dass ein Teil der Gemeinschaft durchaus auch digital möglich ist. Die Teilnehmenden sind auch der Meinung, dass Musik aus der Konserve funktioniert, dies beim Theater jedoch nicht möglich ist. Mit «Virtual Worlds» hat die EU aktuell ein spannendes Projekt gestartet. Digitalisierung ist mehr als nur Social Media und sollte viel weiter gefasst werden. Die EU versucht hierbei schon marktpolitisch Druck auszuüben; in der Schweiz fehlt es zurzeit an einer Auseinandersetzung.

> **Digitales Theater benötigt agile Strukturen, längere Vor- und Nachbereitungsphasen sowie technische und künstlerische Expertise**
>
> *Handlungsempfehlung 2:* Berücksichtigung des personellen und zeitlichen Mehraufwands in der Förderung digitaler Theaterproduktionen. Zielgruppe: kantonale und städtische Kulturförderung, Bundesamt für Kultur, Pro Helvetia.

Ein Schwerpunkt der neuen Kulturbotschaft 2025–28 beinhaltet, dass es mehr Zeit für die Vor- und Nachbereitung braucht (Bundesamt für Kultur, 2024, S. 53). Diese Rückmeldung kam nicht nur aus dem Bereich Theater, sondern aus allen Kunst- und Kultursparten. Dies heisst jedoch nicht, dass unbedingt mehr Geld gesprochen werden müsste, sondern dass man einen nachhaltigeren Umgang damit finden muss. Der Ansatz, das Theater zu digitalisieren, ist eher naiv. Es wird sehr viel Geld in die Digitalisierung des Theaters gesteckt, obwohl digitale Künstler dies bereits seit Jahren auf eine bessere und kritischere Weise tun. Das «Digitale Theater» ist eine eher veraltete Form, um auf die Digitalisierung zu blicken. Idealerweise sollten sowohl Förderinstitutionen adressiert werden wie auch Städte, Gemeinden und Private.

DIY-Imperativ (Übernahme diverser Aufgaben entlang des künstlerischen Prozesses) und Zwang zum Community-Management (permanente Sicht- und Erreichbarkeit) führen zu psychischer Belastung. Hinzu kommt das Ausgesetztsein an die Erwartungen eines globalen Marktes.

Handlungsempfehlung 3: Sensibilisierung für zeitliche und gesundheitliche Belastung durch erweitertes Aufgabenfeld und erhöhten Erwartungsanspruch. Zielgruppe: Kulturschaffende, Verbände, Bildungsanbieter.

Im Bereich der Gameentwicklung ist man in der Regel im Team unterwegs. Einzelgänger sind Ausnahmen mit entsprechenden Risiken. Einer der Gewinner des Swiss Game Awards zum Beispiel war nach seinem Erfolg aufgrund eines Burnouts zwei Jahre arbeitsunfähig. Die Spielentwicklung benötigt viele Spezialisten (Marketing, Story, Programmierung) und ist deshalb im Alleingang nahezu unmöglich. Hier spielen auch die zentralen wirtschaftlichen Aspekte mit (Investoren, Crowdfunding). Es bestünde allenfalls mehr ein DIY-Wunsch. In der Realität jedoch beginnt man allenfalls allein mit einer Idee, doch die eigentliche Arbeit wird dann erfolgreich im Team abgeschlossen. So gibt es zum Beispiel sehr viele Einzelmitglieder in der Mitgliederdatenbank des Verbands, die aber auch wieder schnell daraus verschwinden oder dann in Teams weiterarbeiten.

Ebenso ist ein Alleingang im Bereich Tanz und Performance nicht möglich, sondern ein Team wird zwingend gebraucht. Um auf dem Markt im Bereich Theater erfolgreich sein zu können, wird meistens als Künstlerkollektiv agiert. Die freie Szene ist zwar hinsichtlich der betroffenen Personenanzahl grösser, hat aber weniger Ressourcen. Gewünscht wird von einer Theaterschaffenden ein Raum für Experimente, wo im Tandem mit Personen aus anderen Disziplinen Experimente realisiert werden können und auch Material zur Verfügung steht. Dies würde interdisziplinäre Teams vermehrt fördern.

In der visuellen Kunst und Fotografie wird der Aussage des DIY-Imperativs zugestimmt. Die digitalen Medien erlaubten aber auch sehr viel Kollaboration über die Landesgrenzen hinweg, welche sonst nicht möglich wären.

Bei der Selbstvermarktung über Soziale Medien gibt es eine grosse Abhängigkeit der Künstlerinnen und Künstler von grossen Plattformen wie Meta. Diese Plattform ist ein wichtiges Tool und auch gratis zugänglich. Kulturschaffende haben dort aber faktisch keine Rechte. Man ist sehr abhängig von den Richtlinien der Plattform, falls man diese überhaupt kennt. Der im Hintergrund arbeitende Algorithmus sei zudem unbekannt und unkalkulierbar.

Es braucht zudem auch den Hinweis, dass Kulturschaffen latent unbezahlte Tätigkeiten enthält, die zu wenig im künstlerischen Prozess anerkannt sind.

> **Die Entkopplung von Kunst und Handwerk in Musik und Visuellem Design erfordert neue ästhetische und künstlerische Kompetenzen (Prompting, Entwicklung einer eigenen Bildsprache). Im Theater hingegen wird die Beherrschung des technischen Handwerks und dessen künstlerische Einbindung immer wichtiger.**
>
> *Handlungsempfehlung 4:* Berücksichtigung neuer kreativer und technischer Kompetenzen in den Studiengängen der Hochschulen Musik, Theater, Kunst und Design. Zielgruppe: Kunst-/Musikhochschulen.

Die Frage, ob Streaming respektive auch KI eine grundsätzlich demokratisierende Wirkung haben, ist umstritten (Bundesamt für Kultur, 2024, S. 17, S. 59). Es gibt auf jeden Fall die «Möglichkeit» zur weiteren Distribution.

Beim Ausfüllen von Formularen kann KI beispielsweise hilfreich sein. Die Kunst ist es nicht, die Formulare «richtig» auszufüllen – respektive sollte es nicht sein. Es stellt sich nicht nur die Frage, wer die Formulare ausgefüllt hat (z.B. KI), sondern wer sie in der Zukunft bewerten wird. Ebenfalls eine KI? Dies ist zum Teil bei Bewerbungsverfahren im Bereich Film bereits der Fall. Hier braucht es mehr Zeit und Geld für Experimente und um Neues auszuprobieren. KI kann eine gute Grundlage schaffen, um Förderformulare (z.B. bei der Theaterförderung) auszufüllen. Jedoch braucht es auch den Menschen, der das Wissen einbringt, respektive den menschlichen Aspekt, den «Charakter».

Im Zuge der technologischen Entwicklung wird es zunehmend schwieriger, eine eigene Bildsprache zu entwickeln. Die KI führe zu einer kulturellen Verflachung, da es sich – wie im Bereich der Musik – nur um Kopien der Kopien handelt.

Gerade in der Gameentwicklung ist die Integration von technischen Möglichkeiten – eben auch KI – sehr geläufig, um die Arbeit zu unterstützen. Die Produktionsprozesse sind häufig digital. Nur bei wenigen Einzelfällen spielt die Digitalisierung nicht hinein.

Gemäss den Teilnehmenden hängt die Förderung von Kultur von der Definition des Begriffs «Kultur» ab, was politisch relevant ist, zum Beispiel im Bereich der SRG-Gebühren. Was ist Unterhaltung, was ist Kultur und wo wird Geld gesprochen? Aktuell gibt es hierzu vom Musikrat eine Vernehmlassung.

Im Bereich Film, besonders im Streaming, gibt es aktuell sehr viele Produktionen (nach Covid-19). Ein Vorteil der Filmbranche gegenüber anderen Branchen ist das neu eingeführte «Lex Netflix». Ein solches Gesetz wäre auch im Bereich der Musik wünschenswert («Lex Spotify»), wie es zum Beispiel in Frankreich der Fall ist. Die politische Einflussnahme diesbezüglich hat gerade gestartet und ist im Gang, um damit die Stellung der Schweizer Musikschaffenden zu stärken.

In der Schweiz werden immersive Technologien zudem zu wenig unterstützt. Die Technologien müssten mehr als Erlebnis und nicht nur als Tool angesehen werden. Auch müssen digitale Kompetenzen früher in die Ausbildung integriert werden. Es ist fast schon zu spät für eine Künstlerin oder einen Künstler, sich erst in der Hochschulbildung mit «Prompting» zu beschäftigen. Auch die systematische Weiterbildung für Kulturschaffende gehe gerne vergessen. Einzelne Pilotprojekte darf man analysieren und als Lernimpuls verstehen. Beispielsweise bietet die Akademie für Theater und Digitalität des Theaters Dortmund Raum für digitale Innovation, künstlerische Forschung und technikorientierte Aus- und Weiterbildung. Sie ist das Zentrum der Entwicklung neuer Theaterformen und Technologien, die massgeblich durch die Digitalisierung geprägt sind. Jährlich werden dort Fellowships, gefördert durch vielfältige Partnerinstitutionen, an Kunst- und Theaterschaffende aus aller Welt vergeben.

6.5.2. Hypothese zu Ergebnissen mit Bezug zu Kapitel 3

Die Ausweitung der digitalen Verbreitungskanäle bietet die Möglichkeit, ein grösseres Publikum praktisch unbeschränkt und weltweit zu erreichen. Anderseits führen Mechanismen wie die Plattformökonomie und «The-Winner Takes it All»-Dynamiken zu einer Konzentration von Ressourcen und Aufmerksamkeit auf wenige Akteure.

Handlungsempfehlung 5: Kuratierung virtueller Räume. Zielgruppe: Kulturschaffende, Plattformbetreiber, Politik, Rezipientinnen und Rezipienten.

Die Thematik der Plattformökonomie ist sehr komplex und beschäftigt sowohl die Workshopteilnehmenden als auch die Politik. Kürzlich hat der Bundesrat zur Motion 23.4529 (Müller-Altermatt, 2023b) Stellung bezogen; diese befasst sich mit dem Musikstreaming respektive der Diskriminierung von Musikerinnen und Musikern auf dem Arbeitsmarkt. Der Handlungsempfehlung wird generell zugestimmt.

Welcher Ansatz soll nun gewählt werden, damit die Plattformökonomie nicht darauf hinausläuft, dass nur wenige Akteure tatsächlich profitieren? Braucht es kuratierte virtuelle Räume oder mehr strukturelle Massnahmen? Wie ist die Kuratierung virtueller Räume machbar? Und wie kann die Auffindbarkeit von Kulturschaffende gewährleistet werden?

Gerade was die Auffindbarkeit betrifft, gibt es verschiedene Problemstellen, weil die Produktion besonders in den Sozialen Medien immens ist. Mit Keywords kann man Suchmaschinen oder Soziale Medien so manipulieren, dass man eine bessere Sichtbarkeit erreicht. Jedoch bleibt es für den Einzelnen – besonders bei jungen Kulturschaffenden – in der Regel schwierig, die entsprechende Aufmerksamkeit im Internet zu erlangen. Die sozialen Medien helfen Kulturschaffenden bei der Verbreitung ihrer Kunst eher wenig, wenn sie noch nicht bekannt sind. Es besteht die Möglichkeit, sich zu einem Netzwerk zusammenzuschliessen, um die Bewerbung zu vereinfachen (z.B. in einem Theater oder zusammen mit einem bekannten Museum). Offen bleibt die Frage, ob sich die Rezipientinnen und Rezipienten später an die Kulturschaffenden erinnern oder nur an die Plattform. Wie kreiert man Sichtbarkeit für den einzelnen Kulturschaffenden? Hier müssen verschiedene Ansätze in Betracht gezogen werden.

Betrachtet man nun die Implementation «kuratierter virtueller Räume», gibt es noch Klärungsbedarf. Zum einen besteht die Möglichkeit, dass– wie z.B. in den Bereichen Musik oder Film bereits geschehen und diskutiert – eine eigene Schweizer Plattform kreiert wird. Es gilt zu bedenken, dass begründete Zweifel bestehen, ob sich eine solche auch durchsetzen kann. Anderseits könnten auch mehr «open standards» unterstützt werden, z.B. BlueSky. Dies ist das einzige Beispiel eines komplett offenen Standards, das plattformunabhängig ist.

Es muss mehr darüber geforscht werden, wie virtuell kurierte Räume attraktiver gemacht werden können: nicht diese Räume erschaffen, sondern herausfinden, wie diese funktionieren können. Hier geht es auch um Erwartungsmanagement: Wenn man nicht mit der digitalen Welt mithält, hat man ein Problem. Die Lösung ist allenfalls, eine Nische zu finden.

Kulturschaffende sollen sich mit den neuen digitalen Geschäftsmodellen auseinandersetzen. Die Erkundung und Anpassung an neue Geschäftsmodelle erfordert ein Verständnis dieser Modelle und ihrer Implikationen. Ist Ausschlussprinzip und Konsumrivalität möglich oder nicht, lässt sich dies steuern oder hängt es auch an der Technik, mit der die Kunst hervorgebracht wird? Die Förderung digitaler Kompetenzen umfasst damit nicht nur technische Fähigkeiten, sondern auch das Verständnis für digitales Marketing.

Handlungsempfehlung 6: Förderung eines Verständnisses der Mechanismen digitaler Märkte und Technologien. Zielgruppe: Bildungseinrichtungen, Pro Helvetia, kantonale und städtische Kulturförderung, Verbände.

Es gibt eine grosse Zustimmung, dass die digitalen Kompetenzen dringend gefördert werden müssen. Auch Weiterbildungsangebote gehen hier gern vergessen. Es ist zu spät, digitale Kompetenzen erst an der Hochschule zu lernen; dies muss früher in der Ausbildung geschehen. Selbstvermarkung bedingt, dass der Artist bzw. die Artistin extrovertiert ist. Einige stellen sich daher die Frage, wie sich introvertierte Künstler in diesem Rennen um Einzigartigkeit durchsetzen. Und ob die Qualität der Jury, den Followern, die letzte Jury für das Einkommen der Kulturschaffenden oder die Qualität der Beiträge in der Kunstszene sein wird?

Es ist wichtig, etwas über den Charakter der Ausbildung zu sagen. Es braucht beispielsweise in der Bildhauerei 40 Jahre, um die Generation der Auszubildenden zu verändern. Wenn man Ausbildung verändern will, dann muss man entweder die Auszubildenden trainieren oder 40 Jahre warten, bis diese Generation selber am Zug ist.

Die Förderung des Verständnisses der Mechanismen digitaler Märkte ist essenziell. Es gibt auch Schwierigkeiten im Bereich Hardware. Als Kulturschaffende® muss man sich alles selbst beibringen, was sich wegen der hohen Investitionskosten oft nicht lohnt.

Neue digitale Geschäftsmodelle werden oft in den USA entwickelt. Das setzt die Kulturschaffenden unter Druck und man kann bei diesem stetigen Fortschritt den Anschluss verlieren.

Für Kulturschaffende, die nicht den klassischen Weg einschlagen, fehlen die Möglichkeiten. Die Arbeit mit Open-Source-Programmen wäre eine Bereicherung für die Kunst, aber die Einarbeitung in die Programme ist sehr zeitaufwändig. Die Diversität in der Kunst nimmt ab, weil die meisten nur mit den Standardprogrammen (z.B. Adobe) arbeiten.

NFTs sind als Konzept interessant für die künstlerische Betätigung, zugleich handelt es sich aber auch um einen Markt.

Bei den Autorinnen und Autoren gibt es in der Regel einen Verlag, der die Vermarktungsarbeit übernimmt. Als Autorin oder Autor braucht man normalerweise einen solchen Verlag. Verlegerinnen und Verleger erwarten jedoch auch, dass die Autorinnen und Autoren ihre Webseite und Social Media bespielen und aktuell halten, was häufig problematisch ist. Der Autorinnen- und Autorenverband möchte hierzu Workshops anbieten.

Der E-Book-Markt ist aktuell in der Schweiz nicht sehr gross. Ein Grossteil des Umsatzes läuft immer noch über physische Bücher, für die Autorinnen und Autoren ist dies jedoch nur ein kleiner Teil der Einnahmen. Ihre Haupteinnahmen bestehen zum einen aus Lesungshonoraren und zum anderen und meist grössten Teil durch andere berufliche Engagements.

Kulturschaffende sollten ihre Einzigartigkeit und ihre Persönlichkeit in Szene setzen – im digitalen Zeitalter erst recht. Sie sollten ihre Nische kennen, um sich von der Masse abzuheben und einen Draht zu ihrem Publikum zu finden. Gleichzeitig ist es im digitalen Wettbewerb wichtig, dass digitale Hilfsmittel als Werkzeuge eingesetzt werden.

Handlungsempfehlung 7: Vermarktung eines einzigartigen Markenkerns. Zielgruppe: Kulturschaffende, kantonale und städtische Kulturförderung, Pro Helvetia.

Hier werden zwei unterschiedliche Kräfte angesprochen. Der Begriff Nische kann auch produktiv sein im Sinne einer Erweiterung, führt aber auch dazu, dass man die Konkurrenz etwas abschwächt. Es besteht jedoch auch Handlungsnotwendigkeit, aus der Nische herauszukommen und etwas Spezielles daraus zu machen. Wichtig ist es, dass man die grundsätzlichen Strukturen mittransformiert – und das auch im Grossen.

Fraglich ist, was unter dem Begriff Nische gemeint ist. Im positiven Sinne als Brutkasten oder Katalysator? Beim Theater sei die Nische meist marginal, aber die Ausdifferenzierung und Erweiterung ist ganz schön. Nischen seien gut, z.B. «Play Suisse» im Vergleich zu Netflix. Play Suisse ist auch ein Beispiel für kuratierte Räume.

6.5.3. Hypothese zu Ergebnissen mit Bezug zu Kapitel 4

> **Für die Kulturbetriebe in den performativen Künsten (Theater und Musik) und ihre erweiterten Netzwerke stellt die digitale Transformation eine besondere Herausforderung dar, weil das Produkt ihres Schaffens vom Grundverständnis her auf eine direkte Interaktion zwischen Menschen in Präsenz ausgelegt ist.**
>
> *Handlungsempfehlung 8:* Digitalisierungsfolgen als Schwerpunkt des Nationalen Kulturdialogs. Zielgruppe: Bundesamt für Kultur, Kantone, Städte, Gemeinden.

Während Covid-19 waren alle Angebote und Aktivitäten digital. Nun geht man aber wieder auf die regionale Ebene, um das Publikum dort abzuholen.

Digitalisierungsfolgen können im nationalen Kulturdialog nicht als Schwerpunkt behandelt werden, sondern sind nur eines unter vielen anderen drängenden Themen.

> **Digitalisierte Kooperation (in und zwischen Netzwerken und Organisationen) erfordert eine kompensatorische Pflege sozialer Beziehungen.**
>
> *Handlungsempfehlung 9:* Rasche Umsetzung der Massnahme «Faire Rahmenbedingungen im digitalen Umfeld». Zielgruppe: Bundesamt für Kultur.

Grundsätzlich ist die Zustimmung vorhanden, dass soziale Aspekte durch zu viel Home-Office und Online-Meetings verloren gehen. Dabei dürfe der Kosten-Nutzen-Aspekt nicht vernachlässigt werden. Es gibt zunehmend einen monetären Zwang, Treffen online abzuhalten. Es sei jedoch schwierig, über alle Branchen hinweg bezüglich des sozialen Aspekts etwas Zusammenfassendes sagen zu können.

Besonders die Theaterwelt sei eher physisch unterwegs, was sehr wichtig ist. Zum anderen aber wird man gezwungen, auf Social Media präsent zu sein, da sonst die Reichweite nicht so gross ist. Wichtige Sitzungen werden häufig noch physisch abgehalten, da in einem Online-Setting ein anderes Verhalten sichtbar ist, z.B. viele Stimmenthaltungen bei einer Vereinsabstimmung. In einem physischen Setting gibt es mehr Mitteilungsmöglichkeiten, so kann man beispielsweise auch die Stimmung wahrnehmen und einen anderen Austausch führen.

Anders ist es in der Gameentwicklung, wo Online-Meetings die Regel sind. So könnten auch die eher Introvertierten mehr integriert werden (Stichwort Social Anxiety). Online-Meetings können dort recht gut funktionieren, wenn man die Persönlichkeiten der einzelnen Teilnehmenden sehr gut kennt. Das Online-Setting ermöglicht es, sich sehr einfach global zu vernetzen, monetär ist dies aber nicht so attraktiv.

Ein Problem im Bereich Musik ist es, dass diese sehr einfach zu importieren ist. Ein Export von Schweizer Musik hingegen sei ungleich schwieriger. Dies ist jedoch nicht ein Problem der Digitalisierung per se. Das Streaming wird heute nur anders verteilt als früher. Der musikalische Mittelstand hat es im Streamingzeitalter schwerer als im Downloadzeitalter, weil sehr viele anonyme Musikerinnen und Musiker sehr viel Content hochladen (Bundesamt für Kultur, 2024, S. 17).

Die lokale Kultur braucht im ländlichen Raum eine noch spezifischere Förderung, da das Geld in den Städten verteilt ist und die ländlichen Gebiete in der Kulturförderung ein grosser blinder Fleck sind.

6.5.4. Hypothese zu Ergebnissen mit Bezug zu Kapitel 5

Gesetzliche Rahmenbedingungen für atypische Arbeitsformen

Handlungsempfehlung 10: Grundsätzliche Regelung der atypischen Arbeitsformen (Bundesamt für Kultur, 2024, S. 12). Zielgruppe: Verbände, Stiftungen, kantonale und städtische Kulturförderung.

Dieser Handlungsempfehlung wird kommentarlos zugestimmt.

Selbstverantwortung für soziale Sicherheit übernehmen!

Handlungsempfehlung 11: Aufnahme Arbeitsrecht und Sozialversicherungsrecht ins Aus- und Weiterbildungscurriculum. Zielgruppe: Verbände, Bildungsanbieter, Hochschulen, Kulturschaffende.

Die Zugänglichkeit zu Informationen und Beratung, welche die soziale Sicherheit betreffen, wird kritisiert. Es sind häufig Mitgliederbeiträge fällig. Das heisst, die Informationen sind doch nicht so unterschwellig und öffentlich zugänglich (Visuelle Kunst / Fotografie). Hauptsächlich informieren sich Künstlerinnen und Künstler gegenseitig im Austausch und die Beratung und Information findet nicht über die Verbände/Institutionen statt.

Hier ist es sinnvoll, dass die verschiedenen Verbände im gegenseitigen Austausch stehen, zum Beispiel betreffend Best-Practices, Funktion, Struktur und Informationspolitik. Es gibt Angebote der Berufsverbände, die spezifisch zu den Sparten erstellt wurden (z.B. bei Visarte). Es empfiehlt sich, diese zu nutzen.

An der SAL (Schule für angewandte Linguistik) in Zürich wird in Vorlesungen bereits sehr aktiv über das Urheberrecht und die soziale Sicherheit informiert.

Effektiverer Einsatz von Fördergeldern mit entsprechenden vertraglichen Rahmenbedingungen!

Handlungsempfehlung 12: Beratungs- und Dienstleistungsstelle für Kulturschaffende / Monitoring & Sanktionierung beim Einhalten von Honorar- und Gagenempfehlungen / Rahmenbedingungen bei Vergabe von Fördergeldern. Zielgruppe: Bildungsanbieter, Hochschulen, Kulturschaffende.

Es sind wenige Kultursparten, die keine Honorar- und Gagenempfehlungen abgeben (z.B. im Design). Die vorhandenen werden durch eine Linkliste auf der Webseite Suisseculture gesammelt.

Die Organisation Suisseculture Sociale plant zudem aktuell ein Beratungszentrum, das vom Bundesamt für Kultur aus initiiert wurde. Hier würden auch Fragen zu Honorar- und Gagenempfehlungen thematisiert werden.

Im Rahmen der Handlungsachse «Kultur als Arbeitswelt» in der Kulturbotschaft 2025–2028 sind verschiedene Ansätze zum Thema soziale Absicherung bereits in der Diskussion mit den Kulturverbänden. Die erste Aufgabe für die Förderinstitutionen wird sicherlich die Umsetzung von Künstlerhonoraren bei der Vergabe von Förderungen sein.

Neue Honorarmodelle / Pilotversuche

Handlungsempfehlung 13: Prüfung einer «Portage salarial». Zielgruppe: Wirtschafts- und Branchenverbände, Bundesparlament.

Problematisch ist, dass sowohl französische (und auch belgische) Entschädigungsmodelle nicht mit der Situation in der Schweiz kompatibel sind.

Gemäss Autorenverband ist hier noch viel im Fluss. Viele Verbände bemühen sich um politische Einflussnahme.

Auch hier sei auf die Kulturbotschaft 2025–2028 verwiesen, da neue Honorarmodelle im Rahmen der Handlungsachse «Kultur als Arbeitswelt» thematisiert werden.

Künstliche Intelligenz war nicht Teil der Revisionsarbeiten des URG in 2019

Handlungsempfehlung 14: Review URG in Bezug auf KI. Zielgruppe: UVEK, Politik, Verbände.

Eine erneute Revision des Urheberrechts ist notwendig. Der Bundesrat hat im November 2023 beim UVEK eine Übersicht möglicher Regulierungsansätze von Künstlicher Intelligenz in Auftrag gegeben. Es stellt sich die Frage, wie das Urheberrecht revidiert werden soll. Es wird im November 2024 eine Umfrage diesbezüglich erwartet.

Diese Revision beschäftigt besonders den Autorenverband im Fall von Übersetzerinnen und Übersetzern. Auch der am 13 März 2024 durch die EU beschlossene «EU AI Act» spielt hier eine Rolle.

Aktuell koordinieren sich diverse Kulturverbände bezüglich des Regulierungsbedarfs im Bereich der Künstlichen Intelligenz unter der Führung von AudioVision Schweiz. Zu diesem Themenkreis führten 2024 auch diverse Schweizer Verbände und Institute Tagungen durch.

Harmonisierung von KI mit EU-Recht

Handlungsempfehlung 15: Generelle Empfehlungen in Bezug auf Rechtsanpassungen im digitalen Bereich. Zielgruppe: Bundesamt für Kommunikation, Bundesrat, Parlament, Bundesamt für Kultur, Kulturverbände.

Es herrscht Einigkeit, dass es für die Schweiz keinen Sinn macht, KI-Themen alleine zu regulieren. Man sollte sich an EU-Recht («EU AI Act») anlehnen. Hier hinkt die Schweiz aktuell hinterher. Gemäss dem Bundesamt für Kultur (2024, S. 18) ist die Diskussion zur Regulierung der KI im Gang.

Persönlichkeitsverletzungen durch KI aktuell nur über Zivilrecht einklagbar

Handlungsempfehlung 16: Schaffung Straftatbestand bei Persönlichkeitsverletzungen durch KI. Zielgruppe: Bundesamt für Kommunikation, Bundesamt für Justiz, Bundesrat, Bundesamt für Kultur, Parlament, Kulturverbände.

Bei der Einführung eines strafrechtlichen Schutzes, um die Persönlichkeitsrechte der Kulturschaffenden zu stärken, stellt sich die Frage, wie gross die Gefahr ist, dass Labels ihre Kulturschaffenden kopieren. Die Gefahr ist besonders gross, da man bei Big Data und KI-Nutzung meist nicht identifizieren kann, wer «geklaut» hat. Ein griffiger, einfach durchsetzbarer Schutz mit kleinem finanziellem Risiko wäre wünschenswert. Eine strafrechtliche Absicherung ist grundsätzlich anzudenken, um effektives Recht zu schaffen.

Unzureichende Informiertheit der Kulturschaffenden über Rechtsmittel zur Abwehr von Ausbeutung des eigenen Schaffens

Handlungsempfehlung 17: Juristische Information und juristischer Support der Kulturschaffenden. Zielgruppe: Bundesamt für Kommunikation, Bundesamt für Kultur, Kulturverbände, Hochschulen und Bildungsanbieter, Verwertungsgesell-schaften.

Die Organisation Suisseculture Sociale plant ein Beratungszentrum, das vom Bundesamt für Kultur aus initiiert wurde. Hier würden auch Fragen zu Rechtsmitteln und zur Abwehr von Ausbeutung des eigenen Schaffens thematisiert werden.

Diese Thematik fehlt vor allem in der Ausbildung. Zielgruppe müssen also vor allem die Kunsthochschulen sein, die die Thematik aufnehmen müssten. Grundsätzlich sollte auch eine Empfehlung an alle Kulturschaffenden sein, bei den Urheberrechtsgesellschaften Mitglied zu werden.

Kulturschaffende sollten sich proaktiv um akzeptable Rahmenbedingungen bei kommerziellen Anbietern einsetzen

Handlungsempfehlung 18: Proaktiver Dialog. Zielgruppe: Kulturverbände.

Eine «Lex Spotify» wäre für den Bereich Musik wünschenswert. Aktuell hat diesbezüglich die politische Einflussnahme begonnen (siehe auch Motion Müller-Altermatt).

Rahmenbedingungen entstehen nicht durch Verhandlungen mit kommerziellen Anbietern, sondern durch Reglementierungen auf der politischen Ebene. Gefragt sind hier sicherlich nicht die Kulturverbände, sondern die Politik.

6.6. Zusammenfassung und Fazit

Die Ergebnisse der drei untersuchten Kulturbereiche wurden von Teilnehmenden anderer Kulturbereiche in Validierungs- und Transferworkshops für gültig und im Grossen und Ganzen auf in andere Sparten übertragbar befunden. Eine Detailprüfung der Handlungsempfehlungen für den je avisierten Kulturbereich durch die zentralen Akteure beispielsweise der Kunst- und Kulturförderung ist jedoch angeraten. Jeder dieser Bereiche weist spezifische Eigenarten hinsichtlich der Leistungserstellungsprozesse und der involvierten Personen, Organisationen und informellen Netzwerke auf. Regulierungen können daher nicht mit der grossen Kelle angerichtet, sondern müssen präzise auf diese Besonderheiten ausgerichtet werden.

Besonders betont werden muss hier die dynamische Entwicklung der Situation. Viele der Handlungsempfehlungen werden durch aktuelle Tätigkeiten in der Politik mittlerweile angegangen. So sind in der am 01. März 2024 veröffentlichten «Kulturbotschaft 2025–28» (Bundesamt für Kultur, 2024) bereits mehrere Ziele und Massnahmen beschrieben, die den hier formulierten Handlungsempfehlungen entsprechen. Es wird spannend sein zu beobachten, ob diese Massnahmen den gewünschten Effekt mit sich bringen und wie sie genau umgesetzt werden. Aber die Evaluation dieser Aktivitäten geht weit über den hier vorliegenden Bericht hinaus und gehört in eine gesonderte Folgeuntersuchung.

Annex

Liste der Interviewpartnerinnen und Interviewpartner

Tab. 2 Liste der Interviewpartnerinnen und Interviewpartner für leitfadengestützte Interviews

Themenfeld	Genre/Funktion	Alter	Geschlecht	Grossregion
Musik	Volksmusiker	40	m	Zentralschweiz
Musik	Klangkünstlerin/Gaming	50	w	Zentralschweiz
Musik	Popmusikerin/Covermusik	30	w	Zentralschweiz
Musik	Komponistin zeitgenössische Musik	32	w	Zentralschweiz
Musik	Zeitgenössische Musik/ audiovisuelle Kunst	30	w	Espace Mittelland
Musik	Blackmetal	40	m	Espace Mittelland
Musik	Duo Indiepop/Elektro	Beide Ende 20	w	Zürich/Winterthur
Theater	Verband grösserer Bühnen	Mitte 50	m	Ganze Schweiz
Theater	Leitung Digitale Bühne Kleintheater Luzern	Mitte 30	w	Zentralschweiz
Theater	Dozent Soziokultur, Kultur als Mode	60	m	Zentralschweiz/ Zürich
Theater	Regisseur Theater und Film	Mitte 70	m	Zentralschweiz/ Zürich
Theater	RGB Project, Produktionsleitung	Mitte 40	m	Genferseeregion
Theater	Theaterperson u.a. Kollektiv Fetter Vetter	Anfang 30	w	Zentralschweiz
Theater	Künstlerischer Handwerker	Mitte 40	m	Tessin

Themen-feld	Genre/Funktion	Alter	Ge-schlecht	Grossregion
Theater	Theatermacher/digitaler Dramaturg	Anfang 40	m	Ostschweiz
Visuelles Design	Illustrator	30	m	Ostschweiz
Visuelles Design	Filmregisseurin	40	w	Zentralschweiz
Visuelles Design	Design (Fotografin, Videografin und visuelle Künstlerin)	Ende 20	w	Zürich
Visuelles Design	Design (Illustratorin, selbstständig)	Ende 20	w	Zentralschweiz
Visuelles Design	Design (Videodesignerin und Videoartistin im Theaterbereich)	Ende 30	w	Zürich
Visuelles Design	Design (Illustrator, Grafiker und Musiker, selbstständig)	Ende 20	m	Zentralschweiz
Visuelles Design	Design (Illustrator, Studiengangsleiter und Musiker)	Mitte 50	m	Zürich

Prototyp Interaktives Tool zur Visualisierung der Personas

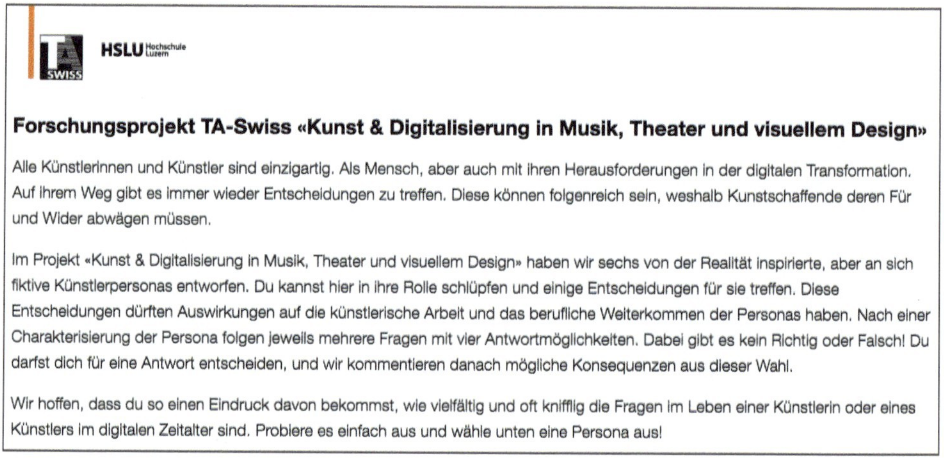

Forschungsprojekt TA-Swiss «Kunst & Digitalisierung in Musik, Theater und visuellem Design»

Alle Künstlerinnen und Künstler sind einzigartig. Als Mensch, aber auch mit ihren Herausforderungen in der digitalen Transformation. Auf ihrem Weg gibt es immer wieder Entscheidungen zu treffen. Diese können folgenreich sein, weshalb Kunstschaffende deren Für und Wider abwägen müssen.

Im Projekt «Kunst & Digitalisierung in Musik, Theater und visuellem Design» haben wir sechs von der Realität inspirierte, aber an sich fiktive Künstlerpersonas entworfen. Du kannst hier in ihre Rolle schlüpfen und einige Entscheidungen für sie treffen. Diese Entscheidungen dürften Auswirkungen auf die künstlerische Arbeit und das berufliche Weiterkommen der Personas haben. Nach einer Charakterisierung der Persona folgen jeweils mehrere Fragen mit vier Antwortmöglichkeiten. Dabei gibt es kein Richtig oder Falsch! Du darfst dich für eine Antwort entscheiden, und wir kommentieren danach mögliche Konsequenzen aus dieser Wahl.

Wir hoffen, dass du so einen Eindruck davon bekommst, wie vielfältig und oft knifflig die Fragen im Leben einer Künstlerin oder eines Künstlers im digitalen Zeitalter sind. Probiere es einfach aus und wähle unten eine Persona aus!

Abb. 9 Startseite

Wähle einen Dialog

Carla Buffi, Elektronikmusikerin

Du heisst Carla Buffi, bist 26 Jahre alt, kommst aus Bellinzona und magst neben der Musik auch Sport und Reisen. Du bist extravertiert und eine frohe Natur.

Dialog Starten

Louis Thierrin, Pianist

Du heisst Louis Thierrin, bist 58 und verheiratet mit einer Architektin. Du bist Vater einer erwachsenen Tochter und kommst aus Fribourg.

Dialog starten

Céline Distel, Schauspielerin

Du bist Céline Distel, 45 Jahre alt und in fester Partnerschaft mit zwei Kindern (9 und 12 Jahre). Mit Deinem berufstätigen Partner hast Du vereinbart, dass Du Dich in den nächsten fünf Jahren einem anstehenden Theaterprojekt widmen wirst.

Dialog starten

Abb. 10 Startseite Auswahl Personas

Annex

> **zurück zur Dialog Auswahl**　　　　　　　　　　　　　　　　　　　　　　　　　　　　　**Beginne den Dialog**
>
> **Louis Thierrin, Pianist**
>
> Du heisst Louis Thierrin, bist 58 und verheiratet mit einer Architektin. Du bist Vater einer erwachsenen Tochter und kommst aus Fribourg. Du bist ein bekannter Pianist und Komponist. Die Flügel und Klaviere, auf denen du spielst, haben dich schon immer fasziniert. Du liebst die handwerklichen Konstruktionen und die Spieltechnik dieser Instrumente so sehr, dass du unvernünftig viel Geld für deine drei Tasteninstrumente ausgibst.
>
> Stilmässig bewegst du dich im Bereich von Jazz und Jazz-Crossover. Du liebst es, deine musikalische Herkunft im Jazz mit vorzugsweise volkstümlichen Musikstilen zu verbinden. Am Flügel kannst du hervorragend frei improvisieren, am besten, wenn du vor Publikum spielst und die Funken sprühen.
>
> Neben Soloauftritten spielst du auch seit Jahren in einem Jazz-Quartett und schreibst für dieses einen Grossteil der Stücke. Früher hat das Quartett noch mit CD- und LP-Verkäufen verdient, aber die neuesten CDs sind nur noch selten gefragt und dienen hauptsächlich als Visitenkarte für das Quartett. Dein Konzertkalender ist je nach Saison entweder gut gefüllt mit Auftritten des Quartetts oder als Solist. Das Einkommen aus den Konzerten ist vorhanden, aber es bereitet dir ständiges Bangen, ob es auch ausreicht. Ohne Nebeneinkommen und ohne deine Partnerin hättest du definitiv finanzielle Probleme. Auch über die Musik hinaus ist die Digitalisierung für dich kein besonderer Fokus. Natürlich besitzt du ein Handy und ähnliches, aber Dinge wie Social Media dienen dir lediglich als Mittel zum Zweck. Du bist dir durchaus bewusst, dass für das Marketing deiner selbst und deines Jazz-Quartetts eine ansprechende Website und eine gewisse Präsenz im Web wichtig sind.

Abb. 11 Kurzbeschreibung der Persona

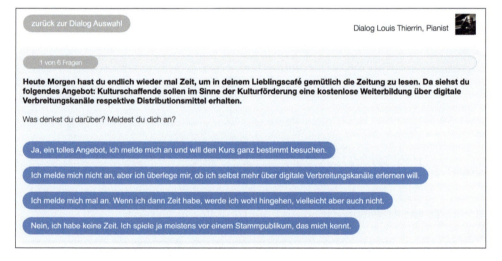

Abb. 12 Dilemmata/Entscheidung mit Auswahlmöglichkeiten

Abb. 13 Rückmeldung zur getroffenen Entscheidung

Abb. 14 Schlussfazit zu den getroffenen Entscheidungen/Dilemmata

Szenarien für Workshop «Speculative Design»[1]

Szenario 1a: Arbeitsorganisation mit Digitaler Assistenz

Ich habe schon seit je mit einer digitalen Agenda gearbeitet, aber die vor einigen Monaten auf den Markt gekommene digitale Assistenz (DA) da! hat für mich eine grosse Veränderung gebracht, ich würde sagen, das war fast disruptiv: Ich schreibe nichts mehr auf und trage nichts ein. Da! hält mir den Rücken frei, ich kann mich auf die relevante Arbeit konzentrieren und in ganzen Zeitblöcken kre-

---

[1] Die Darstellung der Szenarien wird gekürzt und pointiert gefasst.

ativ tätig sein. Da! fängt eingehende E-Mails etc. ab und informiert mich nur bei Notfällen. Das funktioniert schon ganz gut, wobei es auch hier Schlaumeier gibt, die versuchen, die Priorisierung von da! zu umgehen – und sie muss auch noch einiges lernen. Zum Beispiel, dass eine grössere Anzahl Nachrichten von einem Absender nicht unbedingt hohe Priorität bedeutet. Da! erledigt die Zusammenfassung und Priorisierung des gesamten E-Mailverkehrs und der Tagesaktualitäten im Internet (news). Ich schätze vor allem die ganze Hintergrundarbeit, die Da! für mich leistet. Da! ist eine digitale, intelligente Hilfe bezüglich Research, potenzieller Konferenzbeiträge und möglicher Projekteingaben. Ich brauche nur ein Stichwort zu sagen und bekomme schon eine Übersicht/Zusammenfassung der ausgeschriebenen Themen mit geforderten Eingaben inkl. evaluiertem Arbeitsaufwand und Deadlines. Wenn ich am Morgen da! starte, liegt eine umfassende Übersicht vor, was in den kommenden Tagen/Wochen an Terminen und Arbeiten/ Pendenzen ansteht. Da! macht einen Vorschlag für einen idealen Ablauf. Dabei habe ich noch die gesamte Entscheidungsfreiheit, um den eigenen Fokus der Arbeit zu setzen. Selbstverständlich integriert da! meine Anpassungen und kreiert daraus Arbeitsstile. Ich habe beispielsweise einen Modus «locker» und einen Modus «hart». Diese Flexibilität finde ich genial.

Szenario 1b: Kreatives Arbeiten mit KI

Wenn ich wie jetzt gerade daran bin, eine neue Produktion auf die Beine zu stellen, gibt es immer wieder Diskussionen um die Form der Performances. Wie erreichen wir die meisten zahlenden Personen? Und welchen Nutzen haben kostenlose Streamingmöglichkeiten? Es hat Untersuchungen gegeben, dass dadurch ein neues, oftmals auch junges Publikum angesprochen wird. Es ist aber nicht so, dass sie, wie wir, eine Aufführung respektive eine Produktion asynchron dann schauen, wenn es ihnen zeitlich am besten passt. Nein, mit MickMock hat sich eine neue Kunstform gebildet. Dabei werden die verschiedensten Produktionen zusammengeschnitten und zu neuen Kurzfilmen zusammengefügt, die heute das sind, was vor fünfzehn Jahren TikTok war: «the place to be.» Aber damit habe ich kaum zu tun, ich freue mich einfach, wenn ab und zu eine meiner Produktionen oder eine Performance, an der ich beteiligt war, auf MickMock auftaucht. Wobei MickMock schon für Vieles steht: die heutige junge Generation ist vielleicht die erste, die KI resp. ML (Maschinelles Lernen), wie man heute sagt, wirklich integriert hat in ihr Leben und eine gute Arbeitsteilung zwischen Maschine und sich selbst als kreative Wesen gefunden hat. Sie sind unverkrampft. Mir ist es immer noch etwas unheimlich, wenn ich sehe, wie meine eigene kreative Arbeit quasi getoppt wird. Ich weiss manchmal gar nicht mehr, was von mir kommt und was vom Computer. Das ML erlernt die eigenen Bildstile und Präferenzen auch von Ela, der Plakatgestalterin meiner Wahl – wobei was heisst «Plakat»? Visualisierungsfachperson würde es besser treffen. ML, Elas Programm heisst Pikabo, bereitet Bildmaterial vor, das Ela dann kreativ weiterbearbeitet. Der letzte Schrei sind gerade dicke, grobe Pinselstriche überall, weil die Maschinen viel weniger gut hinkriegen als Menschen (und einige Tiere, die in besonders kreativen Agenturen mitmischen). Ela hat mir erzählt, dass sie diese Pinselstriche in einer Art meditativem Zustand malt, weil alle repetitive, wenig kreative Arbeiten durch die digitale Unterstützung erledigt werden. Dadurch entsteht freie Zeit, um sich dem zu widmen, worauf man Lust hat.

Szenario 2: Immersive (virtuelle) Realität

Wenn ich die verschiedenen Zeiten miteinander vergleiche, als ich angefangen habe, stelle ich fest, dass die Grenzen und Übergänge zwischen Freizeit und Berufsalltag immer mehr zerfliessen. Wer nicht gerade in der stationären Pflege oder in der ausserfamiliären Kinderbetreuung tätig ist, arbeitet hauptsächlich zuhause. Nach dem initialen Morgenkaffee mit persönlichem Austausch in Second Life (was beschäftigt Dich gerade, was mich? Den Tag nicht allein starten.) habe ich Energie geschöpft und starte dann direkt in die tägliche Arbeit. Oder ist der Austausch auch schon Arbeit gewesen? Freizeit jedenfalls nicht … Nach einem intensiven Arbeitsblock von zwei Stunden habe ich dann einen multisensorischen Spaziergang durch einen virtuellen Wald gemacht und die erlebten Geräusche, Gerüche und haptische Eindrücke gerade in meinen nächsten Arbeitsblock integriert, in den ich erholt eingestiegen bin. Second Life ist heute dreidimensional, räumlich und partizipativ-kreativ: Virtuelle Konzerte und Ausstellungen können besucht werden mit dem eigenen Avatar. Analog wie im Metaverse, aber ohne Facebook (FB), da FB keine Vision hat. Die virtuelle Realität ist viel grösser, mit mehr Life und grösser und kreativer. Es gibt verschiedene Welten passend für spezifische Zielgruppen, aber alle sind miteinander interagierend und vernetzt. Es ist nicht ein einziges grosses, sondern es sind viele kleine Universen, in denen Menschen ihre Kreativität ausleben können. Die Welten werden auch von diesen Menschen mit spezifischen Interessen gestaltet und unterstützt. Second Life ist eine Art multisensorisches World Hopping mit aktiver Partizipation. Man kann die Bubble verlassen und neue Netzwerke erschliessen: die Grenzen aufbrechen, die Hürden des Kennenlernens im (Arbeits-)Alltag überwinden. Aus der Bubble herauskommen und sich mit Menschen treffen, mit denen man sonst nicht (oder nicht einfach) in Kontakt kommt. So habe ich persönlich schon gute Erfahrungen gemacht mit neuen Orten und Formen von Produktionen und Festivals in lokalen Settings, wo mehr geschieht, als der digitale Raum bieten kann. Gemeinsam geteilte Emotionen in Echtzeit und Raum werden wichtiger. Das Live-Erlebnis gemeinsam in einem Raum wird bleiben, aber es entwickelt sich weiter. Es ist alles noch viel stärker miteinander vernetzt und verwoben. Den Überblick zu haben, sich in der virtuellen und in der physischen Welt zurechtzufinden, ist eine Lebenskompetenz, deren Bedeutung nicht überschätzt werden kann. Ich bin überzeugt, dass gerade Kulturschaffende mit ihrer etwas spielerischen Herangehensweisen in Zukunft noch viel wichtiger werden als eine Art Lotsen im Informationsozean.

Literaturverzeichnis

Al-Ani, A., Bleisch, B. & Stalder, F. [tagung kultur digital]. (2021, 16. November). 6. Gespräch «Digitalisierung und Digitalität» [Video]. Vimeo. https://vimeo.com/user157091723 [abgerufen am 08.03.2023].

Anderson, C. (2006). *The Long Tail: Why the Future of Business Is Selling Less of More.* Hachette UK.

Apitzsch, B. (2010). *Flexible Beschäftigung, neue Abhängigkeiten. Projektarbeitsmärkte und ihre Auswirkungen auf Lebensverläufe.* Campus.

Arntz, M., Gregory, T. & Zierahn, U. (2019). Digitization and the Future of Work: Macroeconomic Consequences. *Handbook of Labor, Human Resources and Population Economics,* 1–29. Springer International Publishing.

Auger, J. (2013). Speculative Design: Crafting the Speculation. *Digital Creativity* 24(1), 11–35.

Baio, A. (2022, 30. September). *AI Data Laundering: How Academic and Nonprofit Researchers Shield Tech Companies from Accountability.* Waxy. https://waxy.org/2022/09/ai-data-laundering-how-academic-and-nonprofit-researchers-shield-tech-companies-from-accountability/ [abgerufen am 15.01.2024].

Baldin, A., Bille, T., Mukkamala, R. R. & Vatrapu, R. (2023). The impact of social media activities on theater demand. *Journal of Cultural Economics.* https://doi.org/10.1007/s10824-023-09480-z

Barnes, B. (2023, 24. September). *Where does the actors' strike stand?* The New York Times. https://www.nytimes.com/2023/09/24/business/media/actors-strike-hollywood-sag-aftra.html?searchResultPosition=3 [abgerufen am 15.01.2024].

Baumol, W. J., & Bowen, W. G. (1966). Performing arts, the economic dilemma: A study of problems common to theater. *Opera, Music and Dance, New York.*

Baumol, W. J., & Bowen, W. G. (1993). *Performing Arts – The Economic Dilemma. A Study of Problems Common to Theater, Opera, Music and Dance.* Gregg Revivals.

Bundesblatt. (2018). Botschaft zur Änderung des Urheberrechts-gesetzes sowie zur Genehmigung zweier Abkommen der Weltorganisation für geistiges Eigentum und zu deren Umsetzung vom 22. November 2017. *BBl 2018, 591.*

Bleisch, B. [tagung kultur digital]. (2021, 10. November). *Best Practices: Die Referent*innen im Gespräch mit Barbara Bleisch.* [Video]. Vimeo. https://vimeo.com/user157091723 [abgerufen am 20.11.2023].

Boiko, T., Tatarenko, M., Iudova-Romanova, K., Tsyvata, Y., & Lanchak, Y. (2023). Digital Tools in Contemporary Theatre Practice. *Journal on Computing and Cultural Heritage, 16*(2), 1–9. https://doi.org/10.1145/3582265

Bosshard, E., & Rajower, F. (2003). Begriff des Arbeitgebers gemäss Art. 15 Abs. 2 Bst. B OECD Musterabkommen (Monteurklausel). *IFF Forum für Steuerrecht, 3,* 200–220.

Brooks, M. S. & Levav, J. (2022). Virtual Communication Curbs Creative Idea Generation. *Nature, 605,* 108–112.

Büchler, A. (2021). Art. 27 – 30b ZGB. ZGB-Kommentar. In J. K. Kostkiewicz, S. Wolf, M. Amstutz & R. Fankhauser (Hrsg.). ZGB: Zivilgesetzbuch. Orell Füssli Kommentar, OFK (4. Aufl.).

Bundesamt für Kultur BAK. (2007). *Die soziale Sicherheit der Kulturschaffenden in der Schweiz: Situation und Verbesserungsmöglichkeiten: Bericht der Arbeitsgruppe Bundesamt für Kultur, Bundesamt für Sozialversicherungen und Staatssekretariat für Wirtschaft.* https://www.bak.admin.ch/dam/bak/de/dokumente/kulturpolitik/berichte/die_soziale_sicherheitderkulturschaffenden inderschweizsituationu.pdf.download.pdf/die_soziale_sicherheitderkultursch affendeninderschweizsituationu.pdf [abgerufen am 21.09.2023].

Bundesamt für Kultur BAK. (2009). *Merkblatt zu Art. 34d Abs. 2 AHVV (Verbesserung der sozialen Sicherheit für Kulturschaffende).*

Bundesamt für Kultur BAK. (2013). *Verbesserung der sozialen Sicherheit von Kulturschaffenden.* https://www.bak.admin.ch/bak/de/home/themen/verbesserung-der-sozialen-sicherheit-der-kulturschaffenden.html [abgerufen am 21.09.2023].

Bundesamt für Kultur BAK. (2021). *Taschenstatistik Kultur in der Schweiz 2021.* https://www.bak.admin.ch/dam/bak/de/dokumente/kulturpolitik/zahlen_und_statistiken/taschenstatistik-kultur-schweiz-2021.pdf.download.pdf/BAK_Taschenstatistik%20Kultur_2021_Online_DEF.pdf [abgerufen am 21.09.2023].

Bundesamts für Kultur BAK. (2023b). *Covid Massnahmen.* https://www.bak.admin.ch/bak/de/home/themen/covid19/massnahmen-covid19.html [abgerufen am 13.10.2023].

Bundesamt für Kultur BAK. (2024). *Botschaft zur Förderung der Kultur in den Jahren 2025–2028 (Kulturbotschaft 2025–2025).* https://www.bak.admin.ch/bak/de/home/themen/kulturbotschaft.html [abgerufen am 08.04.2024].

Bundesamt für Statistik BfS (2020). *Die Kulturwirtschaft in der Schweiz: Kulturbetriebe und Kulturschaffende.* https://www.bfs.admin.ch/bfs/de/home/aktuell/neue-veroeffentlichungen.assetdetail.14756845.html [abgerufen am 21.09 2022].

Bundesamt für Statistik BfS & Bundesamt für Raumentwicklung ARE (2023). *Mobilitätsverhalten der Bevölkerung. Ergebnisse des Mikrozensus Mobilität und Verkehr 2021.* Neuchâtel und Bern.

Bundeskanzlei. (2023, 24. Juli). *Reform der beruflichen Vorsorge: BVG-Referendum zustande gekommen.* https://www.bsv.admin.ch/bsv/de/home/publikationen-und-service/medieninformationen/nsb-anzeigeseite.msg-id-96870.html [abgerufen am 10.01.2024].

Bundesrat. (2008, 23. Mai). *Flexicurity: für ein ausgewogenes Verhältnis zwischen sozialer Sicherheit und Flexibilität des Arbeitsmarkts.* https://www.admin.ch/gov/de/start/dokumentation/medienmitteilungen.msg-id-18905.html [abgerufen am 06.01.2024]

Bundesrat. (2020). *Botschaft zur Änderung des Bundesgesetzes über die berufliche Alters-, Hinterlassenen- und Invalidenvorsorge (Reform BVG 21).* BBl 2020 9809.

Bundesrat. (2021). *Digitalisierung – Prüfung einer Flexibilisierung des Sozialversicherungsrechts («Flexi-Test»).*

Bundesrat. (2023a). *Bericht «Die soziale Sicherheit der Kulturschaffenden in der Schweiz»: in Erfüllung des Postulates 21.3281 Maret Marianne.*

Bundesrat. (2023b). *Diskriminierung der Schweizer Musikschaffenden auf dem Streamingmarkt beseitigen. Stellungnahme des Bundesrates vom 22.11.2023.* https://www.parlament.ch/de/ratsbetrieb/suche-curia-vista/geschaeft?AffairId=20234249#tab-panel-acc-2 [abgerufen am 18.02.2024]

Bundesrat. (2023c, 22. November). *Bundesrat prüft Regulierungsansätze für Künstliche Intelligenz.* https://www.admin.ch/gov/de/start/dokumentation/medienmitteilungen.msg-id-98791.html [abgerufen am 18.02.2024]

Camp, M.-A., Hanisch, C., Wey, Y., Brand, M. & Z'Rotz, J. (im Druck). *Netzbasierter Instrumental- und Vokalunterricht: Erfahrungen, Herausforderungen, Chancen für die Zukunft.* Hochschule Luzern.

Christen M., Mader C., Üas J., Abou-Chadi T., Bernstein A., Braun Binder N., Dell'Aglio D., Fábián L., George D., Gohdes A., Hilty L., Kneer M., Krieger-Lamina J., Licht H., Scherer A., Som C., Sutter P., Thouvenin F. (2020). *Wenn Algorithmen für uns entscheiden: Chancen und Risiken der künstlichen Intelligenz.* In TA-SWISS Publikationsreihe (Hrsg.): TA 72/2020. Zürich: vdf

Clausen, S. (1997). *Regionalwirtschaftliche Implikationen öffentlicher Kulturförderung*. Europäische Hochschulschriften. Europäischer Verlag der Wissenschaften.

Conrad, D., Van Leijsen, R. & Héritier, D. (2021). *Graphic Design in the Post-Digital Age: A Survey of Practices Fuelled by Creative Coding*. Onomatopee.

dappGambl. (2023). *Dead NFTs: The Evolving Landscape of the NFT Market*. https://dappgambl.com/nfts/dead-nfts/ [abgerufen am 06.02.2024]

Defila, R., Di Giulio, A. & Ruesch Schweizer, C. (2018). «Two souls are dwelling in my breast: Uncovering how individuals in their dual role as consumer-citizen perceive future energy policies». *Energy Research & Social Science 35*, 152–162.

De Filippi, P. (2023, 26. Juni*). Financement et Gouvernance à l'Ère Numérique*. [Audio] World Knowledge Dialogue (WKD). Université de Genève.

Digilaw.ch (o.D.) Qualifizierte Digitale Signatur. Plattform Digilaw.ch. https://digilaw.ch/qualifizierte-digitale-signatur/ [abgerufen am 06.02.2024]

Ecoplan. (2017). *Die Entwicklung atypisch-prekärer Arbeitsverhältnisse in der Schweiz. Nachfolgestudie zu den Studien von 2003 und 2010, unter Berücksichtigung neuer Arbeitsformen*. Staatssekretariat für Wirtschaft.

Ecoplan. (2021). *Soziale Absicherung von Kulturschaffenden*. Suisseculture Sociale und Pro Helvetia. https://visarte.ch/wp-content/uploads/2021/07/Absicherung_Kulturschaffende_Bericht_Schlussbericht_210624_de.pdf [abgerufen am 07.02.2024]

Eidgenössisches Institut für geistiges Eigentum IGE. (2008). *Teilrevision des Urheberrechts per 1. Juli 2008*. https://www.ige.ch/de/recht-und-politik/immaterialgueterrecht-national/urheberrecht/revision-des-urheberrechts/archiv/teilrevision-2008 [abgerufen am 21.09.2023].

Eidgenössisches Justiz- und Polizeidepartement EJPD. (2020). *Fit fürs digitale Zeitalter: Das modernisierte Urheberrecht tritt am 1. April 2020 in Kraft*. https://www.ejpd.admin.ch/ejpd/de/home/aktuell/news/2020/2020-02-261.html [abgerufen am 21.09.2023].

Eliazar, I. (2017). Lindy's law. *Physica A: Statistical Mechanics and its Applications 486*, 797–805. https://doi.org/10.1016/j.physa.2017.05.077

European Parliament. (2024a). DRAFT REPORT on cultural diversity and the conditions for authors in the European music streaming market (2023/2054(INI)). https://www.europarl.europa.eu/doceo/document/CULT-PR-750068_EN.pdf

European Parliament. (2024b). Cultural diversity and the conditions for authors in the European music streaming market 2023/2054(INI) – 17.01.2024. https://oeil.secure.europarl.europa.eu/oeil/popups/summary.do?id=1772351&t=d&l=en

FDP-Liberale Fraktion. (2022, 15. Juni). *Neuer Status für Selbstständige in Plattformbeschäftigung. Soziale Absicherung sicherstellen. Motion 22.3630.* Nationalrat. https://www.parlament.ch/de/ratsbetrieb/suche-curia-vista/geschaeft?AffairId=20223630 [abgerufen am 18. November 2023].

Florida, R. (2002). *The Rise of the Creative Class: And How It's Transforming Work, Leisure, Community and Everyday Life.*

Fontana, K. (2022, 2. Mai). Kostspielige Justiz: Wer soll das bezahlen? Neue Zürcher Zeitung. https://www.nzz.ch/schweiz/kostspielige-justiz-in-der-schweiz-wer-soll-das-bezahlen-ld.1681569 [abgerufen am 06.02.2024]

Frank, R. H. (2016). *Success and Luck: Good Fortune and the Myth of Meritocracy.* Princeton University Press.

Frey, B. S. (1996). Has Baumol's Cost Disease Disappeared in the Performing Arts?. *Ricerche Economiche, 50*(2), 173–182.

Frick, K. [tagung kultur digital] (2021, 10. November). *11. Karin Frick «Das Publikum der Zukunft».* [Video]. Vimeo. https://vimeo.com/user157091723 [abgerufen am 15.11.2023].

Future of Life Institute. (2023, 22. März). *Pause Giant AI Experiments: An Open Letter.* https://futureoflife.org/wp-content/uploads/2023/05/FLI_Pause-Giant-AI-Experiments_An-Open-Letter.pdf [abgerufen am 10.10. 2023].

futureSTAGE Research Group. (2022, 9. Januar). *Theaterbrief aus Harvard: Manifest für die Bühne der Zukunft.* Nachtkritik. https://nachtkritik.de/index.php?option=com_content&view=article&id=20469:theaterbrief-aus-harvard&catid=448&Itemid=99 [abgerufen am 19.09.2023].

Gabbiadini, Alessandro, Cristina Baldissarri, Roberta Rosa Valtorta, Federica Durante, and Silvia Mari. (2021). «Loneliness, escapism, and identification with media characters: An exploration of the psychological factors underlying binge-watching tendency.» Frontiers in Psychology 12: 785970.

Galloway, A. & Caudwell, C. (2018). Speculative Design as Research Method: From answers to questions and «staying with the trouble». *Undesign,* 85–96. Routledge.

Glenn, J. C. (2009). The futures wheel: Futures research methodology – version 3: 19.

Grynbaum, M. M. & Mac, R. (2023, 27. Dezember). *The Times Sues OpenAI and Microsoft Over A.I. Use of Copyrighted Work.* The New York Times. https://www.nytimes.com/2023/12/27/business/media/new-york-times-open-ai-microsoft-lawsuit.html [abgerufen am 06.02.2024]

Grüter, U. (2020, 29. Oktober). *Schnappschuss ist nun auch urheberrechtlich geschützt.* Juristenfutter. https://juristenfutter.ch/2020/04/04/schnappschuss-ist-nun-auch-urheberrechtlich-geschuetzt/ [abgerufen am 14. Januar 2024].

Grüter, U. (2022). Rechtsschutz im Immaterialgüterrecht. digilaw.ch. https://digilaw.ch/rechtsschutz-im-immaterialgueterrecht/ [abgerufen am 06.02.2024]

Grüter, U. (2023, 21. August). *Kein Urheberrechtsschutz für KI.* Juristenfutter. https://juristenfutter.ch/2023/08/21/kein-urheberrechtsschutz-fuer-ki/ [abgerufen am 14.01.2024].

Grüter, U. (o.D.). *Informationsschutz: Innovationsschutz von digitalen Produkten.* Plattform Digilaw.ch. https://digilaw.ch/08-16-informationsschutz/ [abgerufen am 21.01.2024]

Guo, E. (2023, 19. Oktober). *How Meta and AI companies recruited striking actors to train AI.* MIT Technology Review. https://www.technologyreview.com/2023/10/19/1081974/meta-realeyes-artificial-intelligence-hollywood-actors-strike/ [abgerufen am 05.01.2024]

Harenberg, M. (2012). *Virtuelle Instrumente im akustischen Cyberspace. Zur musikalischen Ästhetik des digitalen Zeitalters.* transcript.

Hauser, C. (2017). *Ordnung ohne Ort: Institutionen und Regionalökonomie im digitalen Zeitalter.* NZZ Libro.

Hauser, C. & Lienhard, M. (2014). *Wirkungen und Perspektiven der Regionalkonferenz Kultur (RKK).* Regionalkonferenz Kultur Luzern RKK.

He, Y., Li, W., Liu, L. & He, W. (2023). NFTs – A Game Changer or a Bubble in the Digital Market? *Journal of Global Information Technology Management, 26,* 1-8. https://doi.org/10.1080/1097198X.2023.2167561

Holst, C. (2020). *Kultur in Interaktion. Co-Creation im Kultursektor.* Springer Gabler. https://doi.org/10.1007/978-3-658-27260-9

IFPI Schweiz. (2023, 17. Februar). *Schweizer Musikmarkt 2022: Noch grösser, noch digitaler – Wachstum durch Streaming, Social Media gewinnt an Bedeutung.* Medienmitteilung. https://www.ifpi.ch/post/schweizer-musikmarkt-2022-noch-gr%C3%B6sser-noch-digitaler-1 [abgerufen am 20.09.2023].

Informationsstelle AHV/IV. (o.D.). *Sozialversicherungen: Glossar.* https://www.ahv-iv.ch/de/Sozialversicherungen/Glossar [abgerufen am 10.01.2024]

Iudova-Romanova, K., Humenyuk, T., Horevalov, S., Honcharuk, S. & Mykhalov, V. (2022). Virtual Reality in Contemporary Theatre. *Journal on Computing and Cultural Heritage, 15*(4), 1–11. https://doi.org/10.1145/3524024

Johnson, A. (2023, 3. Mai). *AI-Generated Music Is Here – «Sung» By Stars Like Drake And Ariana Grand –_But It May Be Very Illegal.* Forbes. https://www.forbes.com/sites/ariannajohnson/2023/05/03/ai-generated-music-is-here-sung-by-stars-like-drake-and-ariana-grande-but-it-may-be-very-illegal/?sh=2655e17e3aa3 [abgerufen am 05.10.2023].

Kanton St. Gallen (2020, 26. August). *Kulturkonferenz 2020: Wie blieben wir am Publikum.* [Audio]. https://www.sg.ch/news/sgch_kultur/2020/08/kulturkonferenz-2020.html [abgerufen am 21.09.2022].

Kapengut, E. & Mizrach, B. (2023). An Event Study of the Ethereum Transition to Proof-of-Stake. *Commodities, 2*(2), 96–110. https://doi.org/10.3390/commodities2020006

Karaboga, M., Frei, N., Puppis, M., Vogler, D., Raemy, P., Ebbers, F., Runge, G., Rauchfleisch, A., de Seta, G., Gurr, G., Friedewald, M. & Rovelli, S. (2024): Deepfakes und manipulierte Realitäten. Technologiefolgenabschätzung und Handlungsempfehlungen für die Schweiz. TA-SWISS Publikationsreihe (Hrsg.): TA 81/2024. Zolllikon: vdf.

Kastner, S. (2022). Bist du allein? Vereinzelung als Herausforderung und Chance für die Vermarktung von Kunst und Kultur. In C. Vaih-Baur und D. Pietzcker (Hrsg.). *Neue Wege für die Kultur?*, 3–31. Springer VS. https://doi.org/10.1007/978-3-658-37862-2_1

Kirste, M. & Schürholz, M. (2019). Einleitung: Entwicklungswege zur KI. In V. Wittpahl (Hrsg.). *Künstliche Intelligenz*, 21–35. Springer. https://doi.org/10.1007/978-3-662-58042-4_1

Kommission für Soziale Sicherheit und Gesundheit SR. (2022). *Auch Nebenerwerbseinkommen ins BVG. Motion 22.3389.* https://www.parlament.ch/de/ratsbetrieb/suche-curia-vista/geschaeft?AffairId=20223389 [abgerufen am 10.01.2024]

Koslowski, S. (Hrsg.). (2019). *Kulturelle Teilhabe: Ein Handbuch = Participation culturelle : un manuel = Partecipazione culturale : un manuale.* Seismo Verlag Sozialwissenschaften und Gesellschaftsfragen AG. https://biblio.parlament.ch/e-docs/1901444542.pdf [abgerufen am 29.02.2024]

Köster, T. (2019). Digitalsteuer – eine Schimäre. *Analysen und Argumente, 360*(Juli 2019). Konrad-Adenauer-Stiftung.

Kotolloshi, E. (2020). Social Media auf der Bühne. In Christian Holst (Hrsg.). *Kultur in Interaktion. Co-Creation im Kultursektor.* Springer Gabler. https://doi.org/10.1007/978-3-658-27260-9_5

Krugman, P. R., Obstfeld, M. & Melitz, M. (2023). *International Trade* (12. Aufl.). Pearson.

Kulesz, O. (2017). *La culture dans l'environnement numérique.* UNESCO. https://www.unesco.org/creativity/sites/default/files/medias/fichiers/2023/01/249812fre%20%281%29_0.pdf [abgerufen am 10.11.2023].

Kultur Digital. [tagung kultur digital]. (2021). Fachbeiträge. [Video]. Vimeo. https://vimeo.com/user157091723 [abgerufen am 25.09.2023].

Kulturvermittlung Schweiz. (2022). *Digitales.* https://www.kultur-vermittlung.ch/digitale-ecke [abgerufen am 21.9.2023].

Kummler, B. & Schuster, C. M. (2019). *Kulturschaffende und der digitale Wandel.* Guidle Verlag.

Kunz, S. & Stamm, H. (2024). Chancen, Risiken und Wirkungen der Digitalisierung im Musikbereich. In: TA-SWISS Publikationsreihe (Hrsg.): *Kultur und Digitalisierung,* TA 83/2024. Zollikon: vdf. 297–415.

Leupin, R. & Kaiser, N. (2021). Soziale Sicherheit von Interpretinnen und Interpreten – Grundlagen und Herausforderungen. Schweizerische Interpretenstiftung. Econcept.

Lobbes, M., Zellner, J. & Zipf, J. (2021). *Transformers. Digitalität, Inklusion, Nachhaltigkeit.* Theater der Zeit Verlag.

Mannheim, K. (1928). Das Problem der Generationen. *Kölner Vierteljahreshefte für Soziologie 7,* 157–185, 309–330; zitiert nach: ders. (1964), *Wissenssoziologie. Auswahl aus dem Werk.* In v. Kurt H. Wolff (Hrsg.), 509–565.

Manske, A. (2015). *Kapitalistische Geister in der Kultur- und Kreativwirtschaft: Kreative zwischen wirtschaftlichem Zwang und künstlerischem Drang.* transcript Verlag. https://doi.org/10.1515/9783839420881

March, L. (2022). Wrap You Up in My Blue Hair: Vocaloid, Hyperpop, and Identity in Ashnikko Feat. Hatsune Miku – Daisy 2.0. *Television & New Media. 24*(8), 894–910. https://doi.org/10.1177/15274764221093599.

Martel, F. (2018). «Positive Ökonomie» – Auf der Suchen nach neuen Geschäftsmodellen für Künstlerinnen und Designer. In J. Schiller (Hrsg.). 3rd Creative Economy Report Switzerland. CreativeEconomies research venture, 7–48. Zürcher Hochschule der Künste, Kulturanalyse und Vermittlung (ZHdK). http://archive.creativeeconomies.com/archive/www.creativeeconomies.com/downloads/creative-economy-report-switzerland-2018-en.pdf [abgerufen am 21.09.2023].

Marti, M., Sommer, H., Oleschak, R., Rissi, C., Böhringer, P., Inderhees, G. & Stöckle, I. (2007). Flexicurity: Bedeutung für die Schweiz. Beiträge zur Sozialen Sicherheit. *Forschungsbericht Nr. 14/07.*

McAndrew, C. (2022). *A Survey of Global Collecting in 2022.* Art Basel & UBS. https://d2u3kfwd92fzu7.cloudfront.net/A_Survey_of_Global_Collecting_in_2022.pdf

McLuhan, M. (1968). *Understanding Media: The Extension of Man.* Routledge & Kegan Paul.

Melitz, M. J., & Trefler, D. (2012). Gains from trade when firms matter. *Journal of Economic Perspectives, 26*(2), 91–118.

Morris, J. W. (2020). Music Platforms and the Optimization of Culture. *Social Media & Society, 6*(3). https://doi.org/10.1177/2056305120940690

Müller, J. (2017, 28. Dezember). *Eine Lex Bitcoin braucht es nicht.* Neue Zürcher Zeitung. https://www.nzz.ch/meinung/eine-lex-bitcoin-braucht-es-nicht-ld.1343079 [abgerufen am 06.02.2024]

Müller-Altermatt, S. (2023a). Diskriminierung der Schweizer Musikschaffenden auf dem Streamingmarkt beseitigen. Interpellation, 29.09.2023. https://www.parlament.ch/de/ratsbetrieb/suche-curia-vista/geschaeft?AffairId=20234249

Müller-Altermatt, S. (2023b). Diskriminierung der Schweizer Musikschaffenden auf dem Streamingmarkt beseitigen. Motion, 22.12.2023. https://www.parlament.ch/de/ratsbetrieb/suche-curia-vista/geschaeft?AffairId=20234528

Musgrave, R. (1959). *The Theory of Public Finance: A Study in Public Economy.* Kogakusha Co.

Neiman, B., & Vavra, J. (2023). The rise of niche consumption. *American Economic Journal: Macroeconomics, 15*(3), 224–264.

Oehri, I. (o.D.). ChatGPT & Co. und Urheberrecht. Plattform Digilaw. https://digilaw.ch/08-05-04-chatgpt-co-und-urheberrecht/

Oksanen, A., Cvetkovic, A., Akin, N., Latikka, R., Bergdahl, J., Chen, Y. & Savela, N. (2023). Artificial Intelligence in Fine Arts: A Systematic Review of Empirical Research. *Computers in Human Behavior: Artificial Humans, 1*(2). https://doi.org/10.1016/j.chbah.2023.100004

OpenAI. (2022, 14. November). *Sharing & Publication Policy.* https://openai.com/policies/sharing-publication-policy [abgerufen am 06.02.2024]

OpenAI. (2023, 14. November). *Terms of Use.* https://openai.com/policies/terms-of-use [abgerufen am 06.02.2024]

OpenAI. (2024, 10. Januar). *Service Terms.* https://openai.com/policies/service-terms [abgerufen 06.02.2024]

Oppenlaender, J. (2023). *Prompting AI Art: An Investigation into the Creative Skill of Prompt Engineering.* Cornell University Library.

Parlament. (2023, 17. März). *Umstrittene Pensionskassenreform nimmt parlamentarische Hürde.* https://www.parlament.ch/de/services/news/Seiten/2023/20230317085246620194158159038_bsd031.aspx [abgerufen am 10.01.2024]

Pärli, K. (2019). *Arbeits- und sozialversicherungsrechtliche Fragen der Sharing Economy: Problemstellung und Lösungsansätze bei der Plattform-Erwerbstätigkeit.* Schulthess.

Pariser, E. (2011). *The filter bubble: What the Internet is hiding from you.* Penguin UK.

Pasikowska-Schnass, M. (2019). *Arts in the Digital Era: Briefing.* European Parliamentary Research Service ERPS. https://www.europarl.europa.eu/thinktank/en/document/EPRS_BRI(2019)644184, [abgerufen am 21.09.2023].

Popa, D. (2017). Nightcore: Variația Elementelor Suprasegmentale și Implicațiile ei Comunicaționale. *Studii și cercetări științifice. 37*(37), 193–204.

Pouly, M. (2023, 16. Februar). *ChatGPT und was noch kommen könnte.* [Video]. YouTube. https://www.youtube.com/watch?v=T6E_Vk3cC5s [abgerufen am 06.02.2024]

Pulver, A., & Shoard, C. (2023, 14. Juli). The Hollywood actors' strike: everything you need to know. *The Guardian.* https://www.theguardian.com/culture/2023/jul/14/the-hollywood-actors-strike-everything-you-need-to-know [abgerufen am 20.11.2023].

Reckwitz, A. (2000). *Die Transformation der Kulturtheorien. Zur Entwicklung eines Theorieprogramms.*

Rehbinder, M., Haas, L. & Uhlig, K.-P. (2022). URG: Urheberrecht. 4. Aufl. *Orell Füssli Kommentar (OFK).*

Riedel, A. & Michelis, D. (2023). Strategische Planung. *Die vernetzten Konsument*innen.* Springer Gabler. https://doi.org/10.1007/978-3-658-39352-6_6

Rifkin, J. (2014). *The Zero Marginal Cost Society: The Internet of Things, the Collaborative Commons, and the Eclipse of Capitalism.* St. Martin's Press.

Rogan, J. [PowerfulJRE] (2022, 26. Juli). *Joe Reviews TikTok's Crazy Terms of Service.* [Video]. YouTube. https://www.youtube.com/watch?v=wtGwlQWqQWs [abgerufen am 19.09.2023].

Ruppert, W. (1998). *Der moderne Künstler. Zur Sozial und Kulturgeschichte der kreativen Individualität in der kulturellen Moderne im 19. und frühen 20. Jahrhundert.* Suhrkamp.

Scheffer, J. 2020. Digital verbunden – sozial getrennt. Gesellschaftliche Ungleichheit in räumlicher Perspektive. Springer VS.

Schindler, S. (2013). «Strukturelle Besonderheiten von Kulturbetrieben». *Unerhörte Kultur: Kulturbetriebe in der Kommunikationsflut*, 103–132. https://doi.org/10.1007/978-3-658-01887-0_3

Schneidewind, P. & Tröndle, M. (2012). *Selbstmanagement im Musikbetrieb: Ein Handbuch für Kulturschaffende* (2. Aufl.). transcript Verlag. https://doi.org/10.1515/transcript.9783839416600

Schweibenz, W. (2019). The Work of Art in the Age of Digital Reproduction. *Museum International, 70*(1–2), 8–21. https://doi.org/10.1111/muse.12189

Schweizer Musikrat (2024, i.E.): siehe Kunz, S. & Stamm, H. (2024). Chancen, Risiken und Wirkungen der Digitalisierung im Musikbereich. In: TA-SWISS Publikationsreihe (Hrsg.): *Kultur und Digitalisierung,* TA 83/2024. Zollikon: vdf. 297–415.

Selvadurai, N. & R. Matulionyte (2020). Reconsidering Creativity: Copyright Protection for Works generated using Artificial Intelligence. *Journal of Intellectual Property Law & Practice, 15*(7), 536–543. https://doi.org/10.1093/jiplp/jpaa062

Shapiro, C. & Varian, H. R. (1999). *Information rules: A strategic guide to the network economy.* Harvard Business Press.

Simon, H. (2019). «Wandel durch Innovationen». In Lorenz Pöllmann und Clara Herrmann (Hrsg.). *Der digitale Kulturbetrieb. Strategien, Handlungsfelder und Best Practices des digitalen Kulturmanagements.* Springer Gabler. https://doi.org/10.1007/978-3-658-24030-1

Spotify. (2021, 26. Mai). Spotify Allgemeine Nutzungsbedingungen. https://www.spotify.com/de-en/legal/end-user-agreement/#5-rechte-die-wir-ihnen-gew%C3%A4hren [abgerufen am 06.02.2024]

Stadt Zürich (2022). Soziale Sicherheit von Kulturschaffenden. Unter «Förderung». https://www.stadt-zuerich.ch/kultur/de/index/foerderung/soziale_sicherheit.html [abgerufen am 21.9.2023].

Stalder, F. (2016). *Kultur der Digitalität.* Suhrkamp.

Stalder, F. [tagung kultur digital] (2021, 10. November). *6. Gespräch «Digitalisierung und Digitalität» mit Ayad Al-Ani und Felix Stalder moderiert von Barbara Bleisch.* [Video]. Vimeo. https://vimeo.com/user157091723 [abgerufen am 15.11.2023].

Strachwitz, R.G. (1993). Wer fördert Kunst und warum? In R. G. Strachwitz und S. Toepler (Hrsg.). *Kulturförderung.* Gabler Verlag. https://doi.org/10.1007/978-3-322-85836-8_2

Streiff, U., Von Kaenel, A. & Rudolph, R. (2012). *Arbeitsvertrag: Praxiskommentar zu Art. 319–362 OR*. Schulthess. Zürich.

SUISA. (2022). Geschäftsbericht 2022. Auf der Webseite der SUISA sind unter «Geschäftsbericht und Generalversammlungen» der Geschäftsbericht und die Kennzahlen von 2022 abrufbar. https://www.suisa.ch/de/Ueber-die-SUISA/Generalversammlung.html [abgerufen am 23.11.2023]

SUISA (2024): *Künstliche Intelligenz: Die SUISA setzt sich für eine faire Vergütung ihrer Mitglieder ein*. Pressemitteilung vom 11. März 2024. https://www.suisa.ch/de/News-und-Agenda/2024-03-11_News_Medienmitteilung_Kuenstliche-Intelligenz-Opt-Out.html [abgerufen am 01.04.2024]

Suisseculture Sociale (2016). *Umfrage zu Einkommen und sozialer Sicherheit von Künstlern/innen*. https://www.suissecuturesociale.ch/uploads/media/default/22/1611_SCS_Umfrage_Einkommen_und_soziale_Sicherheit_Kunstschaffende.pdf

Suisseculture Sociale. (2023). *«Die soziale Sicherheit der Kulturschaffenden in der Schweiz» – Bericht des Bundesrates in Erfüllung des Postulates 21.3281 Maret Marianne: Stellungnahme von Suisseculture*. https://www.suissecuturesociale.ch/uploads/media/default/40/Bericht%20Maret_Stellungnahme%20SCS_230922_DEF.pdf [abgerufen am 15.01.2024].

Swan, M. (2015). *Blockchain: Blueprint for a New Economy*. O'Reilly Media, Inc.

The Economist. (2023a, 21. März). *How TikTok broke social media*. https://www.economist.com/business/2023/03/21/how-tiktok-broke-social-media [abgerufen am 05.10.2023].

The Economist. (2023b, 9. November). *Now AI can write, sing and act, is it still possible to be a star?* https://www.economist.com/briefing/2023/11/09/now-ai-can-write-sing-and-act-is-it-still-possible-to-be-a-star [abgerufen am 23.03.2024]

The New York Times. (o.D.). *Hollywood Strikes*. https://www.nytimes.com/search?dropmab=false&query=Hollywood+Strikes&sort=best [abgerufen am 06.02.2024]

Trautenberger, G., Gutmann, M., Kimpeler, S., & Voglhuber-Slavinsky, A. (2021). *Neunter Österreichischer Kreativwirtschaftsbericht: Schwerpunkt Digitale Transformation 2030*. https://www.kreativwirtschaft.at/wp-content/uploads/2021/06/9KWB_barrierefrei_fin.pdf [abgerufen am 15.01.2024]

t. Theaterschaffen Schweiz (2022, 17. Juni). *Taskforce Culture – Zum Ende der Sommersession: Ein Ausblick auf die Herausforderungen im Kultursektor*. tpunkt.ch. https://www.tpunkt.ch/news/medienmitteilung-der-taskforce-culture-vom-17-juni-2022-zum-ende-der-sommersession-ein-ausblickauf-die-herausforderungen-im-kultursektor?nt=kulturpolitikNewsIndex [abgerufen am 21.9.2023].

TuneCore. (2023, 11. Dezember). Terms and Conditions. https://www.tunecore.com/terms [abgerufen am 06.02.2024]

TuneCore. (o.D.). How do I terminate my Agreement with TuneCore Publishing Administration?. https://support.tunecore.com/hc/en-us/articles/115006689368-How-do-I-terminate-my-agreement-with-TuneCore-Publishing-Administration#:~:text=Your%20TuneCore%20Publishing%20Administration%20agreement,first%20year%20of%20your%20agreement [abgerufen am 06.02.2024]

UNESCO. (2022). New opportunities and challenges for inclusive cultural and creative industries in the digital environment. *Re|Shaping Policies for Creativity – Addressing culture as a global public good,* 69–90. https://unesdoc.unesco.org/ark:/48223/pf0000380474.locale=en [abgerufen am 15.10.2023].

UNESCO. (2019). *Digitales Umfeld.* https://www.unesco.at/fileadmin/Redaktion/Kultur/Vielfalt/Dokumente_Einzelne_Themenschwerpunkte/Digitalisierung/Digitales_Umfeld_FINAL_Web.pdf [abgerufen am 10.11.2023].

Vaih-Baur, C. & Pietzcker, D. (2022). *Kommunikationsstrategien und -formate im europäischen Kultursektor.* Springer VS. https://doi.org/10.1007/978-3-658-37862-2

Visarte. (o.D.). *Leitfaden Sozialversicherungsfragen.* https://visarte.ch/de/dienstleistungen/beratungen/sozialversicherungen/! [abgerufen am 15.01.2024]

Vischer, F. & Müller, R. (2014). *Der Arbeitsvertrag.* Helbing Lichtenhahn.

Völker, M. (2004). *Die Scheinselbstständigkeit im schweizerischen Arbeitsrecht.* [Dissertation]. Universität Zürich.

von Stokar, T., Martin, P., Zandonella, R., Angst, V., Pärli, K., Hildesheimer, G., Scherrer, J. & Schmid, W. (2018). *Sharing Economy – teilen statt besitzen.* TA-SWISS. http://doi.org/10.3218/3881-1

Vuong, I. [tagung kultur digital] (2021, 10. November). *10.5. Best Practices: Isabelle Vuong.* [Video]. Vimeo. https://vimeo.com/user157091723 [abgerufen am 26.09.2023].

Walter, G. & Martinovic, K. (2023). NFTs – eine Analyse im Lichte des Urheberrechts. *sic! Zeitschrift für Immaterialgüter-, Informations- und Wettbewerbsrecht, 5*(2023). Helbing Lichtenhahn Verlag.

Weckerle, C., Grand, S., Martel, F., Page, R. & Schmuki, F. (2018). Unternehmerische Strategien für eine «Positive Ökonomie». In J. Schiller (Hrsg.). *3rd Creative Economies Report Switzerland 2018. CreativeEconomies*

Research Venture. Zürcher Hochschule der Künste, Kulturanalyse und Vermittlung (ZHdK). http://archive.creativeeconomies.com/archive/www.creativeeconomies.com/downloads/creative-economy-report-switzerland-2018-de.pdf [abgerufen am 15.01.2024]

Wingström, R. (2022). Redefining Creativity in the Era of AI? Perspectives of Computer Scientists and New Media Artists. *Creativity Research Journal*. https://doi.org/10.1080/10400419.2022.2107850

Winston, E. (2017). Nightcore and the Virtues of Virtuality. *Brief Encounters, 1(1)*. http://dx.doi.org/10.24134/be.v1i1.20

WIPO. (2019). The WIPO Conversation on Intellectual Property and Artificial Intelligence. https://www.wipo.int/about-ip/en/artificial_intelligence/conversation.html [abgerufen am 21.09.2023].

Witt, S. (2015). *How music got free*. The Bodley Head.

Wittpahl, V. (2019). *Künstliche Intelligenz*. Springer.

Wong, M. (2020). «Hidden youth? A new perspective on the sociality of young people ‹withdrawn› in the bedroom in a digital age.» New media & society 22.7: 1227–1244.

Zölch, M., Oertig, M. & Calabrò, V. (2020). *Flexible Workforce – Fit für die Herausforderungen der modernen Arbeitswelt?* Haupt Verlag.

Projektgruppe

- Nicolai Ruh (Hochschule Luzern – Informatik)
- Jens O. Meissner (Hochschule Luzern – Wirtschaft)
- Deborah Burri (Hochschule Luzern – Musik)
- Marc-Antoine Camp (Hochschule Luzern – Musik)
- Samuel Frei (Hochschule Luzern – Design Film Kunst)
- Simone Gretler Heusser (Hochschule Luzern – Soziale Arbeit)
- Ueli Grüter (Hochschule Luzern – Wirtschaft)
- Christoph Hauser (Hochschule Luzern – Wirtschaft)
- Bettina Hübscher (Hochschule Luzern – Wirtschaft)
- Ute Klotz (Hochschule Luzern – Informatik)
- Michelle Murri (Hochschule Luzern – Wirtschaft)
- Isabelle Odermatt (Hochschule Luzern – Soziale Arbeit)
- Yannick Wey (Hochschule Luzern – Musik)

SKALIERUNG

Skalierungsmöglichkeiten von NFTs

«Wenn es um Zugang und Umverteilung geht, ist es so: Je günstiger etwas wird, desto mehr öffnet es sich auch für Menschen aus verschiedenen sozioökonomischen Hintergründen.» – Gespräch zwischen Technikphilosoph und Galerist

Skalierungsmöglichkeiten sind ein Wesensmerkmal von digitalen Prozessen. Skalierung bezieht sich auf die Fähigkeit eines Systems, seine Leistung zu steigern und mehr Nutzende oder Transaktionen effektiv zu verarbeiten, ohne an Effizienz zu verlieren.

Die Skalierungsmöglichkeiten bei NFTs schlagen sich auf die Anzahl Werke, die Anzahl Fans und auch die Anzahl Sammelnde nieder. Es gibt «gigantische Editionen für kleine Preise» (Befragte Person 7, persönliche Kommunikation, 13. Juli 2023). Ist die anfängliche technologische Hürde genommen, können es sich mehr Menschen leisten, einen NFT zu kaufen.

«Wir beauftragen Kunstschaffende, grosse Editionen für tiefe Preise zu veröffentlichen, sodass alle anfangen können zu sammeln. Und mit allen meine ich wirklich alle.» – Gespräch mit kuratorischer Leitung

Damit wird aber nicht nur der Kreis der Sammelnden grösser, sondern auch das Gesamtvolumen an NFTs, was nicht nur positiv bewertet wird:

«Es gibt viel mehr Zeugs, deswegen auch viel mehr Kunst, die jetzt vielleicht nicht so super ist.» – Gespräch zwischen Kunstschaffenden, Kunstsammelnde, Entwickelnde und Fachpersonen für digitale Kunst

Dass es viel NFT-Kunst gibt, liegt auch daran, dass die Vertriebskosten von NFTs niedrig sind.

«Ich glaube, die gesellschaftliche Durchdringung [von digitaler Kunst]

wird mit NFTs viel dichter und viel umfangreicher. Ich würde hier NFTs mit MP3 vergleichen. Es ist als Kulturgut transportabel, schnell und transparent.» – Gespräch zwischen Kunstschaffenden, Kunstsammelnde, Entwickelnde und Fachpersonen für digitale Kunst

In der Praxis haben wir noch keine breite gesellschaftliche Durchdringung von NFTs erlebt. Nach wie vor bleiben NFTs eher eine gesellschaftliche Nische. Das liegt wohl neben den technologischen Voraussetzungen auch an der Kommunikation, die NFTs mit sich bringen. Um Bekanntheit zu erlangen, muss man die Dynamiken der digitalen Kommunikation beherrschen. Denn nur weil man sein Werk auf eine Plattform lädt, wird man dadurch nicht über Nacht erfolgreich. Anders als bei Museen, die einer Künstlerin durch Solo-Ausstellungen zum Durchbruch verhelfen können, kann auf vielen NFT Plattformen fast jede Person ihre NFTs hochladen.

«Ich meine, die Konkurrenz ist unbarmherzig. Jemand, der niemanden kennt, der keine Reichweite hat – für diese Person ist die Chance, entdeckt zu werden oder reich zu werden, verschwindend klein. Das muss man sich bewusst sein.» – Gespräch mit Kunstschaffenden

Das digitale Kommunikations-Ökosystem ist auf sozialen Netzwerken wie Discord oder X (ehemals Twitter) angesiedelt und spielt nach seinen eigenen Regeln. Um Aufmerksamkeit auf sich zu ziehen, so muss man viel Zeit in die Kommunikation und die Vernetzung investieren.

«Der Diskurs findet auf den Plattformen statt. Irgendwas ist ständig dabei, irgendwie Aufmerksamkeit zu generieren und diese dann auf ein Produkt zu lenken.» – Gespräch mit Kunstschaffenden

Daher bieten NFTs eine neue Möglichkeit, die eigene Kunst zu vermarkten und zugänglich zu machen, jedoch braucht es zusätzliche Ressourcen, um innerhalb dieses neuen Markts zu navigieren.

«Das Internet ist jetzt die Hegemonie des Streams. Die Inhalte spiegeln das wieder, was der Algorithmus als wertvoll für unsere Aufmerksamkeit erachtet. Alles ist also darauf ausgerichtet, mehr Aufmerksamkeit zu erregen.» – Gespräch zwischen Technikphilosoph und Galerist

KOMMERZ

Von hohen Preisen und Kryptogeld

«Den ganzen Sommer lang drehte es sich nur ums Geld» – Gespräch zwischen Technikphilosoph und Galerist

Die Aufmerksamkeit, die NFTs nach dem Verkauf von Beeple (Crace, 2021) vom Auktionshaus Christie's zuteil wurde, veränderte die Szene. Nach Christie's verfing die Idee, dass sich auch digitale Kunst verkaufen muss, um einen Wert zu haben, wie eine Befragte erzählt. Die extremen Preise führten auch dazu, dass viel mehr Akteure in die Szene traten, die eher an Investments als an der Netzkunst interessiert waren. Und ähnlich wie auf dem traditionellen Kunstmarkt, sind es nicht immer die innovativsten Werke, die sich für den höchsten Preis verkaufen lassen. Da sind sich mehrere Interviewte einig.

«Es gibt wunderbare Kunstarbeiten, wo ich mega viel Freude habe, aber das sind nicht die, die sich für die grössten Mengen Geld verkaufen.» – Gespräch zwischen Kunstschaffenden, Kunstsammelnde, Entwickelnde und Fachpersonen für digitale Kunst

Was sich teuer verkaufen lässt, sind oft NFTs, die bestehende Gemälde reproduzieren oder mit der bekannten Pop-Art- oder Internet-Art-Ästhetik spielen. Diese teuer verkauften Bilder wurden zu den Aushängeschildern der Szene. Der Hype hat also einen Beitrag zur Kommerzialisierung der Szene geleistet. Einzelne Befragte sagten, der NFT-Szene würde die politische Tiefe abhandenkommen, die noch in der Digitalkunst zu finden gewesen war. Zunehmend tummeln sich online die gleichen Akteuren wie im traditionellen Kunstmarkt.

Neben der Frage, was sich gut verkaufen lässt und was nicht, stellt sich auch die Frage, ob NFTs in erster Linie ein Investmentvehikel für Kryptowährungen sind. Personen mit grossem Kryptovermögen könnten ein Interesse daran haben, durch NFTs mehr Leute und Aktivität auf die Blockchain zu bringen. Denn ein System, das auf Dezentralisierung basiert, wird stabiler, je mehr Personen es benutzen. Somit hätten diese vermögenden Personen ein eigennütziges Interesse daran, in NFTs zu investieren, um einen Hype zu kreieren:

«Wenn man also wirklich kritisch und ein bisschen verschwörungstheoretisch sein will, kann man auch sagen, dass NFTs von Leuten geschaffen wurden, die Interesse an Blockchain hatten, um die Aktivität der Blockchain aufrechtzuerhalten. Denn es gibt nicht viel mehr mit Blockchain zu tun, als Geld in Krypto umzuwandeln und als Kryptowert zu nutzen.» – Gespräch mit kuratorische Leitung

Quelle:
Crace, J. (2021). Christie's auctions «first digital-only artwork» for $70m [Column]. https://www.theguardian.com/artanddesign/2021/mar/11/christies-first-digital-only-artwork-70m-nft-beeple

INSTITUTIONEN

Die Rolle von Museen, Auktionshäusern und Galerien

«Jemand, der keine Ahnung hat, kauft lieber ein NFT vom Centre Pompidou als auf OpenSea.» – Gespräch zwischen Kunstschaffenden, Kunstsammelnde, Entwickelnde und Fachpersonen für digitale Kunst

Auktionshäuser, traditionelle Galerien und Museen reagierten auf den Hype und nahmen NFTs in den Fokus. Mit dem Auftauchen der traditionellen Kunstwelt veränderte sich auch die Deutungshoheit in der Szene. Die Veränderung, dass etablierte Akteure wie Museen und traditionelle Galerien präsenter wurden, wird von allen Befragten bejaht. Auch die Covid-19-Pandemie begünstige die Nachfrage nach NFTs. Als der Besuch von Museen durch Lockdowns nicht mehr möglich war, blieben die digitalen Alternativen. In diesem Sinne sind NFTs ein Zeitzeugnis, das durch die Einschränkungen der Pandemie mitgeformt wurde. Inzwischen haben Museen wie das Centre Pompidou NFTs in ihre Kunstsammlung aufgenommen (Pierron, 2023).

Dies veränderte einerseits den Status von NFTs von einem flüchtigen Online-Phänomen hin zu einem Bestandteil des etablierten Kunstkanons und platzierte sie in eine historische Tradition von anderen Kunstwerken. So wurde eine vertiefte Auseinandersetzung mit dem Phänomen ermöglicht. Auch wenn NFTs die Kunstwelt nicht revolutionieren, sind sie damit in einem institutionellen Diskurs angekommen, was ihnen Relevanz verleiht.

Andererseits gibt es auch Stimmen, die die Ankunft klassischer Institutionen im NFT-Kosmos kritisch beurteilen:

«Ich würde die Deutungshoheit, was Kunst ist und was nicht, nicht den Auktionen und Häusern überlassen. [...] Die traditionelle Kunstwelt schreibt sich eine grosse Deutungshoheit zu. Das geht eigentlich nicht. Das führt zu einem Umgang mit diesem neuen NFT-Kosmos und dessen Möglichkeiten, der dem Kosmos überhaupt nicht entspricht. Wenn Akteure wie Christie's, traditionelle Galerien oder Messen anfangen, sich dem Thema NFT anzunähern, besteht eine Gefahr. Die Gefahr nämlich, dass die Künstlerinnen anfangen, sich in die alten Regeln zu integrieren. Dann verlieren wir unter Umständen die Schönheit dieser neuen Welt. Weil wir uns da Marktstrukturen unterwerfen, um die es ja eigentlich gerade nicht geht. Deshalb bin ich ein grosser Fan davon, allen zu sagen: Haltet euch von den NFT-Strukturen fern, soweit das geht.» – Gespräch zwischen Kunstschaffenden, Kunstsammelnde, Entwickelnde und Fachpersonen für digitale Kunst

Quelle:
Pierron, S. (2023, Februar 10). The Centre Pompidou in the age of NFTs. Centre Pompidou. https://www.centrepompidou.fr/en/magazine/article/the-centre-pompidou-in-the-age-of-nfts

Teil 2

Chancen, Risiken und Wirkungen der Digitalisierung im Musikbereich

Stefano Kunz, Schweizer Musikrat SMR; Hanspeter Stamm, Lamprecht und Stamm Sozialforschung und Beratung AG

Inhalt

Abbildungsverzeichnis 301

Tabellenverzeichnis 303

Zusammenfassung 305

Summary 310

Résumé 315

Sintesi 320

1. Überblick 325
2. Problemstellung: Herausforderungen der Digitalisierung 329
3. Vorgehensweise und Merkmale der Befragten 337
3.1. Vorbereitung und Durchführung der Datenerhebung 337
3.2. Befragung von Personen, die im Musikbereich aktiv sind ... 338
3.3. Befragung von Organisationen des Musikbereichs 345
3.4. Datenanalyse und Darstellung 348
4. Befunde zur Digitalisierung im Musikbereich 349
4.1. Allgemeine Einschätzung der Digitalisierung 349
4.2. Nutzung digitaler Technologien 354
4.3. Wirkung digitaler Technologien 364
4.4. Einschätzung zukünftiger Entwicklungen 370
4.5. Wünschbarkeit politischer Interventionen 376
5. Zusammenfassung: Pragmatismus zwischen Optimismus und Distanzierung 381
6. Folgerungen und Handlungsempfehlungen 389
6.1. Musik und Gesellschaft im Kontext der Digitalisierung 389
6.2. Handlungsempfehlungen 394

Annex **401**

Literatur..**413**

Expertengruppe SMR..**415**

Abbildungsverzeichnis

A 3.1	Zusammenfassende Klassifikation der Tätigkeiten im Musikbereich	342
A 3.2	Einschätzung des Einkommens aus den musikalischen Tätigkeiten	344
A 4.1	Antworten auf die Frage: «Wenn Sie an die Digitalisierung im Musikbereich denken: Sehen Sie diese eher als Chance oder als Risiko?»	350
A 4.2	Beurteilung der Aussage «Die digitalen Technologien überfordern mich» durch die Musikschaffenden	353
A 4.3	Genutzte Technologien	356
A 4.4	Bedeutung der genutzten Technologien für die eigene musikalische Tätigkeit bzw. die Tätigkeit der Organisation	358
A 4.5	Intendierte Nutzung von digitalen Technologien	360
A 4.6	Digitalisierungswirkungen der Covid-19-Pandemie in der Einschätzung von Musikschaffenden und Organisationen	363
A 4.7	Wahrgenommene Veränderungen in der Folge der Digitalisierung, Musikschaffende	366
A 4.8	Wahrgenommene Veränderungen in der Folge der Digitalisierung, Organisationen	369
A 4.9	Einschätzung von Zukunftsperspektiven in Zusammenhang mit der Digitalisierung, Musikschaffende	371
A 4.10	Einschätzung von Zukunftsperspektiven in Zusammenhang mit der Digitalisierung, Organisationen	375
A 4.11	Antworten auf die Frage: «Müssten Politik, Berufsverbände und andere politische Organisationen in die Digitalisierung eingreifen?»	377
A 4.12	Art der gewünschten politischen Intervention	378

A 5.1	Klassifikation der Musikschaffenden nach drei Merkmalen	384
A 5.2	Verteilung verschiedener Gruppen von Musikschaffenden auf die fünf Kategorien	386
A A7	Anteil verschiedener Gruppen von Musikschaffenden an den fünf Wahrnehmungsgruppen	409
A A8	Anteil verschiedener Einkommensgruppen an den fünf Wahrnehmungsgruppen	410
A A9	Geschlechteranteil an den fünf Wahrnehmungsgruppen	410
A A10	Anteil der Altersgruppen an den fünf Wahrnehmungsgruppen	410
A A11	Anteil verschiedener musikalischer Sparten an den fünf Wahrnehmungsgruppen	411

Tabellenverzeichnis

T 3.1	Merkmale von Personen, die den individuellen Fragebogen ausgefüllt haben	340
T 3.2	Kontext der Tätigkeit als Musiklehrperson	342
T 3.3	Merkmale von Organisationen, die sich an der Befragung beteiligt haben	346
T 5.1	Für die Klassifikation verwendete Variablen (Musikschaffende)	383
T A1	Anzahl genutzte Technologien und Nutzungsinteresse, Musikschaffende	401
T A2	Anzahl genutzte Technologien und Nutzungsinteresse, Organisationen	403
T A3	Einschätzung der Veränderung verschiedener Tätigkeiten (durchschnittliche Anzahl verschiedener Antworten) nach verschiedenen Merkmalen, Musikschaffende	404
T A4	Einschätzung der Veränderung verschiedener Tätigkeiten (durchschnittliche Anzahl verschiedener Antworten) nach verschiedenen Merkmalen, Organisationen	406
T A5	Durchschnittliche Anzahl der optimistischen, neutralen und pessimistischen Antworten der Musikschaffenden nach verschiedenen Merkmalen	407
T A6	Durchschnittliche Anzahl der optimistischen, neutralen und pessimistischen Antworten der Organisationen nach verschiedenen Merkmalen	408

Zusammenfassung

Ausgangslage und Vorgehensweise

Musik, Mensch und Technologie stehen in einem dynamischen Wechselspiel, das sich im Zuge der Digitalisierung zu verändern scheint. Mittlerweile kann Musik automatisch und (fast) ohne menschliches Zutun komponiert, produziert und verkauft werden. Gleichzeitig wird Musik dank Streaming und mobiler Abspielgeräte immer breiter verfügbar. Es sind solche Entwicklungen, die das Potenzial radikaler Veränderung haben, die den Schweizer Musikrat (SMR) als Dachorganisation der Musik in der Schweiz immer wieder intensiv beschäftigen.

Es ist denn auch der SMR, der die vorliegende, von TA-SWISS finanzierte Studie angestossen hat, um Anhaltspunkte dazu zu finden, wie das Schweizer Musikschaffen von der aktuellen digitalen Entwicklung betroffen ist und mit ihr umgeht. Zu diesem Zweck wurden Musikschaffende – der Begriff umfasst in der vorliegenden Studie professionelle und Amateurmusizierende, Musiklehrpersonen sowie Personen, die in der Musikwirtschaft tätig sind – und im Musikbereich aktive Organisationen (Vereine, Clubs, Musikschulen etc.) zu ihrer Einschätzung der Digitalisierung befragt. Die folgenden Fragestellungen standen im Vordergrund:

- Sehen die Musikschaffenden und Organisationen in der Digitalisierung eher Risiken oder eher Chancen?
- Welche Technologien nutzen sie und wie beurteilen sie diese?
- Wie wirkt die Digitalisierung auf die drei Prozesse Kreation, Distribution und Rezeption?
- Wie entwickelt sich das musikalische Leben und wie wird es künftig aussehen?
- Braucht es im Kontext der Digitalisierung Interventionen durch die Politik?

Die Befragungen wurden zwischen Mai und August 2023 mittels Online-Fragebogen durchgeführt, die ab Ende 2022 in Zusammenarbeit mit verschiedenen Expertinnen und Experten entwickelt worden waren. Insgesamt standen 1056 individuelle und 263 Organisationsfragebogen für die Auswertung zur Verfügung. Die Befragten decken das Spektrum des Musikschaffens in der Schweiz breit ab, so dass aussagekräftige statistische Analysen möglich sind.

Wichtigste Resultate

Die zentralen Resultate der Studie können folgendermassen zusammengefasst werden:

- Chancen und Risiken: Die Mehrheit der Musikschaffenden und der Organisationen sehen in der Digitalisierung sowohl Chancen als auch Risiken für den Musikbereich. Über ein Viertel der Musikschaffenden und fast zwei Fünftel der Organisationen denken, dass die Chancen überwiegen, während jeweils weniger als 10 Prozent die Risiken hervorstreichen. Vereine und Verbände sind hinsichtlich der Chancen durch die Digitalisierung optimistischer als Firmen und öffentlich-rechtliche Organisationen oder Stiftungen. Ähnliches zeigt sich bei den Musikschaffenden: Personen aus dem Bereich des Amateurmusizierens, Männer sowie Personen unter 35 Jahren äussern sich optimistischer als professionelle Musikerinnen und Musiker, Frauen und ältere Personen.

- Nutzung digitaler Technologien: Digitale Technologien werden von den befragten Musikschaffenden und Organisationen zwar breit angewendet, doch gibt es deutliche Unterschiede zwischen verschiedenen Arten von Hilfsmitteln: Digitale Instrumente, Konferenztools, Streaming-Anwendungen, Social Media oder Ticketing-Apps sind weit verbreitet, während Blockchain-Technologien, Metaverse oder Künstliche Intelligenz (KI) im engeren Sinne (z.B. zum Komponieren) bislang kaum verwendet werden.

- Veränderungen infolge der Digitalisierung: Anhand verschiedener Fragen zu den Prozessen Kreation, Distribution und Rezeption wurde erfasst, inwiefern die digitalen Technologien das musikalische Leben vereinfacht oder schwieriger gemacht haben. Es zeigt sich, dass viele Tätigkeiten – etwa das Recherchieren von Noten oder das Aufnehmen von Musik – einfacher wurden. Es gibt allerdings auch einige Aktivitätsbereiche, in denen im Zuge der Digitalisierung grössere Schwierigkeiten konstatiert werden. Dies betrifft insbesondere den Verkauf von Tonträgern, die Wahrnehmung durch die Medien und die Einkommenssituation vieler Musikschaffender.

- Zukunftsperspektiven: Konnten mit Blick auf die allgemeine Einschätzung von Chancen und Risiken und die aktuellen Wirkungen der Digitalisierung recht klare Tendenzen festgestellt werden, die eher auf eine positive Wahrnehmung hindeuteten, zeigt sich bei den Zukunftsperspektiven stellenweise ein anderes, fast polares Bild. Bei verschiedenen Fragen sind sich die Musikschaffenden uneinig, ob die künftigen Entwicklungen positiv oder negativ einzustufen seien: So ist beispielsweise ein Drittel der Befragten der Auffassung, das musikalische Schaffen werde aufgrund der kommenden Veränderungen vielfältiger, während ein vergleichbarer Anteil vom Gegenteil überzeugt ist. Einheitlicher ist hingegen die positive Einschätzung hinsichtlich der Inklusion oder der Ablehnung der Aussage, dass es künftig nur noch einige wenige Topverdienende geben werde. Gleichzeitig glaubt eine Mehrheit, dass künftig immer weniger Kinder ein Instrument zu spielen lernen werden und dass die Zukunft der Amateurvereine eher düster sei.

- Politische Interventionen: Angesichts der insgesamt positiven Einschätzung der Digitalisierung ist es nicht erstaunlich, dass nur ein knappes Viertel der Befragten der Ansicht ist, dass Politik, Berufsverbände oder andere politische Organisationen in die Digitalisierung eingreifen sollten. Über ein Drittel spricht sich explizit gegen Interventionen aus, während die übrigen Befragten keine Antwort auf die Frage gaben. Trotz dieser Zurückhaltung wird insbesondere bei den Themen Urheberrecht, Daten- und Persönlichkeitsschutz sowie KI durchaus Handlungsbedarf identifiziert. Urheberrechtliche Fragen werden dabei fast immer im Kontext einer fairen Vergütung erwähnt. Zudem wird oft auf die Notwendigkeit von Aufklärung, Ausbildung, Schulung und Beratung hingewiesen.

- Dass der Wunsch nach Begleitung der Veränderungsprozesse und Bildung nicht aus der Luft gegriffen ist, illustriert ein weiteres Resultat der Befragung: Trotz der erwähnten positiven Grundhaltung bezeichnet fast die Hälfte der befragten Musikschaffenden die Aussage «Die digitalen Technologien überfordern mich» als (eher) zutreffend.

Folgerungen und Handlungsfelder

Werden die Antworten auf verschiedene Fragen zu einer Typologie der Wahrnehmung der Digitalisierung zusammengefasst, so zeigt sich, dass ein knappes Viertel der Musikschaffenden der Digitalisierung gegenüber klar *optimistisch* eingestellt ist. Ein weiteres Viertel kann als *zuversichtlich* bezeichnet werden. Exakt ein Drittel der Befragten ist durch eine *neutrale* Haltung geprägt, die sich weder durch ausgeprägten Optimismus noch Pessimismus auszeichnet. Knapp ein Fünftel der Befragten muss schliesslich dem *skeptischen* oder dem klar *pessimistischen* Lager zugeordnet werden. In den letzteren Gruppen finden sich überdurchschnittlich häufig professionelle Musikschaffende, deren Einkommen aus musikalischen Tätigkeiten gering sind. Hier verbinden sich Zukunftsängste mit handfesten ökonomischen Nachteilen. Dagegen finden sich Amateurinnen und Amateure vergleichsweise selten in diesen Gruppen.

Trotz einer insgesamt verhalten optimistischen Einschätzung der Digitalisierung durch die Musikschaffenden und Organisationen stellen sich verschiedene Herausforderungen. Die Themen sind nicht unbedingt neu, sie haben im Kontext der Digitalisierung aber eine Verschärfung erfahren. Im Licht der Resultate sind die folgenden Handlungsfelder und Themen von Bedeutung:

- Amateurvereine: Es ist unbestritten, dass die Vereine wichtig für das musikalische Leben der Schweiz und die Gesellschaft allgemein sind. Selbst wenn die Vereine die Digitalisierung insgesamt positiv beurteilen, wird häufig die Befürchtung formuliert, dass sie in Zukunft unter Druck geraten könnten. Wo genau der Schuh in den Musikvereinen drückt und in welchen Bereichen sich strukturelle Änderungen abzeichnen, ist aufgrund fehlender Daten jedoch nicht klar. Daher wäre der Aufbau eines datengestützten Monitorings wünschenswert, aus dem sich Interventionsbereiche und Massnahmen zur Unterstützung oder Abfederung des Strukturwandels ableiten lassen. Dazu könnten Informations- und Bildungsangebote für einen vorteilhaften Umgang mit digitalen Tools durch Fach- und Dachverbände gehören.

- Musikschaffende und deren Einkommenssituation: Die Studie zeigt, dass die Digitalisierung auf verschiedenen Ebenen Einfluss auf die Einkommenssituation der Musikschaffenden hat und sich die Situation bei tiefen oder unregelmässigen Einkommen weiter verschärfen könnte. Die Besonderheiten der Erwerbsformen im Kulturbereich müssen deshalb möglichst rasch in der Vorsorge, den Sozialleistungen und den wirtschaftlichen Auffanglösungen umfassend abgebildet werden. Von Bedeutung ist zudem die Frage der Vergütungen durch Streaming-Anbieter.

- Musikschaffende und die digitale Entwicklung: Die technologischen Entwicklungen laufen sehr schnell und in verschiedenen Bereichen ab. Dadurch wächst die Unübersichtlichkeit. Hier können die Dach- und Fachverbände durch Information und Schulung eine wichtige Rolle übernehmen. Bund und Kantone könnten solche Bemühungen unterstützen, indem sie durch Leistungsvereinbarungen die Schaffung von Beratungsangeboten finanzieren.

- Ausbildung und Unterricht: In der Wahrnehmung vieler Musikschaffender dürfte die Musikerziehung in Zukunft unter Druck geraten. Dies liegt weniger an musikalischem Desinteresse, sondern hängt eher mit neuen oder veränderten Ansprüchen der Schülerinnen und Schüler zusammen. Auch wenn die 1:1-Situation im Musikunterricht nicht verschwinden wird, müssen die

Lehrpersonen digitale Tools kennen und befähigt werden, diese auch einzusetzen. Um den strukturellen Wandel des Musikunterrichts zu unterstützen, muss das Thema Digitalisierung sowohl in der Aus- als auch in der Weiterbildung und in der Arbeit der Fachverbände fester Bestandteil werden.

- Urheberrecht: Gerade weil sich aufgrund der aktuellen Entwicklungen im Bereich der KI ganz neue Fragen stellen und die Urheberrechtsentschädigungen einen wichtigen Einkommensfaktor bilden, müssen die gesetzlichen Anpassungen rascher und vor allem regelmässig erfolgen. Um dies zu erreichen, ist eine möglichst umfassende Koordination der Fachgremien und Verbände notwendig.

- Künstliche Intelligenz: Die aktuellen Entwicklungen und Debatten zeigen, dass vorderhand noch unklar ist, welche Auswirkungen KI auf Musik, Kultur und Gesellschaft haben wird. Umso wichtiger ist es, die KI im Rahmen des Nationalen Kulturdialogs zu thematisieren. Für Musikschaffende und Organisationen wäre es wichtig, an das Thema herangeführt zu werden, was wiederum eine Aufgabe von Verbänden und/oder Bildungsinstitutionen ist. Im Rahmen von Leistungsaufträgen hätte die Politik hier einen starken Hebel.

Die vorliegende Untersuchung zeigt, dass die Digitalisierung für den Musikbereich sowohl Chancen als auch Risiken mit sich bringt. Will man versuchen, die Chancen möglichst gut zu nutzen und gleichzeitig die Risiken zu mindern, dann müssten sich alle Beteiligten bewusster und proaktiver mit der Thematik auseinandersetzen.

Summary

Background information and methodology

Music, people and technology are currently engaged in a dynamic interaction that appears to be changing in the wake of digitalisation. Nowadays, music can be composed, produced and sold automatically and (almost) without human intervention. At the same time, it is becoming ever more widely available through streaming and mobile playback devices. It is developments of this kind that have the potential to bring about radical change, and Switzerland's umbrella organisation in the music sector, the Swiss Music Council (SMR), is keeping a close eye on the situation.

It was the SMC that initiated this study (financed by TA-SWISS) to find out how the Swiss music sector is being affected by the ongoing digital developments and how it is dealing with the changing situation. For this purpose, musicians (in the study, this is understood as a collective term that encompasses professional and amateur musicians, music teachers and people working in the music industry), as well as organisations that are active in the music sector (associations, clubs, music schools, etc.), were questioned about their assessment of the ongoing digitalisation. The study sought answers to the following questions:

- Do those involved in the music sector associate digitalisation with risks or opportunities?
- Which technologies do they use and how do they assess them?
- What is the impact of digitalisation on creation, distribution and reception?
- How is music activity evolving and what form will it take in the future?
- Is there a need for political intervention in the context of digitalisation?

The survey was conducted between May and August 2023 via online questionnaires that were prepared at the end of 2022 in collaboration with various specialists. A total of 1,056 questionnaires from musicians, and 263 from organisations, were available for evaluation. The respondents cover the entire spectrum of players in the music sector in Switzerland, thus enabling meaningful statistical analyses.

Main findings

The main findings of the study may be summarised as follows:

- Risks and opportunities: the majority of the respondents see both opportunities and risks for the music sector as digitalisation progresses. More than a quarter of the musicians and almost two-fifths of the organisations think that the opportunities outweigh the risks, while less than 10 percent emphasise the risks. With regard to the opportunities associated with digitalisation, clubs and associations are more optimistic than companies and public-law bodies or foundations. And in the category of musicians, amateur musicians, men, and people under 35 are more optimistic than professional musicians, women, and people older than 35.

- Use of digital technologies: while digital technologies are widely used by both the musicians and the organisations, there are pronounced differences with respect to the types of tools and applications they employ. Digital tools, conference tools, streaming applications, social media, ticketing apps, etc., are widespread, whereas blockchain technologies, the metaverse and artificial intelligence (e.g. for composition purposes) have barely been used to date.

- Changes brought about by digitalisation: based on a variety of questions concerning the processes of creation, distribution and reception, the extent to which digital technologies simplify music activities or make them more difficult was examined. Here the outcome was that many activities – for example, researching scores or recording music – were deemed to be simpler. But there are also some areas of activity that were considered to have been rendered more difficult in the wake of digitalisation. This applies in particular to the sale of recording media, media perception and the income situation of many musicians.

- Outlook: while the general assessment of opportunities and risks, and of the current impacts of digitalisation, shows clear tendencies towards a positive perception, the assessment of the future perspectives tends to present a different, almost polar picture. Regarding some of the questions, the musicians are unable to agree whether the future developments should be classified as positive or negative: for example, one-third of the respondents are of the opinion that musical work will become more diverse as a result of the coming changes, while a similar number hold the opposite view. By contrast, there is general agreement with respect to the acceptance or rejection of the view that there will only be very few high-income earners in the future. At the same time, a majority of respondents believe that fewer and fewer children will learn to play an instrument in the future, and that the outlook for amateur associations is bleak.

- Political intervention: given the positive assessment of digitalisation, it is not surprising that only around a quarter of the respondents think that politicians, professional associations or other political organisations should intervene in the ongoing digitalisation processes. More than one-third are explicitly against such intervention, while the remaining respondents did not answer the question. Despite this reticence, there is a perceived need for action, in particular in the areas of copyright law, protection of personal data and personal rights, and artificial intelligence. Issues relating to copyright are almost always cited in the context of fair remuneration. In addition, reference is often made to the need for information, education, training and advice.

- The fact that there is a genuine need for support with the change processes and for education is illustrated by another result of the survey: despite the positive stance mentioned above, almost half the surveyed musicians consider the statement, "I find the digital technologies overwhelming", as (fairly) true.

Challenges and fields of action

If we sum up the answers to the various questions to form a typology of the perception of digitalisation, it emerges that the attitude towards digitalisation on the part of almost a quarter of the respondents in the musicians category is clearly *optimistic*, and the attitude on the part of a further quarter can be described as *confident*. The attitude of exactly one-third of the respondents is *neutral*, i.e., neither optimistic nor pessimistic. And almost one-fifth of the respondents are either *sceptical* or clearly *pessimistic*. The latter group includes a high proportion of professional musicians whose income from their musical activities is low. Here, anxiety about the future is combined with substantial financial disadvantages. By contrast, the number of amateur musicians in these groups is comparatively low.

Various challenges exist, despite the overall cautiously optimistic assessment of digitalisation by the musicians and organisations. These challenges are not necessarily new, but have become more pronounced in the context of digitalisation.

Based on the findings of the survey, the following fields of action and topics are of particular importance:

- Amateur clubs and associations: the importance of clubs and associations for Switzerland's music sector and for society in general is undisputed. Even if the overall assessment of digitalisation among these bodies is positive, they frequently express fears that they could come under pressure in the future. However, due to a lack of data it is not clear precisely where they anticipate difficulties or in which areas structural changes could occur. It would therefore be desirable to develop a data-driven monitoring process that could identify necessary areas for intervention and measures to support or mitigate structural change. These could include the provision of information and education services by specialised industry associations and umbrella organisations to promote a beneficial use of digital tools.

- Musicians and their income situation: the study shows that digitalisation affects the income situation of musicians at various levels, and that the situation for those with a low or irregular income could worsen. In view of this, the specific characteristics of forms of income in the culture sector should be comprehensively reflected in social insurance, pension schemes and other support mechanisms. Here, the issue of remuneration by providers of streaming services is of particular significance.

- Musicians and the development of digital technologies: technological development is taking place rapidly and in a variety of areas, and this is causing an increasing lack of clarity. Here, industry and umbrella associations can play a major role by providing information and education. The federal government and cantons could play a supporting role by financing the creation of advisory services through service level agreements.

- Education and tuition: many musicians believe that music education is likely to come under pressure in the future. This is attributable to new or changing demands from students rather than to a lack of interest in music. Although one-on-one music lessons will not disappear, music teachers will have to familiarise themselves with digital tools and be capable of using them. To support the structural transition in the field of music education, the topic of digitalisation must become an integral part of education and training, as well as of the activities of trade and industry associations.

- Copyright: because current developments in the field of artificial intelligence raise entirely new questions, and because the payment of royalties is a significant income factor, the necessary legislative amendments must be implemented more quickly and, above all, at regular intervals. This will require the comprehensive coordination of the involved expert bodies and associations.

- Artificial intelligence: ongoing developments and debates show that it is not yet clear what impact artificial intelligence will have on music, culture and society. It is thus all the more important to incorporate the topic of artificial intelligence into the National Culture Dialogue. It would be important for musicians and organisations to be included in this dialogue. Specialised associations and/or educational institutions have to take responsibility for this task. The public authorities could also support this within the framework of service level agreements.

The study shows that digitalisation presents both risks and opportunities for the music sector. In order to make the most of the opportunities and simultaneously minimise the associated risks, all the stakeholders involved need to be more aware and proactive in their approach to the issue.

Résumé

Situation initiale et méthodologie

La musique, l'être humain et la technologie s'inscrivent dans une interaction dynamique qui évolue sous l'impulsion de la transformation numérique. De nos jours, la musique peut être composée, produite et vendue automatiquement et (presque) sans intervention humaine. Elle devient de plus en plus accessible grâce au *streaming* et aux lecteurs mobiles. Ce sont ces développements, dont le potentiel de provoquer des changements radicaux est réel, que le Conseil suisse de la musique (CSM) suit de très près.

À l'initiative du CSM, la présente étude financée par TA-SWISS vise à trouver des points de repère pour identifier la manière dont la création musicale suisse est affectée par la transformation numérique en cours, et comment elle y fait face. Nous avons donc consulté des créatrices et créateurs de musique (terme qui englobe ici les musiciennes et musiciens professionnels ou amateurs, les enseignantes et enseignants de musique ainsi que les personnes travaillant dans le secteur de la musique) et des organisations actives dans le domaine de la musique (associations, clubs, écoles de musique, etc.) pour recueillir leur avis sur la numérisation. Les questions abordées sont les suivantes :

- Les milieux de la création musicale et les organisations voient-ils plutôt des risques ou plutôt des opportunités dans la numérisation ?
- Quelles technologies utilisent-ils et comment les évaluent-ils ?
- Quel est l'impact de la numérisation sur les processus de création, de distribution et de réception ?
- Comment la vie musicale évolue-t-elle et à quoi ressemblera-t-elle à l'avenir ?
- L'intervention des instances politiques est-elle nécessaire dans un contexte de numérisation ?

Les enquêtes ont été menées entre mai et août 2023 au moyen de questionnaires en ligne élaborés à partir de fin 2022 en collaboration avec plusieurs expertes et experts. Au total, 1056 questionnaires d'individus et 263 questionnaires d'organisations ont été analysés. Les personnes interrogées couvrent un large éventail des activités de création musicale en Suisse, ce qui confère une grande pertinence aux analyses statistiques.

Principaux résultats

Les principaux résultats de l'étude se résument comme suit :

- Opportunités et risques : La majorité des créatrices et créateurs de musique et des organisations voient dans la numérisation à la fois des opportunités et des risques pour leur secteur. Plus d'un quart des créatrices et créateurs de musique et près de deux cinquièmes des organisations pensent que les opportunités l'emportent, tandis que moins de 10% insistent sur les risques. Les associations et fédérations sont plus optimistes quant aux opportunités offertes par la numérisation que les entreprises et les organisations de droit public ou les fondations. On observe une situation similaire chez les musiciennes et musiciens : les personnes pratiquant la musique en amateur, les hommes et les personnes de moins de 35 ans se montrent plus optimistes que les musiciennes et musiciens professionnels, les femmes et les personnes plus âgées.

- Utilisation des technologies numériques : Bien que les créatrices et créateurs de musique et les organisations déclarent dans leurs réponses recourir largement aux technologies numériques, il existe des disparités notables entre les différents types d'outils : instruments numériques, outils de conférence, applications de *streaming*, médias sociaux ou applications de billetterie sont très répandus, tandis que les technologies blockchain, métavers ou intelligences artificielles (IA) au sens strict (par ex. pour la composition) sont peu utilisés à ce jour.

- Changements dus à la numérisation : Différentes questions sur les processus de création, de distribution et de réception ont permis de déterminer dans quelle mesure les technologies numériques ont simplifié ou au contraire compliqué la vie musicale. Il s'avère que de nombreuses activités, comme la recherche de partitions ou l'enregistrement de musique, sont devenues plus simples. Il existe cependant aussi quelques domaines d'activité dans lesquels on constate que la numérisation pose de plus grandes difficultés. Cela concerne notamment la vente de supports sonores, la perception par les médias et les revenus d'un grand nombre de créatrices et créateurs de musique.

- Perspectives d'avenir : Si l'on observe des tendances assez claires dans l'appréciation générale des opportunités, des risques et des effets actuels de la numérisation – qui indiquent plutôt une perception positive –, les perspectives d'avenir présentent par endroits un tableau différent, presque polarisé. Sur différentes questions, les créatrices et créateurs de musique ont des opinions divergentes quant à savoir si les évolutions futures doivent être perçues comme positives ou négatives : par exemple, un tiers des personnes interrogées estiment que les changements à venir vont accroitre la diversité de la création musicale, tandis qu'une proportion comparable est convaincue du contraire. En revanche, l'affirmation selon laquelle les hauts revenus seront réservés à une poignée de personnes à l'avenir recueille plus d'avis favorables. Par ailleurs, les personnes interrogées pensent en majorité que de moins en moins d'enfants apprendront à jouer d'un instrument et que l'avenir des clubs d'amateurs est plutôt sombre.

- Interventions politiques : Compte tenu de l'évaluation globalement positive de la numérisation, il n'est pas surprenant qu'un peu moins d'un quart des personnes interrogées estime qu'une intervention des instances politiques, des associations professionnelles ou d'autres organisations politiques serait utile dans ce domaine. Plus d'un tiers des personnes interrogées s'oppose explicitement à une telle intervention, tandis que les autres n'ont pas répondu à la question. Malgré ces réticences, la nécessité d'une action politique apparait clairement, en particulier dans les domaines du droit d'auteur, de la protection des données et de la personnalité ainsi que de l'IA. Les questions de droit d'auteur y sont presque toujours évoquées dans le contexte d'une rémunération équitable. En outre, la nécessité d'informer, d'éduquer, de former et de conseiller est souvent soulignée.

- L'enquête souligne aussi le souhait persistant d'accompagner les processus de changement et le besoin de formation : malgré l'attitude positive citée plus haut, près de la moitié des créatrices et créateurs de musique interrogés trouvent (plutôt) pertinente l'affirmation « Les technologies numériques me dépassent ».

Conclusions et champs d'action

Si l'on regroupe les réponses à différentes questions en une typologie de la perception de la numérisation, on constate qu'un peu moins d'un quart des créatrices et créateurs de musique se déclare clairement *optimiste* à l'égard de la numérisation. Un autre quart a une attitude *confiante*. Un tiers exactement des personnes interrogées sont *neutres*, et ne se caractérisent ni par un optimisme ni par un pessimisme prononcés. Enfin, près d'un cinquième des personnes interrogées se situe dans le camp des *sceptiques* ou clairement *pessimistes*. Plus souvent que la moyenne, les créatrices et créateurs de musique professionnels dont les revenus tirés d'activités musicales sont faibles se trouvent dans ces derniers groupes. Ici, les craintes pour l'avenir s'accompagnent d'inconvénients économiques évidents. En revanche, les personnes pratiquant la musique en amateur sont relativement rares dans ces groupes.

Malgré l'optimisme modéré dont font preuve, dans l'ensemble, les créatrices et créateurs de musique et les organisations à l'égard de la numérisation, plusieurs défis se posent. Ces thèmes ne sont pas nécessairement nouveaux, mais ils ont pris de l'ampleur dans le contexte de la numérisation. À la lumière de ces résultats, les principaux champs d'action et thèmes suivants se dessinent :

- Clubs amateurs : Il est indéniable que les associations sont importantes pour la vie musicale en Suisse et pour la société en général. Même si les associations considèrent la numérisation comme globalement positive, elles sont nombreuses à craindre une pression accrue. Toutefois, en raison du manque de données, il est difficile de savoir exactement où le bât blesse dans les associations musicales et dans quels domaines des changements structurels se profilent. C'est pourquoi il serait souhaitable de mettre en place un suivi basé sur des données, à partir duquel des domaines d'intervention et des mesures pourraient être retenus pour soutenir ou atténuer les modifications structurelles. Cela pourrait inclure des offres d'information et de formation pour favoriser l'utilisation des outils numériques par l'intermédiaire d'associations professionnelles et faîtières.

- Créatrices et créateurs de musique et rémunération : L'étude montre que la transformation numérique influence à différents niveaux les revenus des créatrices et créateurs de musique, et que la situation des revenus faibles ou irréguliers pourrait encore s'aggraver. Les particularités des formes d'emploi dans le secteur culturel doivent donc être prises en compte le plus rapidement possible dans la prévoyance, les prestations sociales et les autres solutions économiques d'urgence de type « filet de sécurité ». La question de la rémunération versée par les fournisseurs de *streaming* est également importante à cet égard.

- Créatrices et créateurs de musique et développement numérique : L'évolution technologique intervient à vive allure dans différents domaines, ce qui accroit le manque de clarté. À cet égard, les associations faîtières et professionnelles peuvent jouer un rôle important par le biais de l'information et de la formation. La Confédération et les cantons pourraient soutenir ces efforts en finançant la création de services de conseil par le biais de contrats de prestations.

- Formation et enseignement : Dans l'esprit d'un grand nombre de créatrices et créateurs de musique, l'éducation musicale risque d'être mise sous pression à l'avenir. Cela n'est pas dû à un désintérêt pour la musique, mais plutôt à des exigences nouvelles ou modifiées des élèves. Même si les cours de musique individuels ne vont pas disparaitre, les enseignantes et enseignants doivent connaitre les outils numériques et être capables de les utiliser. Afin de soutenir le changement structurel de l'enseignement musical, le thème de la numérisation doit être intégré dans la formation initiale comme dans la formation continue et dans le travail des associations professionnelles.

- Droit d'auteur : C'est précisément parce que les développements actuels dans le domaine de l'IA soulèvent des questions entièrement nouvelles, et parce que les montants dus au titre des droits d'auteur constituent un facteur de revenu important qu'il faut adapter plus rapidement et surtout plus régulièrement la législation. Pour y parvenir, une coordination aussi large que possible entre les instances professionnelles et les associations est nécessaire.

- Intelligence artificielle : Les développements et les débats actuels montrent que l'impact de l'IA sur la musique, la culture et la société est encore incertain, ce qui rend d'autant plus importante la thématisation de l'IA dans le cadre du Dialogue culturel national. Il faudrait sensibiliser les créatrices et créateurs de musique et les organisations à cette question, une tâche qui incombe aux associations et/ou aux institutions de formation. Avec les contrats de prestations, les instances politiques disposent en principe d'un puissant levier.

La présente étude montre que la numérisation comporte à la fois des opportunités et des risques pour le secteur de la musique. Si l'on souhaite tirer le meilleur parti des opportunités tout en réduisant les risques, la question devrait être abordée par toutes les parties prenantes de manière plus consciente et plus proactive.

Sintesi

Situazione iniziale e procedura

Tra la musica, l'essere umano e la tecnologia esiste un'interazione dinamica, che sulla scia della digitalizzazione sembra trasformarsi. La musica può ormai essere composta, prodotta e venduta automaticamente e (quasi) senza alcun intervento umano. Al contempo, grazie allo streaming e ai dispositivi di riproduzione mobili, la sua disponibilità cresce sempre più. In qualità di organizzazione mantello della musica in Svizzera, il Consiglio svizzero della musica (CSM) è puntualmente chiamato a occuparsi di questi sviluppi, che hanno il potenziale di produrre una trasformazione radicale.

Non per niente è proprio stato il CSM a dare il via al presente studio, finanziato da TA-SWISS, al fine di ottenere indicazioni sull'impatto dell'attuale sviluppo digitale per la creazione musicale svizzera e sulla risposta del settore. A tal fine operatori musicali – nel presente studio, per operatori s'intendono i musicisti professionisti e amatoriali, gli insegnanti di musica nonché le persone attive nell'industria musicale – e organizzazioni attive nell'ambito musicale – associazioni, club, scuole di musica ecc. – sono stati intervistati su come valutano la digitalizzazione. Si trattava di rispondere anzitutto ai seguenti interrogativi:

- Nella digitalizzazione, gli operatori musicali e le organizzazioni intravedono soprattutto rischi o opportunità?
- Quali tecnologie usano e come le valutano?
- Che impatto ha la digitalizzazione sui tre processi di creazione, distribuzione e ricezione?
- Come evolve la vita musicale e che forma avrà in futuro?
- Occorrono interventi da parte della politica nel contesto della digitalizzazione?

Le interviste sono state condotte tra maggio e agosto 2023 mediante questionari online, elaborati a partire dalla fine del 2022 in collaborazione con vari esperti. Sono stati analizzati complessivamente 1056 questionari individuali e 263 questionari per le organizzazioni. Siccome gli intervistati coprivano un'ampia fetta della creazione musicale in Svizzera, sono possibili analisi statistiche rappresentative.

Principali risultati

I principali risultati dello studio possono essere riassunti come segue:

- Opportunità e rischi: la maggioranza degli operatori musicali e delle organizzazioni intravede nella digitalizzazione sia opportunità sia rischi per il settore musicale. Oltre un quarto degli operatori musicali e quasi due quinti delle organizzazioni ritengono che le opportunità prevalgano, mentre meno del 10 per cento degli operatori e delle organizzazioni evidenzia i rischi. Le associazioni sono più ottimiste delle società e delle organizzazioni o fondazioni di diritto pubblico in merito alle opportunità offerte dalla digitalizzazione. Tra gli operatori musicali emerge un quadro analogo: i musicisti amatoriali, gli uomini e le persone al di sotto dei 35 anni sono più ottimisti dei musicisti professionisti, delle donne e delle persone più in là con gli anni.

- Uso delle tecnologie digitali: benché gli operatori musicali e le organizzazioni facciano un ampio uso delle tecnologie digitali, emergono chiare differenze tra i vari tipi di mezzi ausiliari. Gli strumenti digitali, i tool per conferenze, le applicazioni di streaming, i social media o le app di ticketing sono molto diffusi, mentre le tecnologie blockchain, i metaversi o l'intelligenza artificiale (IA) in senso stretto (p. es. per comporre) finora sono rimasti pressoché inutilizzati.

- Cambiamenti indotti dalla digitalizzazione: varie domande sui processi di creazione, distribuzione e ricezione hanno permesso di registrare in che misura le tecnologie digitali hanno semplificato o complicato la vita musicale. È emerso che molte attività – come la ricerca di spartiti o la registrazione della musica – sono diventate più semplici. Vi sono tuttavia alcuni settori di attività, nei quali sono state constatate maggiori difficoltà sulla scia della digitalizzazione, in particolare la vendita di supporti audio, la percezione da parte dei media e la situazione reddituale di molti operatori musicali.

- Prospettive future: se per quanto riguarda la valutazione generale delle opportunità e dei rischi e l'impatto attuale della digitalizzazione si sono delineate tendenze chiare, che indicano una percezione tendenzialmente positiva, per quanto attiene alle prospettive future emerge un quadro a tratti differente, quasi polarizzato. Per varie domande, i pareri degli operatori musicali divergono nel classificare gli sviluppi futuri come positivi o negativi. Un terzo degli intervistati ritiene ad esempio che la creazione musicale si diversificherà maggiormente con i cambiamenti in arrivo, mentre una quota analoga è convinta del contrario. Sono invece più uniformi la valutazione positiva dell'inclusione o il rifiuto dell'idea che in futuro resteranno ancora solo pochi soggetti che guadagneranno molto. Al contempo, una maggioranza ritiene che in futuro sempre meno bambini impareranno a suonare uno strumento e che il futuro delle associazioni amatoriali è piuttosto fosco.

- Interventi politici: vista la valutazione nel complesso positiva della digitalizzazione non sorprende che neanche un quarto degli intervistati ritenga che la politica, le associazioni professionali o altre organizzazioni politiche debbano intervenire nella digitalizzazione. Oltre un terzo di essi si oppone espressamente a interventi, mentre gli altri intervistati non hanno risposto alla domanda. Malgrado questo riserbo, si identifica comunque una necessità d'intervento in particolare per quanto riguarda il diritto d'autore, la protezione dei dati e della personalità nonché l'IA. Il diritto d'autore è menzionato quasi sempre nel contesto di una retribuzione equa. Spesso è segnalata anche la necessità di informare, formare, istruire e consigliare.

- L'auspicio di un accompagnamento dei processi di trasformazione e di una formazione non è campato in aria, come illustra un altro risultato dell'indagine: malgrado l'atteggiamento positivo di fondo descritto, quasi la metà degli operatori musicali intervistati ritiene (piuttosto) corretta l'affermazione «Le tecnologie digitali mi sopraffanno».

Conclusioni e campi d'azione

Riassumendo le risposte a più domande per individuare una tipologia di percezione della digitalizzazione, emerge che quasi un quarto degli operatori musicali ha un atteggiamento chiaramente *ottimista* nei confronti della digitalizzazione. Un altro quarto può essere definito *fiducioso*. Esattamente un terzo degli intervistati adotta un atteggiamento *neutrale*, da cui non traspare né uno spiccato ottimismo né uno spiccato pessimismo. Quasi un quinto degli intervistati s'iscrive infine nel fronte *scettico* o chiaramente *pessimista*. In questi ultimi gruppi sono sovrarappresentati gli operatori musicali professionisti, il cui reddito da attività musicali è basso. Tra di loro, paure per il futuro si uniscono a evidenti svantaggi economici. Gli amatori sono invece sottorappresentati in questi gruppi.

Benché nel complesso gli operatori musicali e le organizzazioni siano moderatamente ottimisti nel valutare la digitalizzazione, le sfide non mancano. Le tematiche non sono necessariamente nuove, ma nel contesto della digitalizzazione hanno subito un inasprimento. Alla luce dei risultati assumono rilievo i seguenti campi d'azione e le seguenti tematiche:

- Associazioni amatoriali: l'importanza delle associazioni per la vita musicale svizzera e la società è incontestata. Benché nel complesso diano un giudizio positivo della digitalizzazione, le associazioni esprimono spesso il timore di finire sotto pressione in futuro. Quale sia esattamente il problema per le associazioni di musica e in quali ambiti si delineano cambiamenti strutturali non è tuttavia chiaro per mancanza di dati. È quindi auspicabile l'istituzione di un monitoraggio basato su dati, che consenta di identificare gli ambiti d'intervento e le misure per sostenere o mitigare la trasformazione strutturale, comprese offerte d'informazione e di formazione per ottimizzare l'uso degli strumenti digitali da parte delle associazioni specializzate e mantello.

- Operatori musicali e la loro situazione reddituale: lo studio rivela che la digitalizzazione influenza la situazione reddituale degli operatori musicali a vari livelli e che, in caso di reddito basso o irregolare, la situazione potrebbe inasprirsi ulteriormente. Le peculiarità delle forme di occupazione nel settore della cultura devono quindi trovare riscontro al più presto nella prevenzione, nelle prestazioni sociali e nelle soluzioni economiche di ripiego. Assume rilievo soprattutto la questione della retribuzione da parte dei fornitori di streaming.

- Operatori musicali e sviluppo digitale: gli sviluppi tecnologici sono molto rapidi e abbracciano vari ambiti. Aumenta così la confusione. Attraverso l'informazione e l'istruzione, le associazioni mantello e specializzate possono quindi svolgere un ruolo importante. La Confederazione e i Cantoni potrebbero sostenere tali sforzi, finanziando, tramite convenzioni sulle prestazioni, la creazione di offerte di consulenza.

- Formazione e insegnamento: nella percezione di molti operatori musicali, in futuro l'educazione musicale potrebbe finire sotto pressione, non tanto a causa di un disinteresse per la musica quanto piuttosto per le esigenze nuove o mutate degli allievi. Anche se nell'insegnamento della musica la situazione 1:1 non sparirà, gli insegnanti devono conoscere ed essere in grado di utilizzare i tool digitali. Per favorire la trasformazione strutturale dell'insegnamento della musica, la tematica della digitalizzazione deve diventare parte integrante sia della formazione di base sia di quella continua come pure del lavoro delle associazioni specializzate.

- Diritto d'autore: proprio perché gli sviluppi attuali nel campo dell'IA sollevano interrogativi inediti e i compensi per i diritti d'autore costituiscono un fattore di reddito importante, la legge va modificata più rapidamente e soprattutto regolarmente. A tal fine è necessario il massimo coordinamento tra gli organismi specializzati e le associazioni.

- Intelligenza artificiale: gli sviluppi e i dibattiti attuali evidenziano che non è ancora chiaro quale impatto avrà l'IA sulla musica, sulla cultura e sulla società. È quindi ancora più importante discutere dell'IA nell'ambito del Dialogo culturale nazionale. Per gli operatori musicali e le organizzazioni sarebbe importante saperne di più, il che a sua volta è compito delle associazioni e/o degli istituti di formazione. Qui la politica potrebbe sfruttare una leva importante nell'ambito dei mandati di prestazioni.

La presente indagine rivela che la digitalizzazione comporta sia opportunità sia rischi per il settore musicale. Se si vuole cercare di sfruttare al meglio le opportunità e al contempo ridurre i rischi, tutte le parti coinvolte dovrebbero confrontarsi con la tematica in modo più consapevole e proattivo.

1. Überblick

«Ohne Musik wäre das Leben ein Irrtum.» Dieses Zitat von Friedrich Nietzsche bringt zum Ausdruck, welchen Stellenwert die Musik in seinem Leben hatte. In einem Artikel der NZZ vom 25.02.2006 (Internetabfrage vom 26.09.2023) wird dazu weiter ausgeführt, dass für Nietzsche die «Musik ein wesentliches, vielleicht das wesentliche Thema seines Lebens, ein Leben ohne sie ‹ein Irrtum, eine Strapaze, ein Exil›» war. «Das Problem Musik, die leidenschaftlich empfundene Frage nach dem richtigen Verhältnis zu ihr, war ihm so eine Frage von existenzieller Bedeutung.» Die Musik als unverzichtbarer Teil der eigenen Existenz also – und dies zu einer Zeit, als der Phonograph gerade erst erfunden wurde.

Dem gegenüber wird im gleichen Artikel der NZZ die folgende Aussage gemacht: «Im zweiten Jahrhundert nach Nietzsches Tod, in der Zeit der Musikindustrie und einer bis zur Perfektion gesteigerten technischen Reproduzierbarkeit, ist Musik zu einer ständig verfügbaren Ware des täglichen Bedarfs geworden. Musik rieselt aus den Lautsprechern der Supermärkte, sie ist zur selbstverständlichen akustischen Hintergrundstrahlung unserer Welt geworden. Man konsumiert sie, unterhält sich verständig über aktuelle interpretatorische Raffinements, schätzt sie vielleicht wie einen guten Wein.» Um dann mit folgender Aussage weiterzufahren: «Das Problem Musik aber, das Nietzsche bis in die Zeit seiner geistigen Umnachtung hinein ruhelos gehalten hatte, wird heute nicht mehr empfunden.»

Seit dieser Artikel geschrieben wurde, sind fast zwanzig Jahre vergangen. Durch das Streaming ist Musik noch verfügbarer geworden, als sie das damals, in der Frühphase von iPod und MP3-Player, welche Walk- und Discmans verdrängten, bereits war. Jeden Tag sehen wir im Tram, im Zug, im Einkaufszentrum oder auf der Strasse Menschen, die mit EarPods oder Kopfhörern unterwegs sind und, so ist anzunehmen, vor allem Musik hören. Gemäss einer Studie von Kettel et al. (2021) dient dies nicht nur der Unterhaltung, sondern häufig auch dazu, sich den Lärm und die Hektik des Alltags fernzuhalten. Da stellt sich unweigerlich wieder die Frage wie seinerzeit bei Nietzsche nach der existenziellen Bedeutung der Musik im Leben des heutigen Menschen in unserer Gesellschaft – nur diesmal unter ganz anderen Vorzeichen.

Es ist der Kontrast zwischen Musik als reiner Kunstform und Musik als reiner Konsumware, der den Schweizer Musikrat (SMR), Dachorganisation der Musik in der Schweiz, seit bald 60 Jahren beschäftigt. Die Spannung zwischen Kunst und Konsum beeinflusst und prägt das gesamte musikalische Schaffen inklusive der Vermittlung. Zugleich ist die Musik eingebettet in die gesellschaftliche Entwicklung, die wiederum durch technologische Innovationen mitgeprägt wird. Damit ergibt sich ein dynamisches Dreiecksverhältnis zwischen Musik, Gesellschaft und Technologie.

Da die Digitalisierung gegenwärtig massgeblicher Ausdruck und Treiber der technologischen Entwicklung ist, liegt es auf der Hand, ausgehend vom Digitalisierungsprozess zumindest einen Teil der Wechselwirkungen zwischen Musik, Gesellschaft und Technologie zu untersuchen: Welche Auswirkungen hat die Digitalisierung auf die musikalischen Prozesse und die Musik – und damit schlussendlich auch auf die Gesellschaft? Wie wird der Effekt der Digitalisierung von den Musikschaffenden und ihren Organisationen wahrgenommen und eingeschätzt?

Auf der inhaltlichen Ebene hat der Digitalisierungsbegriff sehr unterschiedliche Komponenten und reicht von der Nutzung digitaler Anwendungen – dazu gehören in der Musik beispielsweise digitale Instrumente (z.B. elektronische Keyboards, Schlagzeuge und Blasinstrumente) und Kompositionstools ebenso wie Social-Media-Plattformen und Ticketing-Anwendungen – über grundlegende Veränderungen des musikalischen Schaffens- und Diffusionsprozesses – man denke etwa an den Übergang von der Langspielplatte zur digitalen CD und von dort zu den Streaming-Diensten – bis hin zu neuen Geschäfts- und Kooperationsmodellen, wie sie mit Begriffen wie «Blockchain» oder «Metaverse» umschrieben werden. Die erwähnten Aspekte der Digitalisierung dürften dabei unterschiedliche Teile des Musikbereichs in verschiedenerlei Weise betreffen, können im Rahmen einer einzelnen Studie aber nicht umfassend untersucht werden.

Im Fokus der vorliegenden Studie stehen die Wahrnehmungen und Einschätzungen der aktuellen Digitalisierungsprozesse durch Musikschaffende und Organisationen, die im Musikbereich aktiv sind – also beispielsweise Musikvereine, Konzertveranstalter oder Musikschulen. Musikschaffende und Organisationen wurden mittels eines Online-Fragebogens dazu befragt, welche digitalen Technologien sie kennen und nutzen, wie sie den Einfluss der Digitalisierung auf ihre eigene Tätigkeit und die Musik allgemein einschätzen und wie sie die Zukunftsperspektiven verschiedener Bereiche des musikalischen Schaffens angesichts der rasch fortschreitenden Digitalisierung beurteilen. Ziel war eine aktuelle Bestandsaufnahme von Betroffenheiten und Perspektiven, die Hinweise darauf vermitteln, wie weit die digitale Transformation im Musikbereich bereits vorangeschritten ist und welche Herausforderungen sie für die Akteure mit sich bringt.

Die Fragestellungen der Studie werden im folgenden Kapitel 2 etwas näher diskutiert, während sich Kapitel 3 mit der Konzeption und Durchführung der Datenerhebungen beschäftigt. Dieses Kapitel enthält zudem eine Analyse der Personen und Organisationen, die an den verschiedenen Befragungen teilgenommen haben. Im umfangreichen Kapitel 4 werden die Resultate der Befragungen zur Nutzung und Wirkung digitaler Technologien sowie zur Einschätzung (zukünftiger) Entwicklungen und politischer Interventionen vorgestellt und diskutiert. Kapitel 5 rekapituliert zentrale Resultate und verdichtet diese zu einer einfachen Typologie von Musikschaffenden bezüglich ihrer Wahrnehmung und ihres Umgangs mit digitalen Technologien. Kapitel 6 verweist schliesslich auf einige Handlungsfelder und Massnahmenbündel, die sich aus den Befunden ergeben und für den SMR, seine Mitgliederorganisationen sowie die Schweizer Politik allgemein von Interesse sein könnten. Der Bericht enthält überdies einen Anhang mit zusätzlichen Resultaten.

An dieser Stelle möchten die Autoren verschiedenen Personen und Organisationen ihren Dank aussprechen. Ein herzlicher Dank gebührt zunächst der Stiftung TA-SWISS, welche die Studie finanziert hat. TA-SWISS hat zudem eine Begleitgruppe gebildet, die sich regelmässig getroffen und den Projektfortschritt diskutiert hat. Diese Begleitgruppe gab – ebenso wie eine Gruppe von Expertinnen und Experten des SMR – im ganzen Forschungsprozess wertvolle Hinweise, für die sich die Verfasser ebenfalls bedanken (ein Überblick über die Mitglieder der verschiedenen Gruppen findet sich am Schluss des Textes). Ein besonderer Dank gebührt schliesslich den über 1000 Musikschaffenden und über 250 Organisationen, die sich die Zeit genommen haben, die Fragebogen gewissenhaft auszufüllen. Ohne sie wäre es nicht möglich gewesen, die in diesem Bericht enthaltenen Erkenntnisse zu gewinnen.

2. Problemstellung: Herausforderungen der Digitalisierung

Die Digitalisierung verändert sowohl den kreativen Prozess (Kreation) als auch die Diffusion und die Rezeption von Musik. Mit Blick auf die *Kreation* wird das Komponieren und Arrangieren durch Notationssoftware erleichtert, elektronische Instrumente und Software sind teilweise mit Funktionen ausgestattet, die Melodien und Gesang automatisch mit Harmonien unterlegen, die «Autotune»-Funktion verändert bzw. korrigiert Fehler in der Tonhöhe und mittels Künstlicher Intelligenz (KI) lassen sich mittlerweile ganze Songs automatisch komponieren, arrangieren und aufnehmen. Bei der *Diffusion* ist auf die Streamingdienste, aber auch auf die Social-Media-Kanäle von Musikschaffenden und Unternehmen zu verweisen, die teilweise die Funktion der Musikpresse übernommen haben und eine direkte und zeitnahe Ansprache von interessierten Personen erlauben. Auch bei der *Rezeption* ist das Streaming zu erwähnen, das, wie in der Einleitung erwähnt, Musik jederzeit und überall verfügbar macht und damit auch zu anderen Hörgewohnheiten führt. Dies gilt auch für das Konzerterlebnis, das über Live-Streaming in die eigenen vier Wände geholt werden oder gleich vollständig virtuell im «Metaverse» stattfinden kann.

Radikale technologische Veränderungen erfolgen dabei in immer kürzeren Abständen, wie sich an der Entwicklung der «Tonträger» illustrieren lässt: Während die Schallplatte ab der Wende vom 19. zum 20. Jahrhundert für rund 80 Jahre das bestimmende Medium der Reproduktion war, war die CD noch ungefähr 20 Jahre dominant, bevor sich die MP3-Files verbreiteten, die bereits nach rund 10 Jahren zunehmend vom Streaming abgelöst wurden (vgl. Dolata 2020).

Eine solch rasante Entwicklung kann für die betroffene Industrie dramatische Konsequenzen haben, wie der Zusammenbruch des CD-Marktes deutlich vor Augen führte (Hesmondhalg 2020, Bataille und Perrenoud 2021). Aber nicht nur das: Jeder Technologiesprung in der Diffusion und Rezeption verändert auch den Zugang bzw. den Umgang mit einem Kulturgut (z.B. Hörgewohnheiten oder Produktionsbedingungen, vgl. Lenz 2019, Endress und Wandjo 2021, Morrow et al. 2022). Streamingdienste verstehen sich dabei zunehmend auch als Plattformen, auf denen Verkauf und soziale Interaktionen zugleich stattfinden, indem Empfehlungen gegeben und diskutiert, Fanartikel verkauft und neue Musikformate entwickelt und propagiert werden. In diesem Sinne stellen sie zumindest teilweise Imitationen der «alten Plattenläden» mit digitalen Mitteln und auf der

Grundlage von Algorithmen dar. Interessanterweise verzeichnet die lange totgesagte Vinyl-Schallplatte seit einigen Jahren ebenfalls ein Revival. Dieser analoge Gegentrend dürfte allerdings auf eine Liebhaber-Marktnische beschränkt bleiben. Umgekehrt zeigte sich in den Jahren der Pandemie, wie hilfreich die neuen Technologien sein können, wenn die physischen Kontakte unvermittelt massiv eingeschränkt sind.

Die digitale Entwicklung trägt gegenwärtig Züge eines «neuen technologischen Stils», wie ihn der Soziologe Volker Bornschier bereits Ende der 1980er-Jahre beschrieben hat:

> «Unter einem technologischen Stil verstehen wir ein Bündel von Komponenten. [Dieses] umfasst Grundstoffe, industrielle Verfahrensweisen [...], die Art der Arbeitsteilung, die organisatorische Struktur, die Konzernstruktur mit der Aufteilung von Eigentumsrechten, die Güterpalette mit Verteilungs-, Konsum- und Freizeitmustern.» (Bornschier 1988: 88)

Bornschier verweist darauf, dass sich neue technologische Stile diskontinuierlich entfalten und einiges an Konfliktpotenzial bergen. Die Wirkungen beschränken sich dabei nicht auf die Technologie und die Wirtschaft, sondern verlangen auch nach politischen und gesellschaftlichen Antworten in Form von Regulierungen, der Anpassung von Ausbildungsgängen oder Änderungen der sozialen (Mobilitäts)strukturen.

Dass die raschen und manchmal nur schwer nachvollziehbaren Entwicklungen bei den Betroffenen zu Überforderung, Ratlosigkeit und Abwehrreaktionen führen können, zeigen auch die nachfolgenden Kommentare aus unserer Befragung von Musikschaffenden:

> «Das Geschäft wurde durch die Digitalisierung wohl irgendwie demokratisiert, doch ist es auch schwierig, Aufmerksamkeit im unübersichtlichen Angebot zu erlangen. Durch das Monopol von Spotify ist auch ein Teil der Demokratisierung wieder verloren gegangen.»

> «Digitalisierung bedeutet Totalüberwachung und damit Vertiefung der Versklavung jedes Menschen.»

> «Tout compte fait, le numérique est moyennement une vague destructive pour le système cognitif humain. Tout progrès actuel dans la numérisation est bien joli et rend service parfois; je suis

> *assez convaincu que ça ne constitue pas du temps gagné, mais au contraire ça nous fait perdre beaucoup de temps et d'énergie. Sur le long terme, je crains que la musique, comme plein d'autres aspects de nos vies, sera déléguée aux machines et cela comportera des gros dérèglements dans notre système cognitif.»*

Fühlen sich die einen von der Fülle an Möglichkeiten herausgefordert und nehmen die digitale Entwicklung als Bedrohung war, sind andere davon fasziniert und begeistert, indem sie beispielsweise auf Effizienzgewinne und Öffnungstendenzen verweisen. Auch dies lässt sich an einigen Zitaten aus der Befragung illustrieren:

> «*Alle können weltweit und mit kleinem Budget Musik produzieren und releasen.*»

> «*Es gibt mehr Möglichkeiten, sich selber zu vermarkten und Reichweite zu gewinnen. Zudem ist ein Austausch mit Fans und [mit] allen im Musikbusiness Tätigen […] schneller und einfacher.*»

> «*Les logiciels de notation musicale permettent des arrangements plus rapides et plus propres. Facilité de trouver des versions enregistrées d'une œuvre donnée.*»

Das durch die Zitate aufgespannte Feld an Themen und Betroffenheiten illustriert anschaulich die Chancen und Risiken, die der «neue technologische Stil» im Musikbereich mit sich bringt. Genau mit diesen Chancen und Risiken beschäftigt sich die vorliegende Untersuchung, die neben den oben aufgeführten qualitativen Hinweisen vor allem auch nach quantitativen Antworten sucht. Da im Rahmen einer Einzelstudie nicht alle denkbaren Aspekte der Digitalisierung thematisiert werden können, mussten verschiedene Weichenstellungen und Einschränkungen vorgenommen werden.

1. Weichenstellung: Befragung zu Wahrnehmungen und Betroffenheiten

Im Zentrum der Untersuchung stehen Personen und Organisationen, die im Musikbereich aktiv sind. Es soll geklärt werden, welche Technologien sie kennen und nutzen, wie sie die aktuellen Auswirkungen der Digitalisierung beurteilen und wie sie die Zukunft der digitalisierten Musikwelt beurteilen.

Dieses Erkenntnisinteresse legt die Befragung von Personen und Organisationen nahe, während auf die Erhebung und Analyse von Nutzungsstatistiken,

Verkaufszahlen, Publikumsfeedbacks bei Musikanlässen, vertiefte Analysen von technologischen Entwicklungen oder anderen Daten, die für die Analyse gewisser Entwicklungen im Spannungsfeld von Musik, Digitalisierung und Gesellschaft ebenfalls von Interesse wären, verzichtet wird.

2. Weichenstellung: Fokus auf ausgewählte Musikbereiche und Akteurgruppen

Grob lässt sich das musikalische Leben in die Bereiche Musikschaffen (Amateure und professionelles Musizieren), musikalische Bildung und Forschung, Musikwirtschaft und Recht einteilen. Die Grenzen zwischen den Bereichen sind fliessend. Für die vorliegende Untersuchung lag der Hauptfokus auf dem Musikschaffen sowie auf ausgewählten Aspekten der Musikwirtschaft und der musikalischen Bildung. Dagegen wurde auf das Thema «Recht» verzichtet.[1] Gemeint ist hier insbesondere das Urheberrecht, das mit Blick auf die Digitalisierung zu umfangreich ist, als dass es sich im vorliegenden Rahmen adäquat behandeln liesse.

Bei den Musikschaffenden interessiert insbesondere, ob sich mit Blick auf die Digitalisierung Unterschiede zwischen professionellen und Amateurmusikerinnen und -musikern zeigen: Während die grosse Mehrheit der professionellen Musikschaffenden wohl nicht umhin kommt, sich der neuen Art, Musik zu schaffen und zu verbreiten, zu stellen, existiert für Amateurinnen und Amateure eine «Exit-Strategie» in dem Sinne, dass sie digitale Entwicklungen ignorieren und sich auf den analogen Raum beschränken können. Für Amateurinnen und Amateure kann die technologische Entwicklung aber auch eine Chance sein, weil auf den digitalen Kanälen der Unterschied zwischen «Profis» und «Laien» aufgeweicht wird – schliesslich braucht man heute keinen Schallplattenvertrag und keine teuren Tonstudios mehr, um seine in Eigenregie produzierten Werke auf einer Streaming-Plattform zu publizieren. Das zunehmende Angebot an Eigenproduktionen kann dabei die Verbreitungs- und Verdienstchancen von professionellen Musikschaffenden weiter einschränken. A priori ist somit nicht klar, ob Amateurinnen und Amateure tatsächlich weniger an den Digitalisierungsprozessen teilnehmen als professionelle Musikschaffende.

Zusätzlich gilt das Interesse Musiklehrpersonen und Personen, die in der Produktion, Verteilung und Kommunikation tätig sind. Es gilt an dieser Stelle zu er-

---

[1] Verschiedene rechtliche Aspekte, die für den Musikbereich von Bedeutung sind, werden jedoch in der Teilstudie der HSLU thematisiert (vgl. Teil 1 dieses Buches, insbesondere Kapitel 5).

wähnen, dass der Bereich der musikalischen Bildung ursprünglich nicht Teil der Studie sein sollte. Im Verlauf der Vorbereitungsarbeiten zeigte sich jedoch einerseits, dass die musikalische Bildung im Prozess der Digitalisierung in verschiedenerlei Hinsicht eine wichtige Rolle spielt: Bildung ist zentral für die Entwicklung der Musik generell sowie für den Umgang mit digitalen Mitteln, und zwar unabhängig davon, ob die musikalische Bildung an einer öffentlichen Schule, einer Musikschule oder bei einem privaten Anbieter erfolgt (vgl. Chatelain und Hug 2021). Gerade die Covid-19-Pandemie hat zudem dazu geführt, dass neue oder alternative Unterrichtsformate an Bedeutung gewonnen haben (z.B. Onlineunterricht, Lernapps, Videotutorials). Andererseits zeigte sich, dass an den Fragebogen nur wenig modifiziert werden musste, um sie auch bei Musiklehrpersonen, Hochschuldozierenden und Schulen einzusetzen. Allerdings musste auf eine vertiefte Betrachtung pädagogischer und wissenschaftlicher Fragestellungen verzichtet werden.

Die Hinweise zur Musikbildung verweisen darauf, dass nicht nur die Einschätzungen von Individuen, sondern auch von Organisationen von Interesse sind. Im Musikbereich finden wir dabei eine Vielzahl von unterschiedlichen Organisationen: kommerzielle Unternehmen wie etwa Konzertveranstalter, Agenturen oder Musikgeschäfte, öffentlich-rechtliche Organisationen wie Schulen, Interessenverbände und Vereine.

Gerade die (Musik)vereine spielen im gesellschaftlichen Leben der Schweiz eine besondere Rolle (vgl. Ringli 2011). Auf einer allgemeinen Ebene können in Vereinen verschiedene, für den gesellschaftlichen Zusammenhalt wichtige Fertigkeiten eingeübt und gepflegt werden. Dazu gehören etwa Verantwortung übernehmen, soziale Akzeptanz, Integration oder freiwilliges Engagement (Lamprecht et al. 2020). Im Kontext der Musik bilden die Amateurvereine als Gefäss für das Musizieren gewissermassen das Verbindungselement zwischen der Musik und der Gesellschaft, liegt doch der Zweck der Mehrheit der Musikvereine im gemeinsamen Musizieren. Das bedeutet dann aber auch, dass Digitalisierungsprozesse nicht nur Auswirkungen auf die Vereine haben können, sondern über diese und ihre Mitglieder vermittelt auch auf die Gesellschaft.

Die Effekte der Digitalisierung auf die Musikvereine sind a priori alles andere als eindeutig, wobei Ähnliches gilt wie bei den Amateurinnen und Amateuren: Im Gegensatz zu kommerziellen Unternehmen, formalen (Bildungs)institutionen, professionell geführten Orchestern etc. haben sie grundsätzlich die Möglichkeit, sich digitalen Entwicklungen zu verschliessen und ein «analoges Ideal» zu pflegen. Dies beinhaltet jedoch die Gefahr, mittelfristig Mitglieder und Publikum zu verlieren. Mitgliederverlust kann aber auch aus einer unbedachten Digitalisierung entstehen – dann etwa, wenn virtuelle Proben veranstaltet werden oder Übungsmaterial digital zur Verfügung gestellt wird, die Mitglieder aber nicht mit den neuen Technologien umgehen können. Sich im Verein mit digitalen Technologien vertraut zu machen, kann sich umgekehrt im aussermusikalischen Umfeld aber durchaus positiv auswirken, wenn das erworbene Knowhow den Aufwand für die Nutzung digitaler Anwendungen in anderen Lebensbereichen reduziert.

3. Weichenstellung: Explorativer Ansatz und Themenwahl

Die Bemerkungen zu den verschiedenen Gruppen von Personen und Organisationen zeigen, dass es schwierig, wenn nicht gar unmöglich ist, klare Hypothesen zu den Wirkungen der Digitalisierungsprozesse auf den Musikbereich als Ganzes oder ausgewählte Gruppen zu formulieren. Vor diesem Hintergrund wurde ein explorativ-deskriptiver Ansatz gewählt, bei dem die Einschätzung verschiedener Themen abgefragt und anschliessend untersucht wird, ob es Unterschiede zwischen verschiedenen Gruppen von Akteuren gibt.

Eine Herausforderung bei der Konzeption der Studie bestand dabei darin, möglichst viele wesentliche Aspekte der Digitalisierung abzudecken, ohne die Befragung zu überfrachten. Auf der Grundlage eines Austausches mit einer Expertengruppe des SMR, die für das Projekt gebildet wurde[2], konnten wesentliche Dimensionen bestimmt werden. Diese beziehen sich zunächst auf die Kenntnis und Nutzung verschiedener Technologien, wobei der Fächer angesichts der Vielfalt an möglichen Hilfsmitteln – diese reichen von einfachen Administrationstools über digitale Instrumente, soziale Medien und Streamingdienste bis hin zu Kompositionstools, künstlicher Intelligenz (KI) und Blockchain-Technologien – möglichst weit aufgespannt wurde.

Die Vielfalt der Ausprägungen in der Digitalisierung ist das eine; ein weiterer herausfordernder Aspekt ist die rasante (Weiter-)Entwicklung. Man denke dabei z.B. an das Thema Künstliche Intelligenz (vgl. Reck Miranda 2021), das im Laufe der Erarbeitung der Studie durch die Lancierung von ChatGPT und anderen Anwendungen enorme Aufmerksamkeit erregte. Um die Ergebnisse der Studie richtig zu würdigen, muss deshalb der Befragungszeitraum von Mitte April bis Mitte August 2023 im Hinterkopf behalten werden.

---

[2] Die Mitglieder der Gruppe sind am Schluss des Berichts unter «Expertengruppe» aufgeführt.

Neben der Kenntnis und Nutzung der Technologien wurde zudem nach wahrgenommenen und in Zukunft erwarteten Wirkungen der Digitalisierung auf das eigene Schaffen und den Musikbereich allgemein gefragt. Auch hier galt es, eine Auswahl aus der Fülle an denkbaren Wirkungen zu treffen, wobei mittels exemplarischer Aussagen versucht wurde, den gesamten Prozess von der Kreation über die Aufnahme und Verbreitung bis hin zur Rezeption abzudecken.

Schlussendlich wurden die folgenden Themenblöcke in die Befragung aufgenommen:

- Wie schätzen die Betroffenen die Digitalisierung allgemein ein: Überwiegt die Wahrnehmung von Risiken oder werden eher die Chancen, die die Digitalisierung mit sich bringt, hervorgehoben?
- Welche digitalen Technologien werden genutzt und wie werden sie beurteilt?
- Welche Wirkungen hat die Digitalisierung auf verschiedene Aspekte des Musikschaffens? Wie sieht es beispielsweise mit der Organisation und Durchführung von Konzerten, der Aufnahme und Vermarktung von Musik oder den Erwerbsmöglichkeiten aus?
- Welche zukünftigen Entwicklungen werden erwartet? Hier wird beispielsweise nach der Entwicklung von Live-Auftritten, Musikunterricht oder der Vielfalt des Musikschaffens gefragt.
- Sehen die Betroffenen politischen Handlungsbedarf – und falls ja: welchen?
- Welche Tätigkeit üben die Befragten im Musikbereich aus?

Da sowohl die Perspektive von Individuen als auch von Organisationen interessierte, wurden zwei unterschiedliche Fragebogen entwickelt. Über die Planung und die Durchführung der Befragung gibt das folgende Kapitel Auskunft.

3. Vorgehensweise und Merkmale der Befragten

3.1. Vorbereitung und Durchführung der Datenerhebung

Im Zentrum der Studie steht die Wahrnehmung und Beurteilung von Auswirkungen der Digitalisierung auf den Musikbereich. Zu diesem Zweck wurden sowohl Musizierende als auch Organisationen, die im Musikbereich aktiv sind, befragt. Da keine bereits getesteten und für die vorliegende Fragestellung zweckmässigen Befragungsinstrumente existierten, wurden für die beiden Zielgruppen zwei neue Fragebogen entwickelt.

Beide Fragebogen behandeln zwar ähnliche Themengebiete, unterschieden sich jedoch in der Ansprache der Befragten und einigen Fragestellungen, die nur für die jeweiligen Zielpersonen relevant sind. So wird im individuellen Fragebogen beispielsweise nach dem Tätigkeitsbereich, der Funktion, der Rolle und den Erwerbsmöglichkeiten der befragten Person im Musikbereich gefragt, während im Organisationsfragebogen die Rechtsform und weitere Organisationsmerkmale erfasst werden. Beiden Fragebogen ist gemeinsam, dass sie Fragen zur Wahrnehmung der Digitalisierung allgemein, zur Nutzung digitaler Technologien sowie zu wahrgenommenen und vermuteten zukünftigen Wirkungen der Digitalisierung enthalten.

Die Fragebogenkonstruktion wurde, ausgehend von den in Kapitel 2 diskutierten Fragestellungen, im letzten Quartal 2022 gestartet. Die Entwürfe der beiden Fragebogen wurden in mehreren Feedbackrunden mit einer Gruppe von Expertinnen und Experten des SMR diskutiert und auf dieser Basis weiterentwickelt. In einem weiteren Schritt wurden die Instrumente interessierten Mitgliederorganisationen des SMR vorgestellt und deren Feedbacks und Inputs eingearbeitet. Schliesslich wurden Rückmeldungen von TA-SWISS berücksichtigt.

Die definitiven Versionen der Online-Fragebogen in den Sprachen deutsch, französisch und italienisch standen Anfang April 2023 bereit, worauf sowohl Organisationen als auch Individuen zur Befragung eingeladen wurden. Dies erfolgte in erster Linie per Mail, in einer zweiten Phase aber auch über Printmedien wie zum Beispiel die Schweizer Musikzeitung oder das «Unisono», die Zeitschrift des Schweizer Blasmusikverbandes, in denen Informationen über die Befragung und ein QR-Code abgedruckt wurden.

Die Rekrutierung der Befragten erwies sich als schwierig und komplex, da dem SMR rund 50 Organisationen angeschlossen sind, die ihrerseits individuelle (z.B. Musizierende) oder Organisationsmitglieder (z.B. Musikvereine) haben. Die Kontaktdaten der Individuen und Organisationen sind dem SMR nicht bekannt, so dass die Rekrutierung indirekt über die Mitgliederorganisationen des SMR erfolgen musste. Einerseits wurden die Mitgliedsorganisationen des SMR direkt zum Ausfüllen der Fragebogen aufgefordert, andererseits wurden sie gebeten, die Befragungsinformationen an ihre Mitglieder weiterzuleiten, wobei ihnen jeweils zwei Links und QR-Codes für den individuellen und den Organisationsfragebogen zur Verfügung gestellt wurden. Diese Aufgabe war sehr anspruchsvoll, da beispielsweise eine Organisation, die aus Vereinen besteht, die Links an die Vereinsverantwortlichen weiterleiten musste, wobei diese den Organisationsfragebogen für den Verein ausfüllen mussten, die individuellen Links jedoch an die Vereinsmitglieder weiterleiten sollten.

Die Umsetzung dieser Vorgaben scheint sehr schwierig gewesen zu sein. Angesichts des zunächst geringen Rücklaufs wurden im Juni und im Juli Erinnerungen mit zusätzlichen Informationen zur Befragung an die Mitgliederorganisationen verschickt. Die Befragung wurde am 22. August 2023 geschlossen.

Nach der Datenkontrolle und dem Ausschluss von Fragebogen, die nur rudimentär oder unseriös ausgefüllt waren, standen insgesamt 1056 individuelle und 263 Organisationsfragebogen für die Auswertung zur Verfügung. Da sich nicht feststellen lässt, welche Mitgliederorganisationen die Links wie häufig weitergeleitet haben, und auch der Mitgliederbestand verschiedener Organisationen nicht genau bekannt ist, ist eine zuverlässige Bestimmung des Rücklaufs nicht möglich. Gemessen an der Anzahl Personen und Organisationen, die der SMR vertritt, dürfte der Rücklauf jedoch nur wenige Prozent betragen haben, woran wohl vor allem die oben erwähnte, komplizierte Rekrutierung der Befragten über die Mitgliederorganisationen des SMR verantwortlich war. Wer den Fragebogen aber ausgefüllt hat, hat dies in der Regel sehr seriös getan. Die Vielzahl an offenen Kommentaren zur Befragung deutet zudem darauf hin, dass die Befragung auf erhebliches Interesse stiess.

3.2. Befragung von Personen, die im Musikbereich aktiv sind

Trotz des geringen Rücklaufs sind die vorliegenden Resultate aussagekräftig; die Antworten decken das Universum der Musikschaffenden und im Musikbereich aktiven Organisationen sehr gut ab und weisen einen hohen Grad an Repräsentativität auf. Korrekterweise gilt es dazu allerdings festzuhalten, dass Personen, die über keinerlei digitale Kanäle zu erreichen sind, nicht an der Online-Befragung teilnehmen konnten. Diese Gruppe ist gemäss Angaben des Bundesamts für Statistik jedoch sehr klein und umfasste im Jahr 2021 nur noch vier Prozent der gesamten Schweizer Bevölkerung.[3]

Tabelle 3.1 gibt einen Überblick über ausgewählte Merkmale der Personen, die den persönlichen Fragebogen ausgefüllt haben. Es lässt sich zunächst festhalten, dass die Fallzahlen für die drei Gruppierungen Amateure, Professionelle und Musiklehrpersonen ausreichend sind, um statistisch zuverlässige Aussagen auf der Ebene dieser Gruppen zu machen. Dabei gilt es zu beachten, dass die Zuordnung zu den verschiedenen Gruppen auf der Selbstdeklaration der Musikschaffenden basiert (vgl. weiter unten).

Gemessen an der tatsächlichen Verteilung dürften professionelle Musikschaffende und Musiklehrpersonen in der Stichprobe deutlich übervertreten sein. Der SMR geht davon aus, dass er – vermittelt über seine Mitgliederorganisationen – rund 600'000 Personen vertritt, die im Musikbereich tätig sind. Die grosse Mehrheit dieser Personen dürften Amateurmusikerinnen und -musiker sein, denn das Bundesamt für Statistik weist in seinen Statistiken weniger als 20'000 professionelle Musikschaffende im engeren Sinne aus. Das bedeutet, dass unsere Stichprobe die Bedeutung professioneller gegenüber Amateuraktivitäten deutlich überschätzt. Dies ist allerdings im Sinne der Studie, bei der es nicht um einen repräsentativen Querschnitt der Bevölkerung, sondern um eine zuverlässige Abbildung des Musikbereichs geht. Gerade mit Blick auf die Digitalisierung ist die Übervertretung professioneller Musikschaffenden von Interesse, da wir gemäss den Ausführungen in Kapitel 2 annehmen, dass sie sich den Digitalisierungseffekten weniger entziehen können und diese über weite Strecken wohl auch direkter in ihren Betätigungs- und Verdienstmöglichkeiten spüren als die Musikschaffenden aus dem Bereich der Amateure.

Die Tatsache, dass die Fallzahl bei den Personen, die in der Musikwirtschaft tätig sind, relativ gering ist, dürfte schliesslich die effektiven Verhältnisse relativ gut widerspiegeln. Zudem wird die Perspektive der Musikwirtschaft durch die Befragung der Organisationen zusätzlich abgebildet.

---

[3] Vgl. https://www.bfs.admin.ch/bfs/de/home/statistiken/kultur-medien-informationsgesellschaft-sport/informationsgesellschaft/gesamtindikatoren/haushalte-bevoelkerung/internetnutzung.html (geladen am 26.9.2023).

Bei den musikalischen Tätigkeiten konnten mehrere Antworten gegeben werden. Diese Erhebungsform trägt der Tatsache Rechnung, dass beispielsweise viele professionelle Musikschaffende auch ein Teilzeitpensum als Musiklehrpersonen haben und allenfalls auch noch in «Amateurformationen» aktiv sind. Eine detaillierte Analyse der Daten zeigt beispielsweise, dass 266 professionelle Musikerinnen und Musiker auch als Musiklehrpersonen arbeiten. Dies entspricht immerhin einem Viertel der gesamten Stichprobe (25.2%). Die Kombinationen «Profi» und «Amateurin/Amateur» (0.8%) bzw. «Musiklehrperson» und «Amateurin/Amateur» (2.3%) sind dagegen selten. Professionelle Musikerinnen und Musiker sehen sich offenbar selbst dann nicht als «Amateurinnen/Amateure», wenn sie informell musizieren. Auch die Kombinationen mit Tätigkeiten in der Musikwirtschaft kommen nicht häufig vor, da diese Tätigkeiten ja ohnehin recht selten erwähnt werden.

T 3.1 Merkmale von Personen, die den individuellen Fragebogen ausgefüllt haben

	Fallzahl	%
Tätigkeit im Musikbereich (Mehrfachantworten, *n* = 1056)		
Professionell Musizierende	383	36.3
Amateurinnen und Amateure	422	40.0
Musiklehrpersonen	472	44.7
Tätigkeit in der Musikwirtschaft	75	7.1
andere Tätigkeit	91	8.6
Musikalischer Bereich (Mehrfachantworten, *n* = 1035)		
populäre Musik (Pop, Rock, Soul, Jazz etc.)	390	37.3
klassische und zeitgenössische Musik	507	48.5
Blasmusik	331	31.7
Chormusik	305	29.2
Volksmusik	165	15.8
Kommerzielle Produktion (Filmmusik, Werbung)	85	8.1
Erziehung, Lehre, Therapie, Forschung	387	37.0
Rolle im musikalischen Schaffen (Mehrfachantworten, *n* = 761)*		
Komponistin/Komponist	156	20.5
Arrangeurin/Arrangeur	151	19.8
Dirigentin/Dirigent	159	20.9
Creatorin/Creator in digitalen Kanälen	4	0.5
Musikerin/Musiker; Performerin/Performer	717	94.2

	Fallzahl	%
Geschlecht (*n* = 706)**		
Weiblich	334	47.3
Männlich	368	52.1
Anderes, nonbinär	4	0.6
Alter (*n* = 714)**		
bis 35 Jahre	107	15.0
35 bis 50 Jahre	206	28.9
51 bis 65 Jahre	282	39.5
Über 65 Jahre	119	16.7
Sprache (*n* = 1056)		
Deutsch	918	86.9
Französisch	106	10.0
Italienisch	32	3.0

*   Die Fallzahl liegt etwas tiefer, da nicht alle Befragten eine Rolle als Musikerin oder Musiker haben (z.B. Personen aus der Musikwirtschaft oder Lehrpersonen, die ausserhalb ihres Berufs keine Musik machen).

**   Diese Fragen wurden ganz am Ende des Fragebogens gestellt. Da einige Personen die Antwort verweigert haben oder bereits früher aus der Befragung ausgestiegen sind, sind die Fallzahlen hier tiefer.

Für die weiteren Analysen wurde die in Abbildung 3.1 enthaltene, zusammenfassende Klassifikation geschaffen, aus der hervorgeht, dass es sich bei etwas über einem Drittel der Befragten um «reine Amateurinnen bzw. Amateure» handelt, während über die Hälfte (56%) dem professionellen Bereich zugeordnet werden kann. Die übrigen Befragten sind in der Musikwirtschaft aktiv oder lassen sich nicht eindeutig zuordnen. Für einige Analysen im folgenden Kapitel wird diese Klassifikation dann noch weiter vereinfacht, indem Amateurinnen und Amateure den professionellen Musikschaffenden und Musiklehrpersonen gegenübergestellt werden.

A 3.1 Zusammenfassende Klassifikation der Tätigkeiten im Musikbereich (*n* = 1056)

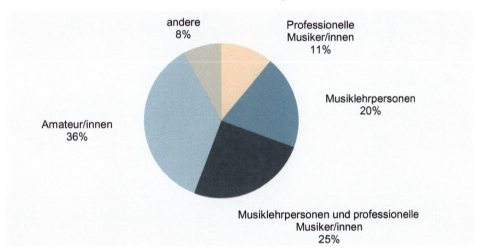

Bei den Musiklehrpersonen sind einige weitere Informationen verfügbar, die in Tabelle 3.2 zusammengefasst sind: Insgesamt haben 460 Musiklehrpersonen genauer angegeben, in welcher Form sie tätig sind. Aus der Tabelle geht hervor, dass eine grosse Mehrheit der Musiklehrpersonen an Musikschulen und/oder als freischaffende Musiklehrpersonen tätig sind. Eine Zusatzanalyse zeigt, dass 60.8% der Musiklehrpersonen nur an einem der in der Tabelle aufgeführten Orte arbeiten, während der Rest verschiedene Arbeitsorte kombiniert. Besonders populär ist die Kombination einer freischaffenden Tätigkeit mit einer Anstellung an einer Musikschule (14.3%) und die Kombination von Musikschule mit einer Volks-, Maturitäts- oder Hochschule (7.6%). Umgekehrt arbeitet keine der freischaffenden Musiklehrpersonen ausschliesslich im Onlineunterricht. Vielmehr scheint bei den Befragten der Onlineunterricht eine bislang selten verwendete Ergänzung zu anderen Unterrichtsaktivitäten zu sein.

T 3.2 Kontext der Tätigkeit als Musiklehrperson (Mehrfachantworten, *n* = 460)

Tätigkeit	Fallzahl	%
An einer Musikschule	346	75.2
An einer Volksschule, an einem Gymnasium	78	17.0
An einer Hochschule	55	12.0
In einem Musikverein	49	10.7
Als freischaffende MLP im persönlichen Unterricht	143	31.1
Als freischaffende MLP im Onlineunterricht	14	3.0

Aus den weiteren Einträgen in Tabelle 3.1 weiter oben wird deutlich, dass das stilistische Spektrum der Musik sehr gut abgebildet wird, wobei sich hier ein gewisses Übergewicht bei der klassischen und zeitgenössischen Musik zeigt. Auch bei den Musikstilen zeigt eine Zusatzanalyse, dass über die Hälfte aller Musikschaffenden (56.1%) in mehr als einer Sparte aktiv ist, während der Rest sich auf ein Feld beschränkt. Bei denjenigen, die in mehreren Stilen aktiv sind, erweisen sich die Kombinationen «Klassik/zeitgenössische Musik» und «Chor» (5.8%) bzw. «Blasmusik» (3.7%) sowie die Kombination «Klassik/zeitgenössische Musik» und «populäre Musik» (6.8%), die teilweise noch um eine Aktivität in einem Chor ergänzt wird (2.9%), als besonders populär.

Weiter fällt in Tabelle 3.1 auf, dass der Anteil derjenigen, die als Komponistin / Komponist, Arrangeurin / Arrangeur oder Dirigentin /Dirigent aktiv sind, relativ gross ist. Auch dies kann mit Blick auf die Analyse positiv gewertet werden, handelt es sich hier doch um «Key Player», die in vielen Fällen wohl besonders von Digitalisierungsprozessen betroffen sind und diese – etwa als Dirigentin oder Dirigent eines Orchesters oder Chors – auch anstossen, unterstützen oder verzögern können. Schliesslich zeigt sich, dass die Geschlechter- und Altersverteilung[4] sehr ausgewogen ist, während sich Personen aus der deutschsprachigen Schweiz überdurchschnittlich häufig an der Befragung beteiligten. Dieser Befund korreliert mit der Verteilung in den Mitgliedsorganisationen des Musikrats, wo die deutschsprachigen Mitglieder deutlich in der Überzahl sind, unabhängig davon, ob die Mitglieder Einzelpersonen oder juristische Personen sind.

Ein weiteres Thema bezieht sich auf den finanziellen Aspekt der Tätigkeit im Musikbereich. Den professionellen Musikschaffenden, den Musiklehrpersonen und den in der Musikwirtschaft aktiven Personen wurde hierzu eine Reihe von zusätzlichen Fragen gestellt, aus denen zunächst hervorgeht, dass etwas über ein Viertel der Befragten (28.3%, $n = 460$) neben ihren Tätigkeiten im Musikbereich noch andere professionelle Aktivitäten verfolgen. Über die Hälfte dieser Personen (59.2%) generiert weniger als die Hälfte ihres Gesamteinkommens mit der Musik. Es ist nicht erstaunlich, dass es in erster Linie diese Personen sind, die gemäss Abbildung 3.2 angeben, ihr musikalisches Einkommen sei gering. Immerhin ein Drittel dieser Personen (33.0%) wählte bei einer entsprechenden

---

[4] Auf den ersten Blick scheint es, als wäre die Gruppe der über 65-Jährigen unterrepräsentiert. Allerdings gilt es zu beachten, dass viele Musiklehrpersonen und professionelle Musikschaffende in diesem Alter pensioniert sind und von den Berufsorganisationen daher auch nicht mehr erreicht werden. Entsprechend sind von diesen Personen in der Stichprobe nur 8% über 65 Jahren alt. Bei den Amateurinnen und Amateuren beträgt dieser Anteil dagegen 22% und liegt somit noch leicht über dem Anteil der über 65-Jährigen an der Gesamtbevölkerung (18%).

Frage die Antwort «Ich verdiene nur wenig mit der Musik» oder sogar «Musik ist ein Verlustgeschäft für mich». Die Tatsache, dass bei den «Vollzeit-Musikschaffenden» nur knapp drei Fünftel die Antwort «Ich kann alles in allem gut von meinen musikalischen Einkünften leben» wählen, deutet darauf hin, dass auch in diesem Segment ein erheblicher Anteil mit einem knappen Einkommen auskommen muss.

Ob ein Einkommen als ausreichend eingeschätzt wird oder nicht, hängt gemäss einer statistischen Analyse der Zusammenhänge nur in geringem Mass von der musikalischen Sparte ab. Personen, die als Musiklehrpersonen arbeiten (54.1%) oder eine Lehr- mit einer Tätigkeit als professionelle Musikerin oder professionellen Musiker kombinieren (55.6%), geben aber deutlich häufiger an, sie könnten gut von ihrem musikalischen Einkommen leben als rein Performende (32.9%) oder Personen, die in einem anderen Bereich tätig sind (37.5%). Mit Blick auf die weiteren Analysen wird es interessant sein festzustellen, ob ein Zusammenhang zwischen der Einkommenssituation und der Wahrnehmung der Digitalisierung besteht.

A 3.2   Einschätzung des Einkommens aus den musikalischen Tätigkeiten (professionelle Musikschaffende, Musiklehrpersonen, Aktive in der Musikwirtschaft, $n = 451$)

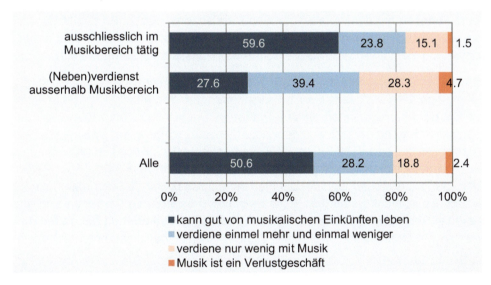

Die Analyse in den vorangehenden Abschnitten zeigen somit, dass der vorliegende Datensatz das «Universum» des Musikschaffens in der Schweiz gut abbildet und damit als repräsentativ bezeichnet werden kann. Insgesamt erlauben die Daten eine differenzierte Analyse der Wahrnehmung der Digitalisierung in verschiedenen Teilen des Musikbereichs.

3.3. Befragung von Organisationen des Musikbereichs

Tabelle 3.3 zeigt verschiedene strukturelle Merkmale der antwortenden Organisationen. Mit Blick auf den Tätigkeitsbereich wird deutlich, dass Veranstalter von Live-Konzerten in der Mehrheit sind: Werden die ersten beiden Einträge in der Sparte «Tätigkeitsbereich» berücksichtigt und Doppelzählungen ausgeschlossen, so veranstalten 165 antwortende Organisationen (65.7%) Konzerte. Dabei gilt es zu beachten, dass es sich bei den Veranstaltern in vier Fünftel der Fälle um Vereine und nur in einem Achtel der Fälle um kommerzielle Veranstalter im engeren Sinne handelt.

Die übrigen Tätigkeitsbereiche sind, abgesehen von Bildungsinstitutionen (36.3%), relativ selten, wobei auch hier gilt: Bei rund der Hälfte der in der musikalischen Ausbildung aktiven Organisationen handelt es sich um Schulen, beim Rest überwiegend um Vereine und Verbände, die ein Ausbildungsangebot haben. Werden alle in der Tabelle 3.3 grau markierten Bereiche berücksichtigt, so sind insgesamt 30 Organisationen (12.0%) in einem oder mehreren der übrigen Arbeitsfelder aktiv. Schliesslich gibt es insgesamt 13 Organisationen, die sich keinem der aufgeführten Bereiche zuordnen lassen. Hier handelt es sich beispielsweise um «Verbände» und «Forschungseinrichtungen». Die Fallzahlen deuten somit darauf hin, dass zwar über die Veranstalter und unter Einschränkungen auch über die Bildungsinstitutionen zuverlässige Aussagen möglich sind, über die anderen Tätigkeitsfelder jedoch nicht.

Interessant ist auch ein Blick auf die weiteren Einträge in Tabelle 3.3: Vereine und Verbände hatten bei den antwortenden Organisationen ein deutlich höheres Gewicht als andere Organisationen, was die Bedeutung des Vereinswesens für das Schweizer Musikschaffen unterstreicht.

Aufgrund der grossen Zahl an Vereinen erwirtschaftet ein erheblicher Anteil von zwei Fünftel der Organisationen weniger als CHF 100'000.– pro Jahr. Immerhin ein Viertel der antwortenden Organisationen berichtet dagegen von einem jährlichen Umsatz von über 1 Mio. Franken. Jeweils rund die Hälfte der (kommerziellen) Firmen und der öffentlich-rechtlichen Organisationen und Stiftungen gehören in diese Kategorie, während es bei den Vereinen und Verbänden nur 16% sind. Die Firmen und öffentlich-rechtlichen Organisationen verfügen zudem über einen besonders hohen Anteil an bezahlten Mitarbeitenden und vergleichsweise wenige Ehrenamtliche, während bei den Vereinen und Verbänden das Umgekehrte gilt. Einmal mehr stammt ein überdurchschnittlicher Anteil der Antworten aus der Deutschschweiz, was, wie bereits erwähnt, mit der sprachregionalen Verteilung der SMR-Mitglieder zusammenhängen dürfte.

Die Angaben zum Tätigkeitsbereich und zur Rechtsform in Tabelle 3.3 können mit Angaben zu den im SMR vertretenen Organisationen und Schätzungen zu den wenigen Verbänden, die nicht Mitglied des SMR sind, für vorsichtige Aussagen zum Rücklauf kombiniert werden. Auf dieser Basis kommt man für den Bereich Musik schweizweit auf mindestens 400 veranstaltende Institutionen, von denen sich rund 10% an der Befragung beteiligt haben dürften. Nimmt man bei «Musikerziehung, Musikschule» die im Verband Schweizer Musikschulen VMS zusammengeschlossenen Musikschulen als Basis, aktuell knapp 400, kommt man ebenfalls auf eine Teilnahmequote von rund 10%. Bei der Rechteverwaltung dürften sich alle im Bereich Musik tätigen Organisationen an der Befragung beteiligt haben. Umgekehrt sieht es bei der Rubrik «Herstellung/Handel Instrumente/Musikalien» aus: Bei ebenfalls rund 400 in diesem Bereich tätigen Organisationen entsprechen die 3 ausgefüllten Fragebogen einem Anteil von knapp 1%.

Vor diesem Hintergrund kann festgehalten werden, dass die Stichprobe zumindest teilweise repräsentativ ist. Die antwortenden Organisationen decken ein breites Spektrum ab, allerdings verunmöglicht die geringe Fallzahl in vielen Fällen Analysen auf der Ebene von Subgruppen.

T 3.3 Merkmale von Organisationen, die sich an der Befragung beteiligt haben

	n	%
Tätigkeitsbereich (Mehrfachantworten, n = 251)		
Veranstaltung von Konzerten etc.	152	60.6
Musikclub, Theater	26	10.4
Produktion, Aufnahme von Musik	14	5.6
Vertrieb, Vermarktung von Musik	6	2.4
Herstellung/Handel Instrumente/Musikalien	3	1.2
Management von Künstler/-innen	6	2.4
Medien, Berichterstattung	6	2.4
Rechteverwaltung	6	2.4
Musikerziehung, Musikschule	91	36.3
Anderes Tätigkeitsfeld	13	5.2

	n	%
Rechtsform (*n* = 257)		
Einzelfirma	5	1.9
GmbH, AG	20	7.8
Verein, Verband	181	70.4
Stiftung	10	3.9
Öffentlich-rechtliche Organisation, Schule	41	16.0
Umsatz (*n* = 234)		
weniger als CHF 100'000.–	96	40.6
CHF 100'000.– bis CHF 500'000.–	35	15.0
zwischen CHF 500'000.– und CHF 1 Mio.	23	9.8
zwischen CHF 1 Mio. und CHF 2 Mio.	24	10.3
mehr als CHF 2 Mio.	36	15.4
weiss nicht, keine Angabe	21	9.0
Bezahlte Mitarbeitende (*n* = 222)		
weniger als 10	123	55.4
10 bis 49	75	33.8
50 und mehr	24	10.8
Ehrenamtliche Mitarbeitende (*n* = 198)		
weniger als 10	119	60.1
10 bis 49	61	30.8
50 und mehr	18	9.1
Sprache (*n* = 263)		
Deutsch	238	90.5
Französisch	20	7.6
Italienisch	5	1.9

3.4. Datenanalyse und Darstellung

Entsprechend der explorativen Ausrichtung der vorliegenden Studie überwiegt in den folgenden Kapiteln eine deskriptive Vorgehensweise, bei der die Antworten auf die verschiedenen Fragen in der Regel grafisch dargestellt werden, wobei die Befragung der Musikschaffenden und die Organisationsbefragung, soweit möglich, jeweils in derselben Grafik aufgeführt wird, um allfällige Unterschiede sichtbar zu machen.

In einer zweiten Analysestufe wird jeweils untersucht, ob sich Unterschiede zwischen verschiedenen Gruppen von Befragten zeigen, ob also beispielsweise professionelle Musikerinnen und Musiker anders geantwortet haben als Amateurinnen oder Amateure, oder ob in der Sparte «Volksmusik» andere Probleme thematisiert werden als in der Sparte «populäre Musik». Diese Unterschiede wurden in der Regel mit Chi^2-Tests auf dem 95% -Signifikanzniveau geprüft. Wird ein Resultat als «statistisch signifikant» bezeichnet, so bedeutet dies, dass der gefundene Unterschied mit einer Wahrscheinlichkeit von mindestens 95% nicht zufällig zustande gekommen ist. Stellenweise werden im Text auch Kontingenz- und Gammakoeffizienten ausgewiesen, wobei gilt: Je näher ein Wert bei 1 liegt, desto grösser ist der festgestellte Zusammenhang. Werte nahe bei 0 verweisen auf einen schwachen Zusammenhang und sind bei den vorliegenden Fallzahlen in der Regel statistisch nicht signifikant.

In einigen wenigen Fällen wurden multivariate statistische Verfahren angewendet. So wurden die Angaben zu den zukünftigen Entwicklungen mittels einer Hauptkomponentenanalyse zu verschiedenen Gruppen von Aussagen gebündelt, die von den Befragten in der Regel ähnlich beantwortet werden. Die Klassifikation in Kapitel 5 wurde zudem mittels einer Clusteranalyse auf ihre Stimmigkeit überprüft.

Zusammenfassung

Im Zentrum der vorliegenden Studie stehen zwei Onlinebefragungen zur Wahrnehmung der Digitalisierung, an denen über 1000 Musikschaffende und über 250 Organisationen des Musikbereichs teilgenommen haben. Die Analysen im vorliegenden Kapitel zeigen, dass die beiden Stichproben das Musikschaffen in der Schweiz gut abbilden und zuverlässige Aussagen erlauben.

4. Befunde zur Digitalisierung im Musikbereich

Das vorliegende Kapitel enthält die Resultate aus den Befragungen von Musikschaffenden und Organisationen, die im Musikbereich aktiv sind. Im Folgenden gehen wir von der allgemeinen Einschätzung der Digitalisierung aus (Abschnitt 4.1), um uns dann mit der konkreten Nutzung digitaler Technologien zu beschäftigen (Abschnitt 4.2). Die beiden folgenden Abschnitte sind den wahrgenommenen Wirkungen der Digitalisierung auf den Musikbereich (Abschnitt 4.3) und Annahmen über zukünftige Entwicklungen (Abschnitt 4.4) gewidmet, bevor abschliessend auf die Wünschbarkeit politischer Interventionen in Zusammenhang mit der Digitalisierung eingegangen wird (Abschnitt 4.5).

4.1. Allgemeine Einschätzung der Digitalisierung

In den Befragungen wurde zunächst allgemein nach einer Einschätzung des aktuellen Digitalisierungsprozesses im Musikbereich gefragt. Im persönlichen Fragebogen wurde diese Frage zusätzlich nach der Digitalisierung im Musikbereich allgemein und der persönlichen Betroffenheit von Digitalisierungsprozessen differenziert.

Die Antworten auf diese Fragen sind in Abbildung 4.1 dargestellt, aus der hervorgeht, dass jeweils über die Hälfte der befragten Musikschaffenden und Organisationen für die Musik allgemein sowohl Chancen als auch Risiken der Digitalisierung sehen. Bei der Einschätzung der Wirkungen auf die Musikschaffenden selbst ist dieser Anteil mit zwei Fünftel geringer, dafür ist der Anteil der Personen, die die Digitalisierung in erster Linie als individuelle Chance wahrnehmen, vergleichbar mit dem Ausmass der positiven Einschätzung durch die Organisationen.

Auffallend ist, dass der Anteil derjenigen, die in erster Linie Risiken wahrnehmen, jeweils weniger als 10% beträgt – bei den Organisationen ist nur eine verschwindend kleine Minderheit von knapp 2% explizit pessimistisch gestimmt. Gleichzeitig fällt jedoch auch auf, dass bei diesen Fragen rund jede zehnte Person oder Organisation keine Beurteilung vornimmt.

A 4.1 Antworten auf die Frage: «Wenn Sie an die Digitalisierung im Musikbereich denken: Sehen Sie diese eher als Chance oder als Risiko?» (Anteile in %)

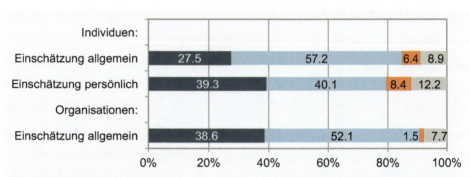

Fallzahlen: Individuen *n* = 883–885; Organisationen *n* = 259.

Eine Zusammenhangsanalyse zeigt interessante Unterschiede. Professionelle Musikerinnen und Musiker sowie Musiklehrpersonen geben häufiger an, dass die allgemeinen Risiken der Digitalisierung überwiegen als Amateure (8.8% vs. 3.1%), die sich jedoch häufiger (14.4%) als professionelle Musikschaffende (5.5%) überhaupt nicht äussern. Frauen (21.9%) und Personen im Alter ab 35 Jahren (25.4%) geben seltener als Männer (32.6%) und jüngere Befragte (37.4%) an, dass die Chancen überwiegen. Erwähnenswert ist zudem, dass z.B. Angehörige von Blasmusiken (1.5%) deutlich seltener die Risiken der Digitalisierung erwähnen als klassische Musikerinnen und Musiker (8.0%) und Personen, die im Erziehungsbereich tätig sind (7.8%). Bei den übrigen, in Tabelle 3.1 weiter oben aufgeführten Gruppen – also beispielsweise bei den Chören oder den Personen, die Volksmusik spielen – sind die Unterschiede zu den in Abbildung 4.1 aufgeführten Durchschnittswerten gering.

Auch bei der persönlichen Betroffenheit von der Digitalisierung sind Amateurinnen und Amateure (44.7%), Männer (44.7%) und Personen im Alter von unter 35 Jahren (54.2%) häufiger optimistisch als professionelle Musikerinnen und Musiker (36.2%), Frauen (33.1%), und ältere Personen (36.7%). Zudem sind Angehörige von Blasmusiken (46.6%) positiver gestimmt als andere Gruppen. Einen besonders tiefen Wert haben hier Personen, die Musik für kommerzielle Zwecke produzieren (34.8%).

Bei den Organisationen sehen Vereine und Verbände (42.5%) etwas häufiger Chancen der Digitalisierung als Firmen (37.5%) und insbesondere öffentlich-rechtliche Organisationen sowie Stiftungen (23.5%). Dieser Unterschied dürfte darauf zurückzuführen sein, dass positive Resultate für Vereine und Verbände z.B. durch die Mitgliederverwaltung mittels einer Vereinssoftware wesentlich einfacher zu erzielen sind als für kulturelle Organisationen, Firmen, öffentlich-rechtliche Organisationen und Stiftungen durch die Einführung von doch meist komplexen Verwaltungssoftwaren.

Zu den öffentlich-rechtlichen Organisationen zählen in unserer Stichprobe insbesondere auch Bildungseinrichtungen, die die Chancen der Digitalisierung deutlich seltener betonen (30.0%) als Veranstalter (44.4%) und Organisationen, die in der Produktion und dem Vertrieb aktiv sind (55.2%). Bei den Schulen ist der Anteil der Organisationen, die die Risiken der Digitalisierung herausstreichen, allerdings nicht grösser als bei den anderen Organisationen, sondern der Anteil derjenigen, die sowohl Risiken als auch Chancen sehen. Zudem beurteilen Organisationen mit einem geringen Umsatz unter CHF 100'000 die Digitalisierung etwas positiver (42.1%) als grössere Organisationen (34.9%). Bezüglich der Antwort «Die Risiken überwiegen» zeigen sich kaum Unterschiede zwischen den verschiedenen Organisationen: Der entsprechende Anteil beträgt jeweils zwischen knapp 1% und etwas über 3%.

Die Befunde deuten somit auf eine moderat optimistische Wahrnehmung des Digitalisierungsprozesses hin. Insgesamt überwiegt die Einschätzung, dass die Digitalisierung im Musikbereich sowohl Chancen als auch Risiken mit sich bringe; klar pessimistische Haltungen sind jedoch selten, während ein erheblicher Anteil der Individuen und Organisationen die Chancen stärker gewichtet. Dieser Befund steht im Übrigen in Einklang mit den vorläufigen Resultaten der DigiVox-Studie der Universität Zürich, die konstatiert: «Risiken und Chancen der Digitalisierung werden als mindestens ausgewogen wahrgenommen oder mit einem Überwiegen der Chancen gegenüber den Risiken.» (DigiVox-Studie, vgl. https://www.digivox.uzh.ch/de/insights.html, vgl. auch Peter et al. 2023).

Was mit «Chancen» und «Risiken» gemeint ist, lässt sich den offenen Antworten auf die Frage, welche Risiken und Chancen man konkret sähe, entnehmen (vgl. hierzu auch die Zitate in Kapitel 2). Über die Hälfte der befragten Musikschaffenden und Organisationen haben sich die Zeit genommen, ihre entsprechenden Gedanken zu formulieren, und die Antworten sind sehr vielfältig. Trotzdem lassen sich verschiedene Themen herausfiltern, die oft genannt wurden und vermutlich auch in anderen Lebens- bzw. Arbeitsbereichen erwähnt würden. Bei den Chancen sind dies:

- Vereinfachung, z.B.
    - des Zugangs zu Information;
    - der Kommunikation, des Austauschs, der Zusammenarbeit oder der Erreichbarkeit (Vernetzung);
    - der Administration oder Organisation

Durch diese Vereinfachungen wird ein Effizienzgewinn erzielt, der ebenfalls oft erwähnt wird.

- Neue, erweiterte Möglichkeiten durch entsprechende Angebote (Apps)
- Grössere Vielfalt und Flexibilität

Dazu kommen zwei musikspezifische Chancen bzw. Vorteile, die oft genannt wurden:

- Noten: Die vorgenannten Punkte wurden häufig im Kontext der besseren Verfügbarkeit und Auffindbarkeit von Noten genannt. Es ist offensichtlich, dass die Digitalisierung hier für den Musikbereich einen grossen Mehrwert geschaffen hat, zumindest für die Nutzenden. Etwas anders verhält es sich bei den Anbietendenden: Verlage, welche sich nicht früh genug auf die neuen Möglichkeiten des Onlinehandels einstellten, verschwanden von der Bildfläche.

- Demokratisierung: Die vorgängig genannten Vereinfachungen oder neuen Möglichkeiten haben den Umgang mit der Musik verändert, und zwar sowohl hinsichtlich der Kreation als auch der Distribution und der Rezeption. Viele Kommentare verweisen dabei auf die Öffnung und «Demokratisierung» in verschiedenen Teilen des Musikbereichs.

Bei den Risiken werden dagegen die folgenden Aspekte hervorgehoben:

- Zuoberst auf der Liste der Nennungen steht das Copyright gefolgt vom Datenschutz. Dass beides sehr relevante Themen im Kontext der Digitalisierung sind, ist unbestritten und wurde durch die Fortschritte bei der Künstlichen Intelligenz noch verschärft. Ein aktuelles Beispiel dafür ist der Rechtsstreit, den die New York Times am 27. Dezember 2023 wegen der Nutzung von Artikeln zum Training der KI gegen OpenAI und Microsoft eröffnete. Die Fachwelt – gerade auch im Musikbereich – dürfte diese juristische Auseinandersetzung mit grossem Interesse verfolgen.

- Die folgenden, ebenfalls mehrfach in den Kommentaren genannten Punkte können als allgemeine Risiken oder Nachteile der Digitalisierung eingestuft werden:

    – Ablenkung

    – Überforderung

    – Verlust, z.B. von Daten oder des persönlichen Austauschs (Entpersonalisierung)

Ergänzend ist zu diesen Befunden ein weiteres Resultat aus der Befragung anzufügen (vgl. Abbildung 4.2). Die Aussage «Die digitalen Technologien überfordern mich» wird von einem Fünftel der Musikschaffenden als (eher) zutreffend und von fast der Hälfte als (eher) unzutreffend bezeichnet. Die übrigen Befragten wählen die Antwort «teils-teils» oder wollen sich nicht äussern.[5]

Personen, die von den digitalen Technologien nicht überfordert sind, sehen dabei deutlich häufiger Chancen für den Musikbereich allgemein (39.5%) und für sich selbst (54.7%) als Personen, die zumindest teilweise überfordert sind (20.5% bzw. 31.1%). Die Letzteren betonen dagegen die individuellen (10.3%) und allgemeinen Risiken (9.7%) stärker als Personen, die nicht überfordert sind (5.7% vs. 1.0%). Interessant ist aber auch hier, dass selbst bei teilweise überforderten Personen die optimistische Sichtweise deutlich überwiegt.

A 4.2   Beurteilung der Aussage «Die digitalen Technologien überfordern mich» durch die Musikschaffenden (n = 672)

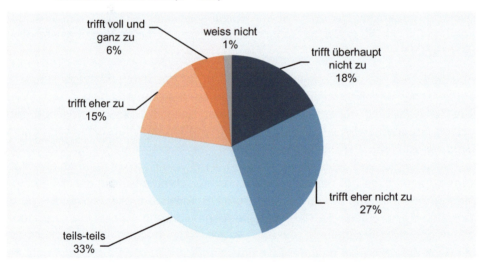

---

[5] Bei dieser Frage erweisen sich Musiklehrpersonen (69.2%) etwas häufiger als (teilweise) überfordert als Amateurinnen und Amateure (52.2%) und professionelle Musikschaffende (49.2%). Zudem geben Frauen (67.7%) und Personen ab 51 Jahren (63.4%) häufiger an, (teilweise) überfordert zu sein, als Männer (42.5%) und Personen unter 35 Jahren (33.7%).

Zusammenfassung

Sowohl die Musikschaffenden als auch die im Musikbereich tätigen Organisationen sind durch eine «moderat optimistische» allgemeine Wahrnehmung der Digitalisierung charakterisiert. Der Anteil derjenigen, die primär die Chancen der Digitalisierung betonen, ist deutlich höher als der Anteil derjenigen, die vor allem Risiken sehen. Ein noch höherer Anteil stellt jedoch sowohl Chancen als auch Risiken fest. Die Wahrnehmung von Risiken und Chancen steht in Zusammenhang mit der eigenen Tätigkeit im Musikbereich, wobei gilt: Amateurinnen und Amateure sind insgesamt noch etwas zuversichtlicher als professionelle Musikschaffende und Musiklehrpersonen.

4.2. Nutzung digitaler Technologien

Nach den allgemeinen Einstiegsfragen folgte in beiden Fragebogen ein umfangreicher Fragenblock, der sich mit der Nutzung digitaler Technologien, ihrer Bedeutung für das musikalische Schaffen und dem zukünftigen Nutzungsinteresse beschäftigte.

Abbildung 4.3 enthält zunächst die Rangliste der genutzten Technologien, wobei zwischen Musikschaffenden und Organisationen unterschieden wird. Wie aus der Abbildung hervorgeht, unterscheidet sich die Nutzung zwischen den beiden Gruppen stellenweise deutlich: Während Videokonferenztools in beiden Gruppen von rund drei Viertel der Befragten verwendet werden, sind Streamingdienstleistungen und digitale Instrumente bei individuellen Nutzerinnen und Nutzern populärer als bei den Organisationen, die ihrerseits häufiger mit Social-Media-Anwendungen arbeiten.[6] Auffällig ist zudem die breite Verwendung von Ticketing-Apps durch die Musikschaffenden, während Künstliche Intelligenz (KI), Blockchain-Technologie und das Metaverse noch kaum eine Rolle spielen. Mit Blick auf die KI gilt es darauf hinzuweisen, dass in der Befragung nach expliziten KI-Anwendungen wie etwa Kompositionstools gefragt wurde, nicht aber

---

[6] Zu den Streamingdiensten sind noch einige weitere Befunde verfügbar. Bei den Musikschaffenden sind die Verwendung zum Hören von Musik (91.4%) und zum Schauen von Live-Konzerten (34.3%) am wichtigsten, aber auch die Bereitstellung eigener Musik (25.5%), von Hörtipps (22.3%) und Playlists (21.5%) ist recht verbreitet (n = 502, Mehrfachantworten möglich). Auch bei den Organisationen ist das Musikhören (70.8%) am verbreitetsten, wird aber gefolgt von der Bereitstellung von Playlists (35.4%), Hörtipps (33.3%) und Musik (28.1%). Das Schauen (27.1%) und das Übertragen von Live-Konzerten (22.9%) haben in gewissen Segmenten des Organisationsbereichs ebenfalls eine erhebliche Bedeutung (n = 98, Mehrfachantworten).

nach konventionellen Anwendungen wie etwa Streamingdiensten oder Social-Media-Plattformen, die allenfalls auch KI-Anteile aufweisen. Würde dies mitberücksichtigt, fiele die effektive Nutzung von KI deutlich höher aus.

Werden die verschiedenen Technologien gesamthaft betrachtet, so fällt auf, dass nur gerade 7.1% der befragten Musikschaffenden keine Technologie nutzen, während jeweils knapp die Hälfte eine bis drei (47.8%) bzw. mehr als drei Technologien (45.1%) nutzen (vgl. hierzu auch Tabelle A1 im Anhang).

Besonders intensiv ist die Nutzung bei den professionellen Musizierenden und Musiklehrpersonen (51.9% nutzen mehr als drei Technologien; Amateurinnen und Amateure: 32.7%), bei Komponierenden (64.0%) und Arrangierenden (63.2%), den unter 35-Jährigen (71.0%) und Musikschaffenden, die in den Bereichen Rock, Soul, Pop und Jazz (59.5%) aktiv sind. Demgegenüber gibt ein überdurchschnittlicher Anteil von 21.0% der über 65-jährigen Befragten an, sie würden keine digitalen Technologien nutzen, während hier nur gerade 18.5% mehr als drei Technologien verwenden. Bei der Nutzung der Technologien zeigt sich kein nennenswerter Zusammenhang mit der Beurteilung des Einkommens aus der musikalischen Tätigkeit.

Bei den Organisationen geben 9.9% an, keine digitalen Technologien zu nutzen, während 43.9% maximal drei und 46.2% mehr als drei Technologien verwenden. Firmen (84.0% nutzen mehr als drei Technologien) und Organisationen mit einem hohen Umsatz (78.3%) und mehr als 50 Mitarbeitenden (70.8%) nutzen besonders viele verschiedene Technologien (vgl. auch Tabelle A2 im Anhang). Mit Blick auf die einzelnen Technologien fällt auf, dass Firmen die meisten Technologien häufiger nutzen als Vereine/Verbände und öffentlich-rechtliche Organisationen (Schulen, Stiftungen). Die Ausnahme bilden die digitalen Instrumente, die in öffentlich-rechtlichen Organisationen – und hier wohl vor allem in Schulen – besonders häufig eingesetzt werden. Zudem sind digitale Nutzungen in Organisationen, die in den Bereichen kommerzielle Musikproduktion (70.8% nutzen mehr als 3 Technologien) und Pop, Rock, Soul, Jazz (67.6%) aktiv sind, besonders verbreitet.

A 4.3 Genutzte Technologien (Anteile in %)

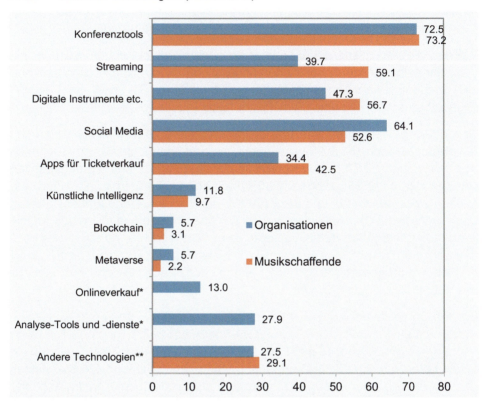

* Diese Technologien wurden nur bei den Organisationen abgefragt.

** Unter «andere Technologien» wurden in der Regel Anwendungen genannt, die sich durchaus einer der oben aufgeführten Gruppen von Anwendungen zuordnen lassen (z.B. YouTube, bandcamp). Spezifisch wird zudem auf Notations- (z.B. Sibelius) und Bürosoftware verwiesen.

Fallzahlen: Organisationen: n = 262; Individuen: n = 867–870.

Mit Blick auf die Nichtnutzung digitaler Technologien enthielten die Befragungen zusätzlich eine offene Frage, mit der die Gründe für das Abseitsstehen erfasst wurden. Ein Überblick über die Antworten zeigt vier wesentliche Begründungen:

- Kein Bedarf: Am häufigsten wird das Argument vorgebracht, für die eigene musikalische Aktivität seien keine digitalen Technologien notwendig.

- Alter und soziale Widerstände: Verschiedene Befragte geben an, aufgrund ihres Alters hätten sie kein Interesse oder nicht genügend digitale Fähigkeiten, sich mit digitalen Anwendungen auseinanderzusetzen. Teilweise wird auch angegeben, dass es Widerstände seitens der Mitmusizierenden gäbe: «Meine Sängerinnen und Sänger sind digital nicht bewandert.»

- Musik als Ausgleich zur digitalen Welt: In einigen Fällen wird das digitale Abseitsstehen damit begründet, dass «analoges Musizieren» einen Ausgleich zur Digitalisierung in anderen Lebensbereichen schaffe. So meint eine Person: «[Digitale Technologien sind] im Alltag schon so präsent, dass ich in der Freizeit keinen Wunsch danach verspüre; im Gegenteil. Ich will Musik erleben.»

- Grundsätzliche Bedenken: Einige wenige Personen formulieren aber auch grundsätzliche Bedenken. So schreibt eine Person: «Weil digitale Technologien verhindern, dass echte Lernprozesse im musikalischen Bereich passieren.» Und eine andere meint lakonisch: «Musik ist echt, nicht digital.»

Es gibt nicht nur Unterschiede in der Nutzung verschiedener Technologien, auch die Bedeutung, die den verschiedenen Lösungen für die eigene musikalische Tätigkeit zugeordnet wird, variiert. Abbildung 4.4 enthält die entsprechenden Einschätzungen, wobei nur Personen und Organisationen um eine Antwort gebeten wurden, die die Technologien gemäss Abbildung 4.3 tatsächlich nutzen.

Aus der Abbildung geht hervor, dass die Organisationen die meisten Technologien als wichtiger einschätzen als die individuellen Musikschaffenden. Die Ausnahme sind die digitalen Instrumente, die für Musikerinnen und Musiker noch etwas bedeutsamer sind als für Organisationen.

Besonders ausgeprägt ist der Unterschied bei Social Media und den Apps für den Ticketverkauf, die von drei Viertel oder mehr der nutzenden Organisationen als (eher) wichtig eingeschätzt werden, während der entsprechende Anteil bei den Musikschaffenden rund die Hälfte beträgt. Interessant ist überdies, dass Blockchain, KI und das Metaverse gemäss Abbildung 4.3 weiter oben zwar nur selten genutzt werden. Werden die Technologien aber angewendet, so werden sie von einem erheblichen Teil der Organisationen als durchaus bedeutsam bezeichnet. Bei den Musikschaffenden ist sowohl die Nutzung als auch die wahrgenommene Bedeutung dieser Technologien bislang sehr begrenzt.

A 4.4 Bedeutung der genutzten Technologien für die eigene musikalische Tätigkeit bzw. die Tätigkeit der Organisation (Anteile in %)

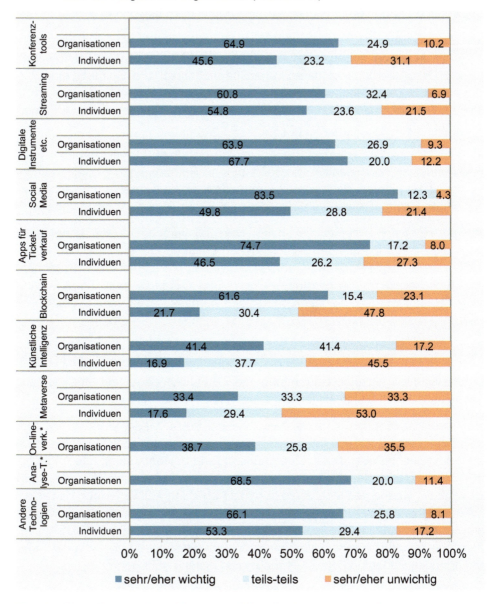

Hinweise: Diese Frage wurde nur Personen und Organisationen gestellt, die bei der vorangehenden Frage angegeben hatten, die jeweiligen Technologien zu nutzen. * Diese Technologien wurden nur bei den Organisationen abgefragt.

Fallzahlen: Organisationen: *n* = 12 (Metaverse) – 185 (Konferenztools); Individuen: *n* = 17 (Metaverse) – 585 (Konferenztools).

Mit Blick auf die Unterschiede zeigen sich die folgenden Befunde: Bei den Organisationen fällt auf, dass die Technologien von Firmen (und hier insbesondere von Organisationen, die im Bereich Produktion und Vertrieb aktiv sind) insgesamt als etwas bedeutsamer eingestuft werden als von Vereinen, Verbänden und öffentlich-rechtlichen Organisationen, wobei in den letzteren Konferenztools jedoch besonders bedeutsam sind. Zudem wächst die Bedeutung der Anwendungen in der Regel mit dem erzielten Umsatz und der Grösse. Bei den Blockchain- und Metaverse-Technologien lässt sich dieser Effekt nicht nachweisen, allerdings sind die Fallzahlen hier zu gering für eine zuverlässige Einschätzung.

Bei den Musikschaffenden zeigt sich, dass professionelle Musizierende und Personen, die mit der Musik nur ein geringes oder schwankendes Einkommen erzielen, die digitalen Technologien in der Regel als wichtiger beurteilen als Amateurinnen und Amateure und besserverdienende Personen, während Musiklehrpersonen eine Zwischenstellung einnehmen. Dirigierende, Arrangierende und Komponierende nehmen die verschiedenen Technologien in der Regel ebenfalls als etwas wichtiger wahr. Zudem fällt auf, dass jüngere Personen die Technologien als wichtiger einschätzen als ältere Personen.

Der Geschlechterunterschied ist bei diesen Einschätzungen dagegen gering, während bei den musikalischen Stilen auffällt, dass die kommerzielle Musikproduktion und die Sparte Rock, Pop, Jazz, Soul die Technologien als etwas wichtiger beurteilen als Musikschaffende, die in anderen Stilen aktiv sind.

A 4.5 Intendierte Nutzung von digitalen Technologien (Anteile in %)

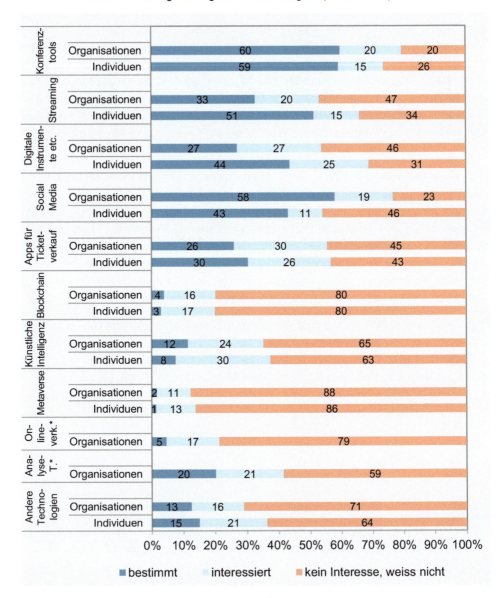

Hinweis: * Diese Technologien wurden nur bei den Organisationen abgefragt.

Fallzahlen: Organisationen: *n* = 232–255; Individuen: *n* = 733–795.

Die aktuelle Nutzung von Technologien ist eine Sache, ihre zukünftige Nutzung und ein allfälliges Nutzungsinteresse eine andere. Wie es mit dem Nutzungsinteresse aussieht, ist in Abbildung 4.5 dargestellt. Aus der Grafik geht hervor, dass in erster Linie bereits genutzte Technologien auch weitergenutzt werden sollen. Interessanterweise umfasst jedoch das grundsätzliche Nutzungsinteresse bei der KI nun über ein Drittel der befragten Organisationen und Musikschaffenden. Zu diesem Resultat dürfte die Tatsache beigetragen haben, dass die Anwendung von KI – gerade auch im Musikbereich – während der Befragungsperiode in den Medien breite Aufmerksamkeit erhielt und möglicherweise auch das Bewusstsein für die Verwendung von KI in anderen Anwendungen gestiegen ist.

Auch bei der Blockchain-Technologie und dem Metaverse scheint ein gewisses Potenzial vorhanden zu sein, wobei hier jedoch weiterhin 80 oder mehr Prozent der befragten Individuen und Organisationen keine Nutzungsabsicht haben oder sich nicht zu äussern vermögen. Als mögliche Begründung für diesen hohen Anteil sei hier auf die Teilstudie des Dezentrums verwiesen (vgl. www.proofofculture.ch für die Gesamtfassung als interaktive Webplattform oder als PDF). So wird dort in einem der Interviews hinsichtlich der Blockchain-Technologie folgende Aussage gemacht: «Die technischen Einstiegshürden sind enorm [...] ich würde sagen, sie sind unmenschlich» (vgl. Thema «Zugang» unter www.proofofculture.ch). Die beiden Technologien werden aktuell noch relativ selten mit Blick auf ihre Anwendung in der Musik thematisiert, sondern viel mehr im Kontext der bildenden Kunst, wie die erwähnte Teilstudie anhand des Themas «Handel mit Non Fungible Tokens (NFT)» ausführlich darlegt.

Auffallend ist zudem einmal mehr, dass sich Organisationen und Musikschaffende bei gewissen Technologien unterscheiden: Ist das Nutzungsinteresse von Social Media bei den ersteren höher, gilt beim Streaming und den digitalen Instrumenten das Umgekehrte. Mit Blick auf die Zusammenhänge lässt sich festhalten, dass Firmen die verschiedenen Technologien in der Regel häufiger zu nutzen gedenken als Vereine, Verbände und öffentlich-rechtliche Organisationen. So geben beispielsweise 92% der Firmen an, Social Media in Zukunft bestimmt nutzen zu wollen, während es bei den Vereinen und Verbänden mit 54% nur etwas über die Hälfte ist.

Bei den Apps für den Ticketverkauf liegt der Anteil der bestimmten Nutzung bei den Firmen bei 71% und bei den Vereinen bei 24%; bei der KI hat sich exakt ein Drittel der Firmen eine Nutzung vorgenommen, während es bei den Vereinen und Verbänden weniger als 10% sind. Die Ausnahme von dieser Regel stellt die

Verwendung digitaler Instrumente dar, die in öffentlich-rechtlichen Organisationen (Schulen) – wohl als Folge ihres starken Engagements in der musikalischen Ausbildung – auf ein deutlich höheres Interesse (50.0%) stösst als in Vereinen und Verbänden (21.5%) sowie Firmen (16.7%). Überdies steigt das Interesse an den verschiedenen Technologien in der Regel mit dem Umsatz und der Organisationsgrösse.

Bei den Musikschaffenden sehen die Zusammenhänge ebenfalls sehr ähnlich aus wie bei der tatsächlichen Nutzung: Professionelle Musizierende, Personen in Leitungsfunktionen, Männer und jüngere Personen äussern häufiger eine Nutzungsabsicht als Amateurinnen und Amateure, Musizierende ohne Leitungsfunktion, Frauen und ältere Befragte.

Der Geschlechterunterschied ist in verschiedenen Fällen jedoch nicht ausgeprägt, und bei den Konferenztools zeigt sich der Alterseffekt erst bei den über 65-Jährigen, die sich diesen Anwendungen offenbar recht gut entziehen können. Einmal mehr fällt zudem auf, dass der erwähnte Zusammenhang beim Ticketverkauf nicht gilt, wo die Amateurinnen und Amateure noch etwas häufiger eine klare Nutzungsabsicht formulieren (36.1%) als professionelle Musikschaffende (26.5%). Zudem zeigen sich bezüglich der Nutzungsabsicht kaum Unterschiede bezüglich der Einkommenssituation.

Bezogen auf die Musikstile fällt auf, dass Musikschaffende im populären Segment (Pop, Rock, Soul, Jazz), der kommerziellen Musikproduktion und Musizierende in Blasmusiken insgesamt eine höhere Technologieaffinität aufweisen als Musizierende in den Bereichen Klassik, Chor und Volksmusik. Bei den neuesten Technologien (Blockchain, Metaverse, KI) gilt dieser Zusammenhang für die Musizierenden der Blasmusik allerdings nicht, während Musikschaffende im klassischen und zeitgenössischen Bereich ein überdurchschnittliches Interesse an der Nutzung von Konferenztools haben.

Eine interessante weitere Frage, die mit den vorliegenden Daten ansatzweise beantwortet werden kann, gilt dem Einfluss der Covid-19-Pandemie auf den Digitalisierungsprozess. Aufgrund der Kontaktrestriktionen, so die verbreitete These, haben digitalen Anwendungen wie etwa Konferenztools während der Pandemie an Bedeutung gewonnen.

Wie Abbildung 4.6 zu entnehmen ist, hat die Covid-19-Pandemie im Musikbereich tatsächlich zu einer stärkeren Nutzung digitaler Technologien geführt. Über ein Fünftel der Organisationen und ein nur leicht geringerer Anteil der individuellen Musikschaffenden sprechen in diesem Zusammenhang gar von einem eigentlichen Digitalisierungsschub, während jeweils mehr als die Hälfte angibt, sie hätten während der Pandemie mehr digitale Anwendungen genutzt.

Selbstverständlich ist es nicht möglich festzustellen, ob und in welchem Mass die Nutzung der Technologien seit der Aufhebung der Beschränkungen wieder zurückgegangen ist. Die weiter oben dargestellten Resultate zur Bedeutung verschiedener Technologien und zum Nutzungsinteresse deuten jedoch darauf hin, dass das Interesse an digitalen Anwendungen weiterhin gross ist.

A 4.6 Digitalisierungswirkungen der Covid-19-Pandemie in der Einschätzung von Musikschaffenden und Organisationen

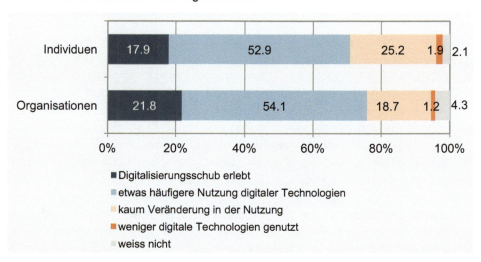

Fallzahlen: Individuen: *n* = 873; Organisationen *n* = 257.

Diese Annahme wird durch eine andere Studie gestützt, die während etwa des gleichen Zeitraums wie die vorliegende Untersuchung von L'Oeil du public und Concilio (2023) erstellt wurde. Dabei wurden 304 Kulturinstitutionen in der Schweiz zur Digitalisierung in den Schweizer Kulturbetrieben befragt. Auf Seite 5 wird dort festgehalten: «Die Gesundheitskrise wirkte als Katalysator für die Einführung digitaler interner Arbeitsmittel.»

Zusammenfassung

Digitale Technologien werden von den Musikschaffenden und Organisationen breit genutzt, und das zukünftige Nutzungsinteresse ist ebenfalls hoch. Es gibt allerdings Unterschiede in der Popularität der digitalen Anwendungen: Konferenztools, digitale Instrumente, Social Media, Streaming- und Ticketing-Anwendungen sind überaus populär und werden für die musikalische Tätigkeit in der Regel auch als wichtig bezeichnet, während KI und Blockchain-Technologien erst selten angewendet werden. Ein erheblicher Teil der Musikschaffenden und Organisationen ist diesen Anwendungen gegenüber jedoch durchaus offen.

4.3. Wirkung digitaler Technologien

Neben der Nutzung der Technologien wurde auch untersucht, wie sich diese auf den musikalischen Alltag auswirken. Zu diesem Zweck wurden sowohl die Musikschaffenden als auch die Organisationen gefragt, ob gewisse Aktivitäten im Zuge der Digitalisierung einfacher oder schwieriger geworden seien. Abbildung 4.7 enthält die Antworten der Musikschaffenden, während Abbildung 4.8 die Einschätzungen der Organisationen wiedergibt. Die Antworten wurden in zwei Teilgrafiken dargestellt, weil die Formulierung der Fragen und ihr Inhalt zwischen den beiden Befragungen teilweise unterschiedlich waren. In beiden Befragungen wurden Aussagen zur Schaffung von Werken, zu ihrer Verbreitung sowie weiteren Veränderungen in der Folge der Digitalisierung gestellt. Innerhalb dieser drei Dimensionen wurden die Antworten in den Abbildungen nach dem Anteil derjenigen geordnet, die angeben, der entsprechende Aspekt habe sich aufgrund der Digitalisierung vereinfacht.

Wie den beiden Abbildungen zu entnehmen ist, fallen die Antworten auf die verschiedenen Fragen differenziert aus. Bei den Musikschaffenden (Abbildung 4.7) sind zunächst einige Dinge augenfällig, die in ihrer Wahrnehmung als Folge der Digitalisierung deutlich einfacher geworden sind: Dazu gehören die Recherche, das Aufnehmen von Musik und die Verbreitung digitaler Aufnahmen. Bei verschiedenen weiteren Aussagen dominiert die Antwort: «Hat sich insgesamt wenig verändert». Dies betrifft etwa das Einstudieren und Proben von Werken, die Durchführung von Auftritten und den Kontakt mit dem Publikum und anderen Musikerinnen und Musikern – und dies trotz der weiter oben dokumentierten, extensiven Nutzung von Konferenztools und weiteren Kommunikationstools. Wie nicht zuletzt auch die Studie der HSLU (vgl. insbesondere Kapitel 4 in Teil 1) zeigt, bleibt der persönliche Austausch offenbar weiterhin sehr wichtig.

Nur bei wenigen Aussagen überwiegen eher negative Einschätzungen – nämlich beim Verkauf von Tonträgern (wobei jedoch, wie erwähnt, die Verbreitung digitaler Aufnahmen einfacher geworden ist), bei der Wahrnehmung durch die Medien und bei den Verdienstmöglichkeiten. Bei dieser letzteren Frage ist der Anteil derjenigen, die keine Antwort zu geben vermögen, jedoch ebenso wie bei der Karriereplanung, der Zusammenarbeit mit Veranstaltern etc., dem Verkauf von Tonträgern und dem Komponieren sehr hoch. Diese Fragen dürften in erster Linie von professionellen Musikschaffenden beantwortet worden sein, da diese Aspekte für Musizierende aus dem Amateurbereich in der Regel nur eine vergleichsweise geringe Bedeutung haben.

Insgesamt scheint die Digitalisierung bei den Musikerinnen und Musikern bislang einen neutralen bis leicht positiven Effekt gehabt zu haben. Über alle 17 Fragen betrachtet, wird von den Befragten im Durchschnitt bei 4.3 Aspekten angegeben, dass diese einfacher geworden seien, während bei 1.8 Dimensionen die Antwort «schwieriger geworden» gewählt wird. In der Regel werden jedoch keine Veränderungen konstatiert (im Durchschnitt bei 5.7 Aussagen) oder diese lassen sich von den Befragten nicht beurteilen (im Durchschnitt 4.9 Aussagen).

Schauen wir uns etwas genauer an, wie viele Antworten verschiedene Gruppen von Befragten angekreuzt haben (vgl. Tabelle A3 im Anhang), so fällt auf, dass Musizierende des Amateurbereichs deutlich häufiger die Antwort «weiss nicht / betrifft mich nicht» gewählt haben (durchschnittlich 7.3 Antworten) als professionelle Musikerinnen und Musiker (2.5). Auch Frauen (5.8) und Befragte im Alter von über 65 Jahren (6.0) haben häufiger die Option «weiss nicht / betrifft mich nicht» gewählt als Männer (4.0) und Personen unter 35 Jahren (3.8).

A 4.7 Wahrgenommene Veränderungen in der Folge der Digitalisierung, Musikschaffende (Anteile in %)

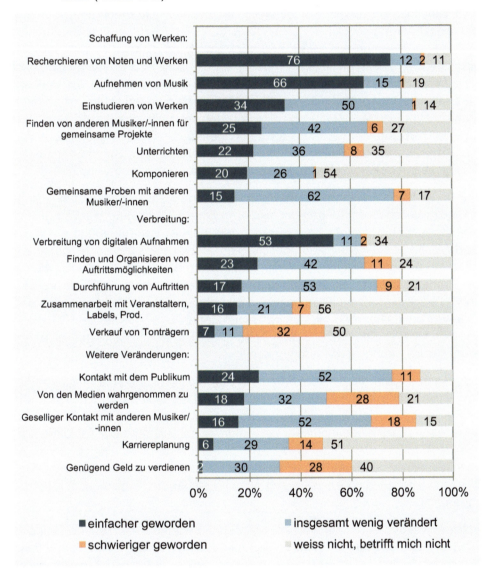

Fallzahl je nach Item *n* = 698–710.

Als besonders optimistisch in dem Sinne, dass sie besonders häufig die «einfacher»-Antwort gewählt haben, erweisen sich professionelle Musikschaffende, Personen, die in den Sparten Pop, Rock, Soul, Jazz oder kommerzielle Musikproduktion tätig sind, Komponierende und Arrangierende sowie jüngere Personen. Diese Gruppen haben allerdings auch einen überdurchschnittlichen Anteil an «schwieriger»-Antworten. Zudem ist der Anteil der «schwieriger»-Antworten bei den Personen, die ihr Einkommen aus der Musik als gering oder schwankend bezeichnen (2.7) etwas höher als bei Personen, die der Ansicht sind, sie könnten gut von ihren musikalischen Einkünften leben (1.7).

Bei einem Blick auf die einzelnen Teilfragen in Abbildung 4.7 fällt somit auf, dass professionelle Musikschaffende die Teilfragen häufiger eindeutig beantworten als Amateurinnen und Amateure und dabei vor allem auch häufiger festhalten, dass ein Aspekt einfacher geworden sei. Das Urteil «schwieriger» geben professionelle Musikerinnen und Musiker insbesondere beim Verkauf von Tonträgern, bei der Wahrnehmung durch die Medien und dem Einkommen ab. Zudem zeigt sich der deutliche Befund, dass Musikschaffende mit einem geringen oder schwankenden Einkommen deutlich häufiger angeben, genügend Geld zu verdienen sei im Zuge der Digitalisierung schwieriger geworden (52.1%), als Personen, die ihr Einkommen als ausreichend bezeichnen (21.4%).

Zusätzlich kann festgehalten werden, dass die Aussage, es sei schwieriger geworden, mit der Musik genügend Geld zu verdienen, erheblich mit der Antwort «schwieriger» bei den folgenden Aussagen korreliert: Karriereplanung (Gamma-Koeffizient von .59), Verkauf von Tonträgern (.58), Durchführung von Auftritten (.45) und Medienwahrnehmung (.45). Dies ist ein Hinweis darauf, dass sich verschiedene Digitalisierungseffekte in Teilen des Musikschaffens gegenseitig bedingen und verstärken. Die Digitalisierung könnte existierende finanzielle Probleme somit zusätzlich akzentuiert haben.

Ein ähnliches Bild wie bei den Musikschaffenden zeigt Abbildung 4.8, die die Antworten der Organisationen aufführt. Auch hier erweisen sich die Aufmerksamkeit der Medien und die finanziellen Erträge als die grössten Probleme, die in Zusammenhang mit der Digitalisierung identifiziert werden, während die Zusammenarbeit mit anderen Organisationen und den Musikschaffenden, die Aufnahme und Verbreitung von Musik sowie der Kontakt mit dem Publikum für viele Organisationen eher einfacher geworden ist. Auch bei den Organisationen überwiegt bei den meisten Fragen jedoch die Antwort «hat sich insgesamt wenig verändert». Beim Verkauf von Instrumenten, Musikalien und Tonträgern überwiegt überdies die Antwort «weiss nicht, betrifft meine Organisation nicht».

Tatsächlich wird bei den 12 Aussagen im Durchschnitt in 4.5 Fällen die Antwort «keine Veränderung» und in 3.7 Fällen die Antwort «weiss nicht, betrifft die Organisation nicht» gewählt (vgl. Tabelle A4 im Anhang). Dagegen wird nur in 2.8 Fällen die Antwort «einfacher» und in 0.8 Fällen die Antwort «schwieriger» gewählt. Auch bei den Organisationen zeigt sich insgesamt also ein neutraler bis schwach positiver Effekt der Digitalisierung. Diese Aussage deckt sich mit einer Feststellung aus der weiter oben erwähnten Studie von L'Oeil du public und Concilio (2023, S. 15), wo festgehalten wird, dass 58% der befragten Kulturorganisationen angegeben haben, die Mehrheit ihrer Teams stünden der Digitalisierung eher positiv gegenüber.

Zwischen verschiedenen Arten von Organisationen gibt es nur geringe Unterschiede, wobei Firmen und Organisationen, die im Bereich Produktion, Vertrieb und Marketing aktiv sind, sowie umsatzstärkere und grössere Organisationen etwas seltener die Antwort «weiss nicht» und etwas häufiger die Antworten «einfacher» und «schwieriger» wählen.

Auch bei den einzelnen Aussagen sind die Unterschiede zwischen verschiedenen Arten von Organisationen in vielen Fällen nicht sehr ausgeprägt. Insgesamt geben Organisationen mit einem hohen Umsatz und vielen bezahlten Mitarbeitenden etwas häufiger an, dass die verschiedenen Aktivitäten einfacher geworden seien. Die Ausnahme bilden die Items «Wahrnehmung durch die Medien» und «Planung des Geschäfts», wo grössere Organisationen etwas mehr Mühe bekunden als andere Organisationen. Interessant sind auch die Privatfirmen, bei denen sich bei den beiden erwähnten Aspekten sowie dem Item «genügend Geld verdienen» eine eigentliche Polarisierung in dem Sinne abzeichnet, dass sie sowohl überdurchschnittliche Anteile an «einfacher»- als auch an «schwieriger»-Antworten verzeichnen.

A 4.8 Wahrgenommene Veränderungen in der Folge der Digitalisierung, Organisationen (Anteile in %)

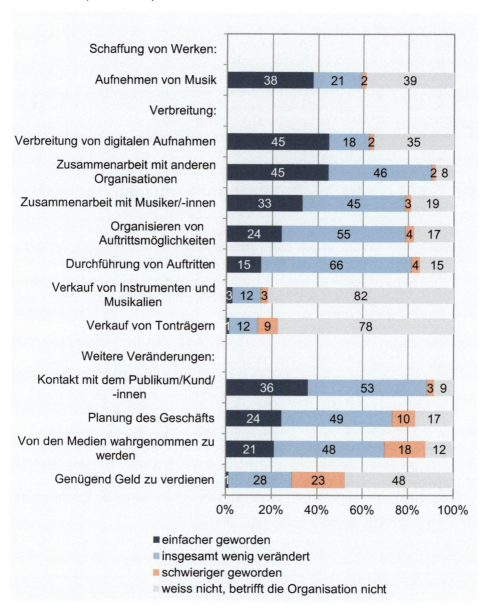

Fallzahl je nach Item 201–224.

Zusammenfassung

In der Wahrnehmung der Musikschaffenden sind im Zuge der Digitalisierung vor allem Recherchearbeiten und Tonaufnahmen sowie die Verbreitung digitaler Aufnahmen einfacher geworden, während der Verkauf von (physischen) Tonträgern und das Erwecken von Medieninteresse schwieriger geworden sind. Ein erheblicher Teil der professionellen Musikschaffenden und Organisationen beklagt überdies, dass es schwieriger geworden sei, mit der Musik genügend Geld zu verdienen. Insgesamt führen digitale Technologien jedoch eher zu Vereinfachungen als zu Erschwerungen des musikalischen Lebens.

4.4. Einschätzung zukünftiger Entwicklungen

Im vorangehenden Abschnitt haben wir festgestellt, dass die Auswirkungen der Digitalisierung sowohl von den Musikschaffenden als auch von den Organisationen differenziert beurteilt werden, wobei positive Erfahrungen im Sinne von «eine gewisse Aktivität ist einfacher geworden» gegenüber «Erschwerungen» überwiegen. Bei den meisten Themen werden bislang jedoch (noch) keine substanziellen Veränderungen wahrgenommen.

Die Abbildungen 4.9 (Musikschaffende) und 4.10 (Organisationen) erweitern diese Bestandsaufnahme um einen Blick in die Zukunft. Das heisst: Die Befragten wurden zusätzlich gebeten, bei einer Reihe von Aussagen, die sich auf die zukünftige Entwicklung des Musikbereichs beziehen, anzugeben, wie sie diese einschätzen. Den Musikschaffenden wurden dabei insgesamt 11 Aussagen vorgelegt, den Organisationen deren 10, wobei sich einige der abgefragten Dimensionen unterscheiden. Bei der Interpretation der Abbildungen gilt es zu beachten, dass die verschiedenen Aussagen aus befragungsstrategischen Gründen teilweise negativ und teilweise positiv formuliert wurden. Ein hoher Anteil zustimmender Antworten deutet damit nicht zwingend auf eine positive Wahrnehmung zukünftiger Entwicklungen hin.

Abbildung 4.9 zeigt zunächst die Antworten der Musikschaffenden, die auf der Grundlage einer Hauptkomponentenanalyse zwei Gruppen von Themen zugeordnet wurden, die häufig in ähnlicher Weise eingeschätzt werden. Im oberen Teil der Grafik finden sich Aussagen, die in erheblichem Masse mit «Strukturveränderungen» in Zusammenhang mit der Digitalisierung zu tun haben, während es bei den Aussagen im unteren Teil um «Chancen» geht, die beurteilt wurden.

A 4.9 Einschätzung von Zukunftsperspektiven in Zusammenhang mit der Digitalisierung, Musikschaffende (Anteile in %)

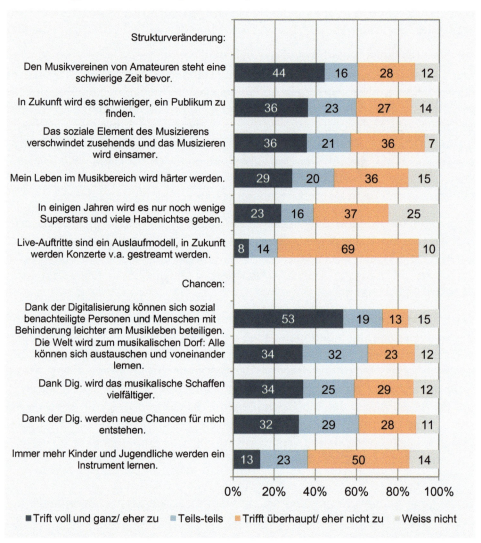

Fallzahl je nach Item 709–715.

Die Abbildung deutet bei verschiedenen Fragen auf einen eigentlichen Graben in der Wahrnehmung in dem Sinne hin, dass jeweils ungefähr gleiche Anteile an Befragten Veränderungen in die eine oder die andere Richtung erwarten. So glauben beispielsweise 34% der Befragten, dass die Digitalisierung zu einem vielfältigeren Musikschaffen führe, während 29% vom Gegenteil ausgehen und ein Viertel beide Tendenzen wahrnimmt. Eine ähnliche Polarisierung zeigt sich bei den Aussagen, die sich auf das Publikum, das soziale Element des Musizierens sowie die Wahrnehmung von individuellen Risiken und Chancen beziehen.

Es gibt aber auch einige Aussagen, die deutlich auf Ablehnung oder Zustimmung stossen: Überwiegend positive Entwicklungen werden mit Blick auf die Inklusion und die Integration sozial benachteiligter Menschen und die Perspektive von Live-Konzerten wahrgenommen – und dies, obwohl ein erheblicher Teil der Befragten, wie weiter oben erwähnt, denkt, dass sich das Publikum zunehmend schwieriger mobilisieren lasse. Zudem wird eher keine musikalische «Zweiklassengesellschaft», die von wenigen Grossverdienenden dominiert wird, erwartet. Dagegen überwiegt eine pessimistische Haltung bei den Perspektiven der Amateurvereine und beim Instrumentalunterricht für Kinder und Jugendliche.

Insgesamt überwiegen optimistische Einschätzungen leicht. Im Durchschnitt wurden von den Befragten 9.6 der 11 Fragen in Abbildung 4.9 beantwortet, wobei in 4.0 Fällen die «optimistische», in 3.2 Fällen die «pessimistische» und in 2.4 Fällen die «neutrale Variante» («teils-teils») gewählt wurde (vgl. hierzu auch Tabelle A5 im Anhang).[7]

Als besonders zuversichtlich mit einem hohen Anteil an «optimistischen» und einem vergleichsweise geringen Anteil an «pessimistischen» Antworten erweisen sich Personen, die angeben, sie könnten gut von ihrem musikalischen Einkommen leben, Musiklehrpersonen, Musikschaffende im Bereich Pop, Rock, Soul, Jazz sowie Personen, die jünger als 35 Jahre sind. Eher pessimistisch ist dagegen die Haltung von Musikschaffenden, die ein geringes oder schwankendes Einkommen aus der Musik haben, Aktiven in Blasmusiken und der kommerziellen Musikproduktion, von Dirigierenden und von Personen über 50 Jahren. Auch in diesen Gruppen überwiegt jedoch die Anzahl der optimistischen Einschätzungen noch leicht.

Schaut man sich etwas genauer an, bei welchen Fragen sich Unterschiede zwischen verschiedenen Gruppen von Musikschaffenden zeigen, so fallen die folgenden Unterschiede auf:

---

[7] Für diese Analyse wurden die Aussagen in den Abbildungen 4.8 und 4.9 so codiert, dass sie dieselbe Richtung haben. Die Ablehnung der Aussage «Den Musikvereinen steht eine schwierige Zeit bevor.» wurde mit anderen Worten also als «optimistische» Einschätzung codiert.

- Schwere Zeiten für Musikvereine: Amateurinnen und Amateure generell (55.0%) sowie Mitglieder von Blasmusiken im Besonderen (58.1%) stimmen dieser Aussage deutlich häufiger zu als Musiklehrpersonen (42.7%), professionelle Musikschaffende (35.8%) und Personen, die ihr musikalisches Einkommen als ausreichend bezeichnen (34.5%) und/oder in den Sparten Klassik (40.5%) oder Pop, Rock, Soul, Jazz (40.8%) aktiv sind. Zudem sind ältere Personen (50.0%) eher der Meinung, die Aussage treffe zu, als jüngere Personen (40.2%). Dass die Blasmusiken auf dieser Dimension stark ausschlagen, dürfte nicht zuletzt damit zusammenhängen, dass diese Musiksparte weitgehend in Vereinen betrieben wird und daher die entsprechenden Entwicklungen besonders aufmerksam verfolgt werden.

- Leben im Musikbereich wird härter: Diese Aussage wird von professionellen Musikschaffenden (37.1%) deutlich häufiger bejaht als von Musizierenden aus dem Amateurbereich (16.1%). Zudem sind jüngere Befragte (51.4% der unter 35-Jährigen) etwas pessimistischer als ältere (30.7% der über 65-Jährigen). Als deutlich erweist sich auch der Unterschied zwischen Personen mit einem geringen oder schwankenden Einkommen aus der Musik (46.0%) und Musikschaffenden, die ein ausreichendes Einkommen erzielen (24.9%).

- Superstars vs. Habenichtse: Hier glaubt fast ein Drittel der professionellen Musikschaffenden (30.1%), dass die Aussage zutreffe, während es bei den Musiklehrpersonen ungefähr ein Sechstel ist (16.6%).

- Neue Chancen dank Digitalisierung: Hier sind die unter 35-Jährigen (60.8%) deutlich zuversichtlicher als die über 65-Jährigen (17.7%). Zudem zeigt sich ein Unterschied zwischen professionellen Musikschaffenden (36.9%) und jenen aus dem Amateurbereich (26.2%) sowie zwischen Frauen (26.0%) und Männern (36.9%). Die Zuversicht ist zudem im Bereich Pop, Rock, Soul, Jazz (43.0%) deutlich grösser als bei den Personen aus den Sparten Chor- (27.6%) bzw. Volksmusik (26.8%).

- Vielfalt des musikalischen Schaffens: Auch diese Aussage hat bei jüngeren Personen (44.9%) eine höhere Zustimmung als bei älteren (28.9%). Musiklehrpersonen sind hier etwas optimistischer (38.4%) als Musikerinnen und Musiker aus dem Amateurbereich (30.1%).

- Mehr Kinder werden ein Instrument lernen: Die Musiklehrpersonen unterscheiden sich in dieser Frage kaum von den anderen Musikschaffenden, wobei sich aber die Angehörigen von Blasmusiken, von denen zwei Drittel die Aussage ablehnen (66.5%), als besonders kritisch erweisen. Dieser Befund ist insofern plausibel, als sich viele Blasmusikvereine auch in der Ausbildung von jungen Musikerinnen und Musikern engagieren und – ähnlich wie bei der Frage nach der Zukunft der Vereine – offenbar Nachwuchsprobleme konstatieren.

Bei den übrigen Aussagen sind die Unterschiede zwischen verschiedenen Gruppen vergleichsweise gering. In der Regel zeigt sich ein Alterseffekt in dem Sinne, dass jüngere Personen optimistischer sind als ältere. Zudem erweisen sich Männer als etwas optimistischer als Frauen. Die Ausnahme bildet hier die Aussage zur Inklusion von Menschen mit Behinderung und von sozial Benachteiligten, die von Frauen etwas häufiger als zutreffend bezeichnet wird (57.9%) als von Männern (49.1%).

Die Rückmeldungen der Organisationen in Abbildung 4.10 lassen sich, wie erwähnt, nicht vollständig mit den Antworten der Musikschaffenden vergleichen, weil ihnen teilweise andere Aussagen vorgelegt wurden. In der Tendenz beurteilen die Organisationen die verschiedenen Aussagen jedoch ähnlich wie die Musikschaffenden, und in einer Hauptkomponentenanalyse zeigen sich wiederum die beiden Bündel von Aussagen zu den «Strukturveränderungen» und den «Chancen», die schon aus Abbildung 4.9 bekannt sind. In Abbildung 4.10 wurden die Aussagen, soweit sie vergleichbar sind, innerhalb dieser beiden Bündel gleich geordnet wie in Abbildung 4.9.

Aus der Abbildung geht hervor, dass es einige bemerkenswerte Unterschiede zwischen den Organisationen und den Musikschaffenden gibt: Der Anteil derjenigen, die neue Chancen sehen und zugleich befürchten, dass das Leben im Musikbereich härter werden wird, ist bei den Organisationen deutlich höher als bei den individuellen Musikschaffenden. Der hohe Anteil an Organisationen, die neue Chancen sehen, steht in gewissem Widerspruch zu den im unteren Teil der Abbildung dargestellten Wachstumsperspektiven, die nur von einem Viertel der befragten Organisationen positiv beurteilt werden.

Hier gilt es jedoch zu berücksichtigen, dass die Stichprobe verhältnismässig wenige Unternehmen im engeren Sinne enthält, da es sich bei den meisten antwortenden Organisationen um Vereine/Verbände oder öffentlich-rechtliche Organisationen wie beispielsweise Schulen handelte. Wird bei der Frage nach den Wachstumsperspektiven die Rechtsform mitberücksichtigt, so erweisen sich 54.5% der befragten Firmen als optimistisch, während die entsprechenden Anteile bei den Vereinen und Verbänden (18.2%) und den öffentlich-rechtlichen Organisationen (30.0%) deutlich geringer sind. Hier dürfte die «Wachstumsorientierung» weniger stark ausgeprägt sein als bei den Unternehmen. Zudem erweisen sich umsatzstarke (43.4%) und grosse Organisationen (50.0%) als deutlich optimistischer als kleine Organisationen (17.0%) und solche mit einem geringen Umsatz (11.9%).

A 4.10 Einschätzung von Zukunftsperspektiven in Zusammenhang mit der Digitalisierung, Organisationen (Anteile in %)

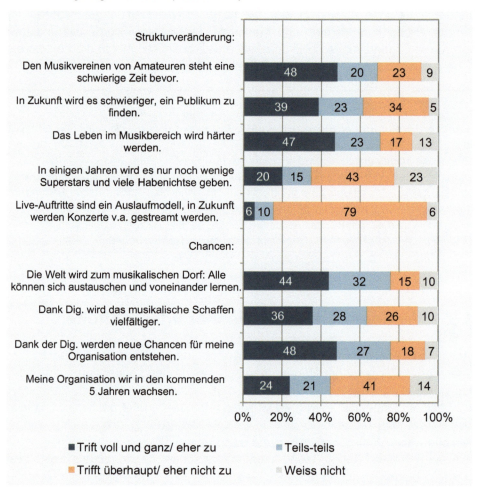

Fallzahl je nach Item 240–241.

Auch bei einigen weiteren Aussagen von Abbildung 4.10 zeigen sich Unterschiede: Firmen (63.7%) nehmen in der Folge der Digitalisierung deutlich häufiger neue Chancen wahr als Vereine und Verbände (44.3%), die dafür häufiger der Ansicht sind, den Musikvereinen stünden schwere Zeiten bevor (50.6%; Firmen: 27.3%). Grundsätzlich erweisen sich Firmen, umsatzstarke und grosse Organisationen als etwas optimistischer als Vereine, öffentlich-rechtliche Organisationen sowie kleine und umsatzschwache Organisationen.

Über alle in Abbildung 4.10 aufgeführten Aussagen hinweg zeigt sich, dass optimistische Einschätzungen (im Durchschnitt bei 3.5 Aussagen) häufiger sind als pessimistische (2.6) oder neutrale (2.0). Privatfirmen, Organisationen im Bereich Produktion, Vertrieb und Marketing, Firmen sowie grössere und umsatzstarke Organisationen blicken dabei etwas optimistischer in die Zukunft als andere Organisationen (vgl. hierzu Tabelle A6 im Anhang).

Zusammenfassung

Werden die Musikschaffenden und im Musikbereich aktiven Organisationen danach befragt, wie sie die Zukunft verschiedener Teile des Musikbereichs beurteilen, so gelangen sie insgesamt zu einer eher optimistischen Einschätzung. In der Wahrnehmung einer Mehrheit der Befragten führt die Digitalisierung zu einer vielfältigeren Musikwelt, in der Live-Musik weiterhin eine wichtige Rolle spielen wird. Pessimistische Haltungen überwiegen allerdings bezüglich der Zukunft der Musikvereine und des Instrumentalunterrichts, und ein erheblicher Teil der Musikschaffenden und Organisationen befürchtet, dass das «musikalische Leben» in Zukunft härter werden könnte.

4.5. Wünschbarkeit politischer Interventionen

Ein weiterer Fragenblock betraf die Frage, ob aus der Sicht der Befragten Eingriffe der Politik oder der Berufsorganisationen in den Digitalisierungsprozess wünschenswert oder notwendig seien. Wie Abbildung 4.11 zeigt, kann oder will über ein Drittel der befragten Musikschaffenden und Organisationen diese Frage nicht beantworten. Bei den übrigen Befragten zeigt sich ein Unterschied zwischen den Musikschaffenden und den Organisationen in dem Sinne, dass sich die ersteren häufiger Interventionen wünschen als die letzteren (27% vs. 20%). In beiden Gruppen überwiegt jedoch der Anteil derjenigen, die nicht finden, dass die Politik in den Digitalisierungsprozess eingreifen sollte. Dieser Befund ist angesichts des in den vorangehenden Abschnitten dokumentierten, insgesamt recht «entspannten Umgangs» mit der Digitalisierung durch breite Teile der Musikwelt nicht erstaunlich: Wer die Digitalisierung weder als grosse Bedrohung noch als «Megatrend» wahrnimmt, sieht möglicherweise auch nur wenig Anlass für politische Interventionen.

A 4.11   Antworten auf die Frage: «Müssten Politik, Berufsverbände und andere politische Organisationen in die Digitalisierung eingreifen?»

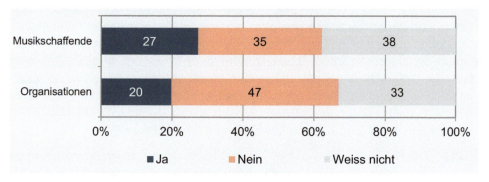

Fallzahlen: Musikschaffende: *n* = 502; Organisationen: *n* = 242.

Gleichzeitig gilt es jedoch zu beachten, dass der Anteil derjenigen, die sich zu dieser Frage nicht äussern konnten oder wollten, erheblich ist. Dies dürfte die Folge von Unsicherheit bezüglich der zukünftigen Entwicklung (vgl. Abschnitt 4.4) einerseits und passender Interventionen andererseits sein. Die Unsicherheit könnte auch eine Erklärung für den hohen Anteil an «Nein»-Antworten sein, denn «Abwarten und Beobachten» bzw. «Nichts tun» kann in solchen Situationen durchaus eine Strategie darstellen (vgl. auch Jung 2019). Hätte eine Auswahl an konkreten Interventionen zur Auswahl gestanden, wäre der unentschlossene und ablehnende Anteil möglicherweise kleiner gewesen. Auf eine Konkretisierung der Massnahmen wurde in der Befragung jedoch bewusst verzichtet, um das Antwortverhalten nicht mit Beispielen zu beeinflussen.

Allerdings wurden Personen und Organisationen, die für Interventionen votierten, zusätzlich gefragt, wie diese Massnahmen aussehen könnten. Als Hilfestellung wurden dabei vier Adjektive (einschränkend, fördernd, steuernd, öffnend) von grundsätzlich denkbaren Interventionen sowie eine offene Antwortkategorie vorgegeben. Die Massnahmen konnten zusätzlich mittels eines Texts näher beschrieben werden (vgl. weiter unten).

Bei der Interpretation von Abbildung 4.12 gilt es zu beachten, dass sich beispielsweise die 65% der Organisationen, die sich «Förderungsmassnahmen» wünschen, nur auf die 20% der Organisationen beziehen, die sich überhaupt mit

Interventionen anfreunden können. Das heisst: Letzten Endes befürworten 13% aller Organisationen (65% von 20%) fördernde Massnahmen. Insgesamt scheinen aber sowohl bei den Organisationen als auch bei den Musikschaffenden fördernde und steuernde Interventionen populärer zu sein als Einschränkungen und öffnende Massnahmen.

Wenn man die Kategorie «steuernd» zusammen mit «einschränkend» als interventionistisch einstuft und umgekehrt «fördernd» zusätzlich als öffnende Massnahme betrachtet, verändert sich das Gesamtbild. Dann halten sich die beiden Kategorien in etwa die Waage, wobei ersichtlich wird, dass bei den Musikschaffenden die einschränkenden Massnahmen leicht bevorzugt werden. Der recht deutliche Unterschied bei den fördernden Massnahmen zwischen Musikschaffenden und Organisationen lässt sich nur schwer erklären. Möglicherweise rechnen die Organisationen in stärkerem Masse als die individuellen Musikerinnen und Musiker damit, von solchen Massnahmen zu profitieren.

A 4.12 Art der gewünschten politischen Intervention (Mehrfachantworten, Anteile an denjenigen, die eine oder mehrere Interventionen wünschen, in %)

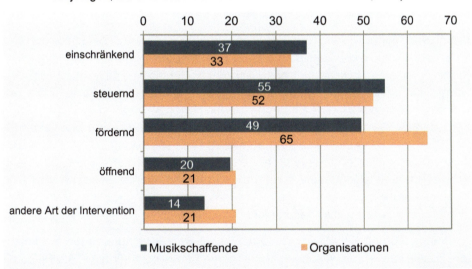

Fallzahlen: Musikschaffende: *n* = 168; Organisationen: *n* = 48.

Was die Befragten unter den verschiedenen Interventionen konkret verstehen, lässt sich den offenen Kommentaren zu den verschiedenen Massnahmen entnehmen. Dabei zeigt sich, dass die Musikschaffenden und die Organisationen sehr ähnliche Themen aufgreifen. So stehen bei den einschränkenden und steuernden Interventionen die Themen Urheberrecht, Daten- und Persönlichkeitsschutz sowie KI klar im Vordergrund (vgl. hierzu auch die Studie HSLU in Teil 1). Zudem gilt es beim Urheberrecht zu ergänzen, dass dieses Thema in den Kommentaren praktisch immer mit der Forderung nach fairer Vergütung verknüpft wird.

Und nicht nur beim «Was», sondern auch beim «Wie» ist die Übereinstimmung zwischen Musikschaffenden und Organisationen hoch. Hier reichen die Ansätze von «Schützen» (Urheberrechte, aber auch Nutzergruppen wie z.B. Jugendliche oder Kinder) über die Verhinderung von Missbräuchen (z.B. Streaming) und Verpflichtungen (Anbieter wie Spotify, YouTube oder Google) bis hin zu Verboten (hier werden ebenfalls Streaming-Dienste genannt).

Auch bei den fördernden und öffnenden Massnahmen ist die Übereinstimmung hoch, wenn auch nicht ganz so ausgeprägt wie im einschränkenden Teil. Interessant ist hier, dass weniger das «Was» als vielmehr das «Wie» im Zentrum steht. So dreht sich in diesem Teil fast alles um das Aufklären, Ausbilden, Schulen, Sensibilisieren oder Beraten. Zusammenfassen lassen sich diese Tätigkeiten wohl alle unter dem Titel «Transformation unterstützen». Die Liste von konkreten Massnahmen dazu ist bemerkenswert, weshalb hier einige aufgezählt seien:

- «Diskussion über positive und negative Effekte der Digitalisierung lancieren»
- «Dialogplattformen schaffen, um das ‹Business› zu verstehen»
- «Die Akzeptanz von digitalen Mitteln wie z.B. ChatGPT erhöhen, in dem sie z.B. in den Schulen thematisiert werden»
- «In Zusammenarbeit mit den Behörden die Entwicklungen besser verstehen und die Risiken handhaben zu lernen»
- «Lenkungssteuer Onlinehandel, Werbung markieren, Sponsoring markieren, Altersbeschränkung, Identifikationsdienste»
- «KI kontrollieren. Codexe verfassen»
- «KI muss im Bereich des Urheberrechts reguliert werden»
- «In Zusammenhang mit der künstlichen Intelligenz braucht es auch in der Musik klare ‹Herkunftsangaben› – Urheberrechte-Regelungen, usw.»

Die Antworten zeigen zudem, dass es neben dem Dauerbrenner Urheberrecht/-schutz mit dem Daten-/Persönlichkeitsschutz und der Künstlichen Intelligenz sehr wohl Themen im Kontext der Digitalisierung gibt, die insbesondere die Musikschaffenden beschäftigen. Und dies trotz des Befundes eines insgesamt recht «entspannten Umgangs» mit der Digitalisierung durch breite Teile der Musikwelt und etwas entgegen der Aussage unter A 4.5, wo im Schnitt rund 75% sowohl der Individuen als auch der Organisationen angeben, dass sie kein Interesse haben (bzw. es nicht wissen), die Technologien Blockchain, Metaverse und Künstliche Intelligenz zu nutzen. Ganz offenbar ist ein mangelndes Nutzungsinteresse nicht gleichbedeutend mit Sorglosigkeit den entsprechenden Technologien gegenüber.

Zusammenfassung

Eine Mehrheit der Befragten Organisationen und Musikschaffenden sieht in Zusammenhang mit der Digitalisierung der Musik zwar keinen unmittelbaren politischen Handlungsbedarf. Die grosse Zahl an konkreten Hinweisen auf denkbare Interventionen deuten jedoch darauf hin, dass die aktuellen Entwicklungen kritisch reflektiert werden und Massnahmen in den Bereichen Einkommenssicherung/Abgeltung, Bildung, Künstliche Intelligenz und Urheberrecht durchaus auf Interesse stossen.

5. Zusammenfassung: Pragmatismus zwischen Optimismus und Distanzierung

Die Resultate im vorliegenden Bericht basieren auf zwei Befragungen, die zwischen Frühling und Sommer 2023 bei Personen und Organisationen durchgeführt wurden, die in der Schweizer Musiklandschaft aktiv sind. Die gesammelten Daten erlauben einen vertieften Blick auf die Wahrnehmung des Digitalisierungsprozesses im Musikbereich.

Ganz allgemein fällt auf, dass die grosse Mehrheit der befragten Personen und Organisationen einen pragmatischen Zugang zur Digitalisierung hat. Digitale Technologien werden recht breit genutzt, es wird aber nicht jede Neuheit unmittelbar aufgenommen und verwendet. Während das musikalische Leben der Schweiz ohne Konferenztools – wohl vor allem als Folge der Covid-19-Pandemie –, digitale Instrumente und Hilfsmittel, Streaming-Dienste und Social Media kaum mehr vorstellbar ist, haben neuere Entwicklungen auf den Gebieten der künstlichen Intelligenz, der Blockchain-Technologie oder im «Metaverse» erst eine Minderheit der Musikschaffenden und Organisationen erreicht und dürften auch in der unmittelbaren Zukunft kaum auf breites Interesse stossen.

Die Wirkungen der Digitalisierung werden von den Musikschaffenden und Organisationen differenziert, insgesamt aber eher positiv eingeschätzt. Wird gefragt, ob gewisse Tätigkeiten im Zuge der Digitalisierung einfacher oder schwieriger geworden seien, so überwiegt zwar die Haltung «haben sich nicht stark verändert»; dort, wo aber Veränderungen wahrgenommen werden, handelt es sich häufiger um Vereinfachungen als um Erschwerungen. Dies ist insofern plausibel, als «erschwerende» Technologien möglicherweise ausprobiert, aber nicht übernommen wurden, während sich Anwendungen längerfristig durchsetzen, die den Nutzenden wahrnehmbare Vorteile bringen.

Die Ausnahme bildet hier zunächst der Verkauf von physischen Tonträgern, der von den Musikschaffenden, die ihn erwähnen, mehrheitlich als «erschwert» eingeschätzt wird. Im Gegenzug wird aber die Verbreitung von digitalen Aufnahmen als deutlich einfacher bezeichnet. Überdies werden die Verdienstmöglichkeiten vor allem von Personen kritisch beurteilt, die nur ein geringes Einkommen im Musikbereich erzielen. Für einen Teil der (professionellen) Musikschaffenden scheint die Digitalisierung somit zwar durchaus zu grösseren Entfaltungsmöglichkeiten zu führen, die sich aber nicht unbedingt in finanziellen Erfolg ummünzen lassen.

Es sind denn auch vor allem diese Personen, die befürchten, dass ihr Leben im Musikbereich in Zukunft härter werden könnte. Zudem schätzen viele Befragte die Perspektiven des Instrumentalunterrichts und der Musikvereine angesichts des Digitalisierungsprozesses als eher düster ein. Letztere Ansicht wird von vielen Vereinen selbst vertreten, obwohl sie der Digitalisierung ansonsten durchaus offen und positiv gegenüberstehen. Tatsächlich werden die Zukunftsperspektiven des Musikbereichs – abgesehen von den erwähnten Aspekten – sowohl von den Vereinen als auch anderen Organisationen und der Mehrheit der Musikschaffenden insgesamt eher positiv beurteilt: Kaum jemand glaubt, dass Live-Konzerte verschwinden werden oder dass in einigen Jahren nur noch einige Superstars den Kuchen unter sich aufteilen, dagegen gibt es einige Zuversicht, dass die musikalische Welt enger zusammenwächst und der Zugang zur Musik offener wird.

Insgesamt verzeichnen wir somit eine moderat optimistische Haltung gegenüber dem aktuellen Digitalisierungsprozess und seiner zukünftigen Wirkungen. Das heisst aber nicht, dass es durch die Digitalisierung keine Verliererinnen und Verlierer oder Personen und Organisationen gäbe, die Gefahr laufen, im Digitalisierungsprozess abgehängt zu werden.

Wie weiter oben dargestellt, gibt es einen kleinen Teil von weniger als 10% der Musikschaffenden (7.1%) und Organisationen (9.9%), die in ihren musikalischen Aktivitäten keine digitalen Technologien nutzen. Bei den Nichtnutzenden handelt es sich häufig um Amateure (62.1%), ältere Personen ab 65 Jahren (47.2%) sowie um Angehörige von Chören (46.8%) oder klassischen Ensembles (33.9%), die gemäss ihren eigenen Aussagen wenig Interesse und Bedarf an der Nutzung digitaler Technologien haben. Bei den Organisationen sind es fast ausschliesslich (kleine) Vereine (92.3%), die keine digitalen Technologien einsetzen. Für die meisten dieser Personen und Organisationen dürfte das Abseitsstehen kaum gravierende Folgen haben, weil für sie Musik in der Regel eine Freizeitbeschäftigung darstellt. Oder anders formuliert: Werden digitale Technologien in diesen Gruppen als bedrohlich oder zu herausfordernd wahrgenommen, so ist ein Abseitsstehen vergleichsweise risikolos und einfach.

Daneben gibt es jedoch eine Gruppe, die zwar an der Digitalisierung partizipiert, diese jedoch kritisch beurteilt und sich erhebliche Sorgen um die zukünftige Entwicklung des Musikbereichs macht. Gemäss Abbildung 4.1 weiter oben schätzen immerhin etwas über 6% der Befragten den Digitalisierungsprozess als «risikohaft» ein – und für sich selbst sehen sogar etwas über 8% Risiken, die mit der Digitalisierung verknüpft sind. Auch bei den Fragen, ob gewisse Dinge im Zuge der Digitalisierung einfacher oder schwieriger geworden seien und welche Zukunftsperspektiven man für verschiedene Teile der Musik sehe, gibt es immer eine ansehnliche Minderheit an Personen, die sich kritisch oder pessimistisch äussern.

Die verschiedenen Einschätzungen können abschliessend miteinander kombiniert werden, um Gruppen mit ähnlichen Wahrnehmungen der Digitalisierung zu identifizieren. Für die Klassifikation der Musikschaffenden wurden die in Tabelle 5.1 aufgeführten Variablen verwendet, die darüber Auskunft geben, ob jemand auf der entsprechenden Dimension eine kritische/pessimistische, eine neutrale oder eine positive/optimistische Wahrnehmung hat.

Werden die drei Ausprägungen der Merkmale mit den Werten −1 (kritische Einschätzung), 0 (neutrale Einschätzung) und 1 (positive Einschätzung) versehen und die Werte zusammengezählt, so gibt die Summe Auskunft darüber, ob «negative», «neutrale» und «positive» Einschätzungen überwiegen. Die resultierende Klassifikation ist in Abbildung 5.1 aufgeführt, während Abbildung 5.2 zeigt, wie sich die Angehörigen verschiedener Gruppen auf die fünf Kategorien von Digitalisierungswahrnehmungen verteilen.

T 5.1 Für die Klassifikation verwendete Variablen (Musikschaffende)

Merkmal	«negativ, pessimistisch» −1)	«neutral» (0)	«positiv, optimistisch» (+1)
Einschätzung der Digitalisierung (Basis: 2 Fragen)	Digitalisierung als Risiko	Digitalisierung als Chance und Risiko	Digitalisierung als Chance
Erschwerungen oder Vereinfachungen in der Folge der Digitalisierung (Basis: 17 Fragen)	Erschwerungen werden mind. dreimal so häufig erwähnt wie Vereinfachungen	Nennung von Erschwerungen und Vereinfachungen ungefähr gleich häufig	Vereinfachungen werden mind. dreimal so häufig erwähnt wie Erschwerungen
Zukunftsperspektiven (Basis: 11 Fragen)	Negative Entwicklungen mind. dreimal so häufig erwähnt wie positive Entwicklungen	Nennung von positiven und negativen Entwicklungen hält sich ungefähr die Waage	Positive Entwicklungen mind. dreimal so häufig erwähnt wie negative Entwicklungen

A 5.1 Klassifikation der Musikschaffenden nach drei Merkmalen (*n* = 870)

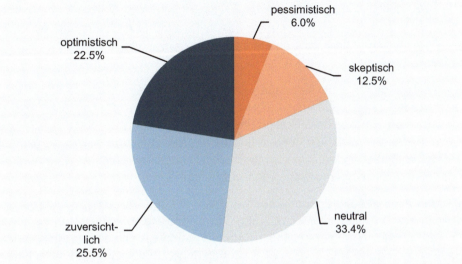

Auf einer allgemeinen Ebene zeigt die Klassifikation einmal mehr, dass die Mehrheit der Befragten gegenüber der Digitalisierung eine neutrale oder positive Haltung hat. Eine Minderheit von einem knappen Fünftel zeichnet sich jedoch durch eine skeptische oder pessimistische Haltung aus. Wie aus Abbildung 5.2 hervorgeht, sind die Unterschiede innerhalb der fünf Gruppen nach Tätigkeit, Einkommenssituation, musikalischer Sparte, Geschlecht und Einkommen in der Regel nicht sehr ausgeprägt. Das heisst: Die «Gräben» zwischen (eher) pessimistisch und (eher) optimistisch gestimmten Personen verlaufen nur bedingt entlang der dargestellten Dimensionen, sondern wohl vielfach innerhalb der Gruppen. Ein geringer Verdienst hängt zwar tendenziell mit einer kritischen Haltung gegenüber der Digitalisierung zusammen, doch gibt es auch bei den schlecht verdienenden Personen viele, die die Digitalisierung eher als Chance auffassen.

Ähnliches gilt für die musikalischen Sparten: Ein überdurchschnittlicher Teil der Volksmusikerinnen und -musiker wird als optimistisch klassifiziert, doch auch der Anteil an pessimistisch oder skeptisch gestimmten Personen hat unter ihnen einen leicht überdurchschnittlichen Umfang. Es scheint, als gäbe es innerhalb der Sparten unterschiedliche Subgruppen oder Szenen, die dann auch unterschiedlich auf die Digitalisierung reagieren. Aufgrund der geringen Fallzahlen können die verschiedenen, in Abbildung 5.2 aufgeführten Gruppen jedoch nicht noch feiner differenziert werden. Gleichzeitig zeigen auch aktuelle Bevölkerungsstudien (vgl. z.B. Peter et al. 2023), dass die Unterschiede in der Wahrnehmung verschiedener Aspekte der Digitalisierung zwischen verschiedenen Bevölkerungsgruppen in vielen Fällen nur gradueller Natur sind.

Unter dieser Einschränkung können die fünf in den Abbildungen dargestellten Gruppen folgendermassen charakterisiert werden (vgl. hierzu auch die Abbildungen A7–A11 im Anhang):

- pessimistisch: Die Angehörigen dieser Gruppierung haben auf mindestens zwei der drei Klassifikationsmerkmale «negative» Werte. Sie beurteilen den Digitalisierungsprozess somit überwiegend negativ. Diese Gruppe ist mit einem Anteil von 6% an der Stichprobe relativ klein, aber deutlich konturiert: professionelle Musikschaffende, Personen mittleren Alters und Musikschaffende mit einem geringen und schwankenden Einkommen sind in der Gruppe übervertreten, während Amateurinnen und Amateure, sowie die jüngste und die älteste Gruppe hier verhältnismässig selten sind.

- skeptisch: Bei dieser Gruppe schlägt der Saldo der Einschätzungen im negativen Bereich aus. Es kann sein, dass nur eines der drei Kriterien negativ bewertet wurde und die anderen zwei neutral; möglich ist aber auch die in gewissem Sinne paradoxe Situation, dass zwei Klassifikationsvariablen einen negativen und eine einen positiven Wert aufweist. Diese Gruppe umfasst exakt einen Achtel der Befragten (12.5%), wobei Personen im Alter von über 50 Jahren überdurchschnittlich häufig sind. Zudem sind auch hier Personen mit einem schwankenden oder geringen Einkommen übervertreten.

- neutral: In dieser Gruppe finden sich einerseits Personen, die alle drei Kriterien neutral bewertet haben, oder aber je eines neutral, negativ und positiv beurteilen, was im Saldo eine neutrale Einschätzung ergibt. In dieser Gruppe befindet sich ein Drittel der Befragten. Das soziale und musikalische Profil dieser Gruppe ist heterogen, allerdings finden sich hier überdurchschnittlich viele Amateurinnen und Amateure und Personen, die in der kommerziellen Musikproduktion aktiv sind.

- zuversichtlich: Ein Viertel der Befragten kann als «moderat» positiv oder zuversichtlich bezeichnet werden. Bei ihnen überwiegen die positiven Wahrnehmungen leicht. In dieser Gruppe finden sich überdurchschnittlich viele Angehörige von Blasmusiken, Amateurinnen und Amateure generell sowie Personen, die ihr Einkommen aus musikalischen Aktivitäten als ausreichend bezeichnen.

- optimistisch: Die letzte Gruppe umfasst schliesslich ein knappes Viertel der Befragten und zeichnet sich durch mehrheitlich positive und optimistische Einschätzungen aus. Personen mit einem geringen oder schwankenden Einkommen sind in dieser Gruppe klar untervertreten, während das Umgekehrte für Personen mit einem ausreichenden Einkommen gilt. Zudem zählen überdurchschnittlich viele jüngere Befragte und Musizierende aus der Sparte Volksmusik zu den Optimisten, während Personen, die in der kommerziellen Musikproduktion tätig sind, unterdurchschnittlich in dieser Gruppe vertreten sind.

A 5.2   Verteilung verschiedener Gruppen von Musikschaffenden auf die fünf Kategorien

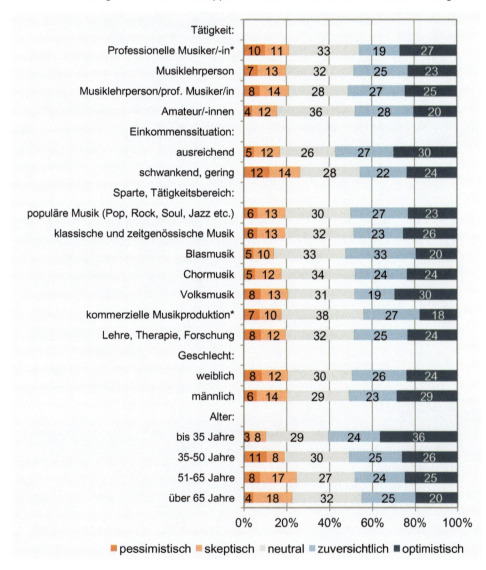

Hinweis: Die mit * markierten Gruppen enthalten weniger als 100 Personen.

Die Gruppenanalyse zeigt somit einmal mehr, dass das Alter und die Einkommenssituation – und in geringerem Masse auch das Geschlecht sowie die musikalische Sparte – differenzierte Effekte auf die Wahrnehmung der Digitalisierung haben, die jedoch nicht besonders ausgeprägt sind. Zudem fällt erneut auf, dass die Musizierenden aus dem Amateurbereich gemessen am Anteil pessimistischer und skeptischer Personen der Digitalisierung gegenüber ein etwas entspannteres Verhältnis haben als professionelle Musikschaffende, für die die entsprechenden Entwicklungen einen direkten Einfluss auf ihre unmittelbaren Arbeits- und Lebensbedingungen haben.

Für die Organisationen ist aufgrund der geringen Fallzahlen keine vergleichbare Gruppenanalyse möglich. Die Befunde im vorangehenden Kapitel deuten jedoch ebenfalls darauf hin, dass der Amateurbereich einen etwas weniger belasteten Zugang zur Digitalisierung hat als der öffentlich-rechtliche und der kommerzielle Bereich. In letzterem wird die Digitalisierung jedoch besonders häufig auch als Chance und Potenzial wahrgenommen.

Der Befund, dass öffentlich-rechtliche Organisationen eine etwas kritischere Wahrnehmung der Digitalisierung haben als der Amateurbereich, wird sowohl durch die Studie «Die Digitalisierung in den Schweizer Kulturbetrieben: Status Quo und Aussichten» von L'Oeil du public und Concilio (2023) als auch durch die deutsche Studie «Digitalität und digitale Transformation im Kulturbereich» (2023) bestätigt. Die vergleichsweise kritische Haltung ist jedoch – wie dies auch im vorliegenden Bericht gezeigt wurde – weniger die Folge einer grundsätzlichen Ablehnung, sondern basiert vielmehr auf dem Respekt vor der Komplexität der Herausforderungen.

Die deutsche Studie enthält dabei einen interessanten zusätzlichen Gedanken, der auch für die Schweiz gelten dürfte: Es wird nämlich festgehalten, «dass in Ländern, die nicht föderal organisiert sind, digitale Dienstleistungen der öffentlichen Hand viel stringenter geplant und umgesetzt werden können.» Und weiter: «In einer föderalen Struktur braucht es viel mehr Zusammenarbeit und organisierte Vernetzung, um ähnlich gut abgestimmte und funktionierende öffentliche digitale Dienstleistungen und Angebote sicherzustellen.» Dies führt zur Feststellung: «Die Gefahr, dass vieles nebeneinander her und aneinander vorbei in Gang gesetzt wird, ist gross.» (Kulturstiftung der Länder 2023, S. 25) Unter anderem auch aus diesem Grund ist die Ressourcenfrage ein zentraler Faktor. Dazu bemerkt dieselbe Studie: «Sowohl auf Länder-, als auch auf Einrichtungsebene fehlt es in allen Abteilungen an ausreichendem und qualifiziertem Personal bzw. an digitaler Kompetenz.» (Kulturstiftung der Länder 2023, S. 38)

Was bedeuten diese Erkenntnisse im Hinblick auf mögliche Auswirkungen der Digitalisierung auf die Musik und die Gesellschaft? Und welche Schlussfolgerungen lassen sich daraus im Hinblick auf allfällige Handlungsempfehlungen ziehen? Diese beiden Fragen sollen im Schlusskapitel beantwortet werden.

6. Folgerungen und Handlungsempfehlungen

6.1. Musik und Gesellschaft im Kontext der Digitalisierung

In der vorliegenden Studie wurden verschiedene Aspekte der Digitalisierung im Musikbereich untersucht. Im Zentrum standen dabei die mittels Befragungen erhobenen Einschätzungen und Wahrnehmungen von Musikschaffenden und Organisationen zu den drei Prozessen Kreation, Distribution und Rezeption. Im Folgenden wollen wir noch einmal kurz einige wesentliche Befunde zu den Prozessen und Akteuren reflektieren, aus denen dann einige Handlungsempfehlungen abgeleitet werden.

Prozessebene

In den Kapiteln 1 und 2 haben wir angesprochen, wie rasch und zum Teil radikal die technologische Entwicklung – nicht nur im Musikbereich – Firmen oder gar ganze Industrien hinweggefegt hat. Gerade im Musikbereich betrifft die Entwicklung dabei sowohl die Schaffung von Werken, ihre Verbreitung als auch die Rezeption – und es stellt sich die Frage, ob diese Entwicklungen für die Musik allgemein ähnlich disruptiv sind oder sein könnten wie für ausgewählte Industriezweige (etwa die CD-Produktion).[8]

Die Resultate der Befragungen, wie wir sie in den Kapiteln 4 und 5 zusammengetragen haben, sind diesbezüglich aufschlussreich: In der Wahrnehmung einer Mehrheit der Befragten hat die Digitalisierung nur bedingt hemmende oder gar zerstörerische Wirkung, sondern bewirkt eher das Gegenteil: eine Erweiterung von Möglichkeiten in allen drei Teilprozessen und damit einhergehend eine Öffnung des Zugangs zur Musik, der manchmal auch mit dem Schlagwort Demokratisierung umschrieben wird. Wenn Fragezeichen gesetzt werden, dann geht es nicht um die Prozesse selber, sondern um ausgewählte Aspekte, die damit verbunden sind: in der Kreation etwa um die Qualität, in der Distribution um die

---

[8] Am Niedergang der Herstellung und des Vertriebs physischer Tonträger dürfte auch das aktuelle Revival von Vinylschallplatten wenig ändern.

faire Abgeltung von Leistungen oder in der Rezeption um das Urheberrecht, um nur einige zu nennen. Alle diese Themen sind nicht neu, sie stellen sich im Kontext der Digitalisierung jedoch in einer neuen und stellenweise wohl auch schärferen Form.

Dies gilt auch für die musikalische Bildung, in gewissem Sinne eine Querschnittdimension, die den Prozess von Kreation, Distribution und Rezeption beeinflusst: Die Digitalisierung bringt eine Erweiterung an Möglichkeiten für die ganze Bildung, falls sie denn genutzt werden. Wenn dennoch ein Teil der Musikerziehung und Forschung in unserer Umfrage der Digitalisierung gegenüber pessimistisch eingestellt ist (vgl. auch weiter unten), dann möglicherweise aus der Unsicherheit heraus, die letztlich alle Arbeitnehmenden betrifft, wie weit die technologische Entwicklung das Potenzial hat, den eigenen Beruf zu konkurrenzieren oder gar überflüssig zu machen. Während in unserer Studie nur gerade ein Drittel der befragten Musiklehrpersonen der Ansicht ist, aus der Digitalisierung ergäben sich neue Chancen für sie (32%), gelangt eine Studie von OliverWyman (o.J.) zu einem positiveren Resultat. Gemäss jener Befragung aus dem Jahr 2022 geben 62% der Befragten aus Erziehung und Unterricht an, «dass Internet und Technologie für Leute wie sie Jobs schaffen wird». In den «freiberuflichen Dienstleistungen», zu denen wohl ein grosser Teil des Musikbetriebs gezählt werden kann, sind es sogar 68%.

Akteure und Gesellschaft

In der vorliegenden Studie wurden die vier Bereiche «Amateurinnen und Amateure», «professionelles Musikschaffen», «musikalische Bildung» und «Musikwirtschaft» prominent thematisiert, während der Bereich «Recht» aus inhaltlichen Gründen nicht vertieft untersucht wurde. Unsere Resultate stammen sowohl von Musikschaffenden als auch von Organisationen – also beispielsweise Wirtschaftsunternehmen, Schulen oder Vereinen. Im Folgenden sollen einige Schlüsse für die untersuchten Bereiche gezogen werden.

Amateurinnen und Amateure – Einzelpersonen und Organisationen

Das Amateur- oder Laienmusizieren hat in der Schweiz eine lange Tradition. So geht z.B. die Schweizerische Chorvereinigung SCV auf den Eidgenössischen Sängerverein zurück, der bereits 1842 gegründet wurde, während der Schweizer Blasmusikverband 1862 gegründet wurde. Diese Art von kulturellem Engagement war und ist sehr beliebt. Gemäss der Statistik des Kulturverhaltens des Bundesamts für Statistik waren im Jahr 2014 18.9% der Bevölkerung im Singen aktiv und 17.3% haben ein Instrument gespielt. Interessanterweise sind diese Zahlen bis 2019, dem letzten verfügbaren Jahr mit Angaben, sogar noch leicht auf 20.5% beim Singen und 18.4% beim Musizieren angestiegen.[9]

Vor diesem Hintergrund erstaunt es etwas, dass die Amateur-Musikvereine gemäss den Resultaten aus den Befragungen zu den «Digitalisierungsverlierern» gehören könnten. Dabei gilt es jedoch zu beachten, dass Klagen über eine abnehmende Bedeutung des Vereinswesens in der Schweiz, die traditionell durch eine hohe Vereinsdichte charakterisiert ist, schon seit Jahrzehnten zu hören sind. Mit Zahlen lässt sich dies allerdings nicht belegen: Waren gemäss dem Schweizer Freiwilligenmonitor (vgl. Lamprecht et al. 2020, S. 40) im Jahr 2006 57% der Schweizer Wohnbevölkerung ab 15 Jahren in Vereinen aktiv, ist dieser Anteil bis 2020 auf 61% angestiegen.

Bei den Kulturvereinen, zu denen die Musikvereine gehören, scheinen die Mitgliedschaften zwischen 2016 und 2020 allerdings tatsächlich zurückgegangen zu sein (von 17% auf 14% der Bevölkerung)[10], wobei sich jedoch nicht feststellen lässt, ob und in welchem Masse Musikvereine zu dieser Entwicklung beigetragen haben. Dieter Ringli (2011) verweist auf einen längerfristigen Umbruch in den (Blas)musikvereinen, die seit den 1990er-Jahren mit einem Mitgliederrückgang konfrontiert gewesen seien. Dieser Trend scheint schon vor der aktuellen Digitalisierungswelle eingesetzt zu haben und mit einem geringeren Interesse junger Menschen an traditionelleren Formen der Musik und «analogen» Instrumenten sowie der nachlassenden Bedeutung des kirchlichen Umfelds für Gesangsaktivitäten zu tun haben.

Darauf, dass sich der Strukturwandel des Vereinswesens im Kontext der Digitalisierung akzentuiert hat, deuten einige Resultate der Befragung hin, beurteilen doch 44% der befragten Musikschaffenden und 48% der Organisationen die Zukunftsperspektiven der Musikvereine kritisch. Unabhängig vom effektiven Einfluss der Digitalisierung auf die Vereinsentwicklung dürfte diese in den kommenden Jahren eine erhebliche Herausforderung für den Musikbereich darstellen.

---

[9] https://www.bfs.admin.ch/bfs/de/home/statistiken/kultur-medien-informationsgesellschaft-sport/kultur/kulturverhalten/ausuebung-kultureller-aktivitaeten-amateur.assetdetail.14027707.html (geladen am 17.1.2024)

[10] Vgl. https://www.vitaminab.ch/uploads/media/default/1754/Monitor_2020_Factsheet_kultureller_Verein.pdf und Fischer et al. (2017)

Angesichts der unbestrittenen Bedeutung der Vereine für die Gesellschaft im Allgemeinen und der Musikvereine für das Musikleben im Besonderen scheint es angezeigt, bei den Handlungsempfehlungen für diesen Punkt einige Überlegungen anzustellen (vgl. Abschnitt 6.2).

Professionelle Musikschaffende

Wenn wir die fünf aufgrund der Befragungsresultate erstellten Profile betrachten, dann fallen die folgenden Punkte auf:

- Ein Fünftel (21%) der professionellen Musikerinnen und Musikern hat eine pessimistische oder skeptische Haltung gegenüber der Digitalisierung, während sich die Hälfte als «zuversichtlich» oder «optimistisch» erweist (50%).

- Rund die Hälfte der professionellen Musikerinnen und Musiker bezeichnet ihr Einkommen aus der musikalischen Tätigkeit als gering oder schwankend.

- Bei über der Hälfte der pessimistisch gestimmten Personen (53%) handelt es sich um professionelle Musikerinnen und Musiker. Fast drei Viertel dieser Personen (71%) erzielen ein geringes oder schwankendes Einkommen mit ihrer musikalischen Tätigkeit.

Selbst wenn der Anteil derjenigen, die die Digitalisierung eher negativ beurteilen, mit rund einem Fünftel relativ gering ist und auch nur etwas höher liegt als bei den Amateurinnen und Amateuren (16%), zeigt der Verweis auf die Einkommenssituation, dass sich die Digitalisierung in einem Teil der professionellen Musik durchaus mit Existenzsorgen verbindet.

Mit den vorliegenden Daten lässt sich zwar nicht abschätzen, wie sich die Einkommenssituation der professionellen Musikschaffenden verändert hat und weiter verändern wird, doch immerhin fast zwei Drittel der professionellen Musikschaffenden (62%) stimmen der Aussage zu, ihr Leben im Musikbereich werde im Zuge der Digitalisierung härter. Trotz aller durchaus wahrgenommenen Chancen und der Offenheit der Digitalisierung gegenüber, scheint diese viele im Kontext der eigenen Berufstätigkeit zu verunsichern. Das bedeutet, dass das Augenmerk nicht nur auf die Gruppe jener Musikschaffenden zu legen ist, die bereits heute aus ihrer musikalischen Tätigkeit nur ein geringes oder schwankendes Einkommen erzielen können. Vielmehr gilt es, die Entwicklung von Berufs- und Einkommensmöglichkeiten insgesamt im Auge zu behalten, denn heute als «Chancen» wahrgenommene Entwicklungen können sich mittel- bis längerfristig auch als Sackgassen oder als wenig ertragreich erweisen.

Dies betrifft auch die Organisationen im professionellen Musikschaffen, also die Theater, Opernhäuser, Clubs, Orchester etc. Aufgrund der geringen Zahl an Rückmeldungen ist es nicht möglich, detailliertere Aussagen zu einzelnen Gruppen von Organisationen zu machen. Auch hier überwiegt aber eine vorsichtig optimistische Haltung der Digitalisierung gegenüber, wobei die oben erwähnte Aussage, das Leben im Musikbereich würde härter, jedoch ebenfalls von rund der Hälfte der befragten Organisationen (47%) als (eher) zutreffend bezeichnet wird. Zusätzlich geben verschiedene andere Studien (Studie der HSLU in Teil 1 dieses Buches, L'Oeil du public & Concilio 2023, Kulturstiftung der Länder 2023) interessante und aufschlussreiche Einblicke in die Herausforderungen dieser Organisationen hinsichtlich der Digitalisierung.

Musikwirtschaft

Hier lohnt es sich, nochmals einen Blick auf die Abbildung A 4.10 weiter vorne zu werfen. Wir haben dort festgestellt, dass jeweils rund die Hälfte der Organisationen aufgrund der Digitalisierung neue Chancen für sich sieht (48%) und die Wachstumschancen für die kommenden 5 Jahre (eher) positiv beurteilt (46%). Unter den wenigen kommerziellen Firmen, die befragt werden konnten, liegen diese Anteile mit 64% bzw. 55% noch etwas höher.

Dass die Unternehmen trotz wahrgenommener Chancen nicht optimistischer sind, was die Wachstumschancen betrifft, hat durchaus seine Logik, eröffnet doch die technologische Entwicklung nicht nur neue Möglichkeiten für das eigene Tätigkeitsfeld, sondern erhöht zugleich das Risiko für Fehlentscheidungen und erweitert das Feld der potenziellen Konkurrenz. Inwieweit hier eingegriffen werden kann und soll, ist fraglich – dies umso mehr, als sich 47% der Organisationen gegen Intervention aussprechen.

Musikalische Bildung

Ähnlich wie bei den professionellen Musikschaffenden, erweist sich auch ein Fünftel der Musiklehrpersonen bezüglich der Digitalisierung als skeptisch oder pessimistisch, während fast die Hälfte (48%) dem zuversichtlichen oder optimistischen Lager zugerechnet werden kann. Für die musikalische Bildung erweist sich dabei ein weiteres Resultat als bedeutsam: Gemäss Abbildung 4.9 weiter oben glaubt exakt die Hälfte der Befragten nicht, dass es in Zukunft mehr Kinder geben werde, die ein Instrument lernen. Bei den Musiklehrpersonen liegt dieser Anteil mit 48% zwar etwas tiefer, doch dürften die Wachstumschancen im Bereich der Instrumentalausbildung eher etwas getrübt sein. Zudem scheint die Digitalisierung in der Wahrnehmung der Musiklehrpersonen nur bedingt zu einer Vereinfachung des Musikunterrichts geführt zu haben (34%).

Es gibt grössere Gruppen, die sich aus der musikalischen Bildung an der Umfrage beteiligt haben könnten: Lehrkräfte an öffentlichen Schulen über alle Stufen hinweg bis zu den Hochschulen, Lehrkräfte an Musikschulen und Lehrkräfte im freien Markt. Die Zuordnung zu den fünf Wahrnehmungstypen und die Einschätzung der Frage nach der Zukunft des Instrumentalunterrichts unterscheidet sich kaum zwischen den verschiedenen Gruppen, wobei jedoch auffällt, dass die nicht direkt in den Instrumentalunterricht involvierten Lehrpersonen etwas pessimistischer sind (62%) als die freien (51%) und die an Musikschulen tätigen Lehrpersonen (49%).

Interessanterweise erweisen sich die freien Musiklehrpersonen in unserer Klassifikation verschiedener Wahrnehmungstypen (vgl. Kapitel 5) zudem besonders häufig als optimistisch oder zuversichtlich (56%, gegenüber 52% bei den Lehrpersonen an (Hoch)schulen und 48% bei den Musiklehrpersonen an Musikschulen). Der Grund dafür könnte sein, dass die (freien) Musiklehrerinnen und -lehrer durch die Covid-19-Pandemie gleichsam in die Digitalisierung gezwungen wurden, war doch einige Zeit der Fernunterricht fast die einzige Möglichkeit, überhaupt Unterricht zu erteilen. Der erzwungene technologische Fortschritt könnte den Betroffenen hier neue Möglichkeiten aufgezeigt haben, wobei im freien Markt aber auch die Konkurrenz zugenommen haben dürfte. Zusammen mit den möglicherweise sinkenden Zahlen der Musikschülerinnen und -schüler, könnte der Bereich der musikalischen Bildung in Zukunft stärker unter Druck geraten. Eine Chance könnte jedoch im längerfristig steigenden Anteil Erwachsener bestehen, die ein Musikinstrument spielen möchten (vgl. Camp et al. 2022).

6.2. Handlungsempfehlungen

Bereits im vorangehenden Abschnitt wurde stellenweise auf Handlungsbedarf bei den Amateurinnen und Amateuren, bei den professionellen Musikschaffenden sowie bei den Lehrkräften an Musikschulen und im freien Markt hingewiesen. Wenn wir diese Erkenntnisse mit den Themen kombinieren, die wir in Abschnitt 4.5 unter «Wünschbarkeit politischer Interventionen» herausgearbeitet haben, also Urheberrecht (z.B. im Kontext von Spotify, YouTube oder Google), Daten- und Persönlichkeitsschutz, KI oder die Unterstützung von Transformation, dann lassen sich verschiedene Handlungsfelder definieren, in denen Massnahmen zur Unterstützung oder Abfederung von Digitalisierungswirkungen bedeutsam sind.

Amateurvereine

- Die Zukunft von Vereinen wird als vergleichsweise schwierig beurteilt, auch von ihnen selber. Es wäre daher wünschenswert, wenn Datenerhebungen zur Entwicklung von Musikvereinen durch Städte, Kantone und den Bund systematisch und in kurzen Abständen gemacht würden, um den strukturellen Wandel in verschiedenen Teilbereichen des Vereinswesens besser zu erkennen. Mit dem Freiwilligenmonitor der Schweizerischen Gemeinnützigen Gesellschaft und den Vertiefungsstudien im Rahmen der Schweizerischen Arbeitskräfteerhebung des Bundesamts für Statistik existieren bereits Instrumente, die für ein Monitoring des Musikbereichs jedoch noch weiter ergänzt werden müssten.

- Digitale Technologien können Vereinen bei einer effizienteren Bereitstellung von attraktiven Angeboten helfen und damit den Strukturwandel abfedern oder unterstützen. Als Beispiel sei hier das Zürcher Kantonale Blasmusikfest 2024 genannt, das sowohl in der Vorbereitung als auch in der Durchführung enorm von digitalen Hilfsmitteln profitiert: durch eine Software zur Verwaltung und Zuweisung von Aufgaben, verbunden mit separaten Mailadressen; durch eine App als elektronischer Festführer; durch eine Applikation zur Bestellung und Bezahlung von Essen und Trinken; usw. Die Fachverbände können in dieser Thematik eine wichtige unterstützende Rolle spielen.

Einkommenssituation der Musikschaffenden

Wie an verschiedenen Stellen des vorliegenden Berichts gezeigt, haben digitale Technologien spürbare Auswirkungen auf die Planbarkeit des musikalischen Lebens und auf die Einkommen der Musikschaffenden (vgl. auch Bataille und Perrenoud 2021). Diese Entwicklungen könnten sich dann verschärfen, wenn der Musik- und Instrumentalunterricht tatsächlich an Bedeutung verlieren sollte. Die vorliegenden Befunde deuten nämlich darauf hin, dass professionelle Musikschaffende in der Vergangenheit schwankende oder geringe Einkommen aus der Musik häufig durch Lehrtätigkeiten ergänzt oder kompensiert haben. Unabhängig davon sind Möglichkeiten zu prüfen, um die Einkommenssituation von Musikschaffenden zu stabilisieren.

- Die Covid-19-Pandemie hat gezeigt, dass die Auffanglösungen im sozialen und im wirtschaftlichen Bereich nicht auf die besonderen Berufsbilder im Musikbereich ausgelegt sind. Die bisherigen Bemühungen, diese Besonderheiten gesetzlich abzubilden und dafür adäquate Werkzeuge zu erarbeiten, sollten unbedingt weitergeführt und vertieft werden.

- Ein häufig erwähntes Thema in diesem Zusammenhang sind die Abgeltungen durch Streamingplattformen. Lösungsansätze dazu gäbe es bereits in der Branche, sie können aber nur mit Hilfe der Politik umgesetzt werden. Erwähnenswert ist in diesem Zusammenhang eine aktuelle Motion mit dem Titel «Diskriminierung der Schweizer Musikschaffenden auf dem Streamingmarkt beseitigen» von Nationalrat Stefan Müller-Altermatt.[11]

- Digitale Werkzeuge können den Musikschaffenden helfen, Arbeitsprozesse zu vereinfachen und damit Kosten zu sparen. Es wäre eine wichtige Aufgabe der Verbände, sie mit Schulungsangeboten zu unterstützen.

Information und Bildung für Musikschaffende

Der letzte, soeben aufgeführte Punkt, gilt nicht nur im Kontext der Verbesserung der Einkommenssituation, sondern auch ganz generell: Die Musikschaffenden nutzen digitale Technologien bereits heute breit. Wie in Abschnitt 4.1 diskutiert, fühlt sich aber über die Hälfte der befragten Personen zumindest stellenweise überfordert, wenn es um digitale Technologien geht. In diesem Zusammenhang können zwei weitere Ergebnisse erwähnt werden: Die Aussage «Die Wahl eines (digitalen) Produkts ist häufig schwierig, weil die Beratung fehlt» wird von über zwei Fünftel der Befragten (44.8%, $n = 668$) zumindest teilweise bejaht, und ein vergleichbarer Anteil (44.3%) würde die Nutzung von «Aus- und Weiterbildungsangeboten im Bereich Digitalisierung» ins Auge fassen ($n = 669$). Selbst wenn die Digitalisierung interessiert und insgesamt eher positiv aufgenommen wird, sind Unsicherheiten und Wissenslücken offenbar weit verbreitet.

- Vor diesem Hintergrund sind Informations- und Bildungsmassnahmen vielversprechend, die den potenziellen Nutzerinnen und Nutzern einen kompetenten Zugang zu den verschiedenen Technologien eröffnen, ihnen aber auch Hinweise zu juristischen Herausforderungen der Nutzung und Verbreitung von Musik auf digitalen Kanälen vermitteln.

---

[11] Vgl. https://www.parlament.ch/de/ratsbetrieb/suche-curia-vista/geschaeft?AffairId=20234528

- In diesem Zusammenhang dürften wiederum die Fachverbände gefordert sein, die ihren Mitgliedern Einführungsangebote zur Nutzung relevanter Technologien machen oder «Einkaufsratgeber» für nützliche Technologien zur Verfügung stellen könnten.

- Dabei wäre eine Koordination zwischen verschiedenen Verbänden oder durch den SMR wünschenswert, um Doppelspurigkeiten und die Entstehung eines unübersichtlichen Aus- und Weiterbildungsangebots zu vermeiden. Vor allem aber ist der Aufbau des entsprechenden Know-hows aufwendig und zeitintensiv, weshalb die Bündelung von Kräften umso wichtiger wäre.

- Der Aufbau von Kenntnissen und Kompetenzen bezüglich nützlicher Technologien könnte durch das Abschliessen von Leistungsvereinbarungen mit Dachorganisationen gezielt vom Bund gefördert werden.

Musikerziehung und Musikunterricht

Ein besonderes Thema im Bereich der musikalischen Bildung ist der Instrumentalunterricht für Kinder und Jugendliche, dessen Zukunft von vielen Befragten pessimistisch beurteilt wird.

- Gerade weil viele Kinder und Jugendliche einen sehr unmittelbaren Zugang zur digitalen Welt haben, sollte diese auch von Musiklehrpersonen angemessen berücksichtigt werden, indem beispielsweise kompetent auf neue Entwicklungen in der digitalen Musikwelt eingegangen wird (vgl. Chatelain und Hug 2021). Digitale Anwendungen können dem Instrumentalunterricht dabei durchaus auch neue Perspektiven verleihen.

- Damit dies möglich wird, müssen jedoch die Lehrkräfte selber über die entsprechenden Kenntnisse verfügen. Dies durch entsprechende Weiterbildungsangebote sicherzustellen, wäre, wie schon erwähnt, eine wichtige Aufgabe der Fach- und Dachverbände. Denkbar wären auch spezifische Weiterbildungsangebote an den (Fach)hochschulen.

Urheberrecht

Obschon ein Dauerbrenner – oder vielleicht gerade auch deshalb – muss das Thema Urheberrecht hier angesprochen werden.

- Das Schweizer Urheberrechtsgesetz wurde zwar erst 2019 revidiert, doch ist es vor dem Hintergrund der in dieser Studie gewonnen Erkenntnisse wichtig, den Prozess wieder aufzunehmen und, ähnlich wie z.B. in der Raumplanung, permanent weiterzuführen. Zu schnell sind die Entwicklungen und zu viel hängt davon ab.

- Den Verbänden kommt auch hier wieder eine wichtige Aufgabe zu. Zentral dürfte dabei ein koordiniertes Vorgehen sein.

Eine solche Koordination findet in der Schweiz u.a. in der «AG spotify» statt, in der sich verschiedene Organisationen (u.a. auch der SMR) und Industrievertreter austauschen und die sich auch mit Fragen des Urheberrechts befasst.

Künstliche Intelligenz

Wir haben bereits andernorts die Widersprüchlichkeit unserer Ergebnisse hinsichtlich dieses Themas angesprochen. Dies hängt bestimmt damit zusammen, dass sich die Entwicklung aktuell in einem sehr dynamischen Stadium befindet, dessen Wirkungen auf die Musik noch kaum absehbar sind. Dies erklärt wohl, warum das Thema KI von der Politik bislang eher beobachtend und abwartend angegangen wurde, wobei das Eidgenössische Departement für Umwelt, Verkehr, Energie und Kommunikation (UVEK) Ende 2023 jedoch erste Arbeiten im Hinblick auf die Regulierung von KI gestartet hat.[12] In Zusammenhang mit dem Thema «KI und Musik» scheinen uns vor allem die folgenden Punkte erwähnenswert:

- Aufgrund der enormen Auswirkungen, die KI auf die Musik, die Kultur und die Gesellschaft haben kann, stellt sich die Frage, ob dieses Thema nicht zeitnah auf die Agenda des Nationalen Kulturdialogs gesetzt werden sollte.

- Die Empfehlungen, die wir im Kontext der musikalischen Bildung formulierten, gelten auch hier: Es wäre wichtig, Musikschaffende und Organisationen an diese Thematik heranzuführen und entsprechende Angebote dazu zu entwickeln. Dies gilt für die Schulen, die Fach- und Dachverbände, aber auch für die Vereine. Eine gezielte Förderung solcher Angebote durch die Politik könnte sich als hilfreich erweisen.

Abschliessend kann an dieser Stelle festgestellt werden, dass der Musiksektor der Schweiz gemäss unseren Befunden einen recht pragmatischen, interessier-

---

[12] https://www.admin.ch/gov/de/start/dokumentation/medienmitteilungen.msg-id-98791.html (geladen am 15.1.2024); vgl. auch https://blog.suisa.ch/de/das-urheberrecht-ein-instrument-im-dienst-der-menschlichen-kreativitaet/

ten und insgesamt positiv gestimmten Umgang mit der Digitalisierung pflegt. Aufgrund dessen wäre eine Haltung, abzuwarten und die Entwicklungen vorerst weiter zu beobachten, nachvollziehbar. Wir haben aber auch gesehen, dass Unkenntnis und Unsicherheit quer durch alle Ebenen und Gruppierungen nach wie vor weit verbreitet sind. Nur abzuwarten, würde diesen Befindlichkeiten wohl kaum Rechnung tragen. Berücksichtigt man dazu noch die Erfahrungen aus der Vergangenheit, dass technologische Entwicklungen immer wieder und unerwartet disruptiv sein können, scheint ein bewusster und proaktiver Umgang mit der Thematik naheliegend. Damit könnte auch dem Grundsatz aus der Unternehmenswelt nachgelebt werden, dass es die Chancen zu nutzen und gleichzeitig die Risiken zu minimieren gilt.

Annex

Die folgenden Tabellen enthalten zusätzliche Resultate aus den Analysen der Antworten der Musikschaffenden und der Organisationen, die den Text in Kapitel 4 zu stark belastet hätten.

In den Tabellen A1 und A2 ist zunächst dargestellt, wie viele digitale Technologien von verschiedenen Gruppen von Befragten im Durchschnitt genutzt werden bzw. wie viele Technologien sie in Zukunft zu verwenden gedenken.

Lesebeispiel: Professionelle Musikerinnen und Musiker nutzen im Durchschnitt 3.8 Technologien und wollen 3.0 Technologien in Zukunft verwenden.

T A1 Anzahl genutzte Technologien und Nutzungsinteresse, Musikschaffende

	Anzahl genutzter Technologien	Anzahl Technologien, die in Zukunft potenziell genutzt werden***
Tätigkeit im Musikbereich (Mehrfachantworten)	$n = 831$	$n = 768$
Professionelle Musiker/-innen	3.8	3.0
Amateur/-innen	2.8	2.1
Musiklehrpersonen	3.2	2.3
Musikalische Sparte (Mehrfachantworten)	$n = 872$	$n = 802$
Populäre Musik (Pop, Rock, Soul, Jazz etc.)	3.8	3.1
Klassische und zeitgenössische Musik	3.3	2.5
Blasmusik	3.4	2.8
Chormusik	2.9	2.1
Volksmusik	3.2	2.3
Kommerzielle Produktionen (Filmmusik, Werbung)	3.7	3.1
Erziehung/Lehre, Therapie, Forschung	3.5	2.7

	Anzahl genutzter Technologien	Anzahl Technologien, die in Zukunft potenziell genutzt werden***
Rolle als Musikschaffende**	n = 133–607	n = 123–560
Komponist/-in	4.1	3.2
Arrangeur/-in	4.0	3.2
Dirigent/-in	3.8	3.0
Musiker/-in; Performer/-in	3.4	2.6
Geschlecht (n = 648)**	n = 706	n = 703
Weiblich	3.0	2.2
Männlich	3.5	2.7
Alter (n = 660)	n = 714	n = 710
< 35 Jahre	4.3	3.6
35–50 Jahre	3.6	2.9
51–65 Jahre	3.1	2.3
> 65 Jahre	2.1	1.2
Einkommen (n = 436)	n = 454	n = 452
Gering oder schwankend	3.7	2.7
Ausreichend	3.5	2.7
Alle (n = 714)	3.3	2.5

*Inkl. Personen, die sowohl als professionelle Musikerinnen und Musiker als auch als Musiklehrpersonen tätig sind. **Aufgrund der geringen Fallzahl werden die Resultate der «Creators in digitalen Kanälen» und der nonbinären Personen nicht aufgeführt. ***Technologien, die in Zukunft bestimmt genutzt werden oder an denen ein grundsätzliches Nutzungsinteresse besteht.

T A2 Anzahl genutzte Technologien und Nutzungsinteresse, Organisationen

	Anzahl genutzter Technologien	Anzahl Technologien, die in Zukunft potenziell genutzt werden***
Tätigkeitsbereich	*n* = 263	
Veranstalter, Club, Theater	3.4	2.3
Produktion, Vertrieb, Marketing	5.3	2.9
Musikerziehung	3.5	2.3
Rechtsform	*n* = 257	
Firma (Einzelfirma, AG, GmbH)	5.5	4.4
Verein, Verband	3.2	1.9
Öffentlich-rechtliche Organisation	3.6	2.8
Umsatz (*n* = 194)	*n* = 213	
< CHF 100'000	2.2	1.4
CHF 100'000–CHF 1 Mio.	3.9	3.2
> CHF 1 Mio.	5.1	4.1
Bezahlte Mitarbeitende (*n* = 202)	*n* = 222	
< 10	2.9	2.1
10–49	3.7	3.0
50+	5.3	4.2
Ehrenamtliche Mitarbeitende (*n* = 174)	*n* = 198	
< 10	3.1	2.4
10–49	2.9	2.1
50+	4.2	3.6
Alle (*n* = 714)	3.4	2.2

*inkl. Personen, die sowohl als professionelle Musikerinnen und Musiker als auch als Musiklehrpersonen tätig sind. **aufgrund der geringen Fallzahl werden die Resultate der «Creators in digitalen Kanälen» und der nonbinären Personen nicht aufgeführt. ***Technologien, die in Zukunft bestimmt genutzt werden oder an denen ein grundsätzliches Nutzungsinteresse besteht.

Die Tabellen A3 und A4 zeigen, bei wie vielen Tätigkeiten verschiedene Gruppen von Musikschaffenden und Organisationen angegeben, dass diese als Folge der Digitalisierung «einfacher» oder «schwieriger» geworden seien. Zusätzlich ist die Zahl der Tätigkeiten angegeben, die sich nicht verändert haben («neutral») und bei denen die Befragten sich keine Antwort zutrauen («weiss nicht»).

Lesebeispiel: Professionelle Musikerinnen und Musiker geben im Durchschnitt bei 16.8 der abgefragten 17 Tätigkeiten eine Antwort, wobei diese in 6.9 Fällen «neutral» ausfüllt. 4.9 Tätigkeiten wurden im Zuge der Digitalisierung einfacher, 2.5 schwieriger, und bei 2.5 wurde keine Antwort gegeben.

T A3 Einschätzung der Veränderung verschiedener Tätigkeiten (durchschnittliche Anzahl verschiedener Antworten) nach verschiedenen Merkmalen, Musikschaffende

	Einfacher	Neutral	Schwieriger	Weiss nicht	Insgesamt
Tätigkeit im Musikbereich (Mehrfachantworten, *n* = 690)					
Professionelle Musiker/-innen	4.9	6.9	2.5	2.5	16.8
Amateur/-innen	3.5	4.6	1.3	7.3	16.6
Musiklehrpersonen	4.5	5.1	1.4	5.6	16.6
Musikalischer Bereich (Mehrfachantworten, *n* = 714)					
Populäre Musik (Pop, Rock, Soul, Jazz etc.)	5.1	6.1	2.4	3.2	16.8
Klassische und zeitgenössische Musik	4.5	6.3	1.7	4.2	16.6
Blasmusik	4.1	5.8	1.7	5.2	16.9
Chormusik	4.3	5.4	1.5	5.4	16.6
Volksmusik	4.4	6.2	1.7	4.5	16.8
Kommerzielle Produktionen (Filmmusik, Werbung)	5.1	6.4	2.4	3.1	17.0
Erziehung, Lehre, Therapie, Forschung	4.4	6.1	2.0	4.2	16.8

	Einfacher	Neutral	Schwieriger	Weiss nicht	Insgesamt
Rolle als Musikschaffende (*n* je nach Rolle 122–506) **					
Komponist/-in	5.3	6.7	3.1	1.8	16.9
Arrangeur/-in	5.3	7.0	2.5	2.2	16.9
Dirigent/-in	4.6	7.0	2.1	3.0	16.8
Musiker/-in, Performer/-in	4.3	5.9	2.0	4.5	16.7
Geschlecht (*n* = 648)**					
Weiblich	4.1	5.2	1.6	5.8	16.8
Männlich	4.6	6.2	2.0	4.0	16.8
Alter (*n* = 660)					
< 35 Jahre	5.3	5.6	2.2	3.8	16.9
35–50 Jahre	4.6	6.3	2.1	4.0	16.9
51–65 Jahre	4.1	5.5	1.8	5.5	16.8
65+ Jahre	3.5	5.5	1.3	6.0	16.2
Einkommen (*n* = 436)					
Gering oder schwankend	4.8	6.1	2.7	3.3	16.9
Ausreichend («gut leben mit Einkommen»)	4.8	6.6	1.7	3.7	16.8
Alle (*n* = 714)	4.3	5.7	1.8	4.9	16.7

*Inkl. Personen, die sowohl als professionelle Musikerinnen und Musiker als auch als Musiklehrpersonen tätig sind. **Aufgrund der geringen Fallzahl werden die Resultate der «Creators in digitalen Kanälen» und der nonbinären Personen nicht aufgeführt.

T A4 Einschätzung der Veränderung verschiedener Tätigkeiten (durchschnittliche Anzahl verschiedener Antworten) nach verschiedenen Merkmalen, Organisationen

	Einfacher	Neutral	Schwieriger	Weiss nicht	Insgesamt
Tätigkeitsbereich (n = 224)					
Veranstalter, Club, Theater	3.0	4.6	0.9	3.3	11.8
Produktion, Vertrieb, Marketing	3.8	3.5	1.3	3.1	11.8
Musikerziehung	2.8	4.8	0.7	3.6	12.0
Rechtsform (n = 220)					
Firma (Einzelfirma, AG, GmbH)	3.1	4.0	1.5	3.1	11.7
Verein, Verband	2.7	4.5	0.8	3.8	11.8
Öffentlich-rechtliche Organisation	3.0	4.6	0.5	3.8	11.9
Umsatz (n = 194)					
< CHF 100'000	2.3	4.9	0.7	3.8	11.7
CHF 100'000–CHF 1 Mio.	3.0	4.5	1.0	3.6	12.0
> CHF 1 Mio.	3.8	4.5	0.9	2.7	11.9
Bezahlte Mitarbeitende (n = 202)					
< 10	2.6	4.5	0.9	3.8	11.8
10–49	3.2	4.4	0.6	3.7	11.9
50+	3.8	4.2	1.0	3.0	12.0
Ehrenamtliche Mitarbeitende (n = 174)					
< 10	3.0	4.5	0.7	3.6	11.8
10–49	2.5	4.1	1.1	4.1	11.8
50+	2.8	5.1	0.6	3.4	11.9
Alle (n = 224)	2.8	4.5	0.8	3.7	11.8

In den Tabellen A5 und A6 finden sich Angaben dazu, wie häufig verschiedene Gruppen der befragten Musikschaffenden und Organisationen bei den Fragen zu den Zukunftsperspektiven in der Folge der Digitalisierung im Durchschnitt optimistische, neutrale und pessimistische Antworten wählen.

Lesebeispiel: Professionelle Musikerinnen und Musiker geben bei 9.9 Fragen eine Antwort. Diese fällt durchschnittlich in 4.1 Fällen optimistisch, in 2.3 Fällen neutral und in 3.4 Fällen pessimistisch aus.

T A5 Durchschnittliche Anzahl der optimistischen, neutralen und pessimistischen Antworten der Musikschaffenden nach verschiedenen Merkmalen

	Optimistisch	Neutral	Pessimistisch	Insgesamt
Tätigkeit im Musikbereich (Mehrfachantworten, *n* = 688)				
Professionelle Musiker/-innen	4.1	2.3	3.4	9.9
Amateur/-innen	3.9	2.4	3.1	9.4
Musiklehrpersonen	4.0	2.3	3.0	9.4
Musikalischer Bereich (Mehrfachantworten, *n* = 708)				
Populäre Musik (Pop, Rock, Soul, Jazz etc.)	4.2	2.6	3.1	9.9
Klassische und zeitgenössische Musik	4.1	2.4	3.2	9.7
Blasmusik	3.9	2.4	3.4	9.7
Chormusik	3.9	2.5	3.1	9.5
Volksmusik	3.8	2.7	3.0	9.5
Kommerzielle Produktion (Filmmusik, Werbung)	3.4	3.3	3.0	9.8
Erziehung, Lehre, Therapie, Forschung	3.9	2.4	3.3	9.6
Rolle im Musikbereich (*n* je nach Rolle zwischen 119 und 497)				
Komponist/-in	4.0	2.6	3.3	10.0
Arrangeur/-in	4.1	2.7	3.3	10.1
Dirigent/-in	3.8	2.7	3.5	10.0
Musiker/-in, Performer/-in	4.0	2.3	3.3	9.7
Geschlecht (*n* = 689)**				
Weiblich	3.9	2.3	3.1	9.3
Männlich	4.1	2.4	3.3	9.8

	Optimistisch	Neutral	Pessimistisch	Insgesamt
Alter (n = 700)				
< 35 Jahre	4.7	2.4	2.7	9.8
35–50 Jahre	4.1	2.3	3.3	9.7
51–65 Jahre	3.9	2.4	3.3	9.6
> 65 Jahre	3.6	2.5	3.1	9.1
Einkommen (n = 452)				
Gering oder schwankend	3.8	2.4	3.7	9.8
Ausreichend («gut leben mit Einkommen»)	4.3	2.4	2.8	9.5
Alle (n = 708)	4.0	2.4	3.2	9.6

*inkl. Personen, die sowohl als professionelle Musikerinnen und Musiker als auch als Musiklehrpersonen tätig sind. **Aufgrund der geringen Fallzahl werden die Resultate der «Creators in digitalen Kanälen» und der nonbinären Personen nicht aufgeführt.

T A6 Durchschnittliche Anzahl der optimistischen, neutralen und pessimistischen Antworten der Organisationen nach verschiedenen Merkmalen

	Optimistisch	Neutral	Pessimistisch	Insgesamt
Tätigkeitsbereich (je nach Typ zwischen 25 und 149)				
Veranstalter, Club, Theater	3.5	2.0	2.6	8.1
Produktion, Vertrieb, Marketing	4.3	1.8	2.6	8.7
Musikerziehung	3.6	2.1	2.5	8.2
Rechtsform (n = 237)				
Firma (Einzelfirma, AG, GmbH)	4.4	1.5	2.0	7.8
Verein, Verband	3.2	2.0	2.8	8.0
Öffentlich-rechtliche Organisation	3.9	2.1	2.2	8.2
Umsatz (n = 211)				
< CHF 100'000	3.0	1.9	3.1	8.0
CHF 100'000–CHF 1 Mio.	3.4	2.3	2.7	8.4
> CHF 1 Mio.	4.5	1.9	1.9	8.3

	Optimistisch	Neutral	Pessimistisch	Insgesamt
Bezahlte Mitarbeitende (n = 220)				
< 10	3.2	1.9	2.9	8.0
10–49	3.7	2.0	2.4	8.1
50+	4.3	2.3	2.0	8.5
Ehrenamtliche Mitarbeitende (n = 196)				
< 10	3.4	1.9	2.8	8.0
10–49	3.1	2.2	2.7	8.0
50+	4.2	1.8	2.8	8.1
Alle (n = 241)	3.5	2.0	2.6	8.0

Die Abbildungen A7–A11 enthalten zusätzliche Informationen zu den Klassifikationen im Kapitel 5 und zeigen, welcher Anteil an den fünf Sichtweisen auf die Digitalisierung jeweils auf verschiedene Gruppen von Befragten entfällt. So zeigt Abbildung A7 beispielsweise, dass es sich bei 17.6% der «pessimistisch Eingestellten» um professionelle Musikschaffende handelt, während der Anteil der professionellen Musikschaffenden an den «skeptisch Eingestellten» 9.8% beträgt.

A A7 Anteil verschiedener Gruppen von Musikschaffenden an den fünf Wahrnehmungsgruppen (Anteile in %, n = 810)

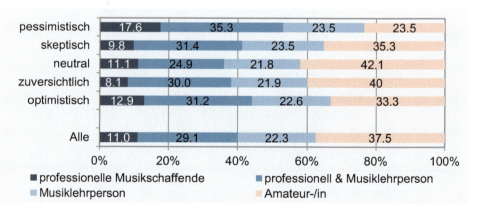

A A8 Anteil verschiedener Einkommensgruppen an den fünf Wahrnehmungsgruppen (Anteile in %, n = 453)

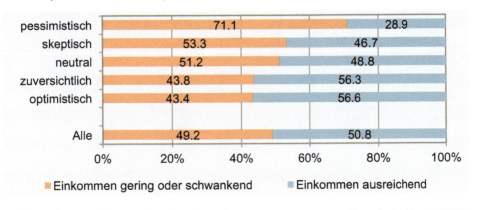

A A9 Geschlechteranteil an den fünf Wahrnehmungsgruppen (Anteile in %, n = 697)

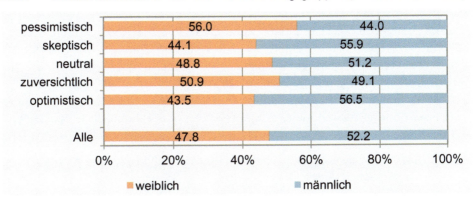

A A10 Anteil der Altersgruppen an den fünf Wahrnehmungsgruppen (Anteile in %, n = 709)

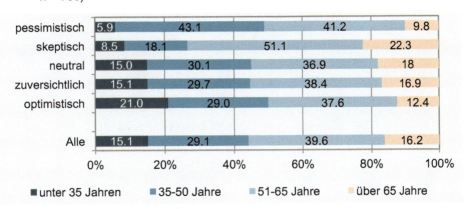

Bei Abbildung 11 ist bei der Interpretation zu beachten, dass jeweils der Anteil aller in einer Sparte Aktiven als Anteil an allen Befragten dargestellt wurde. Da Personen in mehreren Sparten aktiv sein können, können sie mehrfach vorkommen. Die Nennungen zu den einzelnen Sparten dürfen daher auch nicht addiert werden.

A A11 Anteil verschiedener musikalischer Sparten an den fünf Wahrnehmungsgruppen (Anteile in %, *n* = 870)

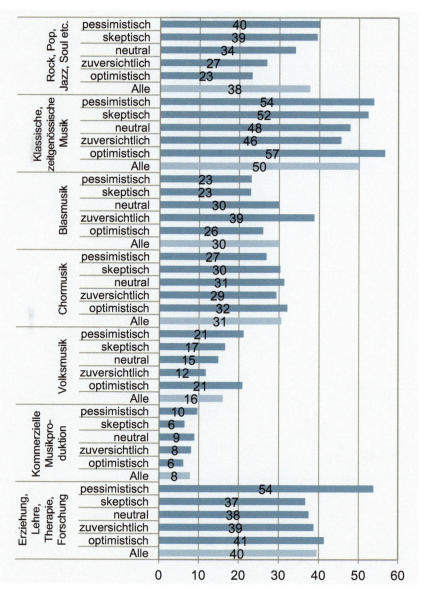

Literatur

Bataille, P. und M. Perrenoud 2021: «One for the money?» The impact of the ‹disc crisis› on ‹ordinary musicians› income: The case of French speaking Switzerland. Poetics 86; https://doi.org/10.1016/j.poetic.2021.101552.

Bornschier, V. 1988: Westliche Gesellschaft im Wandel. Frankfurt a.M.: Campus.

Camp. M.A., B. Hodapp, C. Hanisch, J. Z'Rotz, Y. Wey, M. Brand und R. Stäheli 2022: Musiklernen Schweiz – Eine Studie zu Angeboten und Anbietenden ausserschulischer Musikbildung. Forschungsbericht. Luzern: HSLU.

Chatelain, S., und D. Hug 2021: Comparing curricula for secondary schools in Switzerland regarding digitization and digital technologies in Music. Paper presented at the 28th EAS/8th ISME European Regional Conference Music is what people do, Freiburg i. B. (en ligne), Germany.

Dolata, U. 2020: The digital transformation of the music industry. The second decade: From download to streaming. SOI Discussion Paper No. 2020-04. Universität Stuttgart, Institut für Sozialwissenschaften, Abteilung für Organisations- und Innovationssoziologie, Stuttgart.

Endress, A. und H. Wandjo (Hg.) 2021: Musikwirtschaft im Zeitalter der Digitalisierung. Handbuch für Wissenschaft und Praxis. Baden-Baden: Nomos.

Fischer, A., Lamprecht M. und H. Stamm (2017): Kultur-Monitor. Das freiwillige Engagement im Bereich Kultur. Zürich: Migros Kulturprozent.

Hesmondhalg, D. 2020: Is Streaming Bad for Musicians? Problems of Evidence and Argument. New Media and Society 23(12): 3593-3615.

Jung, T. (Hg.) 2019: Zwischen Handeln und Nicht-Handeln. Unterlassungspraktiken in der europäischen Moderne. Frankfurt a.M.: Campus.

Kettel, J., M. Kuch und C. Wöllner 2021: Lärmempfindlichkeit und mobiles Musikhören im urbanen Umfeld. Jahrbuch für Musikpsychologie Vol. 30. doi.org/10.5964/jbdgm.99.

Kulturstiftung der Länder 2023: Digitalität und digitale Transformation. Handlungsempfehlungen an die Bundesländer. Berlin: Kulturstiftung der Länder.

L'Oeil du public (Suisse) & Concilio 2023: Die Digitalisierung in den Schweizer Kulturbetrieben: Status Quo und Aussichten. Elektronischer Bericht, geladen am 4.12.2023 unter: https://loeildupublic.com/wp-content/uploads/2023/10/Die-Digi-talisierung-in-den-Schweizer-Kulturbetrieben_Sept-23_DE.pdf

Lamprecht, M., A. Fischer und H.P. Stamm 2020: Freiwilligen-Monitor Schweiz 2020. Zürich: Seismo.

Lenz, Hendrik 2019: Musik als Service. Auswirkungen der Digitalisierung auf den Veröffentlichungsprozess von Musikprodukten. Masterthesis, HAW Hamburg.

Morrow, G., D. Nordgård und P. Tschuck (Hg.) 2022: Rethinking the Music Business. Music Contexts, Rights, Data, and COVID-19. Cham: Springer.

OliverWyman o.J.: Switzerland's Digital DNA 2022 – Auszug. Zürich: Oliver-Wyman.

Peter, M.K., A.V. Rozumowski, J.P. Lindeque, K. Mändli Lerch und V. Strohm 2023: Digital-Radar Schweiz – Monitor Bank WIR 2023. Basel und Olten: FHNW, gfs Zürich, Bank WIR.

Reck Miranda, E. (Hg.) 2021: Handbook of Artifical Intelligence for Music. Foundations, Advanced Approaches, and Developments for Creativity. Cham: Springer Nature.

Ringli, D. 2011: «Musikvereine», in: Historisches Lexikon der Schweiz (HLS), Version vom 24.11.2011. Online: https://hls-dhs-dss.ch/de/articles/011894/2011-11-24/, konsultiert am 27.09.2023.

Expertengruppe SMR

Das Projekt wurde von einer Gruppe von Expertinnen und Experten aus dem Umfeld des Schweizerischen Musikrats begleitet. Dieser Gruppe gehörten die folgenden Personen an:

- Lisa Catena, MAS Popmusik HKB; Co-Founderin Zukker GmbH Bern
- Anna Fintelmann, ehem. Vizepräsidentin der Schweizerischen Chorvereinigung SCV
- Jonatan Niedrig, lic. jur., Geschäftsleiter PETZI, Verband Schweizer Musikclubs und Festivals
- Nina Rindlisbacher, MLaw, Verantwortliche Politische Projekte – Soziale Sicherheit – Juristischer Dienst SONART
- Sandra Tinner, Dr. phil., Geschäftsführerin Schweizer Musikrat
- Christina Urchueguía, Prof. Dr., Präsidentin Schweizerische Musikforschende Gesellschaft SMG

INTERAKTION

Künstlerisches und gemeinschaftliches Potenzial

«Durch Smart Contracts, bei denen ein Satz von Parametern in der Blockchain gespeichert ist, entstehen lebendige und dynamische Kunstwerke, die viel interessanter sind als die schlechten JPEGs.» – Gespräch zwischen Technikphilosoph und Galerist

In diesem Teil möchten wir die neuen künstlerischen Möglichkeiten die durch die NFT Technologie entstehen, beleuchten: Skalierungsmöglichkeiten verändern die künstlerische Arbeitsweise, Smart Contracts können mehr finanzielle Autonomie bedeuten. Im Zentrum steht dabei die Innovation durch die Technologie:

«Es geht überhaupt nicht darum, ein Kunstwerk zu digitalisieren. Im Gegenteil, es geht darum, Werke zu erfinden, die nur durch die Blockchain möglich sind.» – Gespräch mit Forschenden

Dieses Zitat spricht Smart Contracts an. Eine der bekanntesten Anwendung von Smart Contracts sind Royaltys, die automatisiert ausbezahlt werden können. Smart Contracts ermöglichen aber auch andere Formen von Interaktivität. Zum Beispiel, dass NFTs nur eine bestimmte Zeit in den Händen einer Sammelnden bleiben dürfen. Sie können auch so programmiert werden, dass bestimmte Einflüsse eine bestimmte Reaktion auslösen. Damit sind NFTs potenziell viel mehr als nur starre Eigentumszertifikate, sondern dynamische Objekte. Damit öffnet sich auch Spielraum für eine kritische Auseinandersetzung mit Konzepten wie Eigentum.

«Werke wie Life Forms von Sarah Friend fordern die etablierten Auffassungen von Knappheit und Akkumulation heraus.» – Gespräch zwischen Technikphilosoph und Galerist

Das hier angesprochene Kunstwerk darf nämlich nicht länger als 90 Tage in der Wallet einer Person bleiben, sonst löst es sich auf. Man muss das NFT in einer Gemeinschaft weitergeben, so wird es eine Art von Geschenk, eine Art Spiel.

«Also tatsächlich können NFTs die Grenzen zwischen Unterhaltung, Video, Games, Kunst und Aktivismus verwischen.» – Gespräch mit Forschenden

In unseren Fokusgruppen wurde klar, dass die Interaktion als wichtigstes Innovationspotential von NFTs angesehen wird. Welche Formen von Kunst ermöglicht die Blockchain, die durch andere Medien nicht möglich wären? Um diese Möglichkeiten mitzuerleben und zu verstehen, braucht es aber ein vertieftes Verständnis von der Technologie.

WERTE

Unterschiedliche NFT Communities = unterschiedliche Werte

«Ich habe tatsächlich eine grossartige, sinnstiftende Gemeinschaft von Kunstschaffenden und Sammelnden gefunden, die alle soziale und ökologische Nachhaltigkeit ins Zentrum stellen und dabei leidenschaftlich darauf bedacht sind, den Kunstmarkt inklusiv zu gestalten.» – Gespräch mit kuratorischer Leitung

«Aus meiner Sicht liegen die Potenziale von NFTs im kulturellen Bereich, in der Pflege von Communities und in der Umverteilung. Die künstlerische Innovation finde ich weniger spannend.» – Gespräch mit Forschenden

NFTs bewegen sich grundsätzlich in einem anderen Ökosystem als dem traditionellen Kunstschauplatz. Gemeinschaften entstehen zum einen auf Marktplätzen wie OpenSea oder Hic et Nunc, aber auch auf den dazugehörigen Kommunikationsplattformen wie Discord oder X (ehemals Twitter). Da die Kunstschaffenden oft direkt und nicht über eine Mittelsperson wie eine Galerie mit ihren Fans oder Kaufinteressenten in Kontakt treten, verändert das auch ihre Aufgaben.

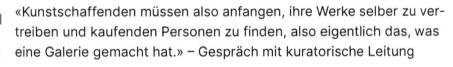
«Kunstschaffenden müssen also anfangen, ihre Werke selber zu vertreiben und kaufenden Personen zu finden, also eigentlich das, was eine Galerie gemacht hat.» – Gespräch mit kuratorische Leitung

Mit dieser direkten Verkaufsform müssen die Kunstschaffenden keine Prozente des Ertrags an Mittelspersonen abgeben. Aber wie schaffen sie es ohne Galerie, dass ihre Werke ein Publikum und kaufenden Personen finden? Viele Kunstschaffenden nutzen deshalb Plattformen, um ihre Werke zu verkaufen. Auf diesen Plattformen gibt es Kommunikationskanäle, die eine Gemeinschaft bilden. Während einige Plattformen stark auf den Kauf und Verkauf fokussiert sind, können auch andere Werte im Zentrum stehen.

«Es gibt auch Gemeinschaften, da ist der Verkauf nicht das Ziel, es ist mehr die Kirsche auf der Sahnehaube. Eigentlich geht es darum, Unterstützung und Kritik durch die Gruppe zu bekommen.» – Gespräch zwischen Kunstschaffenden, Kunstsammelnden, Entwickelnden und Fachpersonen für digitale Kunst

Auf vielen dieser Verkaufsplattformen geht ein Teil der Verkaufssumme an die Plattformbetreiber. Plattformen können zu Wertegemeinschaften werden. Verkaufsplattformen werden dann in gewissem Sinne zur Galerie, zur Mittelsperson, weil sie eine Gemeinschaft kuratieren. In diesem Sinne greifen für die Kunstschaffenden wieder ähnliche Mechanismen wie in einer Galerie oder bei einer Agentur.

«Und die Plattform sagt aber knallhart: Das ist der Contract, das sind die Bedingungen. Take it or leave it. Machtverhältnisse lassen sich nicht so einfach verändern.» – Gespräch mit Kunstschaffenden

ROYALTY

Gebühreneinnahmen für geistiges Eigentum

«Auf gewissen Plattformen gibt es einen Smart Contract, der die Einnahmen zwischen der Künstlerin, der Plattform und der Software aufteilt. Es entsteht ein interessantes Kreislaufsystem.» – Gespräch mit Forschenden

Auf dem traditionellen Kunstmarkt kriegen die Kunstschaffenden bei Sekundärverkäufen, also bei jedem weiteren Verkauf nach dem Erstverkauf durch die Künstlerin, keinen Anteil mehr vom Verkaufspreis. Anders auf der Blockchain, wo Smart Contracts für jeden Weiterverkauf einen prozentualen Verkaufspreis festsetzen können, der immer an die Kunstschaffenden geht. Kunstschaffenden kriegen dadurch eine stärkere Absicherung. Einmal festgeschrieben, kann dieser Vertrag nicht mehr geändert werden. Wenn also festgesetzt wird, dass die Künstlerin von jedem weiteren Verkauf 15 Prozent erhält, stärkt das ihre Position.

Eine weitere Veränderung ist auch die Transparenz: Auf der Blockchain ist öffentlich einsehbar, wer welches Werk zu welchem Preis kauft.

Die Idee von Royaltys und auch der Transparenz ist nicht neu. So schlugen 1971 der Konzeptkünstler Seth Siegelaub und der Anwalt Robert Projansky mit ihrem Werk The Artist›s Reserved Rights Transfer and Sale Agreement, auf Deutsch Die Vereinbarung über die Weitergabe und den Verkauf der vorbehaltenen Rechte des Künstlers, einen Vertrag vor, der unter anderem eine Gebühr auf jedem Weiterverkauf zugunsten des Künstlers vorsah. Auch eine Vetomöglichkeit Seitens Kunstschaffenden gegen geplante Ausstellungen, in denen das Werk gezeigt werden soll, war angedacht. So soll die Künstlerin auch nach Verkauf ihres Werks Hoheit über den Kontext behalten, in dem es gezeigt wird. Mit NFTs sind diese Ideen nun technisch und automatisiert umsetzbar.

Um Royaltys mittels Smart Contracts ins Werk einzubauen, muss die jeweilige Plattform und Blockchain Smart Contracts aber natürlich erst einmal technisch unterstützen. Und wie genau der Smart Contract dann ausgestaltet ist, unterscheidet sich ebenfalls je nach Blockchain und Marktplatz. Es gibt unterschiedliche Ansätze für die Auszahlung, je nach Kultur der jeweiligen Blockchain.

Die grundsätzliche, technologische Möglichkeit bedeutet also noch lange nicht, dass dies auch umgesetzt oder von den Marktplätzen immer ermöglicht wird. NFTs bedeuten nicht automatisch mehr finanzielle Autonomie für Kunstschaffende. Auch hier ist also wieder der Ansatz des Ökosystems zentral, denn die Betreiber der Plattform entscheiden bis zu einem gewissen Grad über die Position der Künstlerin.

Quelle:
Siegelaub, S., & Projansky, R. (1971). The Artist's Reserved Rights Transfer and Sale Agreement [Vertrag].

AUSBLICK

Wie geht es weiter mit NFTs?

Wir haben die Gesprächsteilnehmenden gefragt, wie sie auf die Zukunft von NFTs blicken. Die Antworten beziehen sich teilweise auf die Technologie NFT allgemein und teilweise auf die in der Publikation verwendete Definition von Kunst-NFTs.

«Für mich ist der Erfolg von NFTs nicht so wichtig. Für mich geht es wirklich um die digitale Kunst. Und die digitale Kunst wird natürlich bleiben.» – Gespräch zwischen Technikphilosoph und Galerist

«Dieser Kosmos ist wie ein wildes Tier, ich habe keine Ahnung, wie es weitergeht.» – Gespräch mit kuratorischer Leitung

«Ich denke, dass NFTs als Medium verschwinden werden. Was bleiben wird, ist die Smart-Contract-Technologie [...]. Es gibt eine riesige Produktion [von NFTs], die, wie man bereits sehen kann, nicht mehr auf ein grosses Publikum trifft.» – Gespräch mit kuratorischer Leitung

«Ich würde behaupten, dass es möglich ist, sich postkapitalistische Zukünfte mit dieser Art von [dezentralen] Technologien [...] vorzustellen.» – Gespräch zwischen Technikphilosoph und Galerist

«NFTs werden wohl bleiben, überall wo digitale Einzigartigkeit ein Thema ist.» – Gespräch mit Kunstschaffenden

«Aber ich denke, auf kurze Sicht sind NFTs und Blockchain hier, um zu bleiben. Es wird sicherlich in einigen Wellen weitergehen. Ich glaube nicht, dass sie in zwei Jahren ganz plötzlich verschwinden werden.» – Gespräch mit kuratorischer Leitung

Unsere Befragten waren sich einig, dass sich NFTs weiterentwickeln werden. Diese Weiterentwicklung wird nicht zwingend künstlerisch ausfallen:

«Vielleicht werden die Anwendungsfälle auch gar nicht Kunst sein, sondern die Migros Genossenschaft, die Entscheidungen via Smart Contracts fällt.» – Gespräch mit Forschenden

Kritisch ergänzt eine Teilnehmende:

«Ob es wirklich die beste Technologie für digitale Kunst ist? Da bin ich mir nicht 100 Prozent sicher.» – Gespräch mit kuratorischer Leitung

Auch hier geht es darum, das Potenzial der Technologie noch weiter zu erkunden.

Viele NFTs stellen die Frage nach digitalem Eigentum ins Zentrum, sie verändern damit ein Wesensmerkmal des Web 2.0, in dem alles teilbar war. Das muss aber nicht unbedingt so sein, denn NFTs könnten auch gerade diese Besitzverhältnisse durch Smart Contracts hinterfragen. Ein Smart Contract könnte das Museumspublikum ähnlich einer Genossenschaft an den Entscheidungsprozessen teilhaben lassen. NFTs sind jetzt schon wichtige Bestandteile anderer Technologien, wie zum Beispiel des Metaverse. Dieser Aspekt ist wichtig, denn wenn sich eine Technologie durchsetzen soll, ist es fast zwingend, dass sie sich auch in andere Systeme integriert. Der Kunst-NFT, der für sich als geschlossenes Objekt besteht, ist also vielleicht in Zukunft nicht die am weitesten verbreitete Anwendung der NFT-Technologie.

Wie kann man also die Zukunft um NFTs beurteilen? Sie haben die Kunstwelt sicherlich verändert, allerdings nicht zwingend durch Demokratisierung oder mehr Zugang, sondern, weil neue Möglichkeiten geschaffen wurden, an denen sich unterschiedliche Akteuren bedienen können. Sie sind sicher auch ein Zeitzeugnis, das stark mit dem Hype um Blockchain verknüpft wurde, der durch grössere gesellschaftliche Ereignisse, wie die Bankenkrise oder die Covid-19-Pandemie befeuert wurde. Die Beurteilung von NFTs hängt nicht nur von der Technologie ab, sondern auch vom jeweiligen historischen und politischen Kontext und von den Akteuren, die von der Technologie Gebrauch machen und machen können.

Teil 3

Proof of Culture. NFTs in der Kunstwelt – eine Diskursanalyse

Ramona Sprenger, Jeannie Schneider / Dezentrum Think & Do Tank

Inhalt

Abbildungsverzeichnis **430**

Zusammenfassung **431**

Summary **436**

Résumé **441**

Sintesi **446**

1. Über die Studie **451**
Ziel der Prozessdokumentation 451
1.1. Situierung 451
1.2. Forschungsfrage 451
1.3. Ziel der Publikation 452
1.4. Limitierungen der Publikation 452
1.5. Methoden 453

2. Spannungsfelder **455**
2.1. Digitalität: von Besitz und Einzigartigkeit 455
2.2. Technologie: von Dezentralität und Autonomie 456
2.3. Kulturwandel: Innovation oder Reproduktion? 457

3. Interviews **459**
3.1. Methode 459
3.2. Interviewte Personen 459
3.3. Durchführung 461

4. Interviewauswertung **463**
4.1. Codierung 463

5.	Fokusgruppen	465
5.1.	Vorgehensweise und Methode	465
5.2.	Themenfelder	465
5.2.1.	Kunst: Kunstbegriff und kultureller Wandel	466
5.2.2.	Technologie: Web3 und Blockchain	467
5.2.3.	NFTs als Artefakte	469
5.3.	Auswahl der teilnehmenden Fokusgruppen	470
5.3.1.	Herausforderungen und Learnings in der Auswahl der Teilnehmenden	470
5.3.2.	Teilnehmende der Fokusgruppe Schweiz	472
5.3.3.	Teilnehmende der Fokusgruppe international	473
5.4.	Interviews Romandie	474
5.4.1.	Teilnehmende der Fokusgespräche Romandie	474
6.	Methode Fokusgruppe	477
6.1.	Vorgehen Fokusgruppen	477
6.2.	Vorgang Interviews Romandie	478
6.3.	Auswertung	478
7.	Gestaltungskonzept	479
7.1.	Entscheidung für die kartografische Variante	479
7.2.	Webseite	482
7.3.	Umsetzung auf der Plattform WorkAdventure	483
8.	Annex	487
8.1.	Fragenkatalog Interview	487
8.1.1.	Spannungsfeld 1: Digitalität: Besitz und Einzigartigkeit	487
8.1.2.	Spannungsfeld 2: Technologie: Dezentralität und Autonomie	487
8.1.3.	Spannungsfeld 3: Kulturwandel: Innovation oder Reproduktion	487
8.2.	Codebook-Interviews	488

8.3.	Fragenkatalog Fokusgruppen	489
8.3.1.	Themenfeld 1 – Kunst: Kunstbegriff, Kultureller Wandel	489
8.3.2.	Themenfeld 2 – Technologie, Web3.0/Blockchain	490
8.3.3.	Themenfeld 3: Politik – NFT als Artefakt	492
8.4.	Fragekatalog Interviews Romandie	493
8.4.1.	Art – Notion of Art / Cultural Change	493
8.4.2.	Technologie – Web3.0 / Blockchain	494
8.4.3.	Politics – NFT as Artefacts (as Politics)	495

References **497**

Projektgruppe **498**

Abbildungsverzeichnis

Abb. 1	Übersicht des Prozesses	454
Abb. 2	Screenshots der digitalen Galerie distant.gallery	479
Abb. 3	Übersicht der Inhalte und Formen	481
Abb. 4	Die Startseite der digitalen Publikation	482
Abb. 5	Inhalt auf der Publikationswebseite aufbereitet (rechts) und in der interaktiven Publikation verlinkt (links)	482
Abb. 6	WorkAdventure bietet unterschiedliche Interaktionsmöglichkeiten und Arten, Informationen darzustellen	483
Abb. 7	Ansicht der interaktiven Publikation	484
Abb. 8	Ansicht der interaktiven Publikation mit einer geöffneten Inhaltsseite	485

Zusammenfassung

Digitalkunst lebte lange davon, dass digitale Inhalte wie Bilder, Videos und Texte im Internet kopiert, vervielfältigt und wiederverwendet wurden. Als «Mix and Match» beschrieb eine Interviewpartnerin das Motto der Szene. Diese Praxis führte aber auch zur Herausforderung, die Urheberschaft und Originalität eines Werkes eindeutig zu belegen. Darum wurde digitale Kunst oft als Druck oder eine auf einem Stick abgespeicherte Datei gehandelt. In digitaler Form waren die Handelbarkeit sowie der Echtheitsnachweis eingeschränkt.

Das änderte die Einführung der «Non-fungible Token» (NFT), zu Deutsch etwa ein «nicht-austauschbares Echtheitszertifikat». Der NFT wird auf der Blockchain gespeichert und stellt meist einen digitalen Vermögenswert wie ein Bild, ein Video oder eine Audiodatei dar. Durch die Blockchain-Technologie ist jeder NFT einzigartig, sein Besitz unverwechselbar und handelbar. Die NFT-Technologie hat viele Anwendungsbereiche, wir fokussieren uns in unserer Publikation auf den bekanntesten: die Digitalkunst. Streng genommen meint der Begriff NFT nur das Echtheitszertifikat, das auf einer Blockchain gespeichert ist. Wenn wir in unserem Beitrag den Begriff verwenden, meinen wir immer das Zertifikat mitsamt dem Vermögenswert.

Die NFT-Technologie bringt also eine fundamentale Veränderung für die Wirtschaftlichkeit digitaler Kunst mit sich. Digitale Kunst kann man neu besitzen, kaufen und verkaufen. Im Jahr 2021 erreichte der NFT-Hype seinen Höhepunkt. Werke wurden teilweise für zweistellige Millionenbeträge verkauft. Nur zwei Jahre später (2023) haben die meisten NFTs ihren Marktwert aber bereits wieder verloren. Waren NFTs also nur ein kurzer Hype? Wie viel Innovation liegt in dieser Technologie und wem nützt sie? Wie verändern NFTs die Kunstwelt?

Um uns diesen Fragen anzunähern, unterteilten wir das Untersuchungsfeld in eine Wechselwirkung zwischen Kunstschaffenden, Werk und Publikum. Unter Publikum verstehen wir Laienpublikum, (etablierte) Kulturinstitutionen oder Galerien. Unsere Forschungsfrage lautet: Wie verändern NFTs die Beziehungen zwischen Kunstschaffenden, Werk und Publikum?

Für die Beantwortung dieser Fragen haben wir den Diskurs anhand von Gesprächen mit 14 Personen aus den Bereichen Kunst und Blockchain aus der Schweiz, Deutschland, England und Frankreich analysiert. Dazu kamen qualitative Methoden und ein explorativer Ansatz zur Anwendung. Zunächst haben wir anhand eines Literature Review eine kritische Diskursanalyse vorgenommen, um aktuelle Haltungen und Fragen im Fachbereich aufzugreifen. Auf dieser Grundlage haben wir sodann semistrukturierte Interviews geführt, welche erste Spannungsfelder eingegrenzt haben. Schliesslich haben wir Fokusgruppen und Fokusgespräche geführt und diese mit «in-vivo coding» ausgewertet.

Entstehungskontext: Zwischen Blockchain und Digitalkunst

Auf der einen Seite steht die Digitalkunst. Digitalkunst ist ein Sammelbegriff für Kunstwerke, die durch die Verwendung digitaler Technologie erzeugt wurden: von den Anfängen in den 1960er-Jahren bis hin zu den komplexen Ausdrucksformen des Web 3.0. Ihre Geschichte zeichnet sich durch eine kontinuierliche Erforschung der Möglichkeiten aus, mit digitalen Technologien Kunstwerke zu schaffen. Während diese Kunstwerke neue technologische Horizonte eröffnen, reflektieren sie zugleich die Entstehung von Technologien und deren Auswirkungen auf die Gesellschaft oft kritisch.

Auf der anderen Seite ist die Blockchain-Technologie als Antwort auf das Bedürfnis nach einem dezentralisierten, transparenten und sicheren System für digitale Transaktionen entstanden, insbesondere im Kontext der Weltwirtschaftskrise von 2008. Indem die Blockchain-Technologie theoretisch die Notwendigkeit von Intermediären ausschaltet, verspricht sie eine Grundlage für ein alternatives Vertrauensmodell in der digitalen Welt.

NFTs stehen also vor dem Hintergrund von zwei ziemlich unterschiedlichen Kulturen, was einen grossen Teil ihrer Ambivalenz ausmacht. NFTs vereinen diese beiden Felder, indem sie die Authentifizierung und den Handel von Unikaten in der digitalen Kunst durch den unveränderlichen und transparenten Charakter der Blockchain ermöglichen. Diese Verortung von NFTs zwischen Digitalkunst und Blockchain spiegelt nicht nur die technologischen und konzeptionellen Prägungen dieser Bereiche wider, sondern auch deren kulturelle und gesellschaftliche Ambitionen – von der Kritik an zentralisierten Machtstrukturen und dem Streben nach kreativer Freiheit bis hin zur Verwirklichung neuer Formen des Eigentums und der Wertschätzung im digitalen Raum.

Faszination

Die Faszination, die von NFTs ausgeht, speist sich aus unterschiedlichen Perspektiven: Kritiker sehen darin oft nur überteuerte digitale Bilder, während gewisse Kunstschaffende die Möglichkeit schätzen, traditionelle Kunstvermittler wie Galerien zu umgehen und direkt mit dem Publikum in Kontakt zu treten. Einige Käuferinnen wiederum betrachten NFTs als Investitionsmöglichkeit. Die Hoffnungen, die mit NFTs verbunden sind – wie Dezentralisierung, Transparenz und eine Veränderung des Kunstmarktes hin zu mehr Gemeinschaft – werden jedoch zunehmend kritisch hinterfragt, da der Markt stark von kapitalistischen Dynamiken geprägt ist. Nichtsdestotrotz eröffnet die Nutzung der Blockchain-Technologie für Kunstschaffende neue Möglichkeiten, ihre Werke digital zu vermarkten und ihnen einzigartige Eigenschaften zu verleihen, die ihren künstlerischen und ökonomischen Wert steigern können.

Klar ist, dass durch NFTs der digitalen Kunst und Kultur mehr Aufmerksamkeit zuteilgeworden ist. Für die einen sind NFTs zu nah am klassischen Kunst- und Finanzmarkt, weswegen diese Aufmerksamkeit von ihnen nicht nur positiv gelesen wird. Andere heben die Vielfalt und Dynamik von NFT-Gemeinschaften als innovativ hervor. Es wird betont, dass Kunst sich an unsere zunehmend digitale Lebensrealität anpassen und diese reflektieren sollte.

Spannungsfelder

Publikum–Werk

Die Beziehung zwischen Publikum und Werk wird durch NFTs vermehrt von Marktmechanismen geprägt. Die Handelbarkeit ist in die NFT-Technologie eingeschrieben und wird meist rein finanziell genutzt. Inzwischen sind auch klassische Kunstinstitutionen wie Auktionshäuser, Museen und Galerien in den NFT-Kosmos eingetreten. Einerseits hat sich dadurch die Idee verstärkt, dass auch digitale Kunst sich verkaufen muss, um einen Wert zu haben. Andererseits ermöglicht dies eine vertiefte Auseinandersetzung mit NFTs im institutionellen Kunstdiskurs und eine Einordnung in die Kunstgeschichte.

Es gebe die Möglichkeit, «gigantische Editionen [von NFTs] für kleine Preise» zu schaffen, sagt eine befragte Person. So können es sich mehr Menschen leisten, Kunst zu besitzen und am Kunsthandel teilzunehmen. Ob aber NFTs Kunst tatsächlich zugänglicher machen, wird wegen grosser technischer Einstiegshürden von vielen Gesprächspartnerinnen und -partnern infrage gestellt.

Publikum–Kunstschaffende

Die NFT-Technologie birgt einiges an Innovationspotenzial. Durch ihre Programmierbarkeit können NFTs potenziell dynamische Objekte sein, die Spielraum für Interaktionen des Publikums mit dem Werk, der NFT-Community oder den Kunstschaffenden zulassen.

Mit NFTs entstand auch ein neues Ökosystem mit eigenen Akteurinnen und Regeln. Die grossen Verkaufsplattformen funktionieren nicht wie Galerien. Die Kunstschaffenden müssen tendenziell viel direkter mit Fans oder Kaufinteressenten in Kontakt treten, um auf sich aufmerksam zu machen. Digitale Kommunikationsplattformen wie Discord oder X (ehemals Twitter) spielen eine grosse Rolle im Austausch zwischen Kunstschaffenden und Publikum wie auch in der Bewertung und Einordnung der Werke. Innerhalb des NFT-Kosmos gibt es zahlreiche Subcommunities, die teilweise sehr unterschiedliche Werte ins Zentrum stellen – von Gemeinschaft und gegenseitiger Unterstützung bis hin zu möglichst vielen und hochpreisigen Verkäufen von NFT-Werken.

Kunstschaffende–Werk

NFTs bieten aufgrund ihrer Programmierbarkeit die Möglichkeit, durch sogenannte Smart Contracts Regeln im Kunstwerk einzuschreiben. So kann beispielsweise festgelegt werden, dass die Kunstschaffenden bei jedem Wiederverkauf einen Prozentsatz des Verkaufspreises erhalten – sogenannte Royaltys. In diese Smart Contracts können aber auch andere Eigenschaften eingeschrieben werden: Einige Werke können sich beispielsweise nur für eine bestimmte Zeit im Besitz einer bestimmten Person befinden; wenn sie nach Ablauf dieser Zeit nicht weitergegeben werden, zerfallen sie. Besitz, also die zentrale Eigenschaft der NFT-Technologie, kann so durch eine künstlerische Praxis neu gedacht werden.

Der Umstand, dass auf der Blockchain nur geringe Datenmengen gespeichert werden können, wirkt sich auf die Ästhetik aus. Viele Kunstschaffende kopieren die Pixel-Ästhetik, auch wenn mit NFTs verknüpfte Bilder oft gar nicht direkt auf der Blockchain gespeichert werden.

Fazit und Ausblick

Das wichtigste Fazit lautet: NFT ist nicht gleich NFT. Die grossen Versprechen von Blockchain-Technologien lauten Demokratisierung, mehr Zugang für alle und eine Veränderung von Beziehungen zwischen etablierten Akteuren. Technologie alleine erfüllt diese Versprechen aber nicht. Vieles hängt vom jeweiligen Ökosystem und dessen Werten ab. Innovation liegt am Ende in den Händen der Menschen, die diese Technologie anwenden.

Alle Beteiligten sind sich auf jeden Fall einig, dass NFTs die Digitalkunst verändert haben. NFTs haben heute einen festen Platz in den Sammlungen vieler grosser Museen – und das, obwohl unklar ist, wie sie langfristig archiviert werden können. Es gibt durchaus künstlerisch innovative NFTs, doch die Innovation ist der Technologie nicht inhärent, sondern sie entstehen durch eine innovative künstlerische Praxis. Sie geschieht über das Werk oder in der Gemeinschaft. Wenn die Technologie nachhaltig relevant sein soll, muss sie sich in andere Sektoren integrieren. Es könnte also sein, dass NFTs sich über den Kunstmarkt hinaus entwickeln und bald an anderen Orten eine wichtige Rolle spielen.

Um dem Diskurs rund um NFTs eine entsprechende Form zu verleihen, kreierten wir einen eigenen digitalen Kosmos: Auf der interaktiven Webplattform «Proof of Culture» navigieren sich die Besuchenden als Pixelavatare durch einen virtuellen Raum und machen sich auf spielerische und immersive Weise mit NFTs vertraut. Diese nichtlineare Herangehensweise spiegelt die Diskursdynamik um NFTs wider und erlaubt eine Abbildung der Zusammenhänge der unterschiedlichen Themen. Die Ästhetik der Webplattform ist ebenfalls an jene in der NFT-Welt üblichen Pixel-Darstellungen angelehnt. Im vorliegenden Sammelband befinden sich einige ausgewählte Spannungsfelder zu den Themen Kommerz, Institutionen, Interaktion, Werte, Zugang, Skalierung und Royalty.

Um ganz in den NFT-Kosmos einzutauchen, lohnt es sich, «Proof of Culture» auf eigene Faust zu entdecken: www.proofofculture.ch

Summary

Digital art has for many years encompassed digital content such as images, videos and texts copied, reproduced and reused on the Internet. One interviewee described the digital art scene as "mix and match". But this made it challenging to clearly verify the source and originality of a given work. For this reason, digital art was often traded in print form or as a file stored on a memory stick. In digital form, its tradability and proof of authenticity were curtailed.

This changed with the introduction of the non-fungible token (NFT), i.e. a non-exchangeable certificate of authenticity. An NFT is recorded on a blockchain and normally represents a digital asset such as an image, a video or an audio file. Through the use of blockchain technology, each NFT is unique, and its ownership is distinctive and tradable. There are many areas of application for NFT technology, but the focus in our report is on its best-known field: digital art. Strictly speaking, the term "non-fungible token" only refers to the certificate of authenticity that is recorded on a blockchain, but when we use the term here, it always refers to the certificate together with the respective asset.

NFT technology thus fundamentally changes the ownership and marketability of digital art, which can now be owned, bought and sold. The NFT hype peaked in 2021, when many works were sold for prices in the tens of millions. But only two years later the majority of NFTs had already lost their market value. Were they little more than a short-lived hype? How innovative is this technology, and who benefits from it? How are NFTs changing the art world?

To address these questions, the study focused on the interaction between artists, works and the public. For our purposes, the term "public" refers to the lay audience, (established) cultural institutions or galleries. Our research question was: how are NFTs changing the relationships between artists, their works and the public?

To answer this question, we analysed the discourse based on discussions with fourteen specialists in the fields of art and blockchain technology from Switzerland, Germany, England and France. We also used qualitative methodologies and adopted an explorative approach. We firstly carried out a critical discourse analysis based on a review of the existing literature to identify current stances and issues. On this basis we then conducted semi-structured interviews which narrowed down initial fields of conflict. And finally, we held discussions with focus groups and evaluated the results with in-vivo coding.

Context: between blockchain and digital art

On the one hand there is digital art. This is a collective term for works of art that are created through the use of digital technology, from its beginnings in the 1960s through to the complex forms of expression on Web 3.0. Its history is characterised by a constant exploration of the possibilities for creating works of art using digital technologies. While these artworks open up new technological horizons, they often reflect critically on the creation of technologies and their impact on society.

On the other hand, blockchain technology was developed in response to the need for a decentralised, transparent and secure system for carrying out digital transactions, especially in the context of the 2008 global economic crisis. Since blockchain technology theoretically eliminates the need for intermediaries, it forms the basis for an alternative trust model in the digital world.

NFTs thus exist against the backdrop of two very different cultures, which accounts for a significant portion of their ambivalence. They unite these two aspects by enabling the authentication and trading of unique items in the field of digital art thanks to the unalterable and transparent nature of blockchains. This positioning of NFTs between digital art and blockchain reflects not only the technological and conceptual characteristics of these areas, but also their cultural and societal ambitions – from the criticism of centralised power structures and the striving for creative freedom to the realisation of new forms of ownership and appreciation in the digital realm.

Fascination

The fascination attached to NFTs originates from differing perspectives: critics often regard them as nothing more than overpriced digital images, whereas some artists welcome the possibility to bypass established dealers and intermediaries such as galleries and deal directly with the public. For their part, some buyers regard NFTs as an investment opportunity. However, the hopes attached to NFTs – decentralisation, transparency and a shifting of the art market towards a closer community – are increasingly being questioned as the market is strongly characterised by capitalist dynamics. Nevertheless, the use of blockchain technology opens up new opportunities for artists to market their works digitally and to give them unique properties that can increase their artistic and economic value. It is clear that, thanks to NFTs, interest in digital art and culture has increased. Some people consider NFTs to be too close to the classical art and financial markets, and thus do not always view this interest in a positive light. Others emphasise the diversity and dynamics of NFT communities, pointing out that art should be adapted to, and reflect, our increasingly digital reality of life.

Fields of conflict

Public–artworks

Through NFTs, the relationship between public and artworks is becoming increasingly influenced by market mechanisms. Tradability is embedded in NFT technology and is mostly used in a purely financial sense. Meanwhile, conventional art institutions such as auction houses, museums and galleries have joined the NFT cosmos. This has reinforced the notion that digital art, too, must be sold in order to acquire a value. But this increased interest has also facilitated a more thorough analysis of NFTs in the institutional discourse on art and their integration into art history.

One interviewee noted that it is possible to create "enormous editions [of NFTs] at low cost". This means that more people can afford to own works of art and participate in the art market. But many others questioned whether NFTs really make art more accessible, citing the high technological barriers to entry.

Public–artists

NFT technology opens up considerable potential for innovation. Thanks to their programmability, NFTs can become potentially dynamic objects that create scope for interaction between the public and artworks, the NFT community or artists.

NFTs have also given rise to a new ecosystem with its own players and rules, because the major sales platforms do not operate in the same way as galleries. In order to draw attention to themselves, artists have to communicate much more directly with fans or prospective buyers. Digital communication platforms such as Discord or X (formerly Twitter) play a major role in exchanges between artists and the public, as well as in the valuation and classification of artworks. Within the NFT cosmos there are numerous sub-communities often focused on greatly differing values, ranging from community and mutual support to selling as many high-priced NFT works as possible.

Artists–works

Because they are programmable, NFTs offer the possibility of integrating rules into art works in the form of smart contracts. This could be a clause stipulating that the artist is to receive a percentage of the sales price (i.e., a royalty) for each resale of the work.

Various other rules can be included in smart contracts: for example, that a given work may only remain in the possession of a certain person for a specified period of time. If the work is not passed on after the deadline has expired, it disintegrates. Thus, ownership as the central attribute of NFT technology can be redefined through an artistic practice.

The fact that only minor quantities of data can be recorded on a blockchain has an aesthetic impact. Many artists emulate the pixel aesthetic, even if images linked with NFTs are often not directly recorded on the blockchain.

Conclusions and outlook

The main conclusion to be drawn is that there is more to NFTs than meets the eye. The major benefits associated with blockchain technologies are democratisation, increased access for all and a change in the relationships between established players. But technology on its own cannot deliver these benefits. Much depends on the respective ecosystem and its values. Innovation is ultimately driven by the people using the technology.

Nonetheless, the participants agree that NFTs have changed digital art. They now have a firm place in the collections of many major museums, even though it is not clear how they can be archived in the long term. There are of course artistically innovative NFTs, but the innovation is not inherent in the technology – it originates from an innovative artistic practice, either through the artwork or within the community. If the technology is to be relevant in the long term, it needs to be integrated into other sectors. It is conceivable, for example, that NFTs could expand beyond the art market and soon play a significant role elsewhere.

In order to give the discourse on NFTs an appropriate form, we created our own digital cosmos: on the interactive web platform, "Proof of Culture", users navigate as pixel avatars through a virtual sphere and acquaint themselves with NFTs in a playful and immersive way. The non-linear approach reflects the dynamics of the discourse on NFTs and allows for the depiction of correlations between various topics. The aesthetics of the web platform is also based on the standard pixel representations used in the NFT universe. The document lists selected areas of conflict related to commerce, institutions, interaction, values, access, scaling and royalties.

To explore the NFT cosmos for yourself, visit the "Proof of Culture" web platform: www.proofofculture.ch

Résumé

L'art numérique a longtemps consisté à copier, reproduire et réutiliser des contenus numériques tels que des images, des vidéos et des textes sur Internet – un univers qualifié de « mix and match » par une des personnes interrogées. Mais cette pratique a aussi fait surgir la difficulté d'établir clairement la paternité et l'originalité d'une œuvre. L'art numérique était donc couramment commercialisé sous forme imprimée ou comme fichier stocké sur une clé USB, car sous forme numérique, sa négociabilité et la possibilité de prouver son authenticité étaient limitées.

L'avènement du jeton non fongible (*non-fungible token,* NFT), c'est-à-dire le « certificat d'authenticité non échangeable », a changé la donne. Un NFT est conservé sur la blockchain et représente généralement un actif numérique tel qu'une image, une vidéo ou un fichier audio. Grâce à la technologie blockchain, chaque NFT est unique, sa propriété est incontestable et il peut être négocié. Si la technologie NFT a de multiples applications, notre publication se focalise sur la plus connue : l'art numérique. Au sens strict, l'acronyme NFT ne désigne que le certificat d'authenticité stocké sur une blockchain. Toutefois, dans le contexte de cette étude, il faut comprendre à la fois le certificat et l'actif qu'il authentifie.

La technologie NFT apporte donc un changement fondamental à l'économie de l'art numérique. Désormais, l'art numérique peut être possédé, acquis et vendu. En 2021, l'engouement pour les NFT a atteint des sommets sans précédent avec des ventes d'œuvres à plusieurs dizaines de millions d'euros. Mais à peine deux ans plus tard, en 2023, la plupart des NFT perdaient déjà leur valeur marchande. Les NFT n'ont-ils donc été qu'une mode passagère ? Quelle est la part d'innovation de cette technologie et à qui profite-t-elle ? En quoi les NFT changent-ils le monde de l'art ?

Pour aborder ces questions, nous avons divisé le champ d'investigation en interactions entre les artistes, les œuvres et les destinataires. Par destinataires, nous entendons le public amateur, les institutions culturelles (établies) ou les galeries d'art. Notre question de recherche est la suivante : Comment les NFT modifient-ils les relations entre les artistes, les œuvres et les destinataires ?

Pour répondre à cette interrogation, nous avons analysé le discours en nous basant sur des entretiens avec 14 personnes issues des domaines de l'art et de la blockchain en Suisse, en Allemagne, en Angleterre et en France. À cela s'ajoutent des méthodes qualitatives et une approche exploratoire. Nous avons d'abord effectué une analyse critique du discours à partir d'une revue de littérature, afin de saisir les positions et questions actuelles dans ce domaine. Puis nous avons mené des entretiens semi-structurés sur cette base, qui ont permis de cerner les premiers champs de tension. Enfin, nous avons animé des groupes de discussion (*focus groups*) et mené des entretiens en profondeur, que nous avons analysés à l'aide d'un codage in vivo.

Création – entre blockchain et art numérique

D'un côté, il y a l'art numérique. Ce terme générique désigne les œuvres d'art produites en recourant à la technologie numérique, depuis ses débuts dans les années 1960 jusqu'aux formes d'expression complexes du web 3.0. Son histoire se caractérise par une exploration continue des possibilités de créer des œuvres d'art à l'aide de technologies numériques. Alors que ces œuvres d'art ouvrent de nouveaux horizons technologiques, elles reflètent en même temps de manière souvent critique l'émergence des technologies et leur impact sur la société.

D'un autre côté, la technologie blockchain est née pour répondre au besoin d'un système décentralisé, transparent et sécurisé pour les transactions numériques, notamment dans le contexte de la crise économique mondiale de 2008. En éliminant théoriquement les intermédiaires, la technologie blockchain promet de jeter les bases d'un modèle de confiance alternatif dans le monde numérique.

Les NFT se situent donc à la croisée de deux cultures assez différentes, ce qui explique en grande partie leur ambivalence. Elles réunissent deux mondes en permettant l'authentification et le négoce de pièces uniques d'art numérique grâce au caractère immuable et transparent de la blockchain. La place unique des NFT entre art numérique et blockchain reflète non seulement les empreintes technologiques et conceptuelles de ces deux domaines, mais aussi leurs ambitions culturelles et sociales. Cela va de la critique des structures de pouvoir centralisées et de la quête de liberté créative à la réalisation de nouvelles formes de propriété et d'évaluation dans l'espace numérique.

Fascination

La fascination exercée par les NFT se nourrit de différentes perspectives : les esprits critiques n'y voient souvent que des images numériques trop chères, alors qu'un certain nombre de créatrices et créateurs d'art apprécient la possibilité de contourner les intermédiaires traditionnels comme les galeries et d'entrer directement en contact avec le public. Et pour certains acquéreurs, les NFT sont une opportunité d'investissement. Les espoirs liés aux NFT – comme la décentralisation, la transparence et un changement du marché de l'art vers plus de communauté – sont toutefois de plus en plus critiqués, car le marché est fortement influencé par les dynamiques capitalistes. Néanmoins, l'utilisation de la technologie blockchain offre aux créatrices et créateurs de nouvelles possibilités de commercialiser numériquement leurs œuvres et de leur conférer des caractéristiques uniques susceptibles d'accroitre leur valeur artistique et économique. Il est clair que l'art et la culture numériques bénéficient d'une plus grande attention grâce aux NFT. Certaines personnes estiment que les NFT sont trop proches du marché classique de l'art et de la finance, considérant donc que cet intérêt n'est pas uniquement positif. D'autres soulignent la diversité, le dynamisme et le caractère innovant des communautés NFT, relevant que l'art devrait s'adapter à notre réalité de vie de plus en plus numérique et la refléter.

Champs de tension

Public–Œuvre

Avec les NFT, la relation entre le public et l'œuvre est de plus en plus influencée par les mécanismes du marché. La négociabilité est inscrite dans la technologie NFT et généralement utilisée à des fins purement financières. Entretemps, les institutions artistiques classiques telles que les maisons de vente aux enchères, les musées et les galeries d'art ont également rejoint l'univers des NFT.

D'une part, cela a renforcé l'idée que l'art numérique doit lui aussi se vendre pour avoir une valeur. D'autre part, cela permet d'approfondir l'étude des NFT dans le discours artistique institutionnel et de les situer dans l'histoire de l'art.

Il y aurait la possibilité de créer de « gigantesques éditions [de NFT] pour de petits prix », selon une personne interrogée. En effet, davantage de personnes peuvent se permettre de posséder de l'art et de participer au marché de l'art. Mais un grand nombre d'interlocutrices et d'interlocuteurs se demandent si les NFT rendent vraiment l'art plus accessible au vu des importants obstacles techniques à l'entrée.

Public–Artistes

La technologie NFT recèle un certain potentiel d'innovation. Grâce à leur programmabilité, les NFT sont des objets potentiellement dynamiques qui laissent une marge de manœuvre pour les interactions du public avec l'œuvre, la communauté NFT ou les artistes.

Les NFT ont également donné naissance à un nouvel écosystème avec des parties prenantes et des règles qui lui sont propres. Les grandes plateformes de vente ne fonctionnent pas comme des galeries. Tendanciellement, les créatrices et créateurs d'art doivent établir un contact beaucoup plus direct avec leurs fans ou avec des acheteurs potentiels pour attirer leur attention. Les plateformes de communication numériques comme Discord ou X (anciennement Twitter) jouent un grand rôle dans les échanges entre les artistes et leur public, ainsi que dans l'évaluation et la classification des œuvres. Il existe de nombreux sous-groupes au sein de l'univers NFT, dont les valeurs sont parfois très différentes et vont de la communauté et du soutien mutuel à la vente d'un maximum d'œuvres NFT à un prix élevé.

Artiste–Œuvre

La programmabilité des NFT permet d'inscrire des règles dans l'œuvre d'art par le biais de ce que l'on appelle des contrats intelligents (*smart contracts*). Il est par exemple possible de stipuler que les artistes reçoivent un pourcentage du prix de vente à chaque revente, ou royalties.

Mais d'autres caractéristiques peuvent également être inscrites dans ces *smart contracts*. Par exemple, certaines œuvres ne peuvent être détenues par une personne donnée que pendant un certain temps ; si elles ne sont pas transmises à l'issue de cette période, elles se détériorent. La possession, c'est-à-dire la caractéristique centrale de la technologie NFT, peut ainsi être repensée à travers une pratique artistique.

Le fait que seule une petite quantité de données puisse être stockée sur la blockchain a un impact sur l'esthétique. De nombreux artistes copient l'esthétique des pixels, même si les images liées aux NFT ne sont souvent pas enregistrées directement sur la blockchain.

Conclusion et perspectives

La conclusion principale est que tous les NFT ne se valent pas. Les grandes promesses des technologies blockchain sont la démocratisation, une meilleure accessibilité pour tout le monde, et une modification des relations entre les parties prenantes établies. Mais la technologie seule ne suffit pas à tenir ces promesses. Beaucoup de choses dépendent de chaque écosystème et de ses valeurs. En fin de compte, l'innovation est entre les mains des individus qui utilisent la technologie.

Il n'en reste pas moins que toutes les parties prenantes s'accordent à dire que les NFT ont changé l'art numérique. Ils ont aujourd'hui une place de choix dans les collections de nombreux grands musées, et ce même si l'on ne sait pas comment les stocker à long terme. S'il existe bien des NFT innovantes sur un plan artistique, cela ne relève pas de la technologie elle-même, mais plutôt d'une pratique novatrice qui se produit au travers de l'œuvre ou dans la communauté. Pour que la technologie soit pertinente à long terme, elle doit s'intégrer dans d'autres secteurs. Il se pourrait donc que les NFT se déploient au-delà du marché de l'art et jouent bientôt un rôle important dans d'autres milieux.

Pour donner une forme appropriée au discours autour des NFT, nous avons créé notre propre univers numérique : la plateforme web interactive « Proof of Culture » permet de naviguer dans un espace virtuel sous forme d'avatars de pixels et de se familiariser avec les NFT de manière ludique et immersive. L'approche non linéaire reflète la dynamique du discours actuel et illustre les liens entre les différents thèmes. L'esthétique de la plateforme web s'inspire également des représentations en pixels habituelles dans le monde des NFT. Le présent recueil aborde une sélection de champs de tension sur les thèmes du commerce, des institutions, de l'interaction, des valeurs, de l'accès, de la mise à l'échelle et des royalties.

Pour s'immerger complètement dans l'univers des NFT, il vaut la peine de découvrir « Proof of Culture » par soi-même : www.proofofculture.ch

Sintesi

Per molto tempo, l'arte digitale ha vissuto della copia, della riproduzione e della riutilizzazione su Internet di contenuti digitali come immagini, video e testi. In un'intervista, qualcuno aveva descritto il motto di questo universo come «Mix and Match». Questa pratica comportava però anche la sfida di dimostrare inequivocabilmente la paternità e l'originalità delle opere. Per questo motivo, l'arte digitale era spesso commercializzata sotto forma di stampati o file salvati su uno stick, mentre la commerciabilità e la prova dell'autenticità in forma digitale erano limitate.

Le cose sono cambiate con l'introduzione dei «non-fungible token» (NFT) o «gettoni non fungibili» (in pratica dei certificati di autenticità non intercambiabili). Gli NFT sono salvati su una blockchain e in genere rappresentano valori patrimoniali digitali, come immagini, video o file audio. Grazie alla tecnologia blockchain, ogni NFT è unico e il suo possesso è inconfondibile e negoziabile. La tecnologia NFT trova impiego in molti campi, ma nella nostra pubblicazione ci concentriamo su quello più noto: l'arte digitale. Tecnicamente, l'acronimo NFT designa solo il certificato di autenticità salvato sulla blockchain. Nel nostro contributo, con NTF intendiamo sempre il certificato unitamente al valore patrimoniale.

La tecnologia NFT comporta quindi un cambiamento radicale per l'economicità dell'arte digitale. Diventa ora possibile possedere, comprare e vendere arte digitale. L'hype degli NFT ha raggiunto il suo apice nel 2021, quando le opere erano vendute a tratti per importi milionari a due cifre. Solo due anni dopo, nel 2023, la maggior parte degli NFT aveva però già riperso il suo valore di mercato. Gli NFT sono quindi stati solo un hype effimero? Quanta innovazione c'è in questa tecnologia e a chi serve? Gli NFT come cambiano il mondo dell'arte?

Per avvicinarci a questi interrogativi, abbiamo suddiviso il campo d'indagine in un'interazione tra operatore artistico, opera e pubblico. Per pubblico intendiamo il grande pubblico dei non esperti, le istituzioni culturali (affermate) o le gallerie. L'interrogativo alla base della nostra ricerca è il seguente: gli NFT come cambiano le relazioni tra operatore artistico, opera e pubblico?

Per trovare risposte abbiamo analizzato il discorso tramite colloqui con 14 persone attive nel campo dell'arte e delle blockchain provenienti da Svizzera, Germania, Inghilterra e Francia, facendo ricorso a metodi qualitativi e un approccio esplorativo. Per iniziare abbiamo effettuato un'analisi critica del discorso tramite una «literature review», al fine di identificare gli atteggiamenti e gli interrogativi attuali all'interno del settore. Su tale base abbiamo poi condotto delle interviste semi-strutturate, da cui sono emersi primi conflitti. Per finire abbiamo organizzato focus group e focus talk, analizzandoli tramite codifica «in vivo».

Genesi: tra blockchain e arte digitale

Da un lato vi è l'arte digitale. L'arte digitale è un termine collettivo, che designa le opere d'arte create mediante la tecnologia digitale, dagli esordi negli anni 1960 alle complesse forme espressive del web 3.0. La sua storia si distingue per una continua esplorazione delle possibilità di creare opere d'arte mediante tecnologie digitali. Queste opere d'arte schiudono nuovi orizzonti tecnologici e al contempo riflettono in modo spesso critico sull'avvento delle tecnologie e sul loro impatto sulla società.

Dall'altro vi è la tecnologia blockchain, nata in risposta alla necessità di un sistema decentrato, trasparente e sicuro per le transazioni digitali, in particolare nel contesto della crisi economica mondiale del 2008. Eliminando in teoria la necessità di intermediari, la tecnologia blockchain promette una base per un modello di fiducia alternativo nel mondo digitale.

Dietro gli NFT si celano quindi due culture piuttosto diverse, il che costituisce buona parte della loro ambivalenza. Gli NFT uniscono questi due campi, consentendo l'autenticazione e il commercio di pezzi unici nell'arte digitale grazie al carattere immutabile e trasparente delle blockchain. Questa collocazione degli NFT tra l'arte digitale e le blockchain rispecchia non solo le caratteristiche tecnologiche e concettuali di questi due ambiti, ma anche le loro ambizioni culturali e sociali – dalla critica alle strutture di potere centralizzate e l'aspirazione della libertà creativa alla realizzazione di nuove forme di proprietà e l'apprezzamento nello spazio digitale.

Fascino

Il fascino esercitato dagli NFT si nutre su vari versanti: i critici vi intravedono spesso solo immagini digitali troppo costose, mentre alcuni operatori artistici apprezzano la possibilità di aggirare gli intermediari di arte tradizionali, come le gallerie, e di entrare direttamente in contatto con il pubblico. A loro volta, alcuni acquirenti vedono gli NFT come possibilità d'investimento. Le speranze associate agli NFT – come decentramento, trasparenza e una trasformazione del mercato dell'arte verso più comunità – sono tuttavia sempre più messe in dubbio, dal momento che il mercato è fortemente influenzato da dinamiche capitalistiche. L'uso della tecnologia blockchain offre tuttavia agli operatori artistici nuove possibilità di commercializzare le loro opere in forma digitale e attribuire loro caratteristiche uniche, che possono aumentarne il valore artistico ed economico. È chiaro che, attraverso gli NFT, l'arte e la cultura digitali hanno attirato maggiore attenzione. Gli uni ritengono che gli NFT siano troppo vicini ai mercati dell'arte e finanziari classici e di conseguenza leggono questa attenzione non solo in chiave positiva. Altri sottolineano il carattere innovativo della diversità e del dinamismo delle comunità NFT, ribandendo che l'arte deve adattarsi alla nostra realtà esistenziale sempre più digitale e riflettere su di essa.

Conflitti

Pubblico–opera

Con gli NFT, la relazione tra pubblico e opera sottostà sempre più ai meccanismi di mercato. La commerciabilità è insita nella tecnologia NFT e in genere è sfruttata per motivi puramente finanziari. Nel frattempo nell'universo NFT sono approdate istituzioni artistiche classiche, come le case d'asta, i musei e le gallerie. Da un lato, ciò rafforza l'idea che anche l'arte digitale deve essere venduta per acquistare un valore.

Dall'altro, questa attenzione consente una riflessione approfondita sugli NFT nel discorso istituzionale sull'arte e un collocamento nella storia dell'arte.

Vi sarebbe la possibilità di creare «edizioni gigantesche [di NFT] a piccoli prezzi», ha rilevato uno degli intervistati. Sempre più persone potrebbero così permettersi di possedere arte e di partecipare al commercio di arte. Molti intervistati dubitano però che gli NFT rendano effettivamente più accessibile l'arte, a causa delle elevate barriere tecniche all'ingresso.

Pubblico–operatore artistico

La tecnologia degli NFT cela un certo potenziale d'innovazione. Grazie alla loro programmabilità, potenzialmente gli NFT possono essere oggetti dinamici, che offrono un margine di manovra per interazioni del pubblico con l'opera, la comunità NFT o gli operatori artistici.

Con gli NFT è sorto anche un nuovo ecosistema con propri attori e proprie regole. Le grandi piattaforme di vendita non funzionano infatti come le gallerie. Gli operatori artistici devono tendenzialmente entrare in contatto in modo molto più diretto con i fan o i potenziali acquirenti per attirare l'attenzione su di sé. Le piattaforme di comunicazione digitale, come Discord o X (ex Twitter), svolgono un ruolo importante negli scambi tra gli operatori artistici e il pubblico come pure nella valutazione e nella classificazione delle opere. All'interno dell'universo NFT vi sono numerose sottocomunità, che privilegiano valori in parte molto diversi – dalla collettività e dal sostegno reciproco alla massimizzazione delle vendite e dei prezzi delle opere NFT.

Operatore artistico–opera

Vista la loro programmabilità, gli NFT offrono la possibilità di iscrivere regole nell'opera d'arte mediante cosiddetti contratti intelligenti o «smart contract». Si può stabilire ad esempio che, in caso di rivendita, gli operatori artistici incassino una percentuale del prezzo di vendita – le cosiddette royalty.

Nei contratti intelligenti possono però essere iscritte anche altre caratteristiche: si può ad esempio stabilire che un'opera resti in possesso di una determinata persona solo per un determinato periodo – se alla scadenza di questo periodo non è ceduta ad altri, si disintegra. Il possesso, cioè una caratteristica fondamentale della tecnologia NFT, può così essere ripensato attraverso una pratica artistica.

Il fatto che sulla blockchain possano essere salvate solo piccole quantità di dati ha un impatto sull'estetica. Molti operatori artistici copiano l'estetica pixel art, anche se spesso le immagini associate agli NFT non sono neanche salvate direttamente sulla blockchain.

Conclusione e prospettive

La principale conclusione è la seguente: c'è NFT e NFT. Le grandi promesse delle tecnologie blockchain sono democratizzazione, maggior accesso per tutti e trasformazione delle relazioni tra gli attori affermati. Da sola, la tecnologia non mantiene però queste promesse. Molto dipende dall'ecosistema e dai suoi valori. Alla fine, l'innovazione è nelle mani delle persone che utilizzano la tecnologia.

In ogni caso, i diretti interessati concordano nel rilevare che gli NFT hanno cambiato l'arte digitale. Oggi gli NFT hanno un posto fisso nelle collezioni di molti grandi musei. E ciò benché non sia chiaro per quanto tempo potranno essere archiviati. Esistono certo NFT artisticamente innovativi, ma l'innovazione non è inerente alla tecnologia: gli NFT innovativi sono il frutto di una pratica artistica innovativa attraverso l'opera o all'interno della comunità. Per conquistarsi una presenza durevole, la tecnologia deve integrarsi in altri settori. Non è quindi escluso che gli NFT si sviluppino al di là del mercato dell'arte e a breve inizieranno a svolgere un ruolo importante altrove.

Per dare una forma al discorso sugli NFT, abbiamo creato un universo digitale a sé: sulla piattaforma web interattiva «Proof of Culture», i visitatori navigano in uno spazio virtuale sotto forma di avatar pixel art e si familiarizzano con gli NFT in modo ludico e immersivo. L'approccio non lineare rispecchia il dinamismo del discorso sugli NFT, consentendo una rappresentazione delle correlazioni tra le varie tematiche. Anche l'estetica della piattaforma web ricalca le rappresentazioni pixel art consuete nel mondo NFT. Il presente documento tratta conflitti selezionati nell'ambito del commercio, delle istituzioni, dell'interazione, dei valori, dell'accesso, della scalabilità e delle royalty.

Per un'immersione totale nell'universo NFT conviene esplorare «Proof of Culture» in prima persona: www.proofofculture.ch

1. Über die Studie

Ziel der Prozessdokumentation

Diese Prozessdokumentation soll Methoden, Vorgehen, Schwierigkeiten abbilden und richtet sich an ein interessiertes Fachpublikum.

1.1. Situierung

Im Wochentakt wechseln sich die Einordnungen von NFTs ab: Mal sind sie disruptive Zukunftstechnologie, mal sind sie ein Investmentvehikel für die Kryptoanlegerinnen. NFTs vereinen unterschiedliche Disziplinen und Hintergründe. Insbesondere nachdem das Auktionshaus Christie's im März 2021 ein NFT des amerikanischen Künstlers Beeple für 70 Millionen US-Dollar verkauft hat. Was ist dran an dem Hype?

Technisch gesehen ist ein NFT, ein Non-Fungible Token, ein Echtheitszertifikat, das auf einer Blockchain gespeichert ist, verkauft und gehandelt werden kann. Der NFT stellt meist einen digitalen Vermögenswert wie ein Bild, ein Video oder eine Audiodatei dar, kann aber auch den Besitz eines physischen Artefakts angeben, wie zum Beispiel eines Sneakers.

Diese Publikation widmet sich dem Diskurs um NFTs im Kunstbereich. Sie bringt Stimmen zusammen und ordnet ein. Für diese Publikation sprachen wir mit 14 Personen aus der Schweiz, Frankreich und Deutschland aus dem Kunst- und Blockchain-Bereich.

NFTs dienen an dieser Stelle beispielhaft für die zum Teil heftig geführten Diskussionen zur Beurteilung emergenter Technologien. Als emergent wird eine neue Technologie bezeichnet, die das Potenzial hat, bestehende Verfahren wesentlich zu verändern, oft mit dem Versprechen verbunden, sie zu verbessern.

1.2. Forschungsfrage

Wir operationalisieren das Themenfeld als Interaktionen zwischen der Künstlerin, dem Artefakt und den Empfängern. Unter Empfängern verstehen wir sowohl das Laienpublikum als auch (etablierte) Kulturinstitutionen. Aus diesen Interaktionen wollen wir Rückwirkungen auf NFTs, unseren «Frame of Reference», untersuchen. Unsere Forschungsfrage ist deswegen: Wie verändern NFTs die Beziehungen zwischen dem Werk, der Künstlerin, und den Empfängern? Daraus resultieren mehrere Subfragen:

- Wie verändern NFTs die Praxis von Kulturschaffenden?
- Wie wirken sich NFTs auf etablierte Kulturinstitutionen aus?
- Was bedeuten NFTs für den Zugang für ein Laienpublikum?

Zusätzlich beleuchten wir in dieser Studie, auf einer Formebene, wie die visuelle Darstellung helfen kann, Diskursdynamiken natürlicher wiederzugeben und verständlicher darzustellen. Zudem soll die visuelle Gestaltung einen Teil der Pixelästhetik der NFT-Welt an das Zielpublikum vermitteln.

1.3. Ziel der Publikation

Das Ziel unserer Publikation ist eine Bestandsaufnahme der Diskurse über *Non-Fungible Tokens* (NFTs) in der Kunst. Die Sammlung, Einordnung und Gegenüberstellung der verschiedenen Einschätzungen werden als digitale Multimediapublikation veröffentlicht. Sie versucht, NFTs aus verschiedenen Perspektiven gleichzeitig zu betrachten und so ein gesamtheitliches Verständnis über NFTs und deren Wirkungsfeld zu generieren.

Diese unterschiedlichen Perspektiven sollen den Besuchenden einen differenzierten Zugang zur Thematik eröffnen. So kann man sich anhand der Einordnungen und Thesen der Expertinnen und Experten ein Bild über die Aspekte dieser Entwicklungen machen. Die Zielgruppe der Publikation sind Fachpersonen aus unterschiedlichen Feldern sowie ein interessiertes Laienpublikum.

1.4. Limitierungen der Publikation

Diese Publikation versammelt und ordnet die aufgeworfenen Fragestellungen und Spannungsfelder ein und erforscht Potenziale und Risiken, die mit der emergenten Technologie von NFTs aufkommen. Zwei Limitierungen möchten wir vorab erwähnen:

1. Wir fokussieren uns auf die Anwendung von NFTs im Kunst- und Kulturbereich und schliessen andere Einsatzbereiche wie beispielsweise Vertragsrecht oder Lieferkettenmanagement aus.
2. Die Interviews und Fokusgruppengespräche haben im Jahr 2022 stattgefunden. Da sich der Diskurs schnell entwickelt, sind neuere Entwicklungen nicht abgedeckt.

1.5. Methoden

Um die verschiedenen Meinungen und Haltungen in Bezug auf NFTs so gut wie möglich abzubilden, haben wir qualitative Methoden und einen explorativen Ansatz verwendet. Zunächst haben wir anhand einer «Literature Review» eine kritische Diskursanalyse betrieben, um aktuelle Haltungen und Diskurse im Fachbereich aufzugreifen. Die kritische Diskursanalyse hat mehrere Definitionen zutage gefördert; innerhalb dieser Studie beziehen wir uns auf jene von Bloomaert und Bulcaen (2000), die erklären, das Ziel sei «sowohl undurchsichtige als auch transparente strukturelle Beziehungen von Dominanz, Diskriminierung, Macht und Kontrolle, wie sie sich in der Sprache manifestieren zu analysieren» (p. 448). Wir arbeiten mit semistrukturierten Interviews, Fokusgruppen und Fokusgesprächen und In-vivo-coding für die Auswertung der Gespräche auf Grundlage der «Literature Review». Für die Darstellung verwenden wir eine immersive, nichtlineare und multimediale Form.

Vorab eine Übersicht des Prozesses:

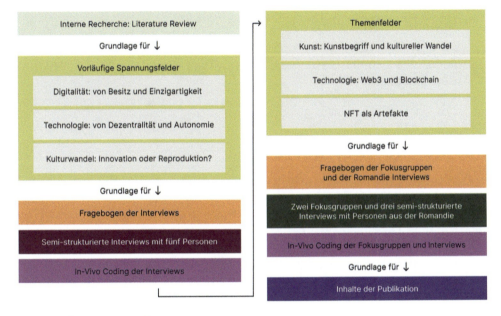

Abb. 1 Übersicht des Prozesses

2. Spannungsfelder

Die initialen Spannungsfelder haben wir mit einem «Literature Review» von aktuellen Fachmagazinen, wissenschaftlichen Artikeln und NFT-Arbeiten betrieben. Um die relevantesten und aktuellsten Erkenntnisse in diesem schnelllebigen Feld zu erfassen, legten wir besonderes Augenmerk auf Publikationen, die zwischen 2015 und Dezember 2022 erschienen sind und Suchbegriffe wie «NFT», «Blockchain», «digitale Kunst» und «Kryptokunst» verwendeten. Da wir uns auf NFTs im Kunstbereich konzentrieren, haben wir uns auf diese Inhalte fokussiert. Zudem haben wir Ausstellungen besucht und uns in Foren verschiedener NFT-Communities aufgehalten. Dabei mussten wir uns auf diejenigen Foren und Communities beschränken, die zumindest in Teilen öffentlich zugänglich sind und diejenigen weglassen, die den Kauf eines NFTs für den Zugang voraussetzen.

Durch unsere Recherche eruierten wir drei vorläufige Spannungsfelder: (1) «Digitalität: von Besitz und Einzigartigkeit», (2) «Technologie: von Dezentralität und Autonomie» und (3) «Kulturwandel: Innovation oder Reproduktion».

2.1. Digitalität: von Besitz und Einzigartigkeit

NFTs geben Kunstschaffenden erstmals die Möglichkeit, ihre digitalen Werke einzigartig und handelbar zu machen. Sie können Dateien – MP3, Filmdateien, GIFs, JPEG, 3D-Renderings, Objekte in Computergames etc. – mit einem NFT ein Original-Zertifikat verleihen und schaffen damit künstliche Verknappung. Aber nicht nur digitale Werke können so gehandelt werden, auch Replika von analogen Stücken kommen ins Spiel. NFTs werfen die Frage mit einer neuen Dringlichkeit auf, ob oder wieso der Besitz von Kunst notwendig ist. Konnte digitale Kunst erst durch Vermarktbarkeit an Relevanz gewinnen? Geht es um Spekulation? Um Handel? Um Wertsteigerung? Welchen Wert wird Einzigartigkeit beigemessen? Was für einen Mehrwert bietet Einzigartigkeit im digitalen Raum?

> «There is no better presentation of the thing than its trading.»
> – Elie Ayache (The Medium of Contingency, 2016)

Ein NFT kann eine Datei einzigartig machen und markiert so das Ende der freien Reproduzierbarkeit im Netz. Was bedeutet es, etwas Digitales sein Eigentum zu nennen, wenn gleichzeitig die Medientrends mit den Streaming-Diensten wie Spotify oder Netflix davon ausgehen, dass man nur noch den Konsum bezahlt, nicht aber die Datei besitzt? Ermöglichen NFTs ein Einkommen für Kunstschaffende oder ein Investment für Krypto-Anleger?

2.2. Technologie: von Dezentralität und Autonomie

Blockchain ist eine Technologie, mit der man Ideen wie Transparenz in der Transaktion und Kontrolle über das verkaufte Werk, tatsächlich umsetzen könnte. Das Versprechen ist, die Demokratisierung des Wohlstandes zu fördern, indem vermeintlich jede Person Zugang zu dem dezentralisierten Finanzsystem hat («What is DeFi?», o. J.). In einem «Smart Contract»[1] können Bedingungen festgeschrieben werden. So würden beispielsweise Lizenzgebühren automatisch an Kunstschaffende überwiesen werden, sobald das Werk weiterverkauft wird. Die Ideologie der Blockchain-Kultur verspricht, die Notwendigkeit des Vertrauens in eine Person oder Institution abzuschaffen (Stichwort «trustless»). Die Motivation dahinter ist, durch das Abschaffen von Intermediären mehr Sicherheit zu schaffen (Szabo, 2001):

> «Trusted third parties are security holes.»
> – Nick Szabo (Trusted Third Parties Are Security Holes, 2001)

Es handelt sich dabei letztlich um das Versprechen von Blockchain: Die Mittelspersonen werden ausgeschaltet. So soll die Community demokratisch definieren, was einen Wert hat und was nicht. Weiter sollen Mitglieder nicht mehr von der Wertschöpfung durch zentrale Strukturen abhängig sein, die vordefinieren, was einen Wert hat und was nicht. NFTs versprechen eine Verschiebung von Machtverhältnissen. Doch wie äussert sich diese Verschiebung und welchen Einfluss hat sie auf die Szene in der Schweiz? Was für Möglichkeiten und Chancen birgt die Programmierbarkeit für Kunstschaffende in der Schweiz?

---

[1] Ein Stück Code, das in die Ethereum-Blockchain geschrieben wird. Wie ein normaler Vertrag zeichnet er eine Vereinbarung zwischen zwei Personen auf, unterscheidet sich aber davon, weil er sich selbst ausführt, wenn die Bedingungen der Vereinbarung erfüllt sind. Ein Anwendungsbeispiel ist Crowdfunding, wobei das gesammelte Geld automatisch von Smart Contract an die Empfängerin ausbezahlt wird, wenn der Zielbetrag erreicht ist.

2.3. Kulturwandel: Innovation oder Reproduktion?

Kunst verändert sich, wenn die Rezension, das Publikum, Emotionen, Erlebnisse, Zugehörigkeitsgefühl etc. nicht mehr unbedingt an einen physischen Ort gebunden sind, sondern global und digital geschehen (Döveling et al., 2018). Sind NFTs also eine konsequenterweise neue Form von Kunst, die die Werte dezentraler, digitaler Communities abbilden, die im Netz immer extrem wichtig waren?

NFTs werden ein hohes Innovationspotential nachgesagt (Dickey, 2021). NFTs können als Zugangstoken[2], also wie ein Mitgliederausweis, fungieren. Beispielsweise galt die Kommunikationsplattform Discord für das Web 2.0 als grosse Errungenschaft – ein Forum, wo sich Menschen dezentral, örtlich und zeitlich unabhängig zu spezifischen Themen austauschen können. Das Web 3.0 hat mit der Blockchain-Technologie diese Möglichkeiten noch einmal erweitert. NFTs können als Eintrittstoken für sogenannte DAOs (Dezentrale Autonome Organisationen)[3] verwendet werden. Personen erhalten Zugang zu diesen Foren und Plattformen, wenn sie investiert haben – mit Geld, dem Besuch einer Ausstellung beispielsweise oder Interaktion irgendeiner Art. Wenn man durch einen Token Zugang zu einer Community bekommt, man also in die DAO aufgenommen wird, kann man in strategischen Entscheiden mitbestimmen, beispielsweise wie und wohin die Gelder fliessen, ähnlich einer digitalen Aktiengesellschaft.

Gleichzeitig wird der grösste Teil von NFTs von einem Bruchteil der Akteure gehandelt. Drops[4] ohne Marketingstrategie schaffen es kaum wahrgenommen zu werden. Sind diese Strukturen also wirklich eine Innovation oder reproduzieren sie einfach Machtverhältnisse? Unter welchen Bedingungen können NFTs innovativ sein und wann sind sie einfach ein Investment?

Basierend auf diesen drei Spannungsfeldern haben wir den Fragebogen für die Interviews ausgearbeitet.

---

[2] In der Blockchain-Technologie ist ein Token eine digitale Einheit, die Werte oder Rechte darstellt. Es gibt verschiedene Arten von Tokens, darunter: Kryptowährungen (digitale Währungen wie Bitcoin oder Ethereum), «Utility Tokens» (bieten Zugang zu spezifischen Dienstleistungen oder Produkten innerhalb eines Blockchain-Ökosystems), «Security Tokens» (repräsentieren eine Investition oder einen Anteil an einem Vermögenswert und unterliegen regulatorischen Anforderungen). Tokens werden auf einer Blockchain erstellt und verwaltet, um sichere, transparente und dezentrale Transaktionen zu ermöglichen (Coinbase, n.d.).

[3] Eine von Nutzer:innen geführte Organisation ohne herkömmliche Hierarchie, die Entscheidungen auf Basis von «Smart Contracts» trifft. Diese Organisationen bringen Menschen mit ähnlichen Interessen zusammen, um gemeinsame Ziele zu erreichen.

[4] Der Moment, in dem ein neuer NFT veröffentlicht wird. Diese Bezeichnung beschrieb ursprünglich eine seltene Neuerscheinung in der Sneakerkultur.

3. Interviews

Um das Ziel einer breit aufgestellten Diskursanalyse zu erreichen, haben wir die Grundlage für die Fokusgruppen, ebenfalls in einem Gespräch mit verschiedenen Expert:innen aus der NFT- und NetArt Szene erarbeitet. Die Interviews dienten uns einerseits als Recherchegrundlage und als Ausgangspunkt für die Erarbeitung des Leitfaden der Fokusgruppen.

3.1. Methode

In fünf Interviews vertieften wir die Spannungsfelder mit dem Ziel, die Expertise der Befragten abzuholen, die Spannungsfelder zu validieren und neue Perspektiven zu gewinnen. Die Interviews waren die Basis für die Ausarbeitung von Thesen, die im nächsten Schritt in zwei Fokusgruppen diskutiert wurden. Die Interviews wurden semistrukturiert geführt und dauerten jeweils ungefähr eine Stunde. Das Interview-Protokoll war in drei Teile unterteilt, die jeweils eines der vorab definierten initialen Spannungsfelder zum Thema hatten. Der Interviewleitfaden ist im Anhang zu finden.

Bei der Auswahl der Befragten haben wir darauf geachtet, Vertreterinnen und Vertreter aus unterschiedlichen Bereichen zu berücksichtigen. Wir haben dementsprechend Personen aus Kunst, Theorie und Kuration angefragt, die einerseits aus der Kunst- und andererseits aus der Kryptoszene stammen. Eine genaue Auflistung findet sich im folgenden Kapitel. Im Anschluss haben wir die Interviews ad verbatim transkribiert und ausgewertet. Mehr zur Auswertung in Kapitel 4.

3.2. Interviewte Personen

Bei der Auswahl haben wir Wert daraufgelegt, eine möglichst breite Diversität von Hintergründen und Bezug zur NFT- und Kunstszene abzubilden. Der Fokus liegt auf der Schweiz, da unsere Auftraggeberin, die Stiftung für Technologiefolgenabschätzung TA-SWISS, diesen Fokus hat. Einen Einblick in internationale Diskurse geben die Interviews mit Ruth Catlow und Cornelia Sollfrank.

Wir haben insgesamt sieben Personen per Mail angefragt, davon haben fünf zugesagt. Die Absagen begründeten die Personen damit, dass sie nicht über NFTs sprechen möchten, da sie zu wenig über das Thema wüssten oder bereits zu viel über das Thema gesagt worden sei. Gerade letztere Aussage ist eine, der wir auch in den Fokusgruppen-Gesprächen begegnet sind. Es zeigt, dass der Diskurs sehr polarisiert ist und dass das Thema von einigen als nicht mehr so wichtig erachtet wird. Gerade kritische Stimmen dazu zu bringen, sich über NFTs zu äussern, stellte zuweilen eine Herausforderung dar. Diese Verzerrung hatten wir aber bei der Auswertung im Blick.

Bei der ersten Auswahlrunde haben wir die französische Schweiz zu wenig mitgedacht und uns zu sehr an Disziplinen orientiert, weshalb wir nach den Fokusgruppen eine weitere Runde an Interviews mit Personen aus der Romandie geführt haben; siehe dazu Kapitel 6.3.3.

Folgende Personen wurden interviewt:

Als künstlerischer Leiter der Sammlung 1OF1 leitet Lukas Amacher eine der weltweit bedeutendsten NFT-gestützten Sammlungen digitaler Kunst. 1OF1 arbeitet mit zukunftsorientierten Künstlern und Institutionen zusammen, indem es Kunst des digitalen Zeitalters sammelt, kontextualisiert und unterstützt und dabei einen aktivistischen Ansatz verfolgt. In letzter Zeit hat 1OF1 unter anderem mit dem Castello di Rivoli in Italien, dem MoMA in New York oder dem M+ in Hongkong zusammengearbeitet. Sie haben die Cartography-Auktionen mit Christie's kuratiert, zwei Versteigerungen digitaler Kunst zugunsten von MAPS (der multidisziplinären Vereinigung für psychedelische Wissenschaften) in den Jahren 2022 bzw. 2023 organisiert und werden 2024 Werke aus der Sammlung weltweit ausstellen.

Ruth Catlow ist Künstlerin, Forscherin, Kuratorin, Co-Direktorin von Furtherfield und Co-PI im Serpentine Galleries Blockchain Lab. Sie leitet preisgekrönte Experimente mit Blockchain und Web 3.0 für gerechtere und besser vernetzte kulturelle Ökologien und Ökonomien. Zu ihren Projekten gehören: Larps for planetary-scale interspecies justice; kollektive kulturelle Entscheidungsfindung mit QV auf der Blockchain; Bücher wie Radical Friends – Decentralised Autonomous Organisations and the Arts (2022) und Artists Re:thinking the Blockchain (2017).

Johannes Gees hat 2019 zusammen mit Kelian Maissen ein NFT an der Schnittstelle von generativer und konzeptioneller Kunst kreiert: Kleee02. Kleee02 gilt zusammen mit Autoglyphs von Larvalabs als erstes Beispiel von generativer, konzeptioneller Kunst auf der Blockchain und hat Tausende ähnlicher NFT-Projekte inspiriert.

Boris Magrini war Kurator, Leiter des Programms und Teil der Museumsleitung des HEK, Hause der elektronischen Künste in Basel. Das HEK widmet sich seit 2011 digitaler Kultur und neuen Kunstformen des Informationszeitalters.

Cornelia Sollfrank macht künstlerische Forschung zu digitalen Innovationen. Sie ist Künstlerin und Associate Researcherin an der Zürcher Hochschule der Künste. Sie gilt als Pionierin der Netzkunst und wichtige Vertreterin des Cyberfeminismus. Ihre Arbeitsschwerpunkte sind Gender und Technologien, Urheberrecht, digitale Commons und Performativität von Daten. 2022 war sie Teil der Ausstellung NfTNeTArT, From Net Art to NFT (panke.gallery und Office IMPART, Berlin).

3.3. Durchführung

Der Fragebogen wurde in einem Testinterview geprüft und basierend auf der Rückmeldung etwas zusammengefasst oder verständlicher formuliert. Das Testinterview führten wir mit Benedikt Schuppli, einem Anwalt und Fintech-/Blockchain-Experten aus Zürich. Die Stunde Interview reichte gut für eine kurze Erklärung zur Form und dem Ziel der Publikation sowie für den Fragebogen.

Die Interviews bedurften teilweise einer strikten Gesprächsführung, da die Befragten es sich gewohnt waren, öffentlich über dieses Thema zu sprechen. Entsprechend war wiederholtes Nachfragen nötig. Wir boten Teilnehmenden eine Entschädigung von CHF 100.– an, da gerade selbstständige Kunstschaffende sich oft in prekären Arbeitsumfeldern bewegen. Wir wollten sie für das Teilen ihres Fachwissens entlohnen, gerade weil dieses Wissen, auf das wir in unserer Publikation angewiesen sind, von einer noch nicht unbedingt im Mainstream angekommenen Gruppierung kommt. Einige Teilnehmende lehnten die Entschädigung ab, da sie das Interview im Rahmen ihrer institutionellen Tätigkeit durchführen konnte.

4. Interviewauswertung

Die Gespräche wurden ad verbatim transkribiert. Dies geschah zunächst mit einer Software, und die Transkripte wurden anschliessend manuell auf der Basis der Tonaufnahme der Gespräche auf grammatikalische Fehler redigiert. Aufgrund unserer explorativen Forschungsfrage wählten wir einen offenen, an die Grounded Theory angelehnten Coding Prozess für die Datenanalyse. Bei dieser Methode werden in einem iterativen Prozess Schlüsselthemen identifiziert, die aus den Aussagen der Interviewpartner:innen generiert werden. Das heisst, dass die Aussagen selbst als Codes betrachtet werden und als Grundlage für die spätere Auswertung dienen (sog. In-vivo Coding). Diese Codierung ermöglicht eine Restrukturierung der Interviews nach Relevanz der einzelnen Themen. Die Aussagen, bei denen sich die Teilnehmenden einig waren, wurden als Hintergrundinformation in die Publikation eingearbeitet, während aus den kontroversen Themen drei Themenfelder abgeleitet wurden, die als Diskussionsgrundlage für die Fokusgruppen dienten: i) Kunst: Kunstbegriff und kultureller Wandel, ii) Technologie: Web3.0 und Blockchain, iii) NFT als Artefakte.

Die Auswertung der Fokusgruppen und der Fokusgespräche erfolgte mit derselben Methode. Dieser zweistufige qualitative Prozess ermöglichte es, unterschiedliche Stakeholder einzubeziehen. Hier zeigte sich, dass die drei Spannungsfelder und die insgesamt 5 Stunden Interviews einen sehr umfangreichen Datensatz ergaben.

4.1. Codierung

Die Codierung erarbeiteten wir, indem wir alle einzeln die Interviews ein erstes Mal durchgingen und markierten, welche Aussagen wichtig sind. Wir besprachen unsere Auswahl gemeinsam und generierten daraus Codes, mit denen wir die Interviews ein zweites Mal durchgingen und Aussagen den Codes zuordneten.

Dieser Teil gibt einen Einblick in das Codierungsverfahren und soll den Vorgang und die Methode illustrieren. In der ersten Zeile ist jeweils der Code aufgeführt, dann folgen die Aussagen der Interviewten.

Unser Codebook enthielt schlussendlich 24 Codes, die im Anhang zu finden sind. Um einen Einblick zu geben, nachfolgend eine Definition und Aussagen zum Code «Marktdynamiken».

Unter dem Code Marktdynamiken sammelten wir Aussagen, die Differenzen und Überschneidungen des NFT-Markts mit dem traditionellen Kunstmarkt in Bezug auf soziale und wirtschaftliche Muster behandelten, zum Beispiel:

> «Das Prinzip von Angebot und Nachfrage bestimmt den Wert. Bei generativen Kunstwerken wird gezielt mit der Verknappung gespielt, um das Sammeln attraktiver zu machen.»

> «Sowohl in der traditionellen Kunstwelt als auch bei NFTs spielen Reputation und Einfluss eine entscheidende Rolle. Bei NFTs können Influencer den Wert durch Hype steigern, während in der Kunstwelt wenige Akteure wie Galerien, Kunstkritiker und Museen ausreichen.»

> «NFTs haben Künstlern neue Möglichkeiten eröffnet, aber die grundlegenden Dynamiken und sozialen Muster sind denen der traditionellen Kunstwelt sehr ähnlich.»

> «Die Möglichkeit von Editionen fasziniert mich. Durch Editionen können Kunstwerke preiswerter angeboten werden als Unikate in der Malerei.»

> «Einige NFTs sind stark mit dem Finanzmarkt verbunden, ähnlich wie hochkarätige Kunst, Blue Chip Kunst.»

5. Fokusgruppen

Die Auswertung der Interviews wurden zu einem Gesprächsleitfaden für die Fokusgruppen verarbeitet. Diese beiden Methoden, semistrukturierte Interviews und Fokusgruppen, waren Grundlage für das weitere Erarbeiten von Inhalt, Struktur, Form und Ästhetik der Publikation. Mit diesem Ansatz verfolgten wir das Ziel, einen Diskurs abzubilden und eine Ergänzung zu den geführten Interviews zu schaffen.

5.1. Vorgehensweise und Methode

Die drei Themenfelder dienen als Gesprächsleitfaden während der Fokusgruppen. Die Fokusgruppen dienen dazu, die kontroversen und polarisierenden Aussagen der Interviews zu ergänzen.

Die Fokusgruppen sind ein qualitatives Instrument. Das Ziel von Fokusgruppen ist es, dass die Teilnehmenden möglichst frei diskutieren; deswegen haben die Fokusgruppen physisch stattgefunden und wurden so ausgewertet, dass die einzelnen Aussagen nicht einer Person zugeordnet werden können. Die Vorteile von Fokusgruppen sind, dass sie sehr umfangreiche und detaillierte Antworten erzeugen, weil die einzelnen Befragten aufeinander reagieren können. Fokusgruppen zeigen, wie ein Thema verhandelt und diskutiert wird. Fokusgruppen sind dafür geeignet, unterschiedliche Meinungen abzuholen und kontroverse Aussagen zu hinterfragen, für unsere Ziele also wichtige Merkmale. Es ist nicht das Ziel der Fokusgruppen, statistisch relevante Aussagen zu generieren, sondern zu einer nuancierten Diskussion zu führen, sodass der Diskurs qualitativ dargestellt werden kann. Unsere Auswahl der Teilnehmenden und Fragestellungen beeinflussen die Ergebnisse. Trotz der Anonymisierung gab es Gruppendynamiken, die sich auf die Sprechzeiten ausgewirkt haben.

5.2. Themenfelder

Die Themenfelder diskutierten wir anhand eines Leitfadens. Wir legten Fragen fest, die wir innerhalb des Themenfeldes angesprochen haben wollten. Mittels Zitate aus den Interviews luden wir zur Diskussion ein. Wurde eine Frage thematisiert, hakten wir diese auf dem Leitfaden ab. Teilweise brachen wir Diskussionsstränge ab oder leiteten mit gezielten Fragen und weiteren Zitaten neue ein.

Jede Fokusgruppe dauerte insgesamt drei Stunden, wobei eine Einführung ins Thema, eine grosszügige Pause und eine halbe Stunde Reservezeit eingerechnet wurde. Diskutiert haben die Teilnehmenden schlussendlich zwischen 1½ und 1¾ Stunden.

Der Leitfaden für die Fokusgruppen befindet sich im Anhang. In den nächsten drei Unterkapiteln geben wir einen Überblick über die Themenfelder.

5.2.1. Kunst: Kunstbegriff und kultureller Wandel

Das erste Thema, das beleuchtet wurde, betrifft den Kunstbegriff und den kulturellen Wandel. Die These, die als Grundlage für das Themenfeld dient, ist, dass NFTs als Medium unserer immer digitaler werdenden Lebensrealität entsprechen und diese abbilden. NFTs sind sozusagen der Ausdruck eines Kulturwandels.

Dieses Themenfeld ergab sich aus den folgenden Spannungen in den Interviewantworten:

In der heutigen Zeit, in der viele Menschen in der Schweiz einen Grossteil ihres Tages online verbringen, gewinnt die Internetkultur rapide an Bedeutung und beeinflusst unsere Wahrnehmung von Kunst. Die durchschnittliche Nutzungsdauer des Internets liegt in der Schweiz bei rund 5.6 Stunden pro Tag, damit ist die Nutzungszeit seit 2021 um über eine Stunde gestiegen (Latzer et al., 2023). NFTs versprechen eine Demokratisierung der Kunstwelt. Theoretisch können alle einen NFT erstellen, direkt handeln oder auf einem Smartphone-Bildschirm betrachten. Doch das birgt auch Risiken. Die weitreichende Zugänglichkeit und Offenheit von NFTs könnte dazu führen, dass nicht mehr die Qualität der Werke, sondern generierte Aufmerksamkeit im Vordergrund steht.

Trotz der wachsenden Popularität von NFTs bleibt die Frage, wer letztlich entscheidet, was als (gute) Kunst gilt. Grosse Auktionshäuser wie Christie's spielen dabei eine entscheidende Rolle, erwähnten mehrere interviewte Personen. Nach dem beeindruckenden NFT-Verkauf bei Christie's wurde das Thema NFT in der Kunstszene plötzlich heiss diskutiert. Dies hebt die Bedeutung des Kontexts hervor, in dem Kunst präsentiert und wahrgenommen wird. In unserer digitalen Ära dient der digitale Feed als solcher Kontext und bietet einen Raum, in dem Kunst im Licht der modernen Gesellschaft interpretiert wird.

Bezüglich des Potenzials von NFTs sind die interviewten Personen geteilter Meinung. Während einige das Potenzial für politischere und aktivistischere Kunst sehen, befürchten andere eine Überschwemmung mit weniger innovativen Trends. Dennoch ist die Ästhetik von NFTs, die von Videospielen und der Hackerszene beeinflusst ist, nicht zu leugnen und spiegelt zweifellos unsere aktuelle Zeit und Kultur wider. Mehrere Personen wiesen darauf hin, dass in grossen Teilen unseres Alltags in der Schweiz digitale Räume und Prozesse eine immer wichtigere Rolle spielten und dass darum NFTs als digitales Medium ein Ausdruck dieses Alltags sei.

Insgesamt haben NFTs die Wahrnehmung von Kunst verändert und eine Diskussion über den Kunstbegriff angestossen. NFTs werden inzwischen von renommierten Institutionen wie dem Centre Pompidou in Paris gesammelt (Pierron, 2023). Eine interviewte Person wies darauf hin, dass durch NFTs nun auch Internetkultur wie Memes in der Kunstszene ernster genommen würde. Es ist eine fortlaufende Diskussion, die zeigt, wie kultureller Wandel und technologische Fortschritte die Kunstszene beeinflussen und neu gestalten.

In der Fokusgruppe wollten wir folgende Fragen diskutieren:

- Akteure/Gatekeepers: Wer definiert, ob ein NFT (gute) Kunst ist?
- Kriterien: Nach welchen Kriterien?
- Ort: Wo findet diese Diskussion statt?
- Repräsentation: Sind NFTs ein logisches neues Medium für das digitale Zeitalter?

5.2.2. Technologie: Web3 und Blockchain

Welche Rolle NFTs in Zukunft spielen werden, hängt eng damit zusammen, ob sich Web3 und Blockchain weiterverbreiten werden.

Zu dieser These sind wir aufgrund der folgenden Aussagen aus den Interviews gekommen:

Ein kultureller Wandel, insbesondere unter der jüngeren Generation, die mit digitalen Vermögenswerten aufgewachsen ist, spielt hier eine zentrale Rolle. Die jüngere Generation sieht den Wert und die Attraktivität digitaler Sammlerstücke, beispielsweise in Videospielen. Diese kulturelle Akzeptanz digitaler Besitztümer könnte ein Schlüssel zur Mainstream-Akzeptanz von NFTs sein. Allerdings gibt es auch kritische Stimmen, die behaupten, NFTs seien nur ein Mittel zum Zweck, um die Aktivität der Blockchain aufrechtzuerhalten. Solche Ansichten könnten das Vertrauen in NFTs und ihre langfristige Akzeptanz untergraben.

Die Bedeutung von NFTs könnte wachsen, weil sie eine Brücke zwischen digitaler Einzigartigkeit und monetärer Wertschätzung schlagen. Sie bieten Kunstschaffenden neue Wege, ihre Werke abseits traditioneller Kunstmarktstrukturen zu monetarisieren. Dennoch könnten Übersättigung und ökologische Bedenken bezüglich des Energieverbrauchs von Blockchain-Technologien dazu führen, dass sie an Bedeutung verlieren.

In Sachen Nachhaltigkeit gibt es zweifellos Herausforderungen. Viele der aktuellen Blockchain-Netzwerke sind energieintensiv. Allein Bitcoin verbraucht jährlich schätzungsweise 127 Terawattstunden – mehr als Länder wie beispielsweise Norwegen. In den USA werden durch Kryptowährungen schätzungsweise 25 bis 50 Millionen Tonnen CO_2 pro Jahr ausgestossen. (Huestis, 2023). Dennoch bieten neue technologische Ansätze wie Proof-of-Stake oder grünere Netzwerke Hoffnung für eine ökologischere Zukunft der Blockchain. Ausserdem könnten NFTs durch Mechanismen wie Smart Contracts, die umweltfreundliche Projekte unterstützen, einen positiven Beitrag leisten

Während NFTs das Potenzial haben, Partizipation und finanzielle Autonomie für Kunstschaffende zu gewährleisten, besteht auch die Gefahr, dass sie von denselben ökonomischen Kräften eingenommen werden, die den traditionellen Kunstmarkt beherrschen. Die Zukunft könnte sowohl partizipativ als auch vermögensgesteuert sein – alles hängt davon ab, wie wir als Gesellschaft entscheiden, diese Technologie zu nutzen und zu formen. Auch wirtschaftliche Faktoren spielen hier eine Rolle, beispielsweise, wie günstig eine Technologie ist.

Folgende Fragen sind für die Fokusgruppen relevant:

- Treiber oder Blocker: Was oder wer sind die treibenden Kräfte, was sind die Hindernisse?
- Nachhaltigkeit: Ist die Blockchain-Technologie nachhaltig genug, um sich durchzusetzen? Wie könnte sie nachhaltiger gestaltet werden?
- Zukunft: Angenommen, NFTs haben sich durchgesetzt. In welcher Form werden NFTs dann vorliegen?

5.2.3. NFTs als Artefakte

Eine zentrale Frage in der Beurteilung emergenter Technologien ist, welche Positionalität diese innehaben. Das Umfeld, in dem eine Technologie entwickelt und verwendet wird, muss miteinbezogen werden. NFTs sind eng mit der Entwicklung und den Versprechen der Blockchain-Technologie verknüpft. Dies wird vor allem dann deutlich, wenn man den Hintergrund und den Kontext ihrer Entstehung betrachtet.

Aus den Interviews ging zudem hervor, dass die Beziehung zwischen NFTs und physischem Raum oft übersehen wird. Vor der Zeit der NFTs bezog sich Kunst häufig auf physische Orte oder Ereignisse. NFTs dagegen existieren in einer eigenen digitalen Ebene, losgelöst von physischen Gemeinschaften. Das Ignorieren der physischen Realität, besonders in Zeiten der Klimakrise, kann als problematisch angesehen werden. Das Framing von NFTs als rein digital kann deren Auswirkungen auf das Klima, beispielsweise durch den hohen Energieverbrauch, ausblenden. Auch fällt in der NFT-Szene zur Ansässigkeit einer spezifischen NFT-Community oft der Satz: «Das ist egal. Wir sind aus dem Internet.» Es wurde bemängelt, dass dies unterschiedliche Lebensrealitäten von Personen und damit einhergehende strukturelle Ungerechtigkeiten nicht genügend einbeziehe.

Deshalb fokussierten sich die Fragen für die Fokusgruppen auf das Umfeld von NFTs: die Wertesysteme und Versprechen, die beteiligten Personen und der Entstehungskontext.

Folgende Punkte sind in der Fokusgruppe behandelt worden:

- Werte und Versprechen: Welche Wertesysteme sind in NFTs eingebettet? Was wird mit der Einführung von NFTs versprochen?

- Akteure und Zielgruppe: Welche Akteure haben massgeblich zur Verbreitung und Popularität von NFTs beigetragen? Für wen sind NFTs hauptsächlich gedacht? Wer kann an der NFT-Welt teilnehmen?

- Entstehungskontext: Wie schätzen Teilnehmende den Entstehungskontext von NFTs ein? Wie, wenn überhaupt, können NFTs in anderen Kontexten eingesetzt werden?

5.3. Auswahl der teilnehmenden Fokusgruppen

Unser Ziel war es, in den Fokusgruppen unterschiedliche Stimmen, die ein Standing in der NFT-Szene haben, zusammenzubringen. Mit Standing meinen wir, dass die Person selbst NFT-Werke kreiert und verkauft, Sammlungen oder Ausstellungen zum Thema kuratiert oder zu NFTs forscht. Wir führten zwei Fokusgruppen durch, eine mit Fokus auf die Schweiz und eine mit Fokus auf internationale Stimmen. Wir versuchten Gruppen zusammenzustellen, die unsere Thesen kritisch und aus unterschiedlichen Perspektiven betrachten und diskutieren, sodass wir den Diskurs um NFTs in einer weiteren Tiefe beobachten und aufzeichnen können.

5.3.1. Herausforderungen und Learnings in der Auswahl der Teilnehmenden

Für die Suche nach möglichen Teilnehmenden recherchierten wir selbst, griffen auf das Netzwerk der Begleitgruppe zurück, baten unser Netzwerk um Kontakte und teilten Anforderungsprofile in halböffentlichen Communitys, wie dem Dezentrum Verein oder lokalen Blockchain- und Kryptogruppen.

Wir haben uns bei der Zusammenstellung der Longlist vor allem auf Personen fokussiert, die bereits direkt mit NFTs gearbeitet haben, sei es als Kunstschaffende, in der Kuration oder Forschende. Wir haben keine Person mit spezifischen Fachkenntnissen wie Recht oder Kunstkonservation eingeladen, um so eine Art Metaperspektive beizubehalten und nicht zu stark in Diskurse einzutauchen, die viel Fachwissen benötigen. Fragen, wie NFTs in Museen archiviert werden, sind spannend, jedoch nicht Teil unserer Diskursanalyse.

Grundsätzlich haben wir beim Anfragen möglicher Fokusgruppenteilnehmenden die Erfahrung gemacht, dass es schwer ist, Personen mit einem kritischen Stand zu einem Gespräch zu motivieren. Diese sagten oft mit der Begründung ab, den Diskurs um NFTs fänden sie zu anstrengend und sie hätten sich entschieden, sich nicht mehr dazu zu äussern.

Ausserdem verkleinerte sich der Kreis möglicher Teilnehmender dadurch, dass das NFT-Phänomen relativ neu ist und unter anderem auch technische Einstiegshürden mit sich bringt. Eine aktive Teilnahme an einer Diskussion zum Thema erfordert, dass man eine Grundlage an Wissen und Verständnis mitbringt. Viele Personen begründeten ihre Absage damit, dass sie glaubten, sich nicht gut genug auszukennen und darum nichts zur Diskussion beisteuern könnten.

Eine weitere Schwierigkeit bei der Suche und Auswahl der Teilnehmenden war, dass viele Kunstschaffende in der NFT-Szene «undoxxed» sind. Undoxxed bedeutet so viel wie nicht dokumentiert oder nicht unter Klarnamen bekannt. Viele Kunstschaffende bevorzugen es, unter einem Pseudonym zu agieren. In einem Gespräch mit einem NFT-Galeristen in Zürich haben wir mehr über die Beweggründe dieser gewählten Anonymität erfahren: Ähnlich wie in der frühen Webkunst schätzen Personen ihre Privatsphäre. Sie möchten ihr on- und offline-Leben trennen. Auch die Möglichkeit, sich frei zu äussern und physische Attribute wie Hautfarbe oder Geschlecht zu verschleiern, eine Kunstpersona aufzubauen, die sich auch wieder ablegen oder wechseln lässt, gehörte zu den Beweggründen. Blockchain kommt auch stark von der Cypherpunk-Bewegung, die viel Wert auf Privatsphäre und Anonymität legt.

Aus denselben Gründen wie bei den oben erwähnten Interviewanfragen boten wir den Teilnehmenden der Fokusgruppen ebenfalls eine finanzielle Entschädigung an.

Für die Fokusgruppe der Schweiz hatten wir 15 Personen auf der Longlist, wobei drei unserer Favoriten, die schlussendlich in der finalen Fokusgruppe zugegen waren, zuerst mit der Begründung absagten, dass sie an einem Austausch nicht interessiert seien. Als wir die Zusage einer Person hatten, die in der Blockchainkunst einen Namen hat, fragten wir bei den Absagen nochmals nach, worauf diese ebenfalls zusagten. Wir nehmen darum an, dass die Teilnahme an unserer Fokusgruppe nicht nur an die finanzielle Entschädigung oder Motivation, Wissen zu teilen gekoppelt war, sondern dass der Austausch auch an sich für die Teilnehmenden einen Mehrwert dargestellt haben muss. Wenn eine Person in der Fokusgruppe als klare Expertin wahrgenommen wird, birgt das die Gefahr, dass sich die anderen nicht mehr frei äussern, aus Angst, zu wenig Wissen beisteuern zu können. Darum sind alle Teilnehmenden beider Fokusgruppen eher bekannte Persönlichkeiten. Auch in solchen Gruppen können Gruppen- und Machtdynamiken entstehen. Wir versuchten, diesen entgegenzuwirken, indem wir nachfragten, wenn eine Person schon länger nichts mehr gesagt hatte.

Nach diesem Aha-Moment änderten wir unsere Anfragestrategie, nannten jeweils schon bestätigte Namen und erwähnten, dass Teilnehmende mit einer kurzen Bio in der Publikation erwähnt werden. So erreichten wir unser Ziel von vier Teilnehmenden mit diversen Sichtweisen. Gleichzeitig stellte das eine Einschränkung in der Diskursdynamik in einer Fokusgruppe dar. Da die Fokusgruppe so zu einer sozialen Gruppe wird, in der Personen waren, die «einen Namen hatten», entstand in einigen Momenten eine soziale Hierarchie. Da die Szene in der Schweiz klein ist und sich die Teilnehmenden fast zwangsläufig kennen, stellte das eine Hürde in der Fokusgruppe dar. Wir führten die Fokusgruppe in Zürich durch, da die Stadt für alle Teilnehmenden gut erreichbar war.

Für die Fokusgruppe international hatten wir 18 Personen auf der Longlist. Wir planten die Durchführung in Berlin, da diese Stadt ein Ballungszentrum für Personen aus der Netzkunst- sowie Blockchain-Szene ist und sich die Personen auf unserer Longlist entweder permanent oder temporär dort aufhielten. Von den angefragten Personen sagten acht direkt ab oder antworteten auch auf Nachfrage nicht. Vier Personen, unsere Zielanzahl, sagten zu, und wir planten und buchten unseren Aufenthalt in Berlin. Drei Tage vor der Fokusgruppe sagte eine Person aufgrund einer beruflichen Änderung ab, worauf wir die restlichen fünf Personen auf der Longlist kontaktierten und Personen aus unserem Netzwerk anschrieben, ob sie uns weitere Empfehlungen für potenzielle Teilnehmende angeben könnten. Die fünf von uns kontaktierten Personen sagten ab und auch Personen aus unserem Netzwerk stiessen nur auf weitere Absagen. Wir entschlossen uns, die Fokusgruppe mit drei Teilnehmenden durchzuführen, da sie immer noch die von uns erwartete Diversität an Disziplinen und Wissen abgebildet haben. In der Nacht vor der Fokusgruppe sagte eine weitere Person aufgrund von Krankheit ab. Wir entschlossen uns, die Fokusgruppe trotzdem mit zwei Personen durchzuführen, da wir uns bereits vor Ort befanden. Damit war die Rekrutierung in der Gruppe international ebenfalls erschwert. Es ist klar, dass dadurch die Qualität der Fokusgruppe vermindert war. Gleichzeitig erlebten wir ein sehr schönes Gespräch der beiden Teilnehmenden, die einen respektvollen Austausch miteinander hatten. Die Grösse der Szene in Berlin und Umgebung ermöglichte, dass die beiden sich nicht direkt kannten, was der sozialen Hierarchie entgegenwirkte.

Die Fokusgruppe Schweiz fand auf Deutsch, die Fokusgruppe international auf Englisch statt.

5.3.2. Teilnehmende der Fokusgruppe Schweiz

Julia Schicker ist Softwareentwicklerin und unterrichtet an Kunstschulen und Kulturinstitutionen zum Thema NFTs. Darüber hinaus organisiert sie zusammen mit Anna Flurina Kälin die Artist-Talk-Serie «Art & Computer Science» an der ETH Zürich und unterstützt Kunstschaffende bei der Entwicklung von blockchainbasierten Projekten.

Dr. Nina Röhrs ist Expertin für Kunst im Digitalen Zeitalter. 2020 hat sie Minting Advent & Burning Christmas, eine Einzelausstellung von Lorna Mills, die sich auf der Blockchain in Form eines geminteten Adventskalenders entfaltet, gemeinsam mit Armin Blasbichler konzipiert. 2022 hat sie DYOR (Do Your Own Research), eine der weltweit ersten institutionellen Ausstellung zu Kunst im Kontext von Blockchain und NFT in der Kunsthalle Zürich kuratiert.

Leander Herzog macht seit 2006 Bilder mit Code und beschäftigt sich derzeit mit webbasierter, generativer Kunst. Davor hat er digitale Produkte in der Design- und Techindustrie entwickelt. Im Jahr 2021 schloss er sich allen anderen an, um NFTs zu finden, zu sammeln und zu erstellen.

Armin Blasbichler ist Architekt, Künstler und ehemaliger Professor für integrative Gestaltung an der Hochschule für Gestaltung und Kunst FHNW in Basel. Mit seiner Expertise in Blockchain-Technologie entwickelt er künstlerische Arbeiten in interdisziplinären Teams, sammelt digitale Kunst und begleitet Kulturinstitutionen bei der Adoption von NFTs und Web 3.0.

5.3.3. Teilnehmende der Fokusgruppe international

Anne Schwanz ist Galeristin und Gründerin von OFFICE IMPART, einer Galerie, die die Überschneidungen zwischen zeitgenössischer Kunst, Digitalisierung und sich entwickelnder Technologie erforscht. Durch die Zusammenarbeit mit Kunstschaffenden, deren Schwerpunkt auf digitaler Kunst liegt, und zahlreiche Ausstellungen zu diesem Thema ist Anne eine Expertin für den sich durch Digitalisierung und Web 3.0 verändernden Kunstmarkt.

Wassim Z. Alsindi ist Künstler und Technologieredakteur beim MIT Computational Law Report. Er unterrichtet an verschiedenen Universitäten und initiierte und leitet den 0xSalon. Nachdem er sich seit langem mit den Themen digitale Knappheit und Fungibilität beschäftigt hatte, bot ihm der Aufstieg der NFTs in den letzten Jahren die Möglichkeit, über die ontologischen, epistemischen, technischen und wirtschaftlichen Implikationen der «kreativen immateriellen Güter» zu sprechen, zu schreiben und zu lehren.

Sarah Friend, Blockchain-Künstlerin und Softwareentwicklerin, und Dejha Ti, Konzeptkünstlerin aus Los Angeles, haben leider kurzfristig abgesagt, weshalb die Fokusgruppe nur mit zwei Personen stattfand.

5.4. Interviews Romandie

Diese zweite Interviewrunde war ursprünglich nicht geplant, doch reagierten wir damit auf eine Meldung aus der Begleitgruppe, dass wir die französisch- und italienischsprachige Schweiz in den Interviews und Fokusgruppen zu wenig abbildeten. Wir haben uns bei der Auswahl zu sehr auf Disziplinen, Arbeitsweisen und Geschlecht fokussiert. Zum anderen war die Fokusgruppe international durch die unvorhergesehenen Absagen reduziert. Aus diesem Grund entschieden wir uns, noch drei Fokusgespräche durchzuführen. Wir entschieden uns gegen Fokusgruppen, da die frankophone Szene ebenfalls in den Metropolen Paris und Berlin zugegen ist und weil die Terminfindung sich als sehr schwer entpuppte – vor allem, um einen Termin zu finden, an denen alle vor Ort sein konnten. Da wir im Projektplan schon fortgeschritten waren, entschieden wir uns also für die flexiblere Variante, die uns auch remote Interviews und Verschiebedaten ermöglichte. Diese semistrukturierten Interviews basierten auf den Fragen der Fokusgruppen und werden ebenfalls für die Inhalte der Publikation verwendet. Die Gespräche wurden ad verbatim transkribiert. Dies geschah zunächst mit einer Software, und die Transkripte wurden anschliessend manuell auf Basis der Tonaufnahme der Gespräche auf grammatikalische Fehler redigiert.

Der Fragebogen für die Interviews basierte auf dem Fragebogen der Fokusgruppen, damit wir die Ergebnisse ebenfalls für den Inhalt der Publikation verwenden können. Der Fragebogen ist im Anhang.

Auf der Longlist hatten wir schlussendlich insgesamt neun Personen, die wir von TA-SWISS bestätigen liessen. Davon sagten drei Personen zu, die restlichen ab. Über einen Galeristen konnten wir einige undoxxed Personen anfragen, erhielten jedoch keine Rückmeldung.

Die vielen Absagen wurden mit Zeitmangel, zu tiefem Wissensstand oder Desinteresse begründet. Dass wir in der Romandie nicht auf so ein grosses Netzwerk zurückgreifen konnten, erschwerte die Anfragen zusätzlich.

5.4.1. Teilnehmende der Fokusgespräche Romandie

Diane Drubay untersuchte 2018 das Potenzial der Blockchain für Kunst und Museen. Im Jahr 2021 setzte sie mit hic et nunc auf Web 3.0 als Eingangstor zu einer globalen, wirkungsorientierten Gemeinschaft von Kunstschaffenden. Sie war die treibende Kraft hinter der Kunststrategie von Tezos Blockchain-Strategie für Kunst bis 2023. Sie gründete das WAC Lab bei We Are Museen, um Museen zu Web 3.0-Fachleuten zu machen, und arbeitet als Web 3.0 Strategieberaterin und Kuratorin.

Anthony Masure ist ausserordentlicher Professor und Forschungsdekan an der Hochschule für Gestaltung und Kunst Genf (HEAD – Genève, HES-SO). Seine Forschung konzentriert sich derzeit auf die Auswirkungen von künstlicher Intelligenz und Blockchain-Technologien auf das Design. Er ist auch Mitbegründer der Forschungszeitschrift Back Office und von Hint3rland, einem Kreativstudio für die dezentrale Welt.

Marcella Lista ist eine französische Kuratorin und Kunsthistorikerin. Sie ist leitende Kuratorin am Centre Pompidou in Paris.

6. Methode Fokusgruppe

6.1. Vorgehen Fokusgruppen

Die Fokusgruppen fanden vor Ort in gemütlichen Sitzungszimmern statt. Es ist wichtig, ein Setting zu schaffen, in dem die Teilnehmende ungestört sind, damit sie frei sprechen. Aus den Interviews entstand ein Gesprächsleitfaden für die Fokusgruppen. In diesem Gesprächsleitfaden gab es drei Teile (s. Anhang), die aus einer Frage und kontroversen Aussagen bestanden, um Reaktionen von den Teilnehmenden der Fokusgruppen abzuholen und ein freies Gespräch zu initiieren. Zwei Personen haben jeweils die Fokusgruppe angeleitet und Notizen gemacht; eine Person war zusätzlich im Raum, um die Aufnahme und Dokumentation zu machen. Die Fokusgruppen waren mit 3 Stunden eingeplant, allerdings war der eigentliche Diskussionsteil nur ca. 1.5 Stunden, damit wir genug Zeit hatten für Verspätungen, Einführungen, Fragen, Pausen etc. Die Zeitplanung funktionierte gut, und wir mussten nie die vollen 3 Stunden in Anspruch nehmen.

Zu Beginn der Fokusgruppe dauerte es eine Weile, bis die Teilnehmenden frei sprachen. Obwohl wir die Methode der Fokusgruppe erklärten, gab es am Anfang noch eine Interviewdynamik, die die Teilnehmenden veranlasste, nach ihrer Antwort immer die Moderation anzuschauen. Nach einer Weile entstand ein Gespräch unter den Teilnehmenden durch Rückfragen wie «Was denken Sie dazu ...?». In der ersten Fokusgruppe begannen wir mit einem ziemlich komplexen Zitat ein, was ebenfalls den Einstieg etwas erschwerte, in der zweiten Fokusgruppe haben wir dann noch einen Eisbrecher eingebaut. In der zweiten Fokusgruppe war, wie oben schon erwähnt, eine soziale Dynamik spürbar, was ein verstärktes Eingreifen der Moderation notwendig machte, um die Sprechzeiten auszugleichen.

Generell sind wir mit den Ergebnissen der Fokusgruppen zufrieden. Es gelang uns, die Ergebnisse der Interviews noch einmal mit anderen Personen aus der NFT-Szene zu spiegeln und so zu vertiefen. Die Limitierungen, die die Rekrutierung mit sich gebracht haben, sind sicherlich vorhanden, aber wir konnten diese durch ein gutes Framing in der Endpublikation ausgleichen.

Die Fokusgruppen wurden anschliessend, wie die Interviews, mit einer Transkribierungssoftware ad verbatim transkribiert und die Transkripte manuell auf Basis der Tonaufnahme der Gespräche auf grammatikalische Fehler redigiert.

6.2. Vorgang Interviews Romandie

Die Interviews Romandie wurden im Anschluss an die Fokusgruppen geführt. Bei ihnen wurden nur einzelne Aspekte des Leitfadens der Fokusgruppen aufgenommen. Die Interviews Romandie wurden nach der gleichen Methodik wie die Interviews geführt, allerdings per Videocall. Sie waren sehr spannend und bereicherten die Daten. Dass sich der Fragebogen weiterentwickelt hatte und die Fragen entsprechend geschärft waren, half mit, rasch spannende Aussagen zu generieren. Die Gespräche wurden ad verbatim transkribiert. Dies geschah zunächst mit einer Software, und die Transkripte wurden anschliessend manuell auf Basis der Tonaufnahme der Gespräche auf grammatikalische Fehler redigiert.

6.3. Auswertung

Folgende Materialien wurden analysiert:

- die initialen Spannungsfelder/«Literature Review»
- das Material der Interviews
- die Auswertung der Interviews in Form von Thesen für die Fokusgruppe
- das Material der Fokusgruppen
- die angepassten Fragebögen für die Fokusgruppen
- das Material der drei Interviews Romandie

Das Gestaltungskonzept (s. Kapitel 6) wurde durch die interaktive Software WorkAdventure umgesetzt. Ein Ziel der Studie war es, Form und Inhalt zusammenzudenken. Wir haben in mehreren Iterationen unterschiedliche Textvolumen eingefügt und Optionen geprüft. Wir haben uns letztlich entschlossen, die initiale Wechselwirkung der Forschungsfrage ins Zentrum zu stellen: Künstler – Werk – Empfangende. Aufgrund der interaktiven Publikationsform machte es wenig Sinn, alle Fokusgruppen induktiv wie die Interviews zu codieren, da das Volumen so umfangreich geworden wäre, dass wir es nicht in sinnvoller Weise in Workadventure hätten umsetzen können. Wir entschieden uns deswegen für eine deduktive Auswertung, also um unsere Thesen zu bestätigen oder zu widerlegen. Wir entschieden uns, nah an der ursprünglichen Forschungsfrage bzw. der Aufstellung zu bleiben und stark mit Zitaten zu arbeiten, um einzelne Punkte zu illustrieren.

7. Gestaltungskonzept

7.1. Entscheidung für die kartografische Variante

Digitale Publikationen haben andere Möglichkeiten als gedruckte Publikationen. Information lässt sich in anderen Formen darstellen, zum Beispiel in Karten oder Foren. Um verschiedene Diskussionsstränge und Spannungsfelder zu verknüpfen, bot es sich an, mit einer solchen Struktur zu arbeiten. Diese bedarf natürlich eines Einführungsteils, in dem das Thema und die Idee der Publikation genauer erklärt werden.

Kartographische Elemente sind visuell interessant, um die Diskursstränge darzustellen und Verbindungen klarzumachen. Dynamische Karten, die sich z.B. aufzoomen lassen, ermöglichen eine interaktive Art, mit der Information umzugehen.

Abb. 2 Screenshots der digitalen Galerie distant.gallery

Die Galerie distant.gallery macht digitale Ausstellungen, bei denen eine Karte (oben rechts in der Abbildung) als Navigation fungiert. Es können diverse Multimediainhalte eingebunden werden. Die Struktur dahinter ist öffentlich verfügbar und könnte für die Publikation einfach kopiert werden.

Wir haben uns für die vernetze, kartografische Variante entschieden; sie ist visuell ansprechend und experimentell, während sie durch eine hohe Zugänglichkeit besticht. Die kartografischen Elemente ermöglichen eine weitere Art von Wissensvermittlung neben dem Fliesstext, da Vernetzungen und unterschiedliche Ebenen dargestellt werden können. Damit können wir das Denkbild der Diskursstränge und seine Verästelungen besser abbilden.

Wir haben uns gegen die klassische Darstellung in Form eines Blogs entschieden, weil diese zu linear ist. Die Idee, die Publikation auf einer Plattform wie Discord, Twitter oder Are.na abzubilden, fanden wir nach wie vor spannend, jedoch zu wenig zugänglich, um das Zielpublikum, eine breite Öffentlichkeit, zu erreichen.

Es ist uns wichtig, dass die Publikation für ein breites Publikum zugänglich ist. Wir möchten eine einfache Navigation, sodass die Besuchenden schnell zu den Inhalten kommen, die sie interessieren und sich gut orientieren können. Dazu sollten keine grossen digitalen Kompetenzen nötig sein.

Gleichzeitig wollen wir die Möglichkeit schaffen, dass die Personen die Studie unkonventionell und explorativ entdecken können. Zusätzlich möchten wir Räume schaffen, in denen Begegnungen stattfinden und Diskussionen weitergeführt werden können, wo das Internet und die Plattform als «Ort» erfahrbar gemacht wird.

Ursprünglich wollten wir die Plattform common.garden nutzen, da es eine kartografische Darstellung erlaubt und das Einbinden von unterschiedlichen Medien unterstützt. Jedoch haben wir in der Testphase und beim Abfüllen von Testinhalten bemerkt, dass die Zugänglichkeit nicht gegeben ist. Die Plattform ist zwar visuell sehr ansprechend, aber in der Navigation nicht ganz intuitiv. Die Form soll die Wissensvermittlung unterstützen und nicht erschweren. Deswegen haben wir uns gegen die Plattform entschieden.

Bei weiterer Recherche sind wir auf die Plattform WorkAdventure gestossen. Als Avatar bewegt man sich in einer digitalen Pixelumgebung und interagiert mit anderen Besuchenden und Objekten. So wird die Publikation zu einem virtuellen Ort, durch den die Besuchenden spazieren können. Wir denken, dass der Aufbau der Publikation als virtueller Ort, wie beispielsweise als Museum, Gemeinschaftszentrum oder Garten, bei der Orientierung hilft. Die Plattform ist ausserdem mit der Datenschutz-Grundverordnung der EU (GDPR) konform.

Die Besuchenden können auf der Startseite der Publikationswebseite wählen, ob sie die Publikation als PDF-Dokument (Abb. 3, A) oder interaktiv (Abb. 3, B) erfahren möchten. In der interaktiven Publikation entdecken die Besuchenden die Inhalte spielerisch und ohne fix vorgegebene Reihenfolge (Abb. 3, C).

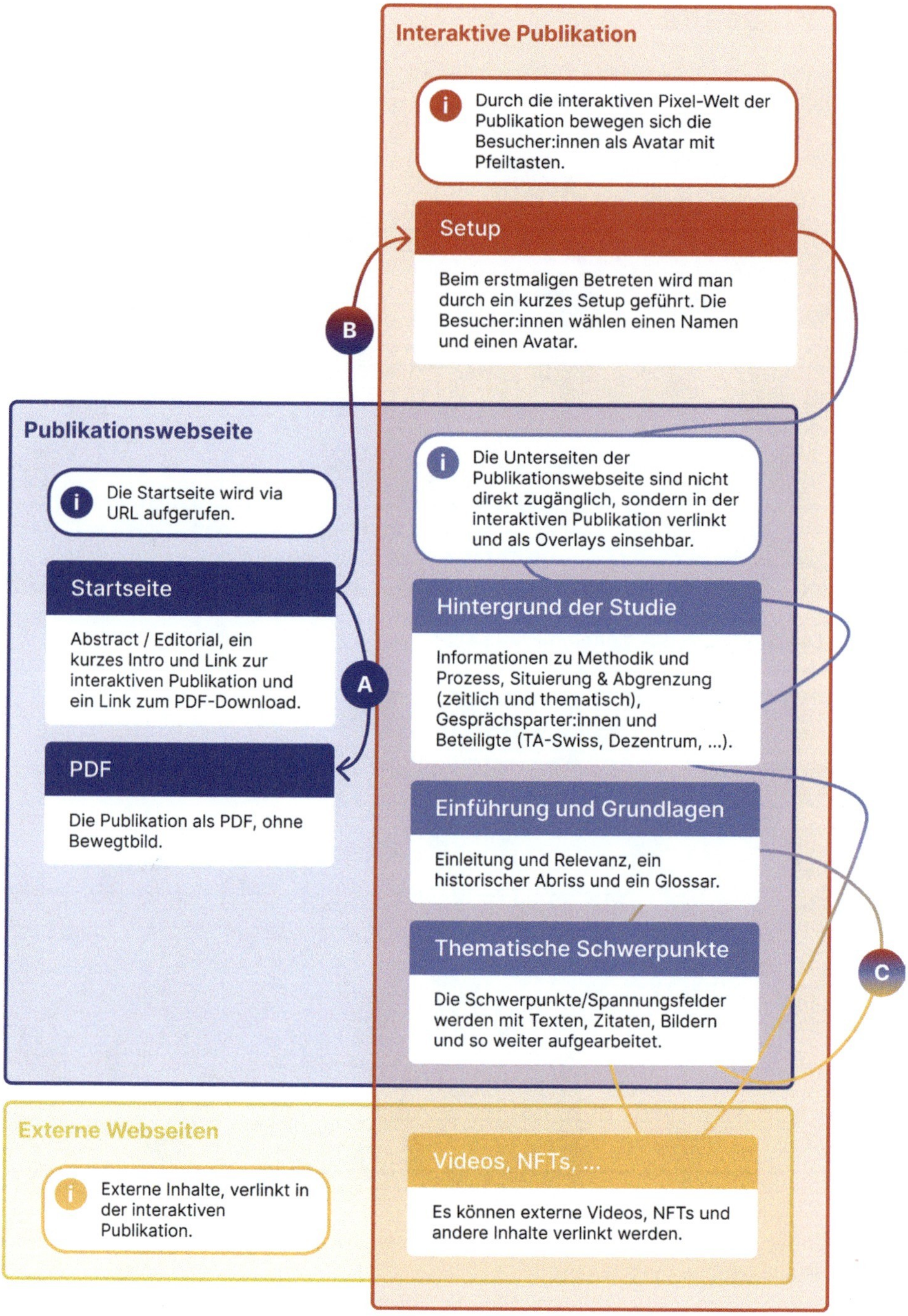

Gestaltungskonzept 481

Interaktive Publikation

ⓘ Durch die interaktiven Pixel-Welt der Publikation bewegen sich die Besucher:innen als Avatar mit Pfeiltasten.

Setup

Beim erstmaligen Betreten wird man durch ein kurzes Setup geführt. Die Besucher:innen wählen einen Namen und einen Avatar.

Ⓑ

Publikationswebseite

ⓘ Die Startseite wird via URL aufgerufen.

ⓘ Die Unterseiten der Publikationswebseite sind nicht direkt zugänglich, sondern in der interaktiven Publikation verlinkt und als Overlays einsehbar.

Startseite

Abstract / Editorial, ein kurzes Intro und Link zur interaktiven Publikation und ein Link zum PDF-Download.

Ⓐ

Hintergrund der Studie

Informationen zu Methodik und Prozess, Situierung & Abgrenzung (zeitlich und thematisch), Gesprächspartner:innen und Beteiligte (TA-Swiss, Dezentrum, …).

PDF

Die Publikation als PDF, ohne Bewegtbild.

Einführung und Grundlagen

Einleitung und Relevanz, ein historischer Abriss und ein Glossar.

Thematische Schwerpunkte

Die Schwerpunkte/Spannungsfelder werden mit Texten, Zitaten, Bildern und so weiter aufgearbeitet.

Ⓒ

Externe Webseiten

ⓘ Externe Inhalte, verlinkt in der interaktiven Publikation.

Videos, NFTs, …

Es können externe Videos, NFTs und andere Inhalte verlinkt werden.

Abb. 3 Übersicht der Inhalte und Formen

7.2. Webseite

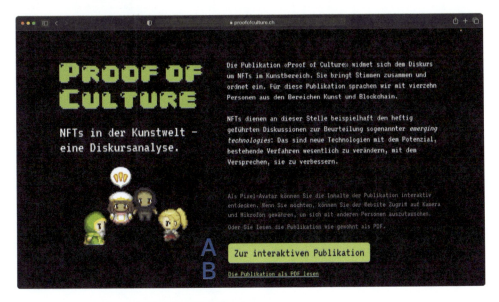

Abb. 4 Die Startseite der digitalen Publikation

Abb. 5 Inhalt auf der Publikationswebseite aufbereitet (rechts) und in der interaktiven Publikation verlinkt (links)

Auf der Website werden zudem die Inhalte, die in der interaktiven Publikation eingeblendet werden, aufbereitet und gehostet. Diese sind aber nur über den direkten Link und nicht via Startseite zugänglich.

7.3. Umsetzung auf der Plattform WorkAdventure

Abb. 6 WorkAdventure bietet unterschiedliche Interaktionsmöglichkeiten und Arten, Informationen darzustellen

Auf der interaktiven Webseite kann die Studie mit den gleichen Inhalten wie im PDF explorativ entdeckt werden. Nachdem die Besuchenden einen eigenen Avatar gestaltet haben, können sie in die NFT-Welt eintauchen und explorativ Texte, Bilder und NFT-Werke, entdecken, indem sie ihren Avatar mit Pfeiltasten durch die von uns erstellten Räume bewegen.

Herausgezoomt sieht man den ganzen Grundriss der «NFT-Welt» und bekommt einen Überblick der Inhalte und Möglichkeiten; hineingezoomt sind Details sicht- und steuerbar.

So ist es möglich, die Inhalte als tatsächliche betretbar Räume darzustellen. Die Architektur der Webseite zeigt den gesamten Umfang der Studie.

Wir denken, dass WorkAdventure ein spannendes Tool ist, um unsere Zielstellungen zu erreichen. Als Avatar durch virtuelle Räume zu laufen, ist sehr intuitiv, da es eine reale Erfahrung nachstellt. Auch die Navigation mit den Pfeiltasten wird den meisten Besuchenden vertraut sein und erinnert an Videospiele.

Die Gamification von den Inhalten ist aus einer vermittlungs- wie auch konzeptuellen Perspektive spannend. Zum einen sind wir es uns immer mehr gewohnt, Inhalte interaktiv zu konsumieren. Der Ansatz, eine gesamte Studie in dieser Form darzustellen, stellt eine experimentelle Form der Wissenschaftskommunikation und den Versuch dar, andere Zielgruppen zu erreichen, als mit einem Fliesstext möglich wäre.

Zum anderen ist die Gaming- und Pixelästhetik konzeptionell nah an der NFT-Kultur. Die CryptoPunks, einer der nach wie vor erfolgreichsten NFT-Drops, sieht dem Avatar von WorkAdventure sehr ähnlich. Damit können sich die Besuchenden der Ästhetik schon durch das Medium annähern.

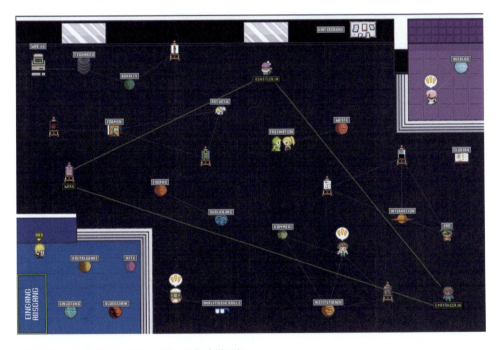

Abb. 7 Ansicht der interaktiven Publikation

Da einige Personen in den Gesprächen vom NFT-Kosmos oder NFT-Universum sprachen, lehnten wir das Layout der interaktiven Publikation an eine Sternenkarte an. Planeten symbolisieren die Themenfelder, Avatare Zitate, Staffeleien NFT-Werke und weitere Elemente bieten Kontextinformationen. Ähnliche Themen sind durch hellgraue Striche verbunden, die Empfängerin, das Werk und die Kunstschaffenden durch hellgrüne. So erhalten die Besuchenden ein wenig

Hilfe, welche Inhalte zueinander passen, ohne dass wir konkret vorgeben, in welcher Reihenfolge sie zu lesen sind.

Wir haben die interaktive Publikation und die Gestaltung mit insgesamt sechs Personen, drei davon intern und zwei extern getestet und aufgrund ihres Feedbacks verbessert und weiterentwickelt.

Abb. 8 Ansicht der interaktiven Publikation mit einer geöffneten Inhaltsseite

Die in den Inhaltsseiten gewählten Titelschriften (04b und VT323 Regular) haben Bildcharakter und sollen nicht nur das geschriebene Wort vermitteln, sondern die Pixelästhethik von WorkAdventure aufnehmen. Für den Fliesstext wählten wir eine leserliche Schrift ohne Serifen (Inter Regular). Indem wir zusätzlich Pixel-Avatare einfügten, um Zitate anzuführen, stellten wir eine weitere Verbindung zur interaktiven WorkAdventure Umgebung her.

8. Annex

8.1. Fragenkatalog Interview

8.1.1. Spannungsfeld 1: Digitalität: Besitz und Einzigartigkeit

Besitz:

Wie hat sich die digitale Kunst seit dem Aufkommen von NFTs verändert?

Wann ist ein NFT erfolgreich?

Wann wird ein NFT von einem Sammelobjekt zu einem Kunstwerk?

8.1.2. Spannungsfeld 2: Technologie: Dezentralität und Autonomie

Partizipation:

Haben es NFTs einfacher gemacht, am Kunstmarkt teilzunehmen?

Wer nimmt am Diskurs über NFTs teil?

Was für neue künstlerische Formate ermöglicht die Technologie hinter NFTs?

Autonomie:

Welche Möglichkeiten bieten NFTs, die die (finanzielle) Autonomie von Kunstschaffenden stärken?

Wie verändert sich die Stellung der Kunstschaffenden durch Möglichkeiten von NFTs?

8.1.3. Spannungsfeld 3: Kulturwandel: Innovation oder Reproduktion

Neue Anwendungsbereiche:

Welche neue (künstlerischen) Möglichkeiten bietet ein NFT?

Kunstinstitutionen:

Inwiefern verändert digitale Kunst die Beziehung zwischen den Kunstschaffenden, dem Kunstwerk und dem Publikum?

Viele Formen von nativer Internetkunst wie Memes wurden lange von der klassischen Kunstwelt nicht ernst genommen. Hat sich das mit NFTs geändert?

Technologie:

Wenn sich Kryptogeld durchsetzt, werden dann noch NFTs gekauft?

Wo sind NFTs in 10 Jahren?

8.2. Codebook-Interviews

Marktdynamiken

Blockchain

Gatekeeper

DAO

Veränderung des Kunstmarktes

Definition von NFT

Künstlerisches Potenzial der Technologie

Autonomie

Visibilität

Plattformen

Relevanz / Wert

Eigentum

Qualität vs. Quantität

Einzigartigkeit

Open Source

Kultur/Kulturwandel

Aufmerksamkeit

Partizipation/Zugänglichkeit

Akteur:innen

NFT-Ästhethik

Hype

Materialität / physischer Bezug

Ökologische Nachhaltigkeit

Zukunftsperspektiv

8.3. Fragenkatalog Fokusgruppen

8.3.1. Themenfeld 1 – Kunst: Kunstbegriff, Kultureller Wandel

Hintergrund, mündlich: NFTs versprechen eine breitere Beteiligung und Zugänglichkeit der Kunstwelt. Theoretisch kann jeder NFTs erstellen, direkt mit ihnen handeln oder sie auf einem Smartphone-Bildschirm betrachten. Die Kunst ist aus den Museen und Galerien verschwunden. Plötzlich können Memes und abweichende Kunst] auch Kunst sein. Wie wirkt sich das auf das Konzept und das Verständnis von Kunst aus?

Internetkultur

«Die besten Kunstwerke handeln von ihrer eigenen Zeit, und heutzutage verbringen wir acht bis zehn Stunden pro Tag im Internet, zumindest in der westlichen Welt. Die Kultur selbst muss sich mit diesen Fragen auseinandersetzen, weil sie sonst Gefahr läuft, an Relevanz zu verlieren.»

- Wird das Medium NFT populärer, weil wir mehr Zeit online verbringen bzw. die Internetkultur allgemein an Relevanz gewinnt?

Demokratisierung

«Was verlieren wir durch die Demokratisierung? Wenn alles offen ist, gilt das Gesetz des Dschungels, und vielleicht gewinnt sogar das beschissenste Produkt.»

- Glauben Sie, dass sich die Qualität der Internetkunst seit dem Popularitätsschub von NFTs verändert hat?
- Wie verändert der Kontext der künstlerischen Produktion von NFTs die Definition dessen, was als Kunst gilt?

Kunstverständnis und -begriff

Wie wirken sich die NFTs auf den Begriff und das Verständnis von Kunst aus?

Falls unklar, genauer: Wie verändert die Verwendung von NFTs die Wahrnehmung und Bewertung von Kunstwerken?

- Akteure/Gatekeepers – wer definiert, ob ein NFT (gute) Kunst ist?
- Kriterien – nach welchen Kriterien?
- Ort – wo findet diese Diskussion statt?
- Repräsentation – sind NFTs ein natürliches neues Medium für das digitale Zeitalter?

«NFTs waren bis zum Verkauf bei Christie's kein wichtiges Thema in der Kunstszene. Und Christie's gilt als Definitionsmacht: Wenn sie sagen, es ist Kunst, dann ist es Kunst. Das löste eine unglaubliche Produktion von NFTs aus.»

«Der Feed kann als Ort der Kontextualisierung betrachtet werden: Die Gesellschaft muss in der Lage sein, den kreativen Output der Kunstszene zu kontextualisieren, und das schafft eine längerfristige Erzählung.»

Potenzial

- Welches künstlerische Potenzial haben NFTs?

«Kunstschaffende könnten aktivistischere, politischere Arbeiten machen, und es könnte auch mehr wirklich poetische kreative Arbeiten geben, die nicht nur die Apes oder die Krypto-Punks kopieren.»

«Die Ästhetik ist nicht uninteressant, eine Ästhetik, die ihren Ursprung in der Videospielnische hat. Mit dem ausgeprägten Humor aus der Hackerszene. Zum Beispiel die Ästhetik der Krypto-Punks. Mit Pixelbildern wird eine bestimmte Ästhetik erzeugt, die für eine bestimmte Zeit, für eine bestimmte Haltung steht und die ihre Berechtigung hat.»

8.3.2. Themenfeld 2 – Technologie, Web3.0/Blockchain

Hintergrund, mündlich: Die Rolle, die NFTs in Zukunft spielen werden, hängt eng damit zusammen, ob sich Web3.0 und die Blockchain-Technologien weiter verbreiten werden. Welches sind die kulturellen oder technologischen Entwicklungen, die dies ermöglichen?

Blockchain-Technologie

Beim ersten Thema geht es vor allem darum, ob sich die Blockchain als Technologie verbreiten wird. Zwei Zitate dazu:

«Junge Leute sind es gewohnt, digitale Vermögenswerte zu besitzen, das hat man schon immer in Videospielen gemacht. Für diese Generation ist es aufregender, statt einer Rolex eine Bored Ape zu kaufen. Die Skater-Kids aus den 80ern kaufen zum Beispiel Kunst von Tom Sachs – das spricht sie ästhetisch an.»

«Wenn man wirklich kritisch und auch ein bisschen verschwörungstheoretisch sein will, kann man sagen, dass NFTs von Leuten geschaffen wurden, die Interesse an der Blockchain hätten, um die Aktivität der Blockchain aufrechtzuerhalten, denn es gibt nicht viel mehr mit der Blockchain zu tun, als Geld zu verkaufen und es als Kryptowerte zu verwenden.»

- Wovon hängt die längerfristige Akzeptanz bzw. die Verbreitung von NFTs ab?
  - Nachfrage, falls unklar: Handelt es sich um einen kulturellen Wandel, wie das Zitat andeutet? Oder hängt er von der Integration von Blockchain-Technologien wie dem Metaverse in unser tägliches Leben ab?
- Was oder wer sind die treibenden Kräfte, was sind die Hindernisse?
- Warum gewinnen NFTs an Bedeutung?
- Warum verlieren sie an Bedeutung?

Nachhaltigkeit

Screenshots von Headlines zu Nachhaltigkeit und NFTs

Arbeit: Simon Denny: NFT Mine Offsets (Video, NFT, 2021)

- Ist die Blockchain-Technologie nachhaltig genug, um sich durchzusetzen?
- Sind NFTs nachhaltig? In sozialer und ökologischer Hinsicht?
- Können NFTs nachhaltig skaliert werden?
- Gibt es Möglichkeiten, NFTs nachhaltiger zu gestalten als andere Kunstformen (z. B. Ausgleichszahlungen in Smart Contracts)?

NFT-Form

Nachdem wir über die mögliche Verbreitung von NFTs gesprochen haben, möchten wir uns nun auf die Form von NFTs konzentrieren, die sich durchsetzen wird. NFTs versprechen u.a. Partizipation und finanzielle Autonomie für Kunstschaffende.

- Sehen Sie diese Versprechen erfüllt, oder werden NFTs eher ökonomisiert und von der gleichen Dynamik wie der analoge Kunstmarkt beherrscht?
- In welcher Form werden NFTs dann vorliegen? (Welche Versprechungen werden sich bewahrheiten?)
  - Mehr partizipativ?
  - Stärker vermögensgesteuert?
  - Traditionelle Kunstmarktstrukturen nachbildend?
- Unter welchen Umständen wird sich die jeweilige Annahme durchsetzen?

8.3.3. Themenfeld 3: Politik – NFT als Artefakt

Hintergrund, mündlich: Werfen wir einen Blick auf den Kontext, in dem NFTs entstanden sind, welche Wertesysteme sie beinhalten und inwieweit dies die Entwicklung und Verbreitung von NFTs beeinflusst.

(Die Idee der Politik der Artefakte besagt, dass alles, was von Menschen geschaffen ist, automatisch auch die Wertesysteme der Designenden in sich trägt. So sind auch Technologien nicht neutral, sondern verkörpern gewisse Wertesysteme.)

Materialität

«Allein durch ihre Materialität üben Technologien Macht aus; sind sie erst einmal da, können sie nicht einfach umgestaltet oder entfernt werden. Die Frage, die für die demokratische Politik von grösster Bedeutung ist, lautet daher: Wessen Designentscheidungen sind von Bedeutung? Wer entwirft eigentlich die Technologien?» (Jasanoff, Technology as a site and object of politics)

- Was für Werte verkörpern NFTs?
  - Versprechen – Was versprechen NFTs?
  - Early Adopters – Welche Akteure haben NFTs groß gemacht?
  - Zielgruppe – Für welche Zielgruppe ist die Technologie gedacht?
  - Teilnahme – Wer kann teilnehmen? Sind es mehr Menschen als auf dem herkömmlichen Kunstmarkt oder einfach nur andere?

Entstehungskontext

«Die Beziehung zwischen den NFTs und dem Ort, dem Ort und der Physikalität wird kaum berücksichtigt. In der Kunstwelt, selbst in der Welt der digitalen Kunst, gab es vor den NFTs noch das Gefühl, dass die Menschen Kunst machten, die sich auf einen Ort oder ein Ereignis bezog. NFTs schweben einfach in ihrer eigenen finanziellen Ebene, die so völlig losgelöst ist von physischen Gemeinschaften echter Menschen, die versuchen, an einem Ort etwas zu tun. Wenn ich frage: ‹Wo ist eure Community angesiedelt?›, sagten viele: ‹Unwichtig. Wir kommen aus dem Internet.›»

«Das ist wirklich besorgniserregend, vor allem angesichts der Klimakrise und des Zusammenbruchs der Artenvielfalt. Diese Art, in unseren eigenen kleinen Blasen zu leben und zu vergessen, dass wir auf unsere Körper und physischen Räume angewiesen sind, ist katastrophal.»

- (Wie/wann) können NFTs ihren Entstehungskontext überschreiten?

8.4. Fragekatalog Interviews Romandie

8.4.1. Art – Notion of Art / Cultural Change

Background: NFTs promise to spread participation and accessibility to the art world. Theoretically, anyone can create an NFT, trade them directly, or view them on a smartphone screen. Art has been taken out of museums and galleries. Suddenly, memes and deviant art can also be art. What does this do to the concept and understanding of art?

- What do NFTs do to the concept and understanding of art?
- How does the use of NFTs change the perception and evaluation of artworks?
  - Digital
  - Digital deviant art (internet culture, memes)
  - A holder in the Kunsthaus / Classical art, paintings
- What potential do NFTs have on an artistic, aesthetic, or poetic level?
- What other potential do NFTs have? (e.g. practical, legal, ...)

8.4.2. Technologie – Web3.0 / Blockchain

Background: The role NFTs play in the future is closely related to whether Web3.0 technologies will continue to disseminate. What cultural or technological developments facilitate this?

Blockchain Technology

The first subject is mainly about whether blockchain will disseminate as a technology. Two quotes on this:

«Young people are used to owning digital assets, they have always done that in videogames. For this generation, instead of buying a Rolex, buying a Bored Ape is more exciting. The skater kids from the 80s, for example, buy art by Tom Sachs – it appeals to them aesthetically.»

«If you want to be really critical and also a bit conspiracist, you can say that NFTs were created by people who had interest in blockchain in order to maintain the activity of the blockchain because there's not much more to do with Blockchain than selling money and using it as crypto values.»

- What does the longer-term adoption / success of NFTs depend on?
  - What or who are the drivers?

Sustainability

- Screenshots of headlines on sustainability and NFTs

Work: Simon Denny: NFT Mine Offsets (Video, NFT, 2021)

- What do you think about NFTs and sustainability?
- Are NFTs sustainable? Socially, environmentally?
- Can NFTs be scaled up sustainably?
- Are there ways that NFTs could be made more sustainable than other art forms (e.g., recompensation payment in smart contracts)?

8.4.3. Politics – NFT as Artefacts (as Politics)

Background: Let's look at the context in which NFTs emerged, what value systems do they incorporate, and to what extent does this shape the development and dissemination of NFTs.

- What are the promises of NFTs?
- How do you see the future of and around NFTs?
- What are the consequences of NFTs?

Physicality and Context

«The relationship between NFTs and place, location, and physicality is poorly considered. In the art world, even in the digital art world before NFTs, there was still a sense that people were making art that was cited or related to a place or events. NFTs just float in their own kind of financial layer that is so entirely disconnected from physical communities of real people trying to do things in a place. When I ask, ‹Where is your community based?›, many said: ‹That is irrelevant. We're from the internet.›»

«This is really troubling, especially given the climate crisis, and collapse of biodiversity. This kind of living in our own little bubbles, forgetting that we have a reliance on our bodies and physical spaces is disastrous.»

(How/when) can NFTs transcend their context of emergence?

References

Averty, H., Parrant, G., Négrier, D., & Rocher, G. (2024): WORKADVENTU.RE [Software]. https://workadventu.re/

Ayache, E. (2015): The medium of contingency: An inverse view of the market. Palgrave Macmillan.

Blommaert, J., & Bulcaen, C. (2000): Critical Discourse Analysis. Annual Review of Anthropology, 29(1), 447–466. https://doi.org/10.1146/annurev.anthro.29.1.447

Dickey, M. R. (2021, März 2): The explosive (and inclusive) potential of NFTs in the creative world. Techcrunch. https://techcrunch.com/2021/03/02/explosive-inclusive-potential-nfts/

Döveling, K., Harju, A. A., & Sommer, D. (2018): From Mediatized Emotion to Digital Affect Cultures: New Technologies and Global Flows of Emotion. Social Media + Society, 4(1), 205630511774314. https://doi.org/10.1177/2056305117743141

Huestis, S. (2023, Januar 30): Cryptocurrency's Energy Consumption Problem. https://rmi.org/cryptocurrencys-energy-consumption-problem/

Latzer, M., Festic, N., Kappeler, K., & Odermatt, C. M. (2023): Internetanwendungen und deren Nutzung in der Schweiz 2023. https://doi.org/10.5167/UZH-251581

Pierron, S. (2023, February 10): The Centre Pompidou in the age of NFTs. Centre Pompidou. https://www.centrepompidou.fr/en/magazine/article/the-centre-pompidou-in-the-age-of-nfts

Szabo, N. (2001): Trusted Third Parties Are Security Holes. https://nakamotoinstitute.org/trusted-third-parties/

What is DeFi? (o. J.): Coinbase. Abgerufen 2. Januar 2024, von https://www.coinbase.com/learn/crypto-basics/what-is-defi

Projektgruppe

Ramona Sprenger, Co-Studienleiterin, Konzept, Design, Redaktion und Umsetzung: Partnerin bei Dezentrum, Interaction Designerin und freischaffende Künstlerin

Jeannie Schneider, Co-Studienleiterin, Redaktion und Konzept: Partnerin bei Dezentrum, Technologiefolgenabschätzung und freischaffende Redaktorin

Gesa Feldhusen, Mitarbeit Redaktion: Mitarbeiterin bei Dezentrum: Projektleitung und Kommunikation

Yann Bartal, Mitarbeit Redaktion: Mitarbeiter bei Dezentrum: Kommunikation und freischaffender Journalist

Eileen Good, Mitarbeit Projektmanagement, Design: Praktikum bei Dezentrum, Industrial Design

Das Dezentrum ist ein Think & Do Tank für Digitalisierung und Gesellschaft. Wir forschen, sensibilisieren und geben Anstösse für Innovation. Dabei arbeiten wir mit Universitäten, internationalen Allianzen sowie dem öffentlichen und privaten Sektor zusammen. Immer mit dem gleichen Ziel: eine digitale Transformation, die gesellschaftlichen Fortschritten dient.

Begleitgruppe des Projekts «Kultur und Digitalisierung»

Präsident der Begleitgruppe

Moritz Leuenberger, war Rechtsanwalt, Regierungsrat und dann Bundesrat (1995 bis 2010), Departement für Umwelt, Verkehr, Energie und Kommunikation (UVEK); Moderator und Redner zu Kultur und Politik; ehemaliger Präsident des Leitungsausschusses von TA-SWISS (2015–2022)

Mitglieder der Begleitgruppe

Luca Brunoni, Haute école de gestion Arc, Institut zur Bekämpfung der Wirtschaftskriminalität; Schriftsteller und Drehbuchautor

Franziska Burkhardt, Kulturbeauftragte und Abteilungsleiterin der Stadt Bern

Dr. Beat Estermann, Estermann Digital Transformation Consulting

Andreas Geis, Leiter Förderung der Stiftung für Kunst, Kultur und Geschichte

Olivier Glassey, Sozial- und Politikwissenschaftliche Fakultät, Universität Lausanne; Direktor des «Musée de la main» in Lausanne; Mitglied des Leitungsausschusses von TA-SWISS

Sabine Himmelsbach, Direktorin und Kuratorin am Haus der Elektronischen Künste (HEK) in Basel

Chantal Hirschi (stv. Manuel Kühne), Geschäftsleiterin t. Theaterschaffen Schweiz

Alex Meszmer, Geschäftsleiter Suisseculture

Caterina Mona, Filmregisseurin, Drehbuchautorin, Editorin und Mitglied des Stiftungsrates von Suissimage

Dr. Marc Perrenoud, Lehr- und Forschungsbeauftragter, Sozial- und Politikwissenschaftliche Fakultät, Laboratorium Kapitalismus, Kultur und Gesellschaften, Universität Lausanne,

Nathalie Pichard, Direktorin ArtTech Foundation

Prof. Dr. Reinhard Riedl, Institut Digital Technology Management, Berner Fachhochschule; Mitglied des Leitungsausschusses von TA-SWISS

Prof. Dr. Franziska Sprecher, Direktorin des Zentrums für Gesundheitsrecht und Management im Gesundheitswesen, Universität Bern; Mitglied des Leitungsausschusses von TA-SWISS

Dr. David Vitali, Leiter der Sektion Kultur und Gesellschaft, Bundesamt für Kultur (BAK)

TA-SWISS

Dr. Elisabeth Ehrensperger, Geschäftsführung

Dr. Bénédicte Bonnet-Eymard, Projektleitung (2021–2023)

Dr. Martina von Arx, Projektleitung (2023–2024)

Fabian Schluep, Kommunikation

Übersetzungen

Englisch: **Keith Hewlett,** Transcripta AG

Französisch: **Alexandra de Bourbon**, Pro-verbial GmbH, Zürich

Italienisch: **Giovanna Planzi**